GRöLS Verlage

„Bücher sind wie Fallschirme. Sie nützen uns nichts, wenn wir sie nicht öffnen."

Gröls Verlag

Redaktionelle Hinweise und Impressum

Das vorliegende Werk wurde zugunsten der Authentizität sehr zurückhaltend bearbeitet. So wurden etwa ursprüngliche Rechtschreibfehler *nicht* systematisch behoben, denn kleine Unvollkommenheiten machen das Buch – wie im Übrigen den Menschen – erst authentisch. Mitunter wurden jedoch zum Beispiel Absätze behutsam neu getrennt, um den Lesefluss zu erleichtern.

Um die Texte zu rekonstruieren, werden antiquarische Bücher von Lesegeräten gescannt und dann durch eine Software lesbar gemacht. Der so entstandene Text wird von Menschen gegengelesen und korrigiert – hierbei treten auch Fehler auf. Wenn Sie ebenfalls antiquarische Texte einreichen möchten, finden Sie weitere Informationen auf www.groels.de

Viel Freude bei der Lektüre wünscht Ihnen das Team des Gröls-Verlags.

Adressen

Verleger: Sophia Gröls, Im Borngrund 26, 61440 Oberursel

Externer Dienstleister für Distribution & Herstellung: BoD, In de Tarpen 42, 22848 Norderstedt

Unsere „Edition | Werke der Weltliteratur“ hat den Anspruch, eine der größten und vollständigsten Sammlungen klassischer Literatur in deutscher Sprache zu sein. Nach und nach versammeln wir hier nicht nur die „üblichen Verdächtigen“ von Goethe bis Schiller, sondern auch Kleinode der vergangenen Jahrhunderte, die – zu Unrecht – drohen, in Vergessenheit zu geraten. Wir kultivieren und kuratieren damit einen der wertvollsten Bereiche der abendländischen Kultur. Kleine Auswahl:

Francis Bacon • Neues Organon • **Balzac** • Glanz und Elend der Kurtisanen • **Joachim H. Campe** • Robinson der Jüngere • **Dante Alighieri** • Die Göttliche Komödie • **Daniel Defoe** • Robinson Crusoe • **Charles Dickens** • Oliver Twist • **Denis Diderot** • Jacques der Fatalist • **Fjodor Dostojewski** • Schuld und Sühne • **Arthur Conan Doyle** • Der Hund von Baskerville • **Marie von Ebner-Eschenbach** • Das Gemeindekind • **Elisabeth von Österreich** • Das Poetische Tagebuch • **Friedrich Engels** • Die Lage der arbeitenden Klasse • **Ludwig Feuerbach** • Das Wesen des Christentums • **Johann G. Fichte** • Reden an die deutsche Nation • **Fitzgerald** • Zärtlich ist die Nacht • **Flaubert** • Madame Bovary • **Gorch Fock** • Seefahrt ist not! • **Theodor Fontane** • Effi Briest • **Robert Musil** • Über die Dummheit • **Edgar Wallace** • Der Frosch mit der Maske • **Jakob Wassermann** • Der Fall Maurizius • **Oscar Wilde** • Das Bildnis des Dorian Grey • **Émile Zola** • Germinal • **Stefan Zweig** • Schachnovelle • **Hugo von Hofmannsthal** • Der Tor und der Tod • **Anton Tschechow** • Ein Heiratsantrag • **Arthur Schnitzler** • Reigen • **Friedrich Schiller** • Kabale und Liebe • **Nicolo Machiavelli** • Der Fürst • **Gotthold E. Lessing** • Nathan der Weise • **Augustinus** • Die Bekenntnisse des heiligen Augustinus • **Marcus Aurelius** • Selbstbetrachtungen • **Charles Baudelaire** • Die Blumen des Bösen • **Harriett Stowe** • Onkel Toms Hütte • **Walter Benjamin** • Deutsche Menschen • **Hugo Bettauer** • Die Stadt ohne Juden • **Lewis Caroll** • *und viele mehr….*

Ralph Waldo Emerson
Essays

Ertser Teil & Zweiter Teil

Inhalt

Erster Teil

E. W. Emerson

Am 27. April 1882 starb zu Concord bei Boston im achtzigsten Jahre seines Lebens Ralph Waldo Emerson, der letzte große Vertreter und Lehrer der idealistischen Philosophie. Die philosophische Schule, die im vorigen Jahrhundert durch Kant in Deutschland begründet wurde, sollte auf der entgegengesetzten Hemisphäre ihren spätesten, eigentümlichsten und poesievollsten Vertreter finden.

Ein amerikanischer Idealist – schon diese beiden Worte scheinen einen Widerspruch zu enthalten. Aber Emerson hat im Geistesleben der Vereinigten Staaten eine mächtige Wandlung hervorgerufen; Thomas Carlyle konnte ihm schreiben: „Sie sind eine neue Ära, mein Freund, in Ihrem neuen gewaltigen Lande."

Obgleich sein Geist auch in Deutschland in immer weiteren Wellenkreisen zu wirken begonnen hat und man die Spuren seines Einflusses bereits vielfach verfolgen kann, ist diese Wirkung doch eine weit langsamere, als man nach der Bedeutung Emersons und bei der sonst so willigen Art, mit der gerade das deutsche Volk die großen Männer des Auslandes aufzunehmen pflegt, erwarten sollte.

Der Grund liegt vielleicht darin, daß Emersons Werke dem Übersetzer ungewöhnliche Schwierigkeiten bieten und in der besten Übersetzung wie im Original an sich eine schwere, nicht jedem zugängliche und nicht jedem zusagende Lektüre bilden.

Und dennoch verdient er gerade in Deutschland besondere Beachtung, da er es war, der im Vereine mit den anderen Teilnehmern der sogenannten „transcendentalen Bewegung" zu Boston unserer Litteratur in Amerika maßgebende Geltung verschafft hat. Es waren dies Leute, welche die Kantsche Philosophie und die großen deutschen Dichter, vor allem Goethe, kennen gelernt hatten und, unter dem ungeheueren Eindruck derselben stehend, sie in das amerikanische Geistesleben einzuführen suchten.

Denn zweimal hat das Germanentum die ganze Welt befruchtet und regeneriert; einmal direkt als Rasse zur Zeit der Völkerwanderung und nunmehr geistig, in einer Bewegung, die noch lange nicht zu Ende ist, durch die gewaltigen Werke, die es um die Wende des letzten Jahrhunderts geschaffen hat.

Ralph Waldo Emerson wurde am 25. Mai 1803 zu Boston dem Prediger William Emerson als dritter Sohn und viertes Kind geboren. Seine Familie war im Anfang des 17. Jahrhunderts in Amerika eingewandert und durch acht Generationen waren seine Vorfahren puritanische Geistliche gewesen. Er selbst verlor den Vater früh und wurde von drei Frauen, seiner Mutter, einer Tante und von der Lehrerin Sarah Bradford erzogen. Von welchem Schlage diese Frauen, insbesondere seine Tante Mary Moody Emerson war, wie wenig Weichliches diese Erziehung hatte, beweist eine Regel, die ihm dieselbe einschärfte: „Thu immer das, was du zu thun dich fürchtest!“ Von seiner Mutter Ruth Haskins sagt Mrs. Bradford: „Ich kann mich nicht erinnern, sie jemals ungeduldig gesehen oder je eine unzufriedene Äußerung von ihr gehört zu haben.“ Sie war dabei eine energische und tüchtige Hausfrau, und ihr Sohn soll von ihr das noch im spätesten Alter schöne Gesicht, das musikalische Organ und die Ruhe des Wesens geerbt haben. Seine beiden Brüder Edward und Charles, die für die begabteren der Familie galten, starben frühzeitig.

Insbesondere von Edward Emerson wird berichtet, daß er ein Ideal männlicher Schönheit, von unwiderstehlichem Zauber der Persönlichkeit, und im Gegensatz zu Ralph Waldo von leidenschaftlicher Aktivität „ein geborener Führer der Menschen“ gewesen sei. Nichtsdestoweniger pflegte er, wenn man ihn pries, zu sagen: „Der wahre Löwe vom Stamme Judah ist noch daheim!“ Er wurde im Jahre 1828 geisteskrank, erholte sich wieder, starb aber sechs Jahre später zu Portorico. Der jüngste Bruder Robert blieb zeitlebens schwachsinnig. Von einem anderen Bruder William, der in Deutschland Theologie studierte, ist bemerkenswert, daß er Goethe aufsuchte, um ihn in Gewissenszweifeln um Rat zu fragen. Goethe empfing ihn freundlich und gab ihm den bezeichnenden Rat, seine Zweifel in sich auszukämpfen, und seine frommen Angehörigen damit nicht zu quälen. Auch Ralph Waldo studierte Theologie und wurde Prediger zu Boston, er zog sich aber bald von der Ausübung seines Amtes zurück und verbrachte den größten Teil seines Lebens auf einem kleinen Gute zu Concord bei Boston. Er war zweimal verheiratet, zum erstenmal mit Ellen Tucker aus Boston, die er als siebzehnjähriges Mädchen kennen lernte und ein Jahr darauf heiratete. „Ich sah sie,“ schreibt er, „in all ihrer Schönheit, und sie hat mich nie und durch nichts enttäuscht, außer durch ihren Tod.“ Sie war eine berühmte Schönheit, leidenschaftlichsten Gemüts, geistig und künstlerisch reichbegabt, aber von zartester Gesundheit. Sie wurde lungenkrank, als er einen Monat mit ihr verlobt war; er heiratete sie im September 1829 und anderthalb Jahre später starb sie „von allen vergessen, außer von ihm.“ An sie hat er das folgende Gedicht gerichtet:

„Noch leuchten deine Augen mir,
Obgleich ich weit ins Land gezogen,
Wie ich den Strahl des Sterns, der mich
Nicht sieht, seh' zittern auf den Wogen.

Im Nebel klomm ich auf den Berg,
Und streifte rings durch grüne Heide,
Du schwebtest vor mir auf dem Pfad
Im stillen Tau – du, meine Freude!

Wenn leis der Fink die Schwinge hebt
Und zeigt der Seiten Purpurflammen,
Wenn eine Rosenknospe reift,
Les' ich in beiden deinen Namen!“

Im September 1835 vermählte er sich zum zweitenmal mit Lydia Jackson, die eine brave, unbedeutende Frau gewesen zu sein scheint. Von ihr hatte er, wenn ich nicht irre, zwei Kinder. Sein Sohn Waldo starb jedoch im Alter von acht Jahren.

Im übrigen war sein Leben ruhig und arm an Ereignissen, er reiste hie und da, hielt in verschiedenen Städten Vorträge, und war dreimal in Europa, das dritte Mal 1872, hochgefeiert; in Glasgow wollte man ihn sogar zum Lord-Rektor der Universität wählen, aber er – der sich übrigens keineswegs darum beworben hatte – unterlag gegen Disraeli. Sonst lebte er meist ruhig auf seinem Gute Musquetaquit, das er in einem Gedichte folgendermaßen preist:

„Weil ich begnügt mich mit so armen Feldern,
Der offnen Heide und dem trägen Strom,
Und mir ein Heim in Gegenden gegründet,
Die andere verschmäht, darum belohnten
Des Waldes Götter meine Liebe doppelt,
Und gaben mir die Freiheit ihres Standes,

Und ihr geheimer Rat hat jene teuren
Furchtbaren Mächte, die das Leben lenken,
Zu meiner Gunst gestimmt, und die Planeten
Sowie den Mond in seinen Bund gezogen,
Und in die Einsamkeit, in der ich hause,
Die, felsgleich, mir Gewohnheit worden, dringt
Millionenstrahlig mir der Geist, die Liebe."

In seinen Schriften findet sich kaum eine persönliche Stelle. Er wurde mit niemand wahrhaft intim. Unter hervorragenden Männern stand ihm Carlyle am nächsten, mit dem er einen umfangreichen Briefwechsel führte, der in Amerika und England bereits in verschiedenen Ausgaben veröffentlicht worden ist.

Sein Gesicht erinnert ein wenig an Richard Wagner – es ist jedoch viel milder im Ausdruck. Sein Benehmen hatte eine ruhige, natürliche Würde; seit frühester Jugend soll ihn niemand hasten oder laufen gesehen haben. So machen denn auch seine Schriften den Eindruck, als ob jemand still, mit leiser Stimme, aber zugleich mit der unterdrückten Begeisterung des Redners, der von seiner Sache aufs innigste durchdrungen ist, Satz für Satz vortragen würde. Er ist überhaupt einer der wenigen Philosophen, die nach ihrer Lehre auch gelebt haben. So zurückgezogen er sich meistens hielt, als der Sklavenkrieg ausbrach und in Boston mehrere Redner, die für die Emanzipation zu sprechen gewagt hatten, vom Volke verhöhnt, ja beinahe gelyncht wurden, trat Emerson auf und hielt gleichfalls eine Rede für die Emancipation und ging ruhig und unangefochten wieder nach Hause.

Sein Ruhm nahm in Amerika und auch in Europa, vor allem in England stetig zu, desgleichen der Einfluß seiner Philosophie, die dem materialistischen, in jeder geistigen Hinsicht philiströsen, verdollarten Leben seiner Heimat ins Gesicht schlug. Sein erstes Werk, der Essay über „Natur," der im Jahre 1836 erschien, wurde nur spärlich gekauft, von der im Jahre 1860 publizierten „Führung des Lebens" war die ganze Auflage nach zwei Tagen vergriffen. Als im Jahre 1872 sein Haus niederbrannte, wurden ihm die Mittel zum Wiederaufbau durch eine nationale Subskription verschafft. – In Amerika und England ist sehr viel über ihn geschrieben worden. Ein Verzeichnis nennt mehr als zweihundert Werke und Aufsätze. In Deutschland dürfte am bekanntesten die Skizze von Hermann Grimm sein. Seine Werke sind teils noch gar nicht, teils in durchaus ungenügender Weise ins Deutsche übersetzt. Vortrefflich sind die

Übersetzungen der Essays über „Shakespeare“ und „Goethe“ von Hermann Grimm, sowie jene der „Führung des Lebens“ von Sartorius. Ich habe mich in den nachfolgenden Übersetzungen bemüht, den eigentümlichen Stil des Autors, soweit es, ohne der deutschen Sprache Gewalt anzuthun, möglich war, nachzuahmen.

Diese Werke sind fast durchweg Essays – viele davon ursprünglich Vorträge – und zwar über alle möglichen Gegenstände des Lebens, über Kunst, Geschichte, Liebe, Klugheit, Religion, über den Weltgeist, dann litterarische Essays über Milton, über persische Poesie, über die englische Litteratur etc. Einzelne davon sind zu Sammlungen vereinigt, insbesondere die "Representative Men“ (Repräsentanten der Menschheit). Als solche nennt er, und diese Auswahl ist höchst charakteristisch: „Plato oder der Philosoph,“ „Swedenborg oder der Mystiker,“ „Montaigne oder der Skeptiker,“ „Shakespeare oder der Poet,“ „Napoleon oder der Weltmensch, der Mann des praktischen Erfolges,“ „Goethe oder der Schriftsteller.“ Man mag die Auswahl richtig oder nicht richtig, vollständig oder unvollständig finden – jeder einzelne Aufsatz beleuchtet den betreffenden Mann und seine Werke in neuer, eigentümlicher Weise. – Weiter eine Sammlung vortrefflicher Essays über England, seine Bevölkerung und Zustände; – eine Sammlung unter dem gemeinsamen Titel „Gesellschaft und Einsamkeit,“ welche Julian Schmidt übersetzt hat; sieben Essays über Lebensführung, übersetzt von Sartorius u.a.m. Endlich Gedichte: In diesen finden sich herrliche poetische Stellen, die meisten aber sind mystisch und dunkel, die Übersetzung fast unmöglich.

Wenn ich einen deutschen Schriftsteller nennen sollte, dem ich Emerson am ehesten vergleichen möchte, und zu dem er doch zugleich den schärfsten Gegensatz bildet, so nenne ich den, der heute auf viele, besonders junge Leute eine mächtige Wirkung ausgeübt hat, der zweifellos zu den Erziehern der jüngeren Generation Deutschlands gezählt werden muß: Friedrich Nietzsche.

Ich werde, um das Unbekannte durch das Bekanntere zu stützen und zu beleuchten, die Parallele zwischen beiden im folgenden soweit als thunlich durchführen.

Beide lehren und fordern die schrankenlose Ausbildung der eigenen Individualität, beide stehen in unserer nivellierenden Zeit auf dem Standpunkte einer um so stolzeren Aristokratie, einer Geistesaristokratie, die allerdings bei dem einen mit starrer bitterer Verachtung, bei dem anderen mit lächelndem Mitgefühle auf die Geringeren, die Menge, herabsieht.

Und wenn Nietzsche sagt – man kennt die berühmte Stelle: „Die Massen scheinen mir nur in dreifacher Hinsicht einen Blick zu verdienen, einmal als verschwimmende Kopien der großen Männer, auf schlechtem Papier und mit abgenützten Platten dargestellt, sodann als Widerstand gegen die Großen und endlich als Werkzeuge der Großen, im übrigen hole sie der Teufel und die Statistik!" – so sagt Emerson hingegen in seinem Aufsatz „Kompensationen" freundlich: „Die eigentliche Tragödie des Menschenlebens scheint der Unterschied der Begabung der Menschen zu sein ..."

Wenn Emerson hier gesagt hätte „ist," so hätte er in diesem tiefen Satz den Finger in eine der schmerzlichsten Wunden des Menschengeschlechtes gelegt, aber seine optimistische Güte läßt das nicht zu, er sagt nur „scheint" und fährt fort:

„Man wird traurig, wenn man daran denkt, man weiß nicht, was man da thun soll. Mitunter scheue ich ihre Augen, ich meine, Gott selbst müsse darüber empört sein. Warum ist der eine häßlich, der andere schön, der eine klug, der andere dumm, der eine liebenswert, der andere gleichgiltig und fade? Es scheint die größte Ungerechtigkeit ... Wenn man die Sache näher ins Auge faßt, so schwinden diese bergähnlichen Ungleichheiten – die Liebe gleicht sie aus, wie die Sonne die Eisberge auftaut. Sobald die Seelen ihren gemeinsamen Ursprung erkennen, hört die Bitterkeit des Mein und Dein auf; sobald ich den liebe, der mir überlegen ist, schwindet der Neid und ich wachse zu seiner Höhe empor."

Auch er sieht in der Mehrzahl der Menschen nur mißlungene Geschöpfe – aber er sieht in jedem nicht den Mangel, sondern umgekehrt das Gute, das in ihm ist, den Hinweis auf das vollkommene Wesen. „Ich kann es nicht oft genug wiederholen," sagt er an einer Stelle, „daß den Menschen nur eine symbolische Bedeutung zukommt." Und erst in den Größten sieht er die wahren „Repräsentanten der Menschheit," die großen Männer, die „unser Triumph, unser Entzücken sind, welche die Erde bewohnbar machen," hierin ganz mit Nietzsches Ausspruch: „Alles Ziel der Kultur ist, einzelne große Männer heranzubilden" übereinstimmend.

Beide sind in gewissem Sinne mit Carlyle verwandt, und ich glaube, etwas allen dreien Gemeinsames zu treffen, wenn ich sie specifisch „ungoetheisch" nenne, und zwar in dem Sinne, als Goethe Natur und Welt, Menschen und Dinge wiedergiebt, wie ein wunderbar fein geschliffener Planspiegel – ohne Entstellung, ohne Verzerrung, nur mit jenem Zauber, mit dem seine Poesie, sein Stil sie ausstatten mußte, während die drei anderen mehr oder minder wie sphärische Spiegel erscheinen, die das Licht brechen und das Bild vollkommen willkürlich verändern. Auch trug Goethe, wie die Makaria seiner Wanderjahre, ein Sonnensystem im Haupte; was er aus sich schöpfend darstellte, war heiter und klar wie der Tag; es ist das Sonnenlicht selbst, das aus ihm wiederstrahlt, während aus anderen Köpfen nur ein subjektives gedämpftes Licht auf die Welt fällt und ihre Darstellungen uns immer eine ganz eigentümlich beleuchtete Scenerie schauen lassen.

Daher kommt es denn auch, daß insbesondere Nietzsche und Carlyle immer geistreich, oft paradox, mitunter wahr sind; Goethe immer wahr, meistens geistreich, nie paradox.

Die Ähnlichkeit zwischen Emerson und Nietzsche läßt sich auch äußerlich weit verfolgen: Beide lieben einen schwungvollen, bilderreichen, vor allem aphoristischen Stil, beide gestatten sich in Bildern und Tropen, in der Deutung mythologischer Fabeln die freieste Willkür. Die Stellen, wo beide im einzelnen wörtlich dasselbe sagen, sind gar nicht zu zählen; aber nur im einzelnen, in der Gesamtrichtung ihres Wesens gehen sie in weitem Winkel auseinander.

Emerson sagt von sich selbst: „Ich bin ein geborener Dichter; unzweifelhaft geringen Ranges, aber doch ein Dichter. Mein Singen ist wohl meist unbeholfen und meist in Prosa. Dennoch bin ich ein Dichter, insofern als ich die Harmonien im Geiste und in der Materie erkenne und innig liebe."

Vor allem aber ist er Philosoph, obgleich er so wenig wie Nietzsche ein eigenes System aufgestellt hat. Seine Philosophie ist die des Poeten, und vielleicht gerade darum eine so hinreißende, so beredte, so in die Tiefe dringende Philosophie. Selbst ein so klarer, nüchterner Denker wie Friedrich Albert Lange erkannte an, wie sehr in den tiefsten, weltbedeutendsten Dingen die Ahnung des Poeten dem Verstande des Forschers überlegen ist, und daß deshalb auch gerade diejenigen Philosophen, die mehr schufen als schauten und deren willkürlicher Bau als solcher von der exakten Forschung widerlegt wird, dennoch durch den Schwung, den Adel des Irrtums, auf den sie ihr Gebäude gründeten, die Menschheit um den stärksten Ruck vorwärts brachten. Emerson vindiciert sich in diesem Sinne selbst nur eine bescheidene Wirkung. Es ist eine seiner Lieblingslehren, die er in der theologischen Vorlesung scharf formuliert: „Wir können von einem anderen

Geiste nimmermehr Belehrung, sondern nur Anregung empfangen." Und in dieser Hinsicht sind seine Bücher unvergleichlich.

Emerson hat, wie oben bemerkt, kein System aufgestellt, aber die Grundzüge seiner Weltanschauung lassen sich aus seinen zahlreichen Essays leicht erkennen und darstellen. Als Transcendentalisten hat er sich selbst bezeichnet, und in der That hat er diese Weltanschauung auf die Spitze getrieben.

Für ihn ist die Materie Geist, eine Inkarnation des Geistes oder der Gottheit, er sieht in der ganzen Natur nur Wunder und Symbole. Vor allem aber ist ihm jeder Mensch Auge und Mund des Geistes oder der Materie – wie man will – ein Organ des einen Menschengeistes ohne Unterschied von Raum und Zeit. Eines seiner Lieblingsbilder ist: Wir gleichen Gefäßen, die auf der einen Seite mit dem Meere in Verbindung stehen, sodaß der Geist in uns einströmt, und wo zwei Menschen sprechen, sagt er einmal, „nickt Jupiter hinter dem einen sich selbst im anderen zu." Und da kommt es ihm possierlich vor, wenn zwei Menschen einander anlügen oder zu täuschen suchen, da im Innersten, Tiefsten jeder ja nur zu sich spricht. Überhaupt wird ihm die Natur gleichsam transparent, die Hüllen fallen von Häusern und Gegenständen, wir sehen etwas anderes als sonst, es ist, als führte er uns in ein Zauberland, oder als ob unsere Augen auf einmal durch die Dinge durchschauen könnten, und so lange wir ihn lesen, reißt er uns mit, und wir glauben ebensoviel zu sehen. Hermann Grimm vergleicht ihn mit dem heiligen Franz von Assisi auf dem Bilde Giottos, der die Toten berührt, sodaß sie sich erheben und sprechen können, so lange der Finger des Heiligen sie belebt.

Aus solch einer Weltanschauung und Auffassung des Menschentums ergiebt sich mit Notwendigkeit ein Weiteres: Emerson ist ein Mystiker. Daher auch seine Vorliebe für die Neuplatoniker, für Swedenborg und Behmen, sowie für die christliche Mystik, vor allem Thomas a Kempis. Hat er daher auch nicht den krystallenen Stil, den wir an den besten Deutschen und Engländern bewundern, so ersetzt er dies durch einen Bilderreichtum, durch eine sententiöse, schwungvolle, an Kraft des Ausdrucks nicht hinter der Bibel zurückbleibende Sprache. Auffallend, ja dem skeptischen modernen Menschen unheimlich ist die kolossale Sicherheit, mit der er spricht, beweislos spricht, mit dem Glauben eines Evangelisten, aber toleranter als dieser, denn er fordert von keinem den gleichen Glauben, er sucht absolut keine Proselyten, keine Anhänger, er will nicht beweisen, noch überzeugen. „Findest du das wahr, was ich sage, gut; wenn nicht, so hast du offenbar andere Augen, und es wäre thöricht, wenn ich von dir verlangen würde, daß du mit ihnen das sehest, was ich mit den meinen sehe. Es ist darum nicht weniger wahr.“ Daher beweist er nie mit logischen Beweisen. Auch Nietzsche hält sich nirgends mit Beweisen auf, und mit Recht – denn was sind denn Beweise für eine philosophische Weltanschauung? Jeder folgende widerlegt den früheren, um seinerseits von einem Nachfolger widerlegt zu werden, der just in den wunden Punkt seine Waffe bohrt, den jener übersah. Die scheinbar vollständigste logische Kette hat klaffende Lücken, zuletzt glaubt jeder, was er glauben muß, und glaubt zu beweisen, was er glaubt.

Und jeder sieht und glaubt und schreibt nur das, was seiner Individualität zusagt, und notgedrungen, unwiderstehlich macht die Struktur des Gehirns den einen zum Orthodoxen, den anderen zum Freidenker, den einen zum Dichter, den anderen zum Mathematiker; und jede Philosophie hat nach einem vortrefflichen Worte S. Hellers nur den Wert, daß wir erkennen, wie die Welt sich in dem betreffenden Kopfe spiegelt.

In Emersons Haupt spiegelt sich die Welt zweifellos in einer interessanten Weise. Das Grundthema, das er beständig variiert, findet sich schon in dem Satze, den Kant in der ersten Auflage seiner Kritik der reinen Vernunft niederschrieb und in der zweiten vorsichtig wieder wegstrich: „Es sei wohl nicht unmöglich, daß das Ich und das Ding an sich eine und dieselbe denkende Substanz seien.“ Dieses Grundthema ist also nicht neu – neu ist aber die Art, wie nun fast jede Frage der Welt im Lichte solcher uuerschütterlicher durchgeistigter Auffassung besprochen wird, amerikanisch die Konsequenz, mit welcher er seine Anschauung in seinen Essays auf alle Fragen des täglichen praktischen Lebens angewendet hat. Wo finden sich denn auch in großen philosophischen Grundanschauungen ganz neue Ideen? In irgend einer fernen Zeit, von irgend einem fast verschollenen Weisen eines fast verschollenen Volkes entdecken wir zuletzt die gleichen Erkenntnisse. – Das berühmte „ Cogito ergo sum“ des Descartes hat Augustinus schon ausgesprochen, das Gesetz der Konstanz von Kraft und Masse hat Demokritos, ein Hauptprincip der Darwinschen Lehre hat Empedocles vorweggenommen. Es ist, um im Stile Emersons zu reden, das eine Universum, das sich im Haupte des Gesamtmenschengeistes hier und dort wiederspiegelt, wie dieselbe Sonne sich im Arktischen und Antarktischen Ocean spiegelt. Wußten sie jene Principien auch nicht zu beweisen, so haben sie sie doch geahnt.

Jene Grundanschauungen Emersons sind vor allem in dem Aufsatz „ Oversoul“ (Der Weltgeist), der wie eine begeisterte Theodicee klingt, ausgesprochen. Ein zweiter für das Verständnis Emersons höchst wichtiger Aufsatz führt den Titel „Compensation", einer der klarsten und präcisesten von allen, die er geschrieben.

Emerson sagt, seit seiner frühesten Kindheit habe er sich angeregt gefühlt, einen solchen zu schreiben, und das Thema habe ihn wachend und träumend verfolgt und entzückt, bis die Predigt eines berühmten orthodoxen Geistlichen über das jüngste Gericht ihn zur Ausführung drängte. Es sei lächerlich zu glauben, sagt er darin, daß es in der Welt eine Ungerechtigkeit gäbe, die ganze Natur sei von strengster Ethik erfüllt. Nicht wir – hiermit widerspricht er einer heute herrschenden, insbesondere der Nietzschen Lehre – nicht wir haben die Ethik in die Dinge gelegt, sondern aus der Natur strömt sie unvollkommen in uns über. An jeder Erscheinung der Natur wie in jedem Menschenschicksal können wir sehen, daß alles Ungesunde und Unsittliche früher oder später zu Grunde geht. Es ist unsere Täuschung, wenn wir nicht erkennen, wie jede Schuld sich rächt, wie für jeden Vorteil ein Nachteil in Kauf genommen werden muß. Und er verficht stoisch die Gleichgiltigkeit der Ereignisse und citiert als Grundsatz den des heiligen Bernhard: „Niemand und nichts kann mir schaden, als ich selbst." Nur Dummköpfe und Schurken glauben, daß ihnen unrecht geschieht. Jeder höher organisierte Mensch dencket bald, daß sein Schicksal das Echo seines Geistes ist. Mit einem fast fürchterlich erscheinenden Optimismus behauptet er, daß es in der Welt kein Unrecht giebt. Er ist überhaupt einer der größten Optimisten, die es je gegeben hat, und dies ist um so merkwürdiger, als er im Laufe seines Lebens Leid genug erfahren mußte.

Von künftigem Lohn und Strafen will Emerson nichts wissen und in dem ähnlichen Aufsatz über die „Souveränetät der Ethik" sagt er: „Es giebt keine andere Welt." – Übrigens hat er auch über diese tiefste ruheloseste und manchmal so überflüssig erscheinende Frage der Menschheit, die nach der Unsterblichkeit der Seele, einen eigenen tiefsinnigen Aufsatz geschrieben, in welchem er den Knoten zwar nicht zu lösen aber zu durchhauen versucht.

Was Emerson und Nietzsche am meisten nähert und was sie zu specifisch modernen Schriftstellern macht, ist, daß beide so oft die Überflüssigkeit des historischen Ballastes betonen, den die heutigen Menschen mit sich schleppen, und das daraus entspringende Unheil: die Überschätzung der Vergangenheit, die Unterschätzung der Gegenwart, und die daraus folgende Unselbständigkeit im Empfinden, Denken und Handeln. Immer wieder bekämpft er die Einbildung, daß Athen, Rom oder Florenz im wesentlichen etwas vor uns vorausgehabt, daß man zu anderen Zeiten feierlicher und fruchtbarer leben konnte als heute. Alle geschichtlichen Momente sind gleichwertig, nur wir müssen heute wollen und die Zeit ernst nehmen, nur wir müssen alles Vergangene vergessen und naiv unseren innersten Offenbarungen folgen, dann wird unsere Zeit groß und prächtig wie irgend eine vergangene erscheinen. Wir haben mit neuen Augen in die Welt zu sehen und von dem, was die anderen vor uns gesehen, uns nicht fesseln zu lassen. „Gott ist nicht tot, sondern immer in uns, nur will er sich nicht durch Feiglinge offenbaren lassen."

Auf dieser Basis hat Emerson seine Ethik aufgebaut, die er am charakteristischsten in seinem umfangreichsten und berühmtesten Aufsatz "Self-Reliance" ausspricht.

Schon der Name „Selbständigkeit" charakterisiert dieselbe; hier verkündet er sein Evangelium: "Ne te quaesiveris extra!" (Suche dich nicht außerhalb deiner selbst!) Der eigentliche Essay beginnt mit den Worten: „Vertraue dir selbst! Jedes Herz vibriert mit dieser eisernen Saite!" Aus unserer tiefsten Überzeugung, aus unseren spontansten Regungen spricht Gott selbst, Nachahmung ist Selbstmord. Wer erst das Urteil der Öffentlichkeit, das Amtszeugnis der öffentlichen Meinung abwartet, ist kein echter selbständiger Mensch mehr. Hier löst er sich vollkommen von jeder Tradition, von jeder „monopolisierten" Moral. Er sagt: „Keine Seele, kein Lehrer, kein Buch, kein Heiland kann uns sagen, was gut oder böse ist. Nur in uns selbst können wir die Entscheidung fällen." Hier scheint er mit Nietzsche wörtlich übereinzustimmen und meint es dennoch ganz anders. Er erkennt die Gefahr dieser Lehre: „Der Oberflächliche wird hierin einen bloßen Anarchismus, ein Verwerfen jeglichen Gesetzes sehen. Es ist nicht so. Für jeden Menschen giebt es zwei Beichtstühle, an welchen er sich die Absolution holen mag. Entweder kann er fragen: „Habe ich meine vorgeschriebene Pflicht gegen Vater und Mutter, Kirche und Landesherrn u. s. w. erfüllt?" oder: „Habe ich nach dem tiefen Soll, nach dem kategorischen Imperativ in mir gehandelt?" Wenn aber einer glaubt, daß dieses innere Gesetz ein laxes sei, möge er versuchen, es einen Tag lang zu halten. Etwas Gottähnliches muß in dem Menschen sein, der die gewöhnlichen Motive der Menschheit von sich wirft, der sich selbst Lehre, Gesellschaft und Gesetz sein will, für den ein einfacher Vorsatz das sein muß, was die eiserne Notwendigkeit für die anderen ist. Wer den heutigen Zustand dessen, was man im prägnanten Sinne die „Gesellschaft" nennt, betrachtet, wird die Notwendigkeit solcher Ethik einsehen. Ist es doch, als ob Sehnen und Herz aus den Menschen gezogen wären; wir sind verzagte, kleinmütige Winsler geworden. Wir fürchten uns vor der Wahrheit, wir fürchten uns vor dem Schicksal, wir fürchten uns vor dem Tode und fürchten uns einer vor dem anderen. Unsere Zeit schafft keine großen und vollkommenen Persönlichkeiten. Wir brauchen Männer und Frauen, die das Leben erneuern, die socialen Verhältnisse umschaffen sollen, während die meisten Seelen insolvent sind, ihren eigenen Bedürfnissen nicht genügen, einen Ehrgeiz haben, der zu ihrem Können außer allem Verhältnis steht, und Tag und Nacht unaufhörlich borgen und betteln. Unser häusliches Leben ist bettelhaft; unsere Kunst, unsere Beschäftigung, unsere Ehen, unsere Religion wählen nicht wir, sondern die Gesellschaft wählt sie für uns." „Wer da ein Mann sein will, muß ein Dissident sein." Die Gesellschaft gleicht einer Aktiengesellschaft, deren Mitglieder, um sich ein bequemeres Brot zu versichern, die Freiheit und Selbständigkeit des einzelnen zu opfern beschlossen haben" u. s. w.

An diesen Aufsatz schließen sich die beiden Essays über „Charakter" und „Heroismus" ergänzend an. Nirgends erinnert Emerson so sehr an Nietzsche wie in diesem letzteren. Hier stellt er sein Ideal, den heroischen Typus, im Gegensatze zu dem aristokratischen Typus Nietzsches auf. Der vornehme Typus Nietzsches ist nicht vornehm, sondern brutal. Es giebt einen aristokratischen Pöbel, wie es einen plebejischen Pöbel giebt.

Emersons heroischer Typus ist immer ein einzelner, er ist titanisch, nicht eupatridisch, er hat mit Klasse und Rasse nichts zu thun. Nicht die rücksichtslose Durchsetzung des unbescheidenen Ichs, wie immer es sei, die Nietzsche predigt und der wir das bis zum Lächerlichen entwickelte Selbstbewußtsein so vieler junger Anhänger des Meisters, der „Übermenschlein" wie sie jemand genannt hat, verdanken, sondern das stolze und doch so bescheidene Wertbewußtsein und das furchtlose, von Hölle und Himmel unerschütterte Durchführen seines Werkes bis zum Tode, nicht seiner Triebe und Marotten kennzeichnet den Heros. So Dante, der vor seinem Wege nach Rom den Ausspruch thut: „Wenn ich gehe, wer bleibt? Wenn ich bleibe, wer geht?" und der sich doch so demütig vor Virgil niederwirft, weil er in ihm den größeren Weisen und Künstler zu schauen glaubt.

Und so wie Nietzsche den Übermenschen, so erwartet auch Emerson einen Messias, den vollkommenen Menschen, dessen einziger bisheriger Repräsentant Jesus war. Im Essay „Charakter" findet sich folgende Stelle: „Die Jahrhunderte jubeln in der Erinnerung an einen Jüngling, der nichts dem Glücke verdankte, der auf dem Richtplatze seiner Nation ans Kreuz geschlagen wurde, und der durch die vollkommene Reinheit seines Wesens die Ereignisse seines Lebens und Todes mit einem epischen Glanze umgoß, sodaß jedes Detail seiner Geschichte zu einem weltbedeutenden Symbol transfiguriert wurde. Diese Niederlage ist bisher unser größter Sieg. Wir verlangen aber einen neuen Sieg über die Sinne, eine Gewalt des Charakters, die Richter, Geschworene, Fürsten und Volk überwältigt und dem Heiland zu Füßen stürzt – die alle Kräfte des Tier- und Mineralreiches beherrscht und mit dem Laufe der Säfte, der Ströme, der Winde, Sterne und sittlichen Regungen eins wird."

Das ist der antike Gott. Es ist seltsam. Emerson war wie acht seiner Vorfahren unitarischer Geistlicher zu Concord gewesen. Im September 1832 hatte er wegen abweichender Anschauungen über das Abendmahl und darüber entstandener Differenzen sein Pfarramt niedergelegt. Im Jahre 1838 hielt er auf Einladung der theologischen Fakultät zu Cambridge (in den Vereinigten Staaten) seine berühmte theologische Vorlesung, in welcher er sich von jeder historischen Religion lossagte und die ihm die heftigsten Angriffe von Geistlichen aller Sekten eintrug. In dem im Jahre 1860 publizierten Aufsatze über „Gottesverehrung" sprach er es aus, daß eine neue Religion auf Grundlage der Ethik entstehen muß. Jene theologische Vorlesung hatte den wörtlich ausgesprochenen Zweck, eine Neubelebung der seiner Ansicht nach bisher mißverstandenen christlichen Lehren und des christlichen Kultus hervorzurufen. Und da ist es doppelt interessant, daß Emersons Auffassung der Evangelien und insbesondere der Persönlichkeit des Heilands sich nicht ganz, aber größtenteils mit der von Leo Tolstoj in der Vorrede zu seiner neuen Evangelienübersetzung ausgesprochenen Auffassung deckt.

Überhaupt steht in dem seit der Zeit der Apostel ausgebrochenen und seit dem vierzehnten Jahrhundert neu entflammten Kampfe zwischen der Antike und der christlich-mittelalterlichen Kultur, in diesem Kampfe, dessen eigentümlich zweisäftig schmeckende Frucht unsere heutige Kultur ist und in welchem Nietzsche als ein Spätling der Renaissance mit extremer Heftigkeit und Übertreibung die Sache der Antike verficht, Emerson, ohne je einseitig zu werden, weit mehr auf dem anderen Flügel, auf dem Boden der christlich-religiösen Weltanschauung. Hierbei dürfte der Vorgeschichte seiner Familie und der frommen anglo-amerikanischen Umgebung, in welcher er aufwuchs, eine große Bedeutung zuzuschreiben sein.

Wesentlich aber ist Emerson ein Ethiker. Es ist bekannt, daß Nietzsche von der Ethik nichts wissen will und den freien Geistern von ihr abrät. Mir kommt das vor, wie wenn einer den Menschen raten würde, von nun an wieder auf allen Vieren zu gehen. Auch der aufrechte Gang ist etwas mit der Zeit Gewordenes, ein Entwicklungsresultat, und es ist auch keine Frage, daß man auf allen Vieren sicherer geht. Ob es aber darum das Ziel der Menschheit sein sollte?

Emerson ist der Ansicht, daß wir vornehmlich ethische Geschöpfe sind. „Wir sind loyal geboren." Die Ethik ist es, welche die Weltordnung erhält, nicht die Bajonette. Aber Nietzsche fand, daß die christliche Moral uns nicht genüge, daß sie die Sklaveninstinkte der Menschen befördere, daß sie kraftlose Menschen züchte – das haben viele andere, insbesondere J. St. Mill, lange vor ihm weit ruhiger und klarer auseinandergesetzt. In seiner heftigen, einseitigen Art riß Nietzsche, weil ihm ein Flügel mißfiel, das ganze Gebäude ein. Er wollte vom Christentum, von der Religion, zuletzt von der ganzen Ethik nichts mehr wissen.

Emerson ist so sehr Ethiker, daß er in der erwähnten theologischen Vorlesung ausdrücklich das Thema ausführt, daß die Ethik über der Kunst, der Priester über dem Dichter stehe; eine Anschauung, die ihn z. B. verhindert, Goethe gerecht zu werden. So ungemein hoch er Goethe stellt, so herrlich er über ihn schreibt, Übersetzt von Herm. Grimm. „Fünfzehn Essays."wir hören von ihm den oft wiederholten oberflächlichen Vorwurf, „Goethe sei kalt gewesen," und ein Wort, das vielen Menschen wunderlich klingen wird: „Wir können ihn nicht lieben."

Es ist merkwürdig, wie Menschen mit ausgeprägt ästhetischer Veranlagung von streng ethischen Naturen immer wieder mißverstanden werden. Weil der Künstler aus seinen Empfindungen, aus eigenem und fremdem Erlebnisse ein Kunstwerk schafft, weil ihn der Schmerz belebt, der andere lähmt, meinen sie immer, er könne nicht ebenso tief empfinden wie sie! Sie wissen nicht, daß die Arbeit des Künstlers den Schmerz verzehnfacht, ehe sie davon befreit. Das beste Symbol hierfür ist jener Maler der Renaissance, dem der einzige schöne Sohn zum Tode verwundet ins Haus gebracht wird; wie er sich über ihn wirft, ergreift der Ausdruck des Sterbenden den Künstler in ihm so mächtig, daß er, unwiderstehlich getrieben, Stift und Leinwand herbeiholen und, selbst von tödlichem Schmerz erfüllt, das Bild des sterbenden Sohnes festhalten muß.

Wenn aber Emerson auch durchaus Ethiker ist, so ist er zugleich durchaus Individualist, und überall wendet er sich gegen die landläufige zünftige Philistermoral, so gut wie seine Religion vom Katechismus nichts wissen will. Jeder Mensch hat seine eigene Sittlichkeit, Gut und Schlecht sind daher relative

Begriffe, von jedem einzelnen nach besonderem Maße zu messen. Das wäre wieder alles nicht neu – aber die Art, wie Emerson uns anweist, diesen kategorischen Imperativ zu finden, wie er uns gleichsam einen Weg in unser eigenes Inneres zeigt, ist höchst merkwürdig. Auch Hermann Grimm sagt, er habe sich vergeblich bemüht, in präzise Worte zu fassen, worin das Geheimnis von Emersons Einfluß beruhe, aber der Einfluß sei überwältigend. Seine Worte scheinen oft auf den ersten Blick banal und willkürlich, und zuletzt erkenne man stets, daß hinter dem scheinbar gewöhnlichsten Satz eine tiefe und neue Wahrheit sich verberge. Bei all seinem Individualismus giebt es für ihn eigentlich kein Individuum: wir sind Erscheinungen, Incarnationen des Geistes – und weil also in uns, aus uns, durch uns solch ein höchstes Agens spricht, dürfen wir seiner Stimme das absoluteste Vertrauen schenken.

Wie gefährlich solch eine Lehre ist, wie leicht sie mißverstanden werden kann, leuchtet ein, und er selbst hat es vorausgesehen und davor gewarnt. Das Beste ruht eben immer auf Messerschneide. Der lebendige Beweis hierfür ist die Nietzschesche Lehre, die just jene Übertreibung des Emersonschen Individualismus enthält, die er vermied. Vom individuellen Maß des Guten und Bösen bis zu „Jenseits von Gut und Böse" war nur ein Schritt. Man hat sich in früheren Zeiten allzu blind vor wahren und falschen Autoritäten gebeugt, heute geht man im Gegenteile im Verwerfen jeder Autorität zu weit. Es liegt eine tiefe Kritik unserer Zeit in Hebbels Ausspruch: „Da, wo die Ehrfurcht fehlt, fehlt alles." Und es ist geradezu eine kolossale Frivolität, imposant durch ihre Kühnheit, wenn Nietzsche alles das, was die höchsten Menschen durch vier Jahrtausende aufgestellt und verehrt haben, ohneweiters umzustoßen wagt. Und dabei ist jenes kalte, brutale Ideal Nietzsches „Jenseits von Gut und Böse" gar nicht ernst zu nehmen. Diese ganze stolze Lehre ist nur ein Schmerzensschrei eines vereinsamten, nach Liebe und Verständnis sich sehnenden und zuletzt ingrimmig verzichtenden Menschen. Ihm selbst entringt sich das Bekenntnis: „Es giebt freie freche Geister, welche verbergen und verleugnen möchten, daß sie zerbrochene, stolze, unheilbare Herzen sind, und zuweilen ist die Narrheit selbst die Maske für ein unseliges allzu gewisses Wissen." Seine letzten Schriften, aus denen, man mag sagen, was man will, der beginnende Wahnsinn spricht, kann man nur mit Schaudern lesen. Nietzsche gehört zu den Menschen, die man bemitleiden, genießen, bewundern, lieben kann, die aber niemals Erzieher werden können, denen wir keinen Einfluß auf uns einräumen dürfen. Es geht ein Bruch durch sie, und an eine zerbrochene Mauer kann man sich nicht lehnen.

Auf ihn möchten wir das kleine Gedicht aus dem „Westöstlichen Divan“ anwenden:

Der Mufti las des Misri Gedichte,
Eins nach dem andern, alle zusammen,
Und wohlbedächtig warf sie in die Flammen.
Das schöngeschriebne Buch, es ging zunichte.
„Verbrannt sei jeder.“ sprach der hohe Richter,
„Wer spricht und glaubt wie Misri – er allein
Sei ausgenommen von des Feuers Pein:
Denn Allah gab die Gabe jedem Dichter;
Mißbraucht er sie im Wandel seiner Sünden,
So seh' er zu, mit Gott sich abzufinden.“

Es bleibt immer dabei, auf den Höhen der Menschheit ist es kalt und einsam. Vergeblich suchte auch Emerson die Welt liebend zu sich emporzuziehen; sie blieb ihm, er ihr, selbst seinen nächsten Freunden, seiner eigenen Familie fremd. Er schreibt darüber: „Niemand kennt so gut wie ich die düstere Ungastlichkeit des Menschen – wie wenig er sich mit denen zu vereinigen vermag, die er am meisten liebt.“ Und wieder: „Wer das Große leisten will, darf keine Gefährten, keine Mitarbeiter erwarten. Nur der namenlose Gedanke, nur die namenlose Macht, das überpersönliche Herz werden mit ihm sein!“

In diesem letzten Satz spricht sich bereits wieder Emersons unendliche Hoffnungsfülle, sein sieghaftes Vertrauen aus. Es ist seine unzerstörbare Ansicht; „Die Welt gehört dem, der in ihr mit Heiterkeit und nach hohen Zielen wandelt.“ Und wir alle, selbst diejenigen, welche die Zerrissenheit und skeptische Ohnmacht der Zeit am tiefsten empfinden, leben doch nur in den frohen kräftigen Momenten, in denen wir uns selbst voll empfinden. Und kein Schriftsteller übt solch eine belebende inspiratorische Wirkung aus wie Emerson. Keiner ist von einem ernsteren Optimismus, der uns allen so fehlt, durchdrungen. Wem unsere Zeit weh thut, der möge ihn lesen, den Hermann Grimm den modernsten aller Schriftsteller nennt und von dem ein gelehrter Hindu sagte, er hätte vor Jahrtausenden am Ufer des Ganges das Licht des Tages erblicken müssen.

Dr. Karl Federn.

Selbständigkeit

„Ne te quaesiveris extra!“

Ich las jüngst einige Verse von der Hand eines berühmten Malers; dieselben waren ungewöhnlich und nichts an ihnen war konventionell. In solchen Zeilen vernimmt die Seele stets eine mächtige Mahnung, der Inhalt mag sein, welcher er will. Das Gefühl, das sie einflößen, ist wertvoller als die tiefsten Gedanken, die sie enthalten könnten. An den eigenen Gedanken zu glauben, – zu glauben, daß, was für uns im Innersten unserer Seele wahr ist, wahr sein muß für alle Welt, – das ist Genius. Sprich deine geheimste Überzeugung aus, und sie wird bald die allgemeine sein. Denn das Geheimste wird seiner Zeit das Offenbarste und unsere ersten Gedanken sind es, die uns in den Posaunen des jüngsten Gerichts entgegentönen. Jedem klingt die Stimme des Geistes vertraut, und das höchste Verdienst, das wir Plato, Moses und Milton zuschreiben, ist, daß sie Bücher und Traditionen hintansetzten und aussprachen, nicht was die Leute, sondern was sie selbst dachten. Der Mensch sollte sich mehr bemühen, den Lichtstrahl, der aus seinem eigenen Innern durch seine Seele flammt, zu entdecken und zu beachten, als allen Sternenglanz am Firmament der Sänger und Weisen. Und doch läßt er gewöhnlich seinen eigenen Gedanken unbeachtet – weil es der seine ist. In jedem Werk des Genies finden wir unsere eigenen Gedanken wiedergespiegelt, sie kommen mit einer fremden Majestät bekleidet zu uns zurück. Die größten Werke der Kunst geben uns keine ergreifendere Lehre als die, an unserem spontanen Eindruck mit fröhlicher Unbeugsamkeit festzuhalten, und gerade dann am meisten, wenn das ganze Stimmengezeter für die Gegenseite ertönt. Sonst wird morgen ein Fremder mit meisterhaftem Verständnis gerade das aussprechen, was wir die ganze Zeit über gedacht und gefühlt haben, und wir sehen uns mit Beschämung gezwungen, unsere Meinung von einem anderen zu entlehnen.

In der Entwicklung jedes Menschen kommt der Augenblick, in dem er erkennt, daß Neid, Unwissenheit, Nachahmung Selbstmord ist; daß er sich selbst schlecht und recht als seinen Anteil am Leben hinnehmen muß, daß, obgleich das weite Weltall des Guten voll ist, kein Körnchen Nahrung ihm zukommen kann, außer durch seine eigene Mühe auf dem Ackerfeld, das gerade ihm zum Bebauen gegeben ward. Die Kraft, die in ihm ruht, ist neu in der Natur, und nur er weiß, was er leisten kann, und auch er nicht eher, als bis er es versucht hat. Nicht umsonst macht ein Gesicht, ein Charakter, ein Ereignis mächtigen Eindruck auf ihn und andere nicht. Diese Empfänglichkeit des Gedächtnisses beruht in einer prästabilierten Harmonie. Das Auge ward dort angebracht, wohin ein bestimmter Strahl fallen sollte, um eben diesen Strahl aufzunehmen. Wir sprechen uns immer nur halb aus und schämen uns der göttlichen Idee, die jeder von uns darstellt. Wir könnten uns ruhig auf sie verlassen, sie ist schon gut und führt zu glücklichen Zielen, wenn wir sie nur getreulich mitteilen wollten; aber durch Feiglinge will Gott seine Werke nicht offenbar machen. Der Mensch fühlt sich gehoben und fröhlich, wenn er sein Herz in ein Werk gethan und sein Bestes gegeben hat; aber was er anders gesagt und gethan, gewährt ihm keinen Frieden. Es ist eine Befreiung, die nicht befreit. Im Versuche selbst läßt sein Genius ihn im Stich, die Muse weicht von ihm, kein Einfall, keine Hoffnung kommt ihm zu Hilfe.

Vertraue dir selbst! Jedes Herz vibriert mit dieser eisernen Saite. Nimm den Platz hin, den die göttliche Vorsehung für dich ausgesucht hat, die Gesellschaft deiner Zeitgenossen, die Kette der Ereignisse. Große Männer haben immer so gethan und sich wie Kinder dem Genius ihrer Zeit überlassen, hierdurch verratend, daß das, was ein so unsägliches Vertrauen verdiente, in ihren eigenen Herzen thronte, durch ihre Hände schuf, ihr ganzes Sein beherrschte. Und wir sind nun Männer und müssen uns im höchsten Sinne demselben transscendentalen Schicksal überlassen, nicht wie Unmündige und Invaliden im warmen Ofenwinkel, nicht wie Feiglinge, die vor Revolutionen flüchten, sondern als Führer, Wohlthäter und Erlöser, die dem allmächtigen Triebe gehorchen und durch Chaos und Dunkel vorwärtsschreiten.

Welch zierliche Erläuterungen zu diesem Text giebt uns die Natur im Angesichte und Betragen der Kinder und selbst der Tiere! Ihr Geist ist noch nicht rebellisch und in sich zerrissen; sie kennen das Mißtrauen gegen das Gefühl nicht, das uns lähmt, weil unsere Rechenkunst die Kräfte und Hindernisse, die sich unseren Zwecken entgegenstellen, abgemessen hat. Ihr Geist ist noch ein Ganzes, ihr Auge unbezwungen, und wenn wir ihnen ins Antlitz schauen, werden wir verlegen. Das Kind paßt sich niemandem an, alle fügen sich in seine Art, sodaß ein Baby gewöhnlich vier oder fünf aus den Erwachsenen macht, die mit ihm schwätzen und spielen. So hat Gott Kindheit, Jugend und Mannheit, jede mit ihrem eigenen Reize ausgestattet, und beneidenswert und anmutig gemacht, sodaß ihre Ansprüche nicht zurückgewiesen werden können, wenn sie sich auf sich selbst stützen. Glaubt nur nicht, daß der Junge machtlos ist, weil er mit unsereinem nicht reden kann. Hört nur, im nächsten Zimmer ist seine Stimme klar und sicher genug. Mit seinen Altersgenossen weiß er offenbar zu reden. Schüchtern oder keck wird er uns Erwachsene dort höchst überflüssig machen.

Die Gleichmütigkeit von Knaben, die ihres Mittagessens gewiß sind, und die es ebensosehr, wie ein Fürst, verschmähen würden, auch nur das geringste zu thun oder zu sagen, um sich eins zu verschaffen, – das ist die gesunde Haltung der menschlichen Natur. Ein Bub im Salon ist wie der Olymp im Theater, unabhängig und unverantwortlich schaut er die Leute und Dinge, die ihm vor die Augen kommen, untersucht und beurteilt sie in der raschen summarischen Art der Kinder als gut oder schlecht, interessant oder dumm, unterhaltend oder lästig. Er kümmert sich nicht um Folgen und Interessen und fällt ein unabhängiges und wahrhaftes Urteil. Ihr müßt euch um ihn bemühen, er bemüht sich nicht um euch. Der erwachsene Mensch aber liegt in den Banden des Bewußtseins und der Reflexion. Sobald er einmal etwas gethan oder gesprochen, was die öffentliche Aufmerksamkeit auf ihn zieht, ist er gleichsam ein Arrestant, die Sympathie oder der Haß von Hunderten begleiten seinen Weg, und er muß mit ihren Gefühlen rechnen. Dafür giebt es keine Lethe. Ja wenn man sich wieder in seine Neutralität zurückziehen könnte! Wer alle Verpflichtungen vermeiden könnte, und nachdem er einmal beobachtet, weiter beobachten könnte, mit derselben unbefangenen, freien, unbestechlichen und unerschrockenen Unschuld, müßte immer furchtbar sein. Er könnte Meinungen äußern über alles, was da geschieht; jeder würde fühlen, daß sie von keinem Interesse beeinflußt, keine Privatmeinungen, sondern allgemeine notwendige Wahrheit sind; seine Aussprüche würden wie Pfeile in die Ohren der Menschen dringen und sie mit Furcht erfüllen.

Dies sind die Stimmen, die wir in der Einsamkeit hören, aber sie werden schwach und unhörbar, sobald wir in das Weltgewühl treten. Die Gesellschaft ist überall gegen die Mannheit jedes ihrer Mitglieder verschworen. Die Gesellschaft gleicht einer Aktiengesellschaft, deren Mitglieder, um jedem Aktionär sein tägliches Brot zu sichern, übereingekommen sind, die Freiheit und selbständige Ausbildung jedes Brotessers zu opfern. Ihre gesuchteste Tugend ist Konformität. Selbständigkeit ist ihr verhaßt. Sie liebt nicht Wirklichkeiten und Schöpfer, sondern Gebräuche und Namen.

Wer da ein Mann sein will, muß ein Dissident sein. Wer Unsterbliches erringen will, der darf sich durch das Wort „gut" nicht beeinflussen lassen, sondern muß prüfen, was wirklich gut ist. Zuletzt ist nichts heilig als die Integrität des eigenen Geistes. Sprich dich selber los, und du wirst die Stimme der Welt haben. Ich erinnere mich einer Antwort, die ich als junger Bursch beinahe unwillkürlich einem geschätzten Ratgeber gab, der mich mit den lieben alten Lehren der Kirche zu quälen pflegte. Als ich nämlich sagte: „Was hab' ich mit der Heiligkeit der Tradition zu thun, wenn ich ganz nach den Geboten meines Innern lebe?" meinte mein Freund: „Aber diese Impulse können leicht vom Bösen und nicht von oben kommen!" und ich erwiderte: „Es scheint mir nicht, daß dies der Fall ist, aber wenn ich des Teufels Kind bin, dann will ich auch nach des Teufels Geboten leben!" Kein Gesetz kann mir heilig sein, als das meiner eigenen Natur. „Gut" und „schlecht" sind nur Namen, die man leicht auf dies und jenes übertragen kann. Recht ist einzig und allein, was meinem Wesen entspricht, unrecht nur, was ihm widerspricht. Ein Mann muß sich selbst aller Opposition zum Trotz durchsetzen; als ob alles außer ihm nur ein Schein- und Eintagsleben führen würde. Es ist eine Schande, wie leicht wir vor Namen und Ordenszeichen, vor Gesellschaften und toten Institutionen kapitulieren. Jedes anständige und gutbeleumundete Individuum bestimmt und beeinflußt mich mehr als recht ist. Ich sollte aufrecht und lebenskräftig einhergehen und die rauhe Wahrheit auf allen Wegen sprechen. Wenn Bosheit und Eitelkeit das Gewand der Philanthropie anlegen – soll ihnen das durchgehen? Wenn ein ärgerlicher Mucker die schöne Sache der Sklavenbefreiung in die Hand nimmt und mir mit den letzten Nachrichten von Barbados daherkommt, warum soll ich ihm nicht sagen: „Geh und liebe deine Kinder, liebe die Leute, die das Holz für dich hacken, sei freundlich und bescheiden und sei froh, wenn diese Gnade dir zu teil wird, und verbräme deinen harten lieblosen Ehrgeiz nicht mit dieser unglaublichen Liebe für schwarze Menschen, die tausend Meilen von dir entfernt sind!" Rauh und unlieblich würde ein solcher Gruß allerdings klingen, aber die Wahrheit ist besser, als diese Liebesheuchelei. Auch die Güte muß eine gewisse Schärfe haben, sonst ist sie keine. Wenn die Lehre der Liebe jammert und winselt, dann muß die des Hasses als Gegengift gepredigt werden. – Ich fliehe Vater und Mutter, Weib und Kind, wenn mein Genius ruft – „Laune!" möchte ich über meine Thür schreiben. Innerlich hoffe ich wohl, es ist etwas Besseres wie Laune, aber ich kann meine Zeit nicht mit Erklärungen verlieren. Verlangt nur nicht, daß ich euch meine Gründe sage, warum ich Gesellschaft suche oder fliehe. Und erzählt mir nicht, wie heute ein guter Mann gethan, daß ich verpflichtet sei, die Lage aller armen Leute zu verbessern. Sind sie meine Armen? Ich sage dir, du thörichter Philanthrop, daß ich mit dem Thaler, dem Groschen, dem Pfennig geize, wenn ich ihn Leuten geben soll, die so wenig zu mir gehören wie ich zu ihnen. Es giebt eine Klasse von Menschen, denen ich durch alle geistige Wahlverwandtschaft verkauft und zu eigen bin – für sie will ich im Zuchthaus sterben, wenn es sein muß; aber eure verschiedentlichen Wohlthätigkeitsvereine, eure Schulen für Cretins; eure Vereinsbauten für den eiteln Zweck, dem so viele jetzt nachjagen; Almosen für Säufer und die tausendfachen Unterstützungsvereine – ob ich gleich zu meiner Schande gestehen muß, daß ich manchmal unterliege und den Thaler hergebe – es ist ein übelverwendeter Thaler, und ich werde mit der Zeit Manns genug werden, ihn zu verweigern.

Tugenden sind – nach der gewöhnlichen Meinung – eher die Ausnahme als die Regel. Man kennt den Menschen und seine Tugenden. Die Menschen vollbringen eine sogenannte gute That wie irgend ein Kraftstück oder ein Almosen, ungefähr wie sie ein Pönale für das Ausbleiben von der Parade zahlen würden. Sie thun ihre Werke gleichsam als eine Entschuldigung und Sühne ihres gewöhnlichen Lebens, sowie Kranke und Irrsinnige ein hohes Kostgeld zahlen. Ihre Tugenden sind Strafgelder. Ich aber will nicht sühnen, ich will leben. Und ich lebe fürs Leben und nicht für den Schein. Und ich will lieber ein Leben in bescheidener Niedrigkeit, aber echt und gleichmäßig als ein glänzendes und haltloses Leben führen. Ich will es gesund und wohlig, – und nicht Diät halten und jeden Augenblick Aderlassen müssen. Ich will auf den ersten Blick erkennen, daß einer ein Mann ist und verweigere die Berufung vom Menschen an seine Thaten. Ich für meine Person weiß, daß es ganz gleichgiltig ist, ob ich die Handlungen, die man für vortrefflich hält, ausführe oder unterlasse. Ich kann mich nicht dazu verstehen, für ein Privilegium zu zahlen, auf das ich ein natürliches Recht habe. Gering und ärmlich mögen meine Gaben sein, aber ich bin, wie ich bin, und brauche kein Amtszeugnis zu meiner und meiner Mitmenschen Gewißheit.

Mich kümmert einzig, was ich zu thun habe, nicht was die Leute denken. Diese Regel, gleich schwer zu befolgen im wirklichen wie im geistigen Leben, macht den ganzen Unterschied zwischen Größe und Gemeinheit aus. Sie ist um so schwerer, weil sich immer Leute finden, die da besser zu wissen meinen, was deine Pflicht ist, als du selbst. Es ist leicht, in der Welt nach der Meinung der Welt zu leben, es ist in der Einsamkeit leicht, nach seiner eigenen zu leben, –

aber der große Mensch ist der, welcher inmitten der Menge, ohne zu streiten, die Unabhängigkeit der Einsamkeit zu bewahren weiß.

Der Grund, weshalb wir uns Gebräuchen, die für uns tot sind, nicht fügen dürfen, liegt darin, daß wir unsere Kräfte damit vergeuden. Wir verlieren mit ihnen unsere Zeit und sie verwischen das Bild unseres Charakters. Wenn du eine tote Kirche aufrecht erhältst, einer toten Bibelgesellschaft beisteuerst, mit einer großen Partei für oder gegen die Regierung stimmst, offene Tafel hältst, wie so viel niederträchtiges Volk, – wie soll ich unter all diesen Schalen den Kern deines Wesens entdecken? All die Kraft, die du auf diese Erbärmlichkeiten verwendest, wird dem wirklichen Leben entzogen. Aber thu dein Werk, und man wird dich kennen. – Thu dein Werk und neue Kräfte werden dich durchströmen. Jede männliche Seele sollte bedenken, was für ein Blindekuh-Spiel die gesellschaftliche Gleichförmigkeit ist. Wenn ich die Sekte kenne, der einer angehört, weiß ich auch schon, was er denkt. Ein Prediger kündigt an, er werde heute über die Zweckmäßigkeit einer Institution seiner Kirche sprechen. Weiß ich nicht voraus, daß er unmöglich ein neues und ursprüngliches Wort sagen kann? Weiß ich nicht voraus, daß, so sehr er sich den Anschein giebt, die Gründe der betreffenden Institution zu prüfen, er das durchaus nicht thun wird? Weiß ich nicht voraus, daß er vor sich selbst gebunden ist, die Sache nur von einer Seite anzuschauen, von der ihm erlaubten Seite, nicht als Mensch, sondern als Geistlicher? Er ist ein bestellter Anwalt, und das Pathos der Advokaten ist die leerste Heuchelei. Nun wohl, die meisten Menschen haben ihre Augen mit dem einen oder anderen Tuche verbunden und sich einer der landläufigen Meinungen angeschlossen. Diese gesellschaftliche Orthodoxie hat zur Folge, daß sie nicht etwa in einigen Einzelheiten falsch werden, einige wenige Lügen mitmachen, sondern sie werden durch und durch verfälscht. Keine Wahrheit, die von ihnen ausgeht, ist ganz wahr. Ihr Zwei ist nicht das richtige Zwei, ihr Vier nicht das richtige Vier, sodaß jedes Wort, das sie sprechen, uns verstimmt, und wir nicht wissen, wo wir anfangen sollen, sie zu berichtigen. Und die Natur säumt nicht, uns die Sträflingsuniform der Partei, der wir angehören, anzumessen, wir kommen mit der Zeit dahin, alle ein und dasselbe Gesicht zu schneiden und gewinnen allmählich einen sanften eselhaften Ausdruck. Eine ärgerliche Erfahrung dieser Art, die sich sogar in die Weltgeschichte eingeschlichen hat, macht jeder, ich meine das „blöde Beifallslächeln“ das gezwungene Lächeln, das wir in einer Gesellschaft aufstecken, in der wir uns nicht wohl fühlen, mit dem wir ein Gespräch beantworten, das uns nicht interessiert. Die Gesichtsmuskeln, nicht willkürlich, sondern von einer die Herrschaft an sich reißenden Unterströmung des Willens bewegt, verzerren sich mit dem unangenehmsten Gefühle.

Den Dissidenten geißelt die Welt mit ihrem Mißfallen. Und darum muß ein Mann wissen, wie hoch er ein saures Gesicht anzuschlagen hat. Die Umstehenden sehen ihn scheel an auf den Straßen und im Salon des Freundes. Wenn diese Abneigung einer Verachtung und einem Widerstande entspringen würde die seinem eigenen gleichen, dann hätte er allerdings Grund, mit traurigem Gesichte nach Hause zu gehen; aber die scheelen Gesichter der Menge haben so wenig als die freundlichen einen tieferen Grund, sondern werden angenommen und abgelegt, je nachdem der Wind bläst oder die Zeitung befiehlt. Und doch ist die Unzufriedenheit der Menge fürchterlicher als die des Parlaments und der Fakultäten. Für einen festen Mann, der die Welt kennt, ist es gar nicht so schwer, der Wut der gebildeten Stände zu trotzen. Ihre Wut ist anständig und behutsam, sie sind sehr vorsichtig, denn sie wissen zu gut, wie leicht verwundbar sie selbst sind. Aber wenn zu ihrer ohnmächtigen weiblichen Wut die Empörung des Volkes hinzutritt, wenn die Armen und Unwissenden aufgereizt werden, wenn die sinnlose brutale Kraft, die im Grunde der menschlichen Gesellschaft ruht, zu knurren und das Maul zu verzerren beginnt, dann bedarf es sicherer Gewöhnung in Hochherzigkeit und Religion, um es wie ein Gott als unbedeutende Kleinigkeit zu betrachten.

Ein anderer Popanz, der uns von selbständigem Handeln abschreckt, ist die Konsequenz; eine sonderbare Ehrfurcht vor unseren vergangenen Worten und Thaten, weil die Augen der anderen keine anderen Daten haben, um unsere Bahn zu berechnen, als diese, und wir sie nicht gern enttäuschen mögen.

Aber warum sollen wir denn ewig den Kopf über die Schulter zurückdrehen? Warum diesen Leichnam im Gedächtnis mit dir schleppen, damit du nur ja nie dem widersprichst, was du einmal da oder dort an öffentlichem Orte gesagt hast. Und wenn du dir einmal widersprichst, was ist denn dran? Es ist eine alte Weisheitsregel, sich nie auf sein Gedächtnis allein zu verlassen, selbst dort nicht, wo es bloß aufs Gedächtnis ankommt – sondern immer die Vergangenheit vor den Richterstuhl der tausendäugigen Gegenwart zu bringen und stets in neuen Tagen zu leben. – In deiner Metaphysik hast du der Gottheit die Persönlichkeit abgesprochen; – wenn aber eines Tages eine inbrünstige Frömmigkeit deine Seele ergreift und erfüllt – gieb ihr mit ganzer Seele nach und laß sie deinen Gott immerhin mit Gestalt und Farbe bekleiden. Laß deine Theorie, wie Josef seinen Mantel in den Händen der Hure, und fliehe! –

Eine unvernünftige Konsequenz ist der Plagegeist und das Schreckgespenst aller kleinen Geister, angebetet von den kleinen Staatsmännern, Philosophen und Geistlichen. Mit Konsequenz hat eine große Seele einfach nichts zu thun. Ebenso wichtig wäre es, sich um seinen Schatten an der Wand zu kümmern. Sprich, was du heute denkst, in harten Worten, und morgen sprich, was du morgen denkst, wieder in harten Worten, und wenn du jedes Wort des heut Gesprochenen widerrufen müßtest. – „Ja, aber dann wirst du sicherlich mißverstanden werden.“ – Ist es denn so schlimm, mißverstanden zu werden? Pythagoras wurde mißverstanden und Sokrates und Jesus und Luther und Copernicus und Galileo und Newton und jeder reine und weise Geist, der hienieden jemals zu Fleisch ward. Groß sein heißt mißverstanden werden.

Ich meine, kein Mensch kann seiner Natur Gewalt anthun. Alle Seitensprünge seines Willens sind vom Gesetz seines Wesens eingerundet, wie die Ungleichheiten der Anden und des Himalaya an der Erdkurve verschwinden. Auch ist es gleichgiltig, wie du ihn aichen und erproben magst. Ein Charakter ist wie ein Akrostichon oder eine Alexandrinische Strophe: vorwärts, rückwärts, über quer gelesen, giebt sie immer denselben Wortlaut. In diesem lieblichen bescheidenen Waldleben, das Gott mir gewährt, will ich Tag für Tag meine ehrlichen Gedanken aufzeichnen ohne vorwärts noch rückwärts zu schauen; und ich zweifle nicht, sie werden harmonisch erscheinen, ohne daß ich's will noch weiß. Mein Buch muß vom Dufte der Pinien erfüllt sein und vom Summen der Insekten wiedertönen. Die Schwalbe über meinem Fenster soll den Strohhalm in ihrem Schnabel in das Gewebe meines Geistes schlingen. Wir gelten für das, was wir sind. Über den Kopf unseres Wollens hin offenbart sich unser Charakter. Die Menschen bilden sich ein, daß sie ihre Tugenden und Fehler nur durch offene Handlungen zur Kenntnis bringen, – und merken nicht, daß Tugend und Fehler mit jedem Atemzuge sich verraten.

In den denkbar verschiedensten Handlungen muß Übereinstimmung herrschen, wenn nur jede zu ihrer Stunde ehrlich und natürlich ist, denn die Handlungen eines Willens müssen harmonisch sein, wie ungleich sie auch scheinen. In einer kleinen Entfernung, bei einer gewissen Höhe des Gedankens verliert man die Verschiedenheiten aus dem Gesichte. Eine Richtung vereint alle, die Fahrt des besten Schiffes ist eine Zickzacklinie mit hundert Zacken. Betrachtet man die Linie aus einer genügenden Entfernung, so streckt sie sich zu einer geraden, welche der Durchschnittsrichtung entspricht. Jede aufrichtige That erklärt sich selbst und wird auch all deine anderen aufrichtigen Thaten erklären. Damit daß du so thust, wie die anderen thun, erklärst du nichts. Handle selbständig und was du bereits selbständig gethan, wird dich heute rechtfertigen. Größe appelliert an die Zukunft. Wenn ich heute fest genug bin, recht zu thun und den Augen zu trotzen, so muß ich schon so viel recht gethan haben als genug ist, mich heute zu verteidigen. Sei dem übrigens wie immer, – thu heute recht! Trotze immer dem Schein und du darfst ihm immer trotzen! Die Kraft des Charakters ist eine kumulative. Alle rechtschaffenen Tage der Vergangenheit teilen dem heutigen ihre Gesundheit mit. Woher kommt die Majestät der Helden des Senats und des Schlachtfeldes, die unsere Einbildungskraft gefangen nimmt? Von dem Bewußtsein, daß ein ganzer Zug großer Tage und Siege ihren Schritten folgt. Wie eine Aureole leuchten ihre vereinigten Strahlen um das Haupt des vorschreitenden Helden. Sie geben ihm wie eine sichtbare Schar von Engeln das Geleit. Das ist es, was Chathams Stimme dem Donner gleich macht, was Washingtons Betragen mit Würde erfüllt, und Amerika aus Adams' Auge leuchten macht. Ehre flößt uns Ehrfurcht ein, weil sie keine Eintagserscheinung ist. Sie ist immer altbewährte Tüchtigkeit. Wir ehren sie heute, weil sie nicht von heute ist. Wir lieben sie und huldigen ihr, weil sie unserer Liebe und Huldigung keine Fallen stellt, sondern nur von sich selbst abhängig, sich selbst entsprossen ist, und darum, auch wo sie dem Jüngsten zu teil wird, einen alten unbefleckten Stammbaum hat.

Ich hoffe, wir haben in diesen Tagen von Konformität und Konsequenz zum letzten mal reden gehört. Die Worte sollen von nun an an den Pranger gestellt und lächerlich gemacht werden. Anstatt des Gongs, das uns zum Mittagessen ruft, müssen wir den Ton der spartanischen Kriegspfeife vernehmen. Wir müssen damit aufhören, uns zu verbeugen und zu entschuldigen. – Ein großer Mann kommt heute, um in meinem Hause zu speisen. Ich begehre nicht ihm zu gefallen, ich begehre, daß er mir zu gefallen wünsche. Ich will die Menschheit vor ihm vertreten, und ob ich es gleich gütig thun möchte, vor allem will ich es wahr thun. Wir müssen die glatte Mittelmäßigkeit und schäbige Zufriedenheit der Zeit beleidigen und zurückweisen – und der guten Sitte, dem Handel, dem Comptoir die Thatsache ins Gesicht schleudern, die das Resultat der ganzen Weltgeschichte ist: daß ein großer Verantwortlicher Denker und Thuer schafft, wo immer ein Mensch schafft, daß ein wahrer Mensch keiner anderen Zeit und Raum angehört, sondern das Centrum aller Dinge ist. Wo er ist, da ist die Natur.

Er mißt dich und alle Menschen und alle Ereignisse. Gewöhnlich erinnert uns jede Person in der Gesellschaft an irgend etwas anderes oder an irgend eine andere Person. Nur Charakter und Realität erinnern an nichts anderes, sie nehmen die ganze Schöpfung ein. Der Mensch muß so viel sein, daß er Lage, Umstände und Umgebung gleichgiltig macht. Jeder wahre Mensch ist eine Kausalität, ein Land, ein Zeitalter; braucht unendlich viel Raum und Zeit und Zahlen um seine Pläne ganz zu realisieren; – und die Nachwelt scheint seinen Schritten wie ein Klientenzug zu folgen. Der Mensch Cäsar wird geboren und durch Jahrhunderte nachher haben wir ein römisches Kaiserreich. Christus wird geboren und Millionen von Seelen klammern und heften sich so an seinen Geist, daß er mit dem Guten und Menschenmöglichen selbst verwechselt wird. Jede Institution ist der verlängerte Schatten eines einzigen Menschen: das Mönchstum der des Eremiten Antonius; die Reformation der Luthers; des Quäkertum Foxs; der Methodismus Wesleys, die Sklavenbefreiung der Clarksons. Milton nannte Scipio den „Gipfel Roms"; und die ganze Weltgeschichte löst sich mit Leichtigkeit in die Biographien einiger weniger kraftvoller und ernster Gestalten auf.

Darum soll der Mensch seinen Wert kennen und die Welt zu seinen Füßen niederhalten; und in dieser Welt, die für ihn da ist, nicht ängstlich gucken, und sich herumstehlen und schleichen wie ein Bettelknab', oder ein Schleichhändler, oder ein Findelkind. Leider fühlt sich der Mensch in der Straße, wenn er zu Türmen und marmornen Götterbildern emporblickt, gedemütigt, weil er in sich keinen Wert fühlt, welcher der Kraft, die diese geschaffen, entspräche. Paläste, Bildsäulen und kostbare Bücher sehen ihn fremd und gebieterisch an, ungefähr wie eine prunkvolle Einrichtung und scheinen ihn wie diese zu fragen: Wer sind Sie eigentlich mein Herr? Und doch sind sie alle sein, bitten ihn, sie zu bemerken, wenden sich an seine Fähigkeiten, sich hervorzubemühen und von ihnen Besitz zu ergreifen. Jedes Bild wartet auf mein Urteil; es hat mir nichts vorzuschreiben, ich bin es, der seinen Anspruch auf Lob oder Tadel festzustellen hat. Das beliebte Märchen von dem betrunkenen Bettler, der vollgesoffen in der Straße aufgepackt, in das Haus des Herzogs gebracht, daselbst gewaschen und gekleidet, in des Herzogs eigenes Bett gelegt und beim Erwachen mit all der unterthänigen Feierlichkeit wie der Herzog selbst behandelt, und dem versichert wurde, daß er bisher wahnsinnig gewesen, verdankt seine Volkstümlichkeit dem Umstand, daß es den Zustand des Menschen so wunderbar symbolisiert, der in der Welt wie ein Trunkener wandelt und hier und da aufwacht, zu klarer

Besinnung kommt und erkennt, daß er ein Fürst im vollsten Sinne des Wortes ist.

Unsere Lektüre ist bettelhaft und schmarotzend. In der Geschichte sind wir die Narren unserer Phantasie. Königtum und Lordschaft, Macht und Staat sind freilich pomphaftere Worte als die einfachen Namen Hans und Eduard in bescheidenen Häusern und bei gewöhnlicher Tagesarbeit. Aber das Leben ist für beide dasselbe – die Gesamtsumme beider ist die gleiche. Wozu all diese Rücksicht für Alfred und Gustav und Skanderbeg? Angenommen, sie waren brave Leute, ist alle Bravheit mit ihnen heimgegangen? Bei dem unbeachteten Schritt, den du heute thun sollst, steht ein ebenso großer Einsatz auf dem Spiele, als ihrem öffentlichen und berühmten Schritte folgte. – Wenn Privatleute erst mit selbständigen Zielen handeln werden, dann wird der Glanz, der heute die Handlungen der Könige umgiebt, auf die des einfachen Gentleman übertragen werden.

Die Welt ist durch ihre Könige, die die Augen der Nationen so magnetisiert haben, belehrt worden. An diesem kolossalen Symbol lernte sie die gegenseitige Ehrfurcht, die der Mensch dem Menschen schuldig ist. Die fröhliche Loyalität, mit der die Menschen es überall gelitten haben, daß der König, der Edle, der Reiche nach seinen eigenen Gesetzen unter ihnen wandelte, sein eigenes Maß an Menschen und Dinge legte und das ihre umstieß, für Vorteil und Dienste nicht mit Gold, sondern mit Ehren zahlte und das Gesetz in seiner eigenen Person verkörperte, war das hieroglyphische Zeichen, mit welchem sie das Bewußtsein ihres eigenen Adels und Rechtes, das Recht jedes einzelnen Menschen, dunkel andeuteten.

Die magnetische Wirkung, die alles selbständige Handeln auf uns ausübt, erklärt sich, sobald wir nach dem Grunde des Selbstvertrauens forschen. Wem traut man eigentlich, wenn man sich selbst vertraut? Was ist jenes Ur-selbst, auf das ein allgemeines Vertrauen und Weltberuhen gegründet werden kann? Welche Natur, welche Kraft besitzt jener Stern ohne Parallaxe, ohne berechenbare Elemente, der aller Wissenschaft spottet, und doch mit einem Strahl von Schönheit selbst ganz gewöhnliche, ja unreine Handlungen verklärt, sobald sich nur die geringste Spur von Unabhängigkeit darin offenbart? Die Forschung führt uns zu jener Quelle, die zugleich die Quintessenz des Genies, der Sittlichkeit und des Lebens ist, die wir Ursprünglichkeit oder Instinkt nennen. Wir bezeichnen dieses primäre Wissen als Intuition, während alle spätere Erkenntnis auf Beobachtung und Belehrung beruht. Aus dieser geheimnisvollen Kraft, dieser letzten Thatsache, hinter die unsere Forschung nie gelangen kann, nehmen alle Dinge ihren gemeinsamen Ursprung. Denn das Gefühl des Seins, das in unserer Seele, wir wissen nicht wie, in stillen Stunden auftaucht, ist nicht unterschieden von Raum und Zeit, vom Licht, vom Menschen und von den Dingen, sondern eins mit ihnen und strömt offenbar aus derselben Quelle, aus der auch ihr Leben und Dasein quillt. Erst teilen wir das Leben, durch das die Dinge existieren, später sehen wir sie als Erscheinungen der Natur und vergessen, daß wir teil an ihrem Grunde haben. Hier liegt die Quelle alles Thun und Denkens. Von hier strömt jene Inspiration, die dem Menschen Weisheit verleiht und die zu leugnen (die wahre) Irreligiosität und Atheismus ist. Wir ruhen im Schoße eines unendlichen Geistes, der uns zu Gefäßen seiner Wahrheit und Werkzeugen seiner Thätigkeit macht. Wenn wir etwas als recht, als wahr erkennen, dann handeln nicht wir, sondern wir gewähren nur seinen Strahlen den Durchgang. Wenn wir fragen, woher dies kommt, wenn wir nach der Ur-Seele, die der letzte Grund der Dinge ist, spähen, erweist alle Philosophie sich ohnmächtig. Ihr Dasein oder Nichtdasein ist alles, was wir bestätigen können. Jeder Mann unterscheidet zwischen den willkürlichen Handlungen seines Geistes und seinen unwillkürlichen Wahrnehmungen, und weiß, daß die letzteren den vollkommensten Glauben verdienen. Man kann in der Wiedergabe derselben irren, aber jeder weiß, daß sie unbestreitbar sind wie Tag und Nacht. Meine willkürlichen Handlungen und Erlernungen sind höchst unsicher; – aber die müßigste Träumerei, die leiseste ursprüngliche Regung macht mich aufmerksam und neugierig. Gedankenlose Leute sind ebenso geneigt, Wahrnehmungen zu widersprechen wie Meinungen, ja noch viel geneigter, denn sie unterscheiden nicht zwischen Wahrnehmungen und Ideen. Sie meinen, daß ich dies oder jenes sehen will. Aber Wahrnehmungen sind unvermeidlich und hängen nicht von Wunsch oder Laune ab. Wenn ich eine Sache sehe, so werden meine Kinder sie nach mir sehen, und im Laufe der Zeit alle Welt – obgleich vielleicht keiner sie vor mir gesehen. Denn daß ich sie wahrgenommen, ist eine so feststehende Thatsache wie die Sonne.

Die Beziehungen der Seele zum göttlichen Geiste sind so rein, daß jeder Versuch, Vermittler einzuschieben, wie eine Profanation erscheint. Wenn Gott spricht, kann er nicht eins mitteilen, sondern alles; muß die Welt mit seiner Stimme erfüllen; Licht, Natur, Zeit und Seelen aus dem Mittelpunkte des gegenwärtigen Gedankens ausstreuen; neu die Schöpfung schaffen und einen neuen ersten Tag. Wenn die einfältige Seele göttliche Weisheit empfängt, dann schwindet alles Alte, – Mittel, Lehrer, Bücher, Tempel fallen; der Augenblick ist Leben; Zukunft und Vergangenheit schließt die gegenwärtige Stunde ein. Alles heiligt die Beziehung. Alle Dinge lösen sich auf zu ihrem Centrum in dem Dinge, das sie schuf, und in dem allumfassenden Wunder verschwinden all die kleinen Einzelwunder. Wenn daher ein Mensch vorgiebt, von Gott zu wissen und zu sprechen und euch zu den Redensarten einer alten vermoderten Nation, in eine andere Zeit, eine andere Welt zurückführt, glaubet ihm nicht! Ist die Eichel besser als die Eiche, die ihre Erfüllung und Vollendung ist? Ist der Erzeuger besser als das Kind, in das er sein gereiftes Wesen übertragen? Woher also dieser Kultus des Vergangenen? Die Jahrhunderte sind Verschwörer gegen die Gesundheit und Autorität des Geistes. Raum und Zeit sind nur physiologische Farben, die das Auge schafft; der Geist ist Licht; wo er ist, ist Tag; wo er war, ist Nacht; und die Geschichte ist eine anmaßende Beleidigung, wenn sie mehr als eine heitere Apologie oder Parabel meines Seins und Werdens ist.

Der Mensch ist furchtsam und bittet beständig um Verzeihung. Er geht nicht mehr aufrecht einher und getraut sich nicht zu sagen: „Ich denke," „Ich bin," sondern citiert irgend einen Heiligen oder Weisen. Der Grashalm und die blühende Rose beschämen ihn. Die Rosen unter meinem Fenster berufen sich nicht auf frühere Rosen oder bessere; sie geben sich als das, was sie sind; sie leben heute mit Gott. Sie kennen keine Zeit, sie sind Rosen, vollkommen in jedem Augenblick ihres Daseins. Ehe die Blattknospe sprang, war ein volles Leben thätig; in der reichen Blüte ist nicht mehr, im entblätterten Strauch nicht weniger. Sie ist befriedigt und befriedigt die Natur in jedem Augenblick ihres Daseins. Aber der Mensch verschiebt oder gedenkt; er lebt nicht in der Gegenwart, sondern klagt zurückgewendeten Auges um die Vergangenheit, oder stellt sich, unbekümmert um die Schätze, die ihn umgeben, auf die Fußspitzen, um die Zukunft zu erspähen. Und er kann nicht eher stark und glücklich sein, als bis auch er im Bunde mit der Natur im Augenblick ein zeitloses Dasein führt.

Das sollte klar genug sein. Und dennoch, es ist zum Staunen, welch starke Geister noch immer nicht Gott selbst zu hören wagen, wenn er nicht die Sprache irgend eines David, Jeremias oder Paulus spricht. Die Zeit wird kommen, wo wir diesen wenigen Texten und Personen keinen so großen Wert mehr beilegen werden. Wir gleichen Kindern, die die Weisheitssprüchlein ihrer Großmütter und Lehrer nachleiern; wenn sie älter werden, diejenigen bedeutender Menschen, die sie zufällig gelernt haben, – immer ängstlich bemüht, den genauen Wortlaut im Kopfe zu behalten. Spät erst, wenn sie zu den Gesichtspunkten jener gelangen, welche diese Maximen aufstellten, geht ihnen der Sinn auf und sie lassen die Worte fahren, denn nun können sie die entsprechenden Worte ebensogut allein finden. Wenn wir richtig leben, werden wir richtig schauen. Es ist für den Starken ebenso leicht, stark zu sein, wie für den Schwachen, schwach. Wer selbst stets Neues aufnimmt, kann sein Gedächtnis leicht der angehäuften Schätze wie von ebensoviel angehäuftem Plunder entlasten. Wenn ein Mensch mit Gott lebt, wird seine Stimme süß klingen wie das Murmeln des Baches und das Rauschen des Korns.

Und nun bleibt die höchste Wahrheit über dieses Thema zuletzt ungesagt und kann wohl gar nicht gesagt werden; denn alles, was wir sagen, ist nur entfernte Erinnerung an die Intuition. Der Gedanke, mit dem ich ihr am nächsten kommen kann, ist folgender: Wenn das Hohe dir nahe ist, wenn du Leben in dir hast, dann kommt es auf keinem bekannten oder gewohnten Wege: du wirst keine fremde Fußspur auf deinem Pfade finden, du wirst keines Menschen Antlitz sehen, du wirst keinen Namen hören: der Pfad, der Gedanke, das Hohe wird völlig fremd und neu sein. Es wird Beispielen und Erfahrungen widersprechen. Du mußt deinen Weg von den Menschen fort, nicht zu ihnen nehmen. Alle Personen, die je existierten, sind seine vergessenen Diener. Furcht und Hoffnung reichen nicht zu ihm hinauf. Selbst in der Hoffnung liegt etwas Niedriges. In der Stunde der Vision empfinden wir nichts, was Dankbarkeit, ja nichts, was eigentlich Freude genannt werden könnte. Die über alle Leidenschaften erhobene Seele schaut die Identität und ewigen Kausalzusammenhang, erfaßt und begreift die Selbstexistenz der Wahrheit und des Rechts, und wird immer ruhevoller in der Erkenntnis, daß alles wohl geordnet ist. Die weiten Räume der Natur, der Atlantische Ocean und die Südsee. die ungeheueren Zeiträume, Jahre und Jahrhunderte schwinden. Dies, was ich denke und fühle, lag jedem früheren Leben und Sein zu Grunde, wie es meinem jetzigen zu Grunde liegt, – so dem, was Leben genannt wird, wie dem, was Tod genannt wird.

Nur das Leben hat Wert, nicht das Gelebthaben. Im Augenblick der Ruhe hört alle Kraft auf. Sie existiert nur im Augenblick des Überganges aus einem Zustand in einen neuen, im Wirbel der Strömung, im Pfeile, der nach seinem Ziele fährt. Dies ist es, was die Welt haßt: das Werden des Geistes; denn es raubt der Vergangenheit allen Schimmer, wandelt Reichtum in Armut, Ehre in Schande, verwechselt den Heiligen mit dem Schurken, stellt Jesus und Judas Seite an Seite.

Was schwatzen wir nur von Selbstvertrauen? So lange der Geist in uns ist, ist Kraft in uns, nicht vertrauend, sondern treibend und führend. Von Vertrauen sprechen ist nur eine arme, äußerliche Redensart. Besser wär's, von dem zu sprechen, was sicher ruht, weil es wirkt und schafft. Wer besser gehorchen kann als ich, übermeistert mich, und wenn er gleich keinen Finger rührte. Um ihn muß ich kreisen nach dem Gravitationsgesetz der Geister. Noch halten wir es für eine Redefigur, wenn wir von hervorragender Tugend sprechen. Wir haben noch nicht eingesehen, daß Tugend wirklich Höhe ist, und daß ein Mensch oder eine Schar von Menschen, die plastisch und für die ewigen Principien empfänglich sind, nach dem Naturgesetz alle Städte, Nationen, Könige, Reiche und Dichter niederreiten und überwältigen müssen, die es nicht sind.

Dies ist der letzte Schritt, zu dem wir hier wie überall so schnell gelangen: die Auflösung aller Dinge in das ewigheilige Eine. Selbst-Existenz ist das Attribut des Höchsten Grundes. Nach dem Grade, in dem sie niedrigeren Formen eigen ist, bildet sie das Maß alles Guten. Alle Dinge haben so viel reales Dasein, als sie sittliche Kraft besitzen: Handel, Hausführung, Jagd, Walfischfang, Krieg, Beredsamkeit, die Macht der Persönlichkeit – sind alle etwas und zwingen mir als Beweise der Gegenwart und wenn auch unreinen Wirkung dieser Kraft eine gewisse Achtung ab. Das gleiche Gesetz schafft in der Natur Erhaltung und Wachstum. In der Natur ist Kraft das wesentliche Maß des Rechts. Sie duldet nichts in ihren Reichen, was sich nicht selbst erhalten kann. Die Entstehung und das Reifen des Planeten, seines Gewichts und seiner Bahn, die Widerstandskraft des gebeugten Baumes, der sich vom Stoße des Sturmes erholt, die lebendigen Hilfsquellen jeder Pflanze und jedes Tieres sind ebensoviel Beweise und Äußerungen des sich selbst genügenden und darum selbstvertrauenden Geistes.

So strebt alles dem Mittelpunkt zu – laßt uns nicht umherirren! Laßt uns daheim beim Ur-Grunde bleiben! Laßt uns den eindringenden Schwarm von Menschen und Büchern und Institutionen durch die einfache Erklärung der göttlichen Wirklichkeit betäuben und mit Staunen füllen! Heißet die Eindringlinge die Schuhe von den Füßen ziehen, denn hier ist Gott! Unsere Einfalt soll sie richten und unsere Fügsamkeit in unser eigenes Gesetz sie lehren, wie arm Natur und Glück vor unseren angeborenen Schätzen sind.

Aber jetzt sind wir Pöbel. Der Mensch hat vor dem Menschen keine Ehrfurcht, noch fühlt sein Genius die Mahnung, daheim zu bleiben und aus dem inneren Ocean zu schöpfen, sondern geht umher und bettelt um einen Trunk Wassers aus den Krügen der anderen. Wir müssen allein gehen. Mir ist die schweigende

Kirche vor dem Beginn der Messe lieber als die beste Predigt. Wie entfernt, wie kühl, wie keusch erscheinen die Menschen, wenn jeden ein Vorhof, ein Heiligtum umgiebt! So wollen wir immer bleiben. Müssen wir denn die Fehler unseres Freundes, unseres Weibes, Vaters oder Kindes annehmen, weil sie um denselben Herd mit uns sitzen oder vom selben Blute sein sollen? Alle Menschen sind von meinem Blut, und ich von dem aller Menschen. Dennoch will ich ihre Begehrlichkeit oder Narrheit nicht einmal so weit anerkennen, daß ich mich ihrer schäme. Aber deine Absonderung darf nicht nur mechanisch, sondern muß geistig sein – das heißt sie muß Erhebung sein. Zu Zeiten scheint die ganze Welt sich verschworen zu haben, dich mit gewichtigen Kleinigkeiten zu belästigen. Ein Freund, ein Klient, ein Kind, Furcht, Krankheit, Not und Mildthätigkeit, alle klopfen zugleich an die Thür deines Gemaches und rufen: "Komm zu uns!" – Aber du bleibe für dich und lasse dich nicht in ihre Verwirrung zerren. Nur durch schwächliche Neugier mache ich es den Menschen möglich, mich zu verstimmen. Kein Mensch kann mir nahe kommen, außer durch mein eigenes Thun. „Was wir lieben ist unser; aber durch Begierde berauben wir uns der Liebe."

Und wenn wir uns nicht sogleich zum Heiligtum des Glaubens und Gehorsams emporschwingen können, so wollen wir wenigstens der Versuchung widerstehen, wollen uns in Kriegsrüstung werfen und wollen Thor und Wodan, Mut und Standhaftigkeit in unserer Sachsenbrust erwecken. In unseren glatten Zeiten heißt es da vor allem die Wahrheit sprechen. Diese erlogene Gastfreundlichkeit und erlogene Sympathie muß ein Ende haben. Du kannst nun nicht mehr so leben, wie es diese betrogenen Betrüger, die unseren Verkehr bilden, erwarten. Sprich zu ihnen: O Vater, o Mutter, o Weib, o Bruder, o Freund, ich habe mit euch bisher nach dem Scheine gelebt. Von nun an ist die Wahrheit mein Weg. Wisset, daß ich von nun an keinem Gesetz mehr gehorche, außer dem ewigen Gesetz. Ich will von keinem Bunde mehr wissen, ich will nur mehr euer Nachbar sein. Ich werde mich bemühen, meine Eltern zu erhalten, meine Familie zu ernähren, der keusche Gatte eines Weibes zu sein – aber all diese Pflichten muß ich auf einem neuen, ungewohnten Wege erfüllen. Ich kümmere mich um eure Sitte nicht. Ich muß ich selbst sein. Ich kann mich nicht länger für dich, oder für dich, opfern. Wenn ihr mich lieben könnt, wie ich bin, um so besser, wir werden beide um so glücklicher sein; wenn ihr mich nicht lieben könnt, so will ich mich dennoch bemühen, eure Liebe zu verdienen. Ich will meine Neigungen und Abneigungen nicht verbergen. Ich bin so fest überzeugt, daß alles Tiefe heilig ist, daß ich kühn vor Sonne und Mond das thun will, was immer mich innerlich erfreut und wozu mein Herz mich antreibt. Wenn du edel bist, will ich dich lieben; wenn du es nicht bist, will ich weder dich noch mich durch erheuchelte Aufmerksamkeiten beleidigen. Wenn du ein wahrer Mensch bist, aber einer anderen Wahrheit folgst als ich, so halte dich an deine Gefährten, ich will meine eigenen suchen. Ich thue dies nicht aus Selbstsucht, sondern in Demut und Wahrhaftigkeit. Es ist dein Interesse, wie meines und das aller Menschen, wie lange wir auch in Lügen gelebt haben mögen, von nun an in Wahrheit zu leben. Scheint dies heute hart? Du wirst es bald lieben, was dir deine Natur so gut, wie die meine mir, vorschreibt; und wenn wir beide der Wahrheit folgen, so wird sie uns beide zuletzt zum Heile führen. Ich werde dadurch meinen Freunden weh thun? Mag sein; aber ich kann nicht meine Kraft und Freiheit verkaufen, um ihre Empfindlichkeit zu schonen. Übrigens haben alle Leute vernünftige Augenblicke, manchmal wird jedem ein Einblick in die Region der ewigen Wahrheit gegönnt. Dann werden sie mich rechtfertigen und dasselbe thun.

Der Pöbel meint, daß du den allgemeinen Sittencodex verwirfst, weil du alle Sittengesetze verwirfst, – aus bloßem Antinomismus – und Menschen, die frech ihren Sinnen leben, werden ihren Lastern den Goldmantel der Philosophie umhängen. Aber das Gesetz liegt nicht in der Lust, sondern im Gewissen, und dies Gesetz bleibt. Es giebt zwei Beichtstühle, vor den einen oder den anderen müssen wir treten. Du kannst den Kreis deiner Pflichten erfüllen, indem du dich auf direktem oder indirektem Wege rechtfertigst. Du magst sehen, ob du deinen Beziehungen zu Vater und Mutter, Vetter und Nachbar, zur ganzen Stadt, zu Katz und Hund, Genüge gethan hast, ob einer von diesen dir einen Vorwurf machen kann. Aber ich kann diesen indirekten Maßstab auch fahren lassen und mich vor mir selber absolvieren. Ich stelle an mich meine eigenen ernsten Forderungen und habe einen vollkommenen Wirkungskreis. Ich verweigere gar vielen Dingen den Namen der Pflicht, die man gewöhnlich Pflichten nennt. Aber wenn ich nur mein eigenes Schuldbuch entlasten kann, dann kann ich mich vom allgemeinen Codex dispensieren. Wenn irgend ein Mensch glaubt, dieses Gesetz sei lax, so möge er versuchen, einen einzigen Tag lang seine Gebote zu erfüllen.

Und wahrlich, der Mann muß etwas Gottähnliches haben, der es wagen darf, die gemeinen Beweggründe der Menschen zu verwerfen und sich selbst sein eigener Zuchtmeister zu sein. Hoch muß sein Herz sein, treu sein Wille, klar sein Gesicht, auf daß er in vollem Ernste sich selbst Lehre, Gesellschaft und Gesetz sei, daß für ihn ein einfacher Vorsatz dasselbe bedeute, was die eiserne Notwendigkeit für andere ist.

Wer den gegenwärtigen Zustand dessen, was man vorzugsweise „die Gesellschaft" nennt, betrachtet, wird die Notwendigkeit dieser Ethik begreifen. Es ist, als ob Sehnen und Herz aus den Menschen gezogen wären; wir sind furchtsame, kleinmütige Winseler geworden. Wir fürchten uns vor der Wahrheit, wir fürchten uns vor dem Schicksal, wir fürchten uns vor dem Tod, und wir fürchten uns einer vor dem anderen. Unsere Zeit bringt keine großen und vollkommenen Persönlichkeiten hervor. Wir brauchen Männer und Weiber, die das Leben und die socialen Zustände neu schaffen, und müssen doch sehen, wie die meisten Naturen insolvent sind und nicht einmal ihre eigenen Bedürfnisse befriedigen können, einen Ehrgeiz haben, der mit ihrem wirklichen Können in gar keinem Verhältnis steht, und Tag und Nacht, unaufhörlich, betteln und borgen. Unser Hausführen ist bettelhaft, unsere Kunst, unsere Beschäftigungen, unsere Heiraten, unsere Religion haben nicht wir gewählt, sondern die Gesellschaft für uns. Wir sind Salonhelden. Wir scheuen das rauhere Schlachtfeld des Schicksals, auf dem allein die Kraft geboren wird.

Wenn unseren jungen Leuten der erste Versuch mißglückt, verlieren sie allen Mut. Wenn ein junger Kaufmann falliert, sagen die Leute: „Der Mann ist zu Grunde gegangen!" Wenn der begabteste Kopf, der an einer unserer Universitäten studiert hat, nicht ein Jahr später in einem Amt in Boston oder Newyork angestellt ist, so glauben er und seine Freunde, daß er ein Recht habe, sehr niedergeschlagen zu sein und sich sein lebenlang zu beklagen. Ein handfester Bursch aus New-Hampshire oder Vermont, der es der Reihe nach mit allen Professionen versucht, als Kutscher, Farmer, Hausierer, Schulmeister, – der predigt, Zeitungen herausgiebt, zuletzt Kongreßmitglied wird und ein ganzes Stadtgebiet ankauft – und immer wie eine Katze auf die Füße fällt, ist mehr als hundert solcher Stadtpuppen wert. Er hält Schritt mit seinen Tagen und schämt sich nicht, kein „Studierter" oder „gelernter Professionist" zu sein, denn er verschiebt sein Leben nicht, sondern lebt bereits. Er hat nicht eine Aussicht, sondern hundert Aussichten. Daß doch ein Stoiker wieder aufträte und die inneren Hilfsquellen des Menschen eröffnete und ihnen sagte: daß sie keine schwächlichen Ranken sind, sondern sich freimachen können und müssen, daß sie, sowie sie Selbstvertrauen lernen, neue Kräfte entdecken werden, daß der Mensch das fleischgewordene Wort ist, geboren, um den Völkern das Heil zu bringen, daß er sich unseres Mitleids schämen sollte, und daß im Augenblick, wo er aus seiner eigenen Natur heraus handelt und Gesetze und Bücher, Götzen und Sitten zum Fenster hinauswirft, wir ihn nicht länger bemitleiden, sondern dankbar verehren – ein solcher Lehrer würde dem Menschenleben wieder Glanz verleihen und seinen Namen aller Geschichte teuer machen.

Es ist leicht zu erkennen, daß nur ein größeres Selbstvertrauen – Selbstgehorchen eine heilsame Umwälzung in allen Beziehungen und Thätigkeiten der Menschen herbeiführen kann: in ihrer Religion, ihrer Erziehung, ihren Beschäftigungen, ihrer Lebensweise, ihrer Geselligkeit, ihren Eigentumsverhältnissen und in ihren philosophischen Anschauungen!

1. Was für Gebete erlauben sich die Menschen! Was sie Gottesdienst nennen, zeigt nicht einmal männlichen Mut, geschweige denn heiligen Geist. Jedes Gebet ist ein Umsehen nach fremder Hilfe, ein Flehen um Kräftigung durch ein fremdes Verdienst, und verliert sich in unendliche Irrgänge von Natürlichem und Übernatürlichem, von Mittlertum und Wundern. Jedes Gebet, das irgend einen besonderen Vorteil, das etwas anderes, etwas Geringeres als die höchste Gnade, als alles Gute verlangt, ist blasphemisch. Das wahre Gebet ist die Betrachtung der Dinge dieses Lebens vom höchsten Gesichtspunkte aus. Es ist das Selbstgespräch der beschauenden und entzückten Seele. Es ist der Geist Gottes, der da ausspricht, daß sein Werk gut sei. Aber das Gebet als Mittel, irgend ein privates Ziel zu erreichen, ist Gemeinheit und Diebstahl. Es setzt einen Dualismus in der Natur voraus, anstatt Bewußtsein und Einheit. Ein Mensch, der mit Gott eins ist, wird nie beten. Er wird in jedem Thun ein Gebet erkennen. Das Gebet des Landmannes, der in seinem Acker kniet, um ihn zu jäten, das Gebet des Schiffers, der mit dem Schlage seines Ruders kniet, – das sind wahre Gebete, die die ganze Natur vernimmt, obgleich es sich um geringes handelt. Wie Caratach in Fletchers „Bonduca“ sagt, da er ermahnt wird, den Sinn des Gottes Audat zu erforschen:

„In unserm Streben ist sein Sinn verborgen,
Die Tapferkeit ist unser bester Gott!“

Eine andere Art falscher Gebete sind Bedauern und Reue. Unzufriedenheit ist immer Mangel an Selbstvertrauen und Willensschwäche. Unglücksfälle soll man bedauern, wenn dem Betroffenen damit geholfen wird; – wenn aber nicht, so geh an deine Arbeit, und das Übel wird sich lindern. Unser Mitleid ist ein ebenso niedriges. Wir kommen zu denen, die da thöricht weinen, und setzen uns hin und plärren mit ihnen, anstatt ihnen Wahrheit und Gesundheit in rauhen elektrischen Schlägen mitzuteilen, indem wir sie noch einmal mit ihrer eigenen Vernunft in Verbindung setzen. Das Geheimnis des Glückes ist: Freude am Werk unserer Hände. Willkommen Göttern und Menschen ist der Mann, der sich selbst hilft, – ihm öffnen sich alle Thüren, ihn grüßen alle Zungen, ihn krönen alle Ehren, alle Blicke folgen ihm begierig nach. Unsere Liebe kommt ihm entgegen und umarmt ihn, weil er sich nicht um sie bewarb. Wir liebkosen und feiern ihn besorgt und reuig, weil er seinen eigenen Weg ging und unsere Mißbilligung verachtete. Die Götter lieben ihn, weil die Menschen ihn haßten. „Für den ausharrenden Sterblichen," sprach Zoroaster, „sind die seligen Unsterblichen schnell!"

So wie die Gebete der Menschen eine Krankheit des Willens sind, so ist ihr Glaube eine Krankheit des Intellekts. Sie sagen gleich jenen thörichten Israeliten: „O, laßt nicht Gott zu uns sprechen, auf daß wir nicht sterben; sprich du, spreche irgend einer von euch, und wir wollen gehorchen!" Nirgend kann ich Gott in meinem Bruder finden, weil er die Thore seines eigenen Tempels geschlossen hat und nur Fabeln von seines Bruders, oder von seines Bruders Bruders Gott erzählt. Jeder neue Geist entspricht einer neuen Klassifikation. Wenn es ein Geist von ungewöhnlicher Kraft und Thätigkeit ist, ein Locke, ein Lavoisier, ein Hutton, ein Bentham, ein Fourier, so zwingt er seine Klassifikation auch anderen auf, und siehe! wir haben ein neues System. Je tiefer der Grundgedanke desselben ist, je mehr Dinge es dem Jünger faßbar macht, um so größeren Erfolg wird es haben. Aber nirgends zeigt sich dies so, wie bei Kirchen und Religionen, denn auch diese sind nichts anderes als Systeme irgend eines gewaltigen Geistes, der den elementaren Gedanken der Pflicht und die Beziehungen des Menschen zum Höchsten zu seinem Gegenstande machte. Calvinismus, Quakerismus, Swedenborgismus sind solche Systeme. Der Jünger der neuen Lehre findet ebensoviel Freude daran, alle Dinge der neuen Terminologie einzureihen, wie ein wißbegieriges Kind, das eben Botanik gelernt hat und nun eine neue Erde, einen neuen Frühling entdeckt. Und eine Zeitlang wird er fühlen, daß sein Geist in dem Maße wächst, als er in den seines Meisters eindringt. Aber in allen unsicheren Seelen wird alsbald das System vergöttert, und für das Ziel gehalten, was doch nur ein rasch abgebrauchtes Mittel ist; die Grenzen des Systems verschwimmen ihrem Auge am fernen Horizont mit den Grenzen des Weltalls, und die Himmelslichter scheinen ihnen an dem Bogen, den ihr Meister aufgebaut, zu hängen. Sie können nicht begreifen, wie ihr Heterodoxen ein

Recht zu sehen habt, – wie ihr nur überhaupt sehen könnt. „Ihr müßt uns das Licht geradezu gestohlen haben!“ Sie fassen noch nicht, daß das unbezwingliche, in kein System zu sperrende Licht in jede Zelle dringt – selbst in die ihre. Mögen sie eine Weile zirpen und es ihr eigen nennen. Wenn sie ehrlich sind und recht thun, so wird ihr zierliches neues Bretterdach bald zu enge und niedrig werden, wird sich biegen, wird springen, faulen und schwinden, und das unsterbliche Licht wird jung und freudig, millionenfarbig, millionenstrahlig über das Weltall wie am ersten Morgen leuchten.

2. Es ist gleichfalls nur Mangel an Selbstbildung, daß der Aberglaube des Reisens, dessen Götzen Italien, England, Ägypten sind, seinen Zauber für alle wohlerzogenen Amerikaner behält. Diejenigen, welche England, Italien oder Griechenland so anziehend und ehrfurchtgebietend für unsere Phantasie machten, bewirkten dies dadurch, daß sie fest an ihrer Scholle klebten, als wäre sie die Achse der Erde. In männlichen Stunden fühlen wir, daß die Pflicht unseren Platz bestimmt. Der Geist ist kein Reisender; der weise Mann bleibt daheim – und wenn das Bedürfnis oder die Pflicht ihn hinausruft und ihn auf die Straße oder in die Fremde führt – er ist dennoch zu Hause, und am Ausdruck seines Antlitzes fühlen die Menschen, daß er als ein Missionär der Sittlichkeit und Weisheit dahinzieht und Städte und Menschen wie ein Souverän, nicht wie ein Bedienter oder Schleichhändler besucht.

Ich bin kein pedantischer Gegner der Reisen um die Welt, wenn sie aus Liebe zur Kunst, aus Wißbegier, aus Menschenfreundlichkeit unternommen werden, wenn der Mensch nur erst eine Heimat hat und nicht in der Hoffnung auszieht, Größeres zu finden als er zu Hause gekannt. Wer um sich zu zerstreuen reist, oder um etwas zu finden, was er nicht mitbringt, der flieht vor sich selbst und wird unter den Trümmern des Alten in seiner Jugend alt. In Theben, in Palmyra werden sein Geist und Herz alt und zerfallen wie diese, und er trägt Ruinen zu Ruinen.

Reisen ist das Paradies der Narren. Unsere ersten Ausflüge lehren uns, wie gleichgiltig die Orte sind. Zu Hause träum' ich, daß in Rom oder Neapel mich die Schönheit berauschen und meine Verstimmung enden wird. Ich packe meine Koffer, nehme von meinen Freunden Abschied und schiffe mich ein – und erwache in Neapel, und an meinem Bette sitzt ernsthaft und wirklich – dasselbe traurige, unnachsichtliche Selbst, vor dem ich geflohen. Ich besuche den Vatikan und die Paläste, ich thue, als wäre ich von Ansichten und Ideen berauscht, aber ich bin nicht berauscht. Mein Riese geht mit mir, wohin ich auch gehe.

3. Aber die Reisewut ist nur ein Symptom einer tieferen Ungesundheit, die unser ganzes geistiges Leben ergriffen hat. Unser Intellekt ist unstät, unser ganzes Erziehungssystem erzeugt Unruhe. Unser Geist ist selbst dann auf Reisen, wenn der Leib daheim bleiben muß. Wir sind Nachahmer – und was ist Nachahmung anders als ein Reisen des Geistes? Wir bauen unsere Häuser nach fremdem Geschmack, unsere Gesimse sind mit fremdem Zierat geschmückt, unsere Ansichten, unser Geschmack, unsere Fähigkeiten sind erborgte und auf Vergangenes und Entferntes gestützt. Wo die Künste geblüht haben, da hat der Geist sie geschaffen. In seiner eigenen Seele suchte und fand der Künstler seinen Stil. Dadurch, daß er den Gegenstand seiner Arbeit und die Gesetze, die er zu beobachten hatte, aus eigenem Denken bestimmte, entstand der Stil. Wer heißt uns, den Dorischen oder Gotischen nachahmen? Schönheit, Zweckmäßigkeit, Größe des Gedankens und Zierlichkeit des Ausdruckes sind uns so erreichbar wie irgend einem, und wenn der amerikanische Künstler mit Hoffnung und Liebe prüfen wird, was eben er zu thun hat, wenn er das Klima, den Boden, die Länge der Tage, die Bedürfnisse des Volkes, die Regierungsform des Landes in Betracht zieht, dann wird er auch ein Haus bauen können, mit welchem all diesen Genüge gethan und doch auch Geschmack und künstlerisches Gefühl zugleich befriedigt sein werden.

Beharre auf dir selbst; ahme niemals nach! Deine eigenen Gaben kannst du in jedem Augenblick, gesteigert durch die Ausbildung eines ganzen Lebens, verwerten, an dem erborgten Talent eines anderen hast du nur einen vorübergehenden, halben Besitz. Das, was einer am besten kann, das kann kein anderer als sein Schöpfer ihn lehren. Kein Mensch weiß noch, was es ist, und keiner kann's wissen, so lange er selbst es nicht offenbart hat. Wo ist der Meister, der Shakespeare hätte lehren können? Wo ist der Meister, der Franklin, Washington, Bacon oder Newton hätte unterweisen können? Jeder große Mann ist ein Unikum. Der Scipionismus Scipios ist eben das, was er von niemand entlehnen konnte; nie wird durch das Studium Shakespeares ein Shakespeare entstehen. Thue, das dir zugewiesen ist, und du kannst nicht zu viel hoffen, nicht zu viel wagen. In diesem selben Augenblick giebt es für dich eine Äußerung, kühn und großartig, wie die des kolossalen Meißels des Phidias, der Kelle der Ägypter, der Feder Mosis oder Dantes – aber verschieden von all diesen. Der tausendzüngige Geist in seinem unendlichen Reichtum, seiner unendlichen Ausdrucksfähigkeit, wiederholt sich nicht. Aber wenn du die Worte jener Patriarchen zu vernehmen imstande bist, wirst du ihnen auch in gleichem Tone antworten können; denn Ohr und Zunge sind Organe gleicher Art. Verweile nur in den hohen, einfachsten Sphären des Lebens, gehorche deinem eigenen Herzen, und du wirst die Vorwelt zu neuem Leben erwecken.

4. So wie unsere Religion, unsere Erziehung, unsere Kunst ein fremdes Gesicht zeigen, so auch der Geist unserer Gesellschaft. Alle Welt pocht auf den Fortschritt der menschlichen Gesellschaft, und kein Mensch macht einen Fortschritt.

Die Gesellschaft schreitet nie vor. Sie verliert stets auf der einen Seite so viel, als sie auf der anderen gewinnt. Sie unterliegt beständigem Wechsel – sie ist erst barbarisch, dann civilisiert, dann christianisiert – sie ist reich, sie ist wissenschaftlich gebildet – aber all dieser Wechsel ist kein Besserwerden. Für alles, was ihr gegeben wird, wird ihr etwas genommen. Sie lernt neue Künste und verliert alte Instinkte. Welch ein Kontrast zwischen dem wohlgekleideten, lesenden, schreibenden, denkenden Amerikaner mit Uhr, Kragen und Wechsel in der Tasche, und dem nackten Neuseeländer, dessen ganzes Eigentum in einer Keule, einem Speer, einer Matte und dem ungeteilten Zwanzigstel eines Binsendaches, darunter zu schlafen, besteht! Aber wer die Gesundheit der beiden Männer vergleicht, der erkennt, daß der Weiße seine ursprüngliche Kraft verloren hat. Wenn die Reisenden uns die Wahrheit berichten, so triff den Wilden mit einer breiten Axt, und in ein oder zwei Tagen schließt sich die Wunde und heilt, als ob du in weiches Pech geschlagen hättest, während derselbe Hieb den Weißen in sein Grab sendet.

Der civilisierte Mensch hat eine Kutsche erbaut, aber den Gebrauch seiner Füße verloren. Er weiß auf Krücken zu gehen, aber ihm fehlen die Muskeln. Er trägt eine feine Genfer Uhr, aber die Zeit nach der Sonne zu bestimmen vermag er nicht. Er besitzt nautische Kalender, und weil er darin nachschlagen kann, wenn er es brauchen sollte, kennt der Mann auf der Straße nicht einen Stern am Himmel. Die Sonnenwende beachtet er nicht, die Tag- und Nachtgleiche kennt er ebensowenig, und dem ganzen leuchtenden Kalender des Jahres entspricht kein Zifferblatt in seinem Geist. Seine Notizbücher verderben sein Gedächtnis, die Büchereien überladen seinen Geist, die Versicherungsanstalten vermehren die Zahl der Unglücksfälle; und es ist noch die Frage, ob die Maschinen uns nicht mehr hemmen als fördern, ob wir nicht durch Verfeinerung an Energie und durch ein wohleingerichtetes formales Christentum die Kraft wilder Tugend eingebüßt haben. Denn jeder Stoiker war ein Stoiker, aber wo in der Christenheit ist ein Christ?

So wenig also auf der Wage der Größe und Stärke eine Abweichung zu finden ist, so wenig giebt es eine auf ethischem Gebiet. Es leben jetzt keine größeren Männer als sonst. Eine merkwürdige Gleichheit läßt sich zwischen den großen Männern der ersten und letzten Zeitalter erkennen; noch kann alle Kunst und Wissenschaft, Religion und Philosophie des neunzehnten Jahrhunderts größere Männer erziehen, als die Heroen Plutarchs drei- oder vierundzwanzig Jahrhunderte vorher waren. Der Fortschritt des Geschlechts liegt nicht in der Zeit. Phocion, Sokrates, Anaxagoras, Diogenes sind große Männer, aber sie hinterlassen keine Schule von solchen. Wer wirklich ihresgleichen ist, wird nicht nach ihrem Namen genannt, sondern ist sein eigener Mann und mit der Zeit selbst Gründer einer neuen Sekte. Die Künste und Erfindungen einer Zeit sind nur ihr Kostüm und vermögen die Menschen nicht zu kräftigen. Der Schade, den eine verbesserte Maschinerie anrichtet, mag ihren Nutzen aufwiegen. Hudson und Behring haben in ihren Fischerbooten genug ausgerichtet, um Parry und Franklin in Erstaunen zu setzen, deren Ausrüstung alle Hilfsquellen moderner Wissenschaft und Kunst erschöpfte. Galileo entdeckte mit einem Operngucker eine glänzendere Reihe von Himmelserscheinungen als irgend einer nach ihm. Kolumbus fand die neue Welt in einem ungedeckten Boot. Es ist merkwürdig zu sehen, wie Werkzeuge und Maschinen beiseite gelegt und vergessen werden, die ein paar Jahre oder Jahrhunderte vorher unter lauten Lobpreisungen eingeführt wurden. Das Genie kehrt immer zum Menschen selbst zurück. Wir zählten die Verbesserungen der Kriegskunst unter die Triumphe der Wissenschaft, und doch hat Napoleon Europa durch das Bivouac erobert, dadurch, daß er auf die nackte Tapferkeit zurückgriff und sie aller Hilfsmittel entlastete. „Der Kaiser hielt es für unmöglich, eine vollkommen kriegstüchtige Armee heranzubilden" – sagt Las Casas – „ohne unsere Waffen, Magazine, Kommissarien und Troßwagen abzuschaffen, bis der Mann nach römischer Art seine Kornration empfangen, sie in seiner Handmühle mahlen und sein Brot selbst backen würde."

Die Gesellschaft gleicht einer Woge. Die Woge bewegt sich vorwärts, nicht aber das Wasser, aus dem sie besteht. Dasselbe Wellenteilchen erhebt sich nicht vom Thal zum Kamm. Die Einheit liegt nur in der Erscheinung. Die Personen, die heute eine Nation bilden, sterben im nächsten Jahr und ihre Erfahrung mit ihnen.

Und so ist das Vertrauen auf Besitz, einschließend das Vertrauen auf Regierungen, die ihn beschützen, nur Mangel an Selbstvertrauen. Die Menschen haben so lange auf Außendinge statt auf sich selbst gesehen, daß sie dahin gekommen sind, religiöse, gelehrte und bürgerliche Einrichtungen für Schutzmittel des Besitzes anzusehen, und Angriffe auf jene zu verdammen, weil sie sie als Angriffe auf ihr Hab und Gut empfinden.

Sie bemessen ihre gegenseitige Achtung nicht nach dem, was einer ist, sondern nach dem, was einer hat. Ein wahrhaft gebildeter Mensch aber schämt sich seines Besitzes, weil er Achtung vor seinem Wesen hat. Er haßt, was er hat, wenn er es als zufällig erkennt, – wenn es ihm durch Erbschaft, Schenkung oder Verbrechen zukam – er fühlt, daß dies nicht „Haben“ heißt – daß all dies ihm nicht gehört, nicht in ihm wurzelt und nur daliegt, weil keine Revolution, kein Räuber es weggenommen hat. Aber das, was ein Mann ist, das erwirbt notwendig und unaufhörlich, und was der Mann durch sein Wesen erwirbt, ist lebendiges Eigentum und unterliegt nicht dem Gutdünken der Herrscher oder des Pöbels, wird weder durch Aufruhr, noch Feuer, Sturm oder Bankbruch gefährdet, sondern erneuert sich beständig selbst, wo immer er atmet. „Dein Anteil am Leben,“ sagte der Kalif Ali, „folgt dir nach – daher bleibe ruhig und suche ihn nicht.“ – Unsere Abhängigkeit von solch fremden Gütern führt zu jenem sklavischen Respekt vor Zahlen.

Die politischen Parteien kommen in zahlreichen Versammlungen zusammen – und je größer der Zulauf, je größer der Begrüßungslärm: „Die Delegation von Essex! Die Demokraten von New-Hampshire! Die Whigs von Maine!“ desto stärker fühlt sich der junge Patriot vor diesem neuen Tausend von Augen und Armen. Ebenso berufen unsere Reformatoren Versammlungen ein und stimmen und beschließen nach Stimmenmehrheit. – Nicht so, meine Freunde! wird Gott in euch einziehen und in euch wohnen, sondern gerade auf dem entgegengesetzten Wege! Nur wenn ein Mann alle fremde Hilfe von sich weist und allein steht, seh' ich ihn stark und siegreich. Jeder neue Rekrut zu seiner Fahne macht ihn schwächer. Ist ein Mann nicht besser als eine Stadt? Verlange nur von den Menschen nichts, und bei dem endlosen Wechsel um dich her wirst über kurz oder lang du als die einzige feste Säule, für den Erhalter alles dessen gelten, was dich umgiebt. Wer da weiß, daß Kraft angeboren ist, daß er schwach ist, weil er das Gute außer sich selbst gesucht hat – und wer nach dieser Erkenntnis sich ohne Zögern auf seinen eigenen Geist wirft – der stemmt sich in diesem Augenblick, der steht gerade und stark, wird Herr seiner Glieder und wirkt Wunder, gerade wie ein Mensch, der auf seinen Füßen steht, stärker ist als einer, der auf dem Kopfe steht.

So gebrauche das, was man Glück nennt. Die meisten Menschen spielen mit ihm und gewinnen alles und verlieren alles, wie sein Rad rollt. Du aber verschmähe solchen Gewinn als ungesetzlich und halte dich an Ursache und Wirkung, welche die Kanzler Gottes sind. Im Willen wirke und erwerbe, und du hast das Rad des Glückes gefesselt und brauchst seine Umdrehungen hinfort nicht mehr zu fürchten. Ein politischer Sieg, ein Steigen der Kurse, die Genesung eines Kranken, die Rückkehr ein Freundes oder sonst ein günstiges Ereignis hebt deine Stimmung, und du denkst, daß frohe Tage für dich im Anzug sind. Glaube es nicht! Nichts kann dir Frieden bringen außer dir selbst. Nichts kann dir Frieden bringen außer dem Triumph der Principien.

Eine Vorlesung gehalten vor den Studenten der Theologie des Divinity-College zu Cambridge

In diesem strahlenden Sommer ist es eine Wollust gewesen, den Odem des Lebens einzuziehen. Das Gras wächst, die Knospe springt, die Wiesen sind mit Feuer und Gold in Blumenfarben besprengt. Die Luft ist erfüllt vom Gesange der Vögel und süß vom Dufte der Pinien, des Balsams von Gilead und des frischen Heus. Die Nacht bringt dem Herzen kein Düster mit ihrem willkommenen Schatten. Durch das flüssige Dunkel gießen die Sterne ihre beinahe geistigen Strahlen. Der Mensch unter ihnen erscheint wie ein junges Kind und sein gewaltiger Erdball wie ein Spielzeug. Die kühle Nacht badet die Welt wie in einem Strome und bereitet die Augen für die purpurne Dämmerung vor. Noch nie hat sich das Mysterium der Natur vor unseren Augen so glücklich entfaltet. Korn und Wein wurden allen Geschöpfen reichlich zugemessen, und das niemals gebrochene Schweigen, mit welchem die alte gütige Fülle sich immer aufs neue ergießt, hat uns noch immer kein Wort der Erklärung gegönnt. Wir sind unwillkürlich gezwungen, die Vollkommenheit dieser Welt, mit der unsere Sinne verkehren, anzuerkennen. Wie weit! Wie reich! Wie einladend! Welche Schätze bietet sie für jede Kraft des Menschen! In ihren fruchtbaren Feldern, in ihrer schiffbaren See, in ihren Bergen von Metall und Stein, in ihren holzreichen Wäldern, in ihren Tieren, in ihren chemischen Substanzen, in den Kräften und Pfaden des Lichtes, der Wärme, der Anziehungskraft und des Lebens, ist sie wohl wert, daß große Männer Herz und Mark daran setzen, sie zu unterjochen und zu genießen. Die Pflanzer, die Mechaniker, die Erfinder, die Astronomen, die Seefahrer und Städtegründer weiß die Weltgeschichte freudig zu ehren. Sobald aber der Geist sich aufschließt und die Gesetze zu begreifen und zu enthüllen beginnt, die das Weltall durchströmen und die Dinge so gestalten, wie sie uns erscheinen, dann schrumpft diese gewaltige Welt mit einem Male zu einem bloßen Textbilde, ja zu einer Fabel unseres Geistes zusammen. „Was bin ich? Was ist überhaupt?“ fragt der menschliche Geist mit einer stets neu entfachten, aber nie gestillten Wißbegierde. Denn jene Gesetze gleichen ungeheueren Linien, die unser unvollkommenes Fassungsvermögen nur hierhin und dorthin zielen, nie aber sich zum Kreise schließen sehen kann. Wir entdecken unendliche Beziehungen, alles ist so gleich und doch so ungleich, vieles und doch nur eins. Man möchte für immer lernen, für immer forschen, für immer bewundern! Diese Schöpfungen des Gedankens haben den menschlichen Geist in jedem Zeitalter beschäftigt.

Und doch offenbart sich uns eine noch geheimnisvollere, süßere und überwältigendere Schönheit, wenn Herz und Sinn sich sittlichen Gefühlen zu erschließen beginnen. Damit beginnt die Lehre von dem, was über uns ist. Hier lernen wir, daß unser Sein ohne Grenzen ist, daß wir zum Guten und Vollkommenen geboren sind, wie tief wir auch in Schwäche und Sünde daniederliegen mögen. Was der Mensch anbetet, das ist sein, wenn er es gleich noch nicht erreicht hätte. Er soll. Wir kennen den Sinn dieses großen Wortes, obgleich unsere Forschung es nicht erklären kann. Wenn einer, sei es in Unschuld, sei es in höchster geistiger Reife, dahin gelangt, zu sagen: „Ich liebe das Recht, die Wahrheit ist herrlich nach innen und außen, heute und immerdar – ewiger Geist des Guten, ich bin dein, bewahre du mich, beherrsche du mich, dir will ich dienen bei Tag und bei Nacht, im Großen und Kleinen, auf daß ich nicht tugendhaft sei, sondern selbst die Tugend!“ dann ist das Endziel der Schöpfung erreicht, und Gott sieht es mit Wohlgefallen.

Das sittliche Gefühl ist nichts anderes als ein Gefühl der Ehrfurcht und des Entzückens bei der Wahrnehmung gewisser göttlicher Gesetze. Es beruht auf der Erkenntnis, daß das hausbackene Spiel des Lebens unter scheinbar lächerlichen Kleinigkeiten erstaunliche Principien verbirgt. Wie das Kind in seinen Spielen die Wirksamkeit des Lichtes, der Bewegung, der Gravitation und Muskelkraft kennen lernt, so schaffen in dem Spiel des Lebens Liebe und Furcht, Gerechtigkeit und Begierde, Mensch und Gottheit in Wechselwirkung. Es ist unmöglich, diese Gesetze in präcisen Worten aufzustellen. Sie lassen sich nicht niederschreiben, die menschliche Zunge vermag sie nicht auszusprechen. Sie spotten unserer ausdauerndsten Gedanken. Und doch lesen wir sie täglich und stündlich einer in des anderen Gesicht, einer in des anderen Thaten und jeder im eigenen Gewissen. So wie wir es aussprechen wollen, müssen wir die moralischen Züge, die in jeder sittlichen Handlung, in jedem sittlichen Gedanken gehäuft sind, zerfasern und durch eine mühsame Aufzählung von Einzelheiten darzustellen oder wenigstens zu suggerieren versuchen. Da aber in diesem Gefühl das Wesen aller Religion beruht, so will ich doch versuchen, euer Auge auf die wahren Objekte desselben hinzulenken, indem ich eine Reihe von Thatsachen, in welchen dieses Element erkennbar ist, aufzähle.

Die Intuition des sittlichen Gefühls ist die Erkenntnis der Vollkommenheit der geistigen Gesetze. Diese Gesetze sind zugleich ihre eigene Exekutive. Sie stehen außerhalb der Zeit, des Raumes, und sind keiner Wandlung unterworfen. Dies verhält sich so. Es giebt eine Gerechtigkeit, die in der Seele jedes Menschen wirksam ist und jede Regung, jede That sofort und unfehlbar vergilt. Wer eine gute That vollbringt, ist hierdurch sofort geadelt; wer eine gemeine Handlung begeht, sofort erniedrigt. Wer sich vom Unreinen loslöst, hüllt sich hierdurch in Reinheit. Ein Mensch, der reinen Herzens ist, ist soweit Gott: die Sicherheit Gottes, die Unsterblichkeit Gottes, die Majestät Gottes ziehen in sein Herz ein. Ein Mensch, der heuchelt und betrügt, betrügt sich selbst und verliert die klare Vorstellung von seinem eigenen Wesen. Ein Mensch, der die absolute Güte schaut, der betet in vollkommener Demut an. Jeder derartige Schritt hinab ist ein Schritt hinauf. Der Mensch, der sich selbst aufgiebt, kommt zu sich selbst.

Sehet, wie diese rasche innere Kraft überall thätig ist, überall Unrecht in Recht verwandelt, den Anschein zum Schein macht, und zwischen Thatsachen und Gedanken die Harmonie herstellt. Auch im Leben ist ihre Wirksamkeit, wenn auch für die Sinne langsam, eine ebenso sichere wie die im Geiste. Durch sie wird jeder Mensch seine eigene Vorsehung und schafft sich Gutes für seine Güte und Übles für seine Sünde. Charakter wird immer erkannt; Diebstähle bereichern nie; Almosen machen niemand arm; Mord spricht aus steinernen Mauern. Die kleinste Beimengung einer Lüge – zum Beispiel ein Fleckchen Eitelkeit, der geringste Versuch, einen guten Eindruck zu machen, in günstigem Lichte zu erscheinen, – verdirbt jede Wirkung. Aber sprich die Wahrheit, und die ganze Natur und alle Geister treten mit unerwarteter Förderung an deine Seite. Sprich die Wahrheit, und alles Lebende und Tote wird für dich bürgen, und die Wurzeln des Grases unter der Erde scheinen sich zu regen, um für dich Zeugenschaft abzulegen. Nicht minder vollkommen zeigt sich dieses Gesetz in seinem Einfluß auf die Neigungen der Menschen und als Grundgesetz der menschlichen

Gesellschaft. Die Guten gesellen sich aus Wahlverwandtschaft zu den Guten, die Schlechten aus Wahlverwandtschaft zu den Schlechten. So wandelt die Seele kraft eigenen Willens zum Himmel, zur Hölle.

Diese Thatsachen haben den Menschen stets zu dem erhabenen Glauben geführt, daß die Welt nicht das Produkt vielfacher Kräfte, sondern das eines Willens und eines Geistes ist; und daß ein Geist überall wirksam ist, in jedem Sternstrahl wie in jedem Wasserringlein im Teiche; und was immer diesem Willen sich entgegenstellt, ist überall geschlagen und verloren, weil die Dinge so und nicht anders geschaffen sind. Das Gute ist das Positive. Das Böse existiert nur als Negation, es hat kein absolutes Sein; es gleicht der Kälte, die nur die Verneinung der Wärme bedeutet. Alles Böse ist ebensoviel Tod und Nichtsein. Nur der „gute" Wille ist absolut und real. So viel „guten" Willen ein Mensch hat, so viel Leben hat er. Denn alle Dinge gehen aus demselben Geiste hervor, der verschiedentlich, bald Liebe, bald Mäßigkeit, bald Gerechtigkeit genannt wird, so wie derselbe Ocean an den verschiedenen Küsten, die er bespült, verschiedene Namen erhält. So lange ein Mensch gute Ziele verfolgt, ist er stark mit der ganzen Stärke der Natur. So weit er sich von diesen Zielen entfernt, so weit beraubt er sich selbst der Kraft und Mittel – sein Sein zieht sich wie ein Fluidum aus den entferntesten Kanälchen zurück, er wird weniger und weniger, ein Punkt, ein Nichts, bis absolute Schlechtheit absoluter Tod wird.

Die Erkenntnis dieses Gesetzes der Gesetze erweckt im Geiste ein Gefühl, das wir das religiöse Gefühl nennen und das unsere höchste Glückseligkeit ausmacht. Wunderbar ist seine Kraft, zu bezaubern und zu gebieten. Es ist wie Bergesluft, es ist der Balsam der Welt. Es ist Myrrhe und Storax, Weihrauch und Rosmarin. Es macht den Himmel und die Hügel erhaben, es tönt im schweigenden Gesang der Sterne. Nur ihm verdankt die Welt ihre Sicherheit und Bewohnbarkeit, nicht dem Wissen oder der Macht. Der Gedanke kann nur kalt und intransitiv auf die Dinge wirken, findet kein Ende und keine Einheit, aber das Dämmern des sittlichen Gefühls im Herzen giebt und ist die Gewißheit, daß ein Gesetz souverän über allen Naturen herrscht; und die Welten, Zeit, Raum und Ewigkeit scheinen in lauten Jubel auszubrechen.

Dieses Gefühl ist göttlich und es vergöttlicht. Es ist des Menschen höchste Seligkeit. Es macht ihn unbegrenzbar. Nun erst lernt die Seele sich selber kennen. Nun erst wird der Hauptfehler des unmündigen Menschen beseitigt, der da groß zu sein strebt, indem er den Großen nachfolgt, der da hofft von anderen Vorteile zu erlangen – denn dieses Gefühl zeigt, daß die Quelle alles Guten in ihm selbst ist, und daß er, so gut wie jeder andere Mensch eine Pforte zu den Tiefen der Vernunft ist. Wenn er spricht: „Ich soll," wenn ihn Liebe erwärmt, wenn er, der Stimme der Höhe gehorchend, das Große und Gute erwählt, dann wandern tiefe Melodien der Höchsten Weisheit durch seine Seele. – Nun erst kann er anbeten und durch seine Andacht wachsen – denn über jenes Gefühl hinaus kann er nie gelangen. In seinen erhabensten Flügen schwingt sich der Geist nie über die Höhe der Sittlichkeit, nie über den Gipfel der Liebe empor.

Dieses Gefühl ruht im Grunde aller gesellschaftlichen Ordnung und schafft successive jede Art von Religion. Das religiöse Princip stirbt nie aus. Auch der in Aberglauben, in Sinnlichkeit versunkene Mensch verliert die Visionen des ethischen Gefühls niemals ganz. Und so sind alle Äußerungen dieses Gefühls heilig und dauernd, je nach dem Grade ihrer Reinheit. Die Äußerungen desselben ergreifen uns mehr als alles andere, was in Worten gesagt wird. Die Sprüche der ältesten Zeiten, die solche Frömmigkeit atmen, sind heute noch frisch und duftig.

Dieser Gedanke weilte immer am tiefsten in den Geistern der Menschen des andächtigen und beschaulichen Ostens, nicht nur in Palästina, wo er seinen reinsten Ausdruck fand, sondern auch in Ägypten, in Persien, in Indien und China. Europa hat all seine göttlichen Impulse orientalischem Geiste zu verdanken gehabt. Was diese heiligen Sänger sagten, das fanden alle gesunden Menschen wohlthuend und wahr. Und der einzig dastehende Eindruck, den Jesus auf die Menschheit gemacht hat, Jesus, dessen Name in die Weltgeschichte nicht geschrieben, sondern in tiefen Furchen durch sie gezogen ist, ist ein Beweis, welche geheime und durchdringende Kraft jene Infusion des Ostens besaß.

Aber obgleich die Thore des Tempels Tag und Nacht offen stehen und die Orakel dieser Wahrheit nie aufhören, wird sie von einer strengen Bedingung bewacht: sie ist eine Intuition. Sie kann nicht aus zweiter Hand empfangen werden. Überhaupt kann ich von fremdem Geiste keine Lehre, sondern nur Anregung empfangen. Was er verkündigt, muß ich in mir wahr finden oder verwerfen, aber auf sein Wort hin oder weil ich sein Anhänger bin, sei er wer er mag, kann ich nichts annehmen. Im Gegenteil, das Fehlen dieses primären Glaubens bedeutet den Anfang des Verfalles. Wie die Flut, so ist die Ebbe. Sobald dieser Glaube verloren geht, werden seine eigenen Worte und Schöpfungen falsch und schädlich. Dann fallt die Kirche, der Staat, die Kunst, die Wissenschaft und das Leben. So wie die Lehre von der göttlichen Natur vergessen wird, ergreift

Krankheit den ganzen Bau und verkrüppelt ihn. Einst war der Mensch alles, nun ist er ein Anhängsel, ein Schädling. Und weil der ihm innewohnende höchste Geist nie ganz verloren gehen kann, so erleidet seine Lehre die Verkehrung, daß die göttliche Natur nunmehr einer oder zwei Personen zugeschrieben und allen übrigen abgesprochen und mit Wut abgesprochen wird. Hiermit ist die Lehre der Inspiration verloren, und die gemeine Lehre von der Majorität der Stimmen usurpiert den Platz der Lehre des Geistes. Wunder, Weissagungen und Poesie, das ideale, das heilige Leben existieren nur mehr als alte Geschichte, im Glauben und Streben der Gesellschaft spielen sie keine Rolle mehr, und wenn jemand sie ernsthaft nimmt, so scheint es lächerlich. Das Leben wird komisch und erbärmlich, sobald die hohen Ziele des Daseins aus dem Gesicht schwinden, und die Menschen werden kurzsichtig und sehen nur mehr das, was zu den Sinnen spricht.

Diese allgemeinen Erörterungen, die, so lange sie allgemein sind, niemand bestreiten wird, finden reiche Bestätigung in der Religionsgeschichte und vor allem in der Geschichte der christlichen Kirche. Wir alle sind in ihr geboren und haben Nahrung aus ihr gesogen. Die Wahrheit, die in ihr enthalten ist, schickt ihr, meine jungen Freunde, euch nun zu lehren an. Als der Kultus oder die bestehende Form der Gottesverehrung in der civilisierten Welt hat sie großes historisches Interesse für uns. Von ihren heiligen Worten, die der Trost der Menschheit gewesen sind, brauche ich euch nicht zu sprechen. Ich werde versuchen, meine Pflicht gegen euch bei dieser Gelegenheit zu erfüllen, indem ich euch auf zwei Irrtümer aufmerksam machen werde, die von dem Standpunkte, den wir soeben eingenommen haben, täglich gröber erscheinen.

Jesus Christus gehörte zu den wahren Propheten. Er sah das Mysterium der Seele mit offenem Auge. Angezogen von seiner strengen Harmonie, hingerissen von seiner Schönheit, lebte er darin, und sein ganzes Sein ward davon erfüllt. Der Einzige in der ganzen Weltgeschichte erkannte er die Größe des Menschen. Dieser eine Mann war dem treu, was in euch und in mir ist. Er sah, daß Gott in jedem Menschen zu Fleisch wird und immer aufs neue ausgeht, von der Welt Besitz zu ergreifen. Und in diesem Jubel erhabener Bewegung sagte er: „Ich bin göttlich. Durch mich spricht, durch mich handelt Gott. Wollt ihr Gott schauen, schauet mich – oder schaue dich selber, so du ebenso denkst, wie ich jetzt denke." Aber welch eine Verzerrung mußte seine Lehre und sein Gedächtnis bereits in derselben, in den nächsten und den folgenden Generationen erleiden! – Es giebt keine Lehre der Vernunft, die es vertragen würde, vom Verstande gelehrt zu werden. Der Verstand fing jenes hohe Lied von den Lippen des Dichters auf und sagte im folgenden Zeitalter: „Dies war Jehova, der vom Himmel herabgekommen ist. Ich töte dich, wenn du sagst, er war nur ein Mensch." Die Redensarten, die er liebte, die Bilder seiner Rhetorik haben die Stelle seiner Wahrheit eingenommen, und Kirchen werden nicht auf seinen Principien, sondern auf seinen Redefiguren gegründet! Das Christentum wurde zu einem Mythos, wie es vordem die poetische Lehre Griechenlands und Ägyptens geworden war. Er sprach von Wundern; denn er fühlte, daß das ganze menschliche Leben und alles, was ein Mensch thut, ein Wunder sei, und er wußte, daß dieses tägliche Wunder sichtbar leuchtet, sowie der Charakter des Menschen sich hebt. Aber das Wort „Wunder," wie es die christlichen Kirchen gebrauchen, giebt eine falsche Vorstellung, es bedeutet: Monstrum. Es ist nicht eins mit dem blühenden Klee und dem fallenden Regen.

Er achtete Moses und die Propheten, aber keine ungehörige Zärtlichkeit hielt ihn davon ab, ihre alten Offenbarungen hinter dem Augenblick und dem Menschen der Gegenwart zurückzusetzen und ihnen die ewige Offenbarung des Herzens entgegenzustellen. So war er ein wahrer Mensch. Da er sah, daß ein Gesetz in uns gebietet, wollte er diesem Gesetz nicht von außen her gebieten lassen. Kühn mit Hand und Herz und Leben erklärte er, daß dieses Gesetz Gott sei. Und so ist er meiner Ansicht nach der einzige Mensch in der ganzen Weltgeschichte, der den Wert des Menschen zu schätzen wußte.

I. Von diesem Standpunkt aus erkennen wir den ersten Fehler des historischen Christentums. Das historische Christentum ist in jenen Irrtum verfallen, der alle Versuche, eine Religion auszubreiten, verdirbt. Wie es uns heute erscheint und wie es seit Jahrhunderten erscheinen mußte, ist es keine Lehre vom Geiste mehr, sondern nichts als eine Übertreibung des Persönlichen, des Positiven, des Rituellen. Es haftete immer und haftet noch heute mit schädlicher Übertreibung an der Person Jesu. Der Geist kennt keine Personen. Er fordert jeden Menschen auf, sich selbst zum vollen Kreise des Weltalls zu erweitern, und duldet keine andere Bevorzugung als die spontaner Liebe.

Unser historisches Christentum aber, das nichts als eine orientalische Monarchie ist, die Indolenz und Furcht aufgebaut haben, hat den Freund der Menschen zu ihrem Schädiger gemacht. Die Art, in der sein Name mit Ausdrücken umgeben wird, die einst Ausbrüche der Bewunderung und Liebe waren, die aber heute zu offiziellen Titeln versteinert sind, ertötet alle edelgeartete Sympathie und Liebe. Alle, die mich hören, fühlen, daß die Sprache, in der Christus in Europa und

Amerika geschildert wird, nicht der Stil der Freundschaft oder des Enthusiasmus für ein gutes und großes Herz ist, sondern förmlich und eingelernt ist und einen Halbgott schildert, wie die Orientalen oder die Griechen Osiris oder Apollo schildern würden. Wenn wir gar die schimpflichen Behauptungen, die unser erster Unterricht im Katechismus uns aufdrängt, acceptieren, so werden Selbstverleugnung und Ehrlichkeit selbst nur glänzende Sünden, sobald sie nicht den christlichen Namen tragen. Wahrlich, man möchte lieber

„ein Heide sein,
Gesäugt in einem längst erstorbnen Glauben"

als sich so seines männlichen Rechtes, in die Natur einzutreten, berauben zu lassen und nicht nur Namen und Stellen, nicht nur das Land und alle Berufsarten, sondern selbst die Sittlichkeit und die Wahrheit abgeschlossen und monopolisiert finden zu müssen! Man darf ja nicht einmal ein Mann sein! Du sollst nicht die Welt dir zu eigen machen, du sollst nichts wagen und nicht nach dem unendlichen Gesetze in dir leben, umgeben von der unendlichen Schönheit, die Himmel und Erde dir in tausend lieblichen Formen zurückstrahlen, sondern du hast deine Natur der Natur Christi unterzuordnen und für die letztere hast du unsere Interpretation anzunehmen und sein Bild hinzunehmen, wie der Pöbel es zeichnet.

Immer ist das das Beste, was mich mir selbst giebt. Das Erhabenste in mir wird durch die große stoische Lehre: „Gehorche dir selbst" angeregt. Das, was Gott in mir zeigt, stärkt mich. Das, was Gott außerhalb meiner zeigt, das macht mich zu einer Warze, zu einem Auswuchs. Dann giebt es keinen notwendigen Grund für mein Dasein mehr. Schon kriechen die Schatten unzeitiger Vergessenheit über mich, und ich sterbe für immer.

Die göttlichen Seher sind die Freunde meiner Sittlichkeit, meines Intellekts, meiner Kraft. Sie erinnern mich daran, daß die Strahlen, die meinen Geist durchblitzen, nicht mein, sondern Gottes sind, daß sie die gleichen Strahlen schauten und der himmlischen Vision nicht ungehorsam waren. Und darum liebe ich sie, denn edle Anregungen gehen von ihnen aus, die mich heißen, dem Bösen zu widerstehen, die Welt mir zu unterwerfen und zu sein. Und auf dieselbe Weise, durch seine heiligen Gedanken, fördert mich auch Jesus – und nur dadurch. Jeder Versuch, einen Menschen durch Wunder zu bekehren, ist eine Profanation des Geistes. Eine wahre Bekehrung findet nur dort statt, ein wahrer Christ wird heute wie immer der, dessen Seele hohe Gefühle durchdringen. Allerdings mußte eine große und reiche Seele wie die seinige, da sie unter den Einfältigen erschien, einen so überwältigenden Eindruck machen, daß sie, wie es geschah, der Welt einen neuen Namen gab. Die Welt scheint ihnen nur für ihn zu existieren, und sie haben noch nicht tief genug vom Borne seines Geistes getrunken, um zu erkennen, daß nur dadurch, daß sie zu sich selber zurückkehren oder vielmehr zum Gott, der in ihnen wohnt, sie der Ewigkeit teilhaftig werden können. Es ist eine geringe Wohlthat, wenn einer mir etwas giebt; aber eine hohe, wenn einer mich fähig macht, selbst etwas zu schaffen. Die Zeit wird kommen, wo alle Menschen einsehen werden, daß die Gabe Gottes für unsere Seelen keine prahlerische, überwältigende, unduldsame Heiligkeit ist, sondern eine süße, natürliche Güte – eine Güte, die nicht anders als deine und meine Güte ist und deine und meine freundlich begrüßt und sie zu sein und zu wachsen einlädt.

Jesu selbst geschieht durch den gewöhnlichen Predigerton ein nicht minder großes Unrecht als den Seelen, die dadurch profaniert werden. Die Prediger sehen nicht, daß sie sein Evangelium unfroh machen und ihn selbst der Locken seiner Schönheit und der himmlischen Attribute berauben. Wenn ich einen majestätischen Epaminondas oder Washington erblicke, wenn ich unter meinen Zeitgenossen einen wahren Redner, einen gerechten Richter, einen lieben Freund sehe, wenn der Geist und die Melodie eines Gedichts in mir nachzittern, dann sehe ich wünschenswerteste Schönheit. Und ebenso lieblich, und mit noch vollerer Zustimmung meines menschlichen Wesens, tönt in meinem Ohr die strenge Musik der Sänger, die zu allen Zeiten vom wahren Gott gesungen haben. Darum entwürdiget nicht das Leben und die Worte Christi, indem ihr sie isoliert und aus dem Kreise dieses Zaubers herausreißt. Laßt sie, wie sie sich ereigneten, lebendig und warm, als ein Teil des menschlichen Lebens, der Landschaft und des heiteren Tages.

II. Der zweite Mangel des traditionellen und beschränkten Gebrauches, der vom Geiste Christi gemacht wird, ist eine Folge des ersten: daß nämlich die sittliche Natur, jenes Gesetz der Gesetze, mit dessen Offenbarungen die Hoheit Gottes – ja Gott selbst in die empfängliche Seele einzieht, nicht mehr als die Quelle der bestehenden Lehre betrachtet und erforscht wird. Man ist dahin gekommen, von der Offenbarung als von etwas, das vor langer, langer Zeit stattgefunden hätte, zu sprechen, als ob Gott tot wäre. Die Schmach, die hierdurch dem Glauben angethan wird, erstickt den Prediger, und die herrlichste aller Institutionen wird hierdurch zu einer unsicheren und unartikulierten Stimme.Es ist ganz gewiß, daß jede tiefere Einsicht in die Schönheit des Geistes den Wunsch und das

Bedürfnis erzeugt, dasselbe Wissen, dieselbe Liebe auch anderen mitzuteilen. Wenn die Äußerung versagt wird, dann lastet der Gedanke wie ein Gewicht auf der Seele. Immer ist der Seher auch ein Sager. Irgendwie muß er seinen Traum erzählen, irgendwie macht er ihn mit feierlicher Freude kund: bald mit dem Pinsel auf Leinwand, bald mit dem Meißel in Stein, bald verkörpert er die Andacht seiner Seele in Türmen und Hallen von Granit, bald in den geheimnisvollen Blüten der Musik; am klarsten und dauerndsten aber in Worten.

Der Mensch, der von dieser Herrlichkeit hingerissen wird, wird ihr Priester, ihr Prophet. Dieses Amt ist so alt wie die Welt. Aber zu ihm führt eine strenge Bedingung – eine geistige Schranke ist um dasselbe gezogen: Nur der Geist kann lehren. Kein profaner, kein sinnlicher Mensch, kein Lügner, kein Sklave kann lehren, sondern nur der kann geben, der hat; nur der kann schaffen, der ist. Nur der Mensch, der vom Geiste ergriffen wird, durch den der Geist spricht, kann lehren. Mut, Frommheit, Liebe, Weisheit können lehren; und diesen Engeln kann jeglicher Mensch seine Thür öffnen, und sie werden ihm die Gabe der Zungen bringen. Aber der Mensch, der da strebt, zu sprechen, wie er es aus Büchern gelernt hat, wie es bei Synoden Gebrauch ist, wie die Mode vorschreibt, oder sein Interesse es befiehlt, plappert. Heißet ihn schweigen!

Diesem heiligen Amte wollt auch ihr euch widmen. Ich wünschte, ihr fühltet den Beruf dazu mit in Sehnsucht und Hoffnung klopfendem Herzen. Das Amt ist das erste in der Welt. Es ist so furchtbar real, daß es den Abbruch, den die geringste Lüge ihm anthut, nicht verträgt. Und es ist meine Pflicht, euch zu sagen, daß das Bedürfnis nach neuer Offenbarung nie größer war als jetzt. Aus den Ansichten, die ich bereits ausgesprochen habe, werdet ihr die traurige Überzeugung entnehmen, die ich, wie ich glaube, mit vielen teile, daß der Glaube allgemein verfällt und nun beinahe erstorben ist. Der Geist wird nicht gepredigt. Die Kirche scheint ihrem Fall zuzuwanken, beinahe ihr ganzes Leben scheint erloschen.

Bei diesem Sachverhalt wäre jede Konzession ein Verbrechen, und ich darf und kann euch, deren Hoffnung und Ausgabe es ist, den Glauben Christi zu predigen, nicht sagen, daß der Glaube Christi schon gepredigt ist.

Es ist Zeit, daß dieses kaum mehr unterdrückte Murren aller denkenden Menschen gegen die Hungersnot unserer Kirchen, dieses Seufzen des Herzens, das des Trostes, der Hoffnung und jener Hoheit, die mir aus der Entwicklung des ethischen Gehaltes hervorgeht, beraubt ist, durch den Schlaf der Trägheit und den Lärm der Routine vernommen werde. Die große und ewige Aufgabe des

Predigers wird nicht erfüllt. Eine Predigt soll der Ausdruck des sittlichen Gefühles in seiner Anwendung auf die Pflichten des Lebens sein. In wie vielen Kirchen, von wie viel Propheten, sagt mir, wird dem Menschen fühlbar gemacht, daß er ein unendlicher Geist ist, daß Erde und Himmel in seine Seele überströmen, daß er in aller Ewigkeit vom Geiste Gottes trinkt? Wo hören wir heute den Ton der Überzeugung, der durch seine bloße Melodie das Herz mit Paradieseslust erfüllt und hierdurch seinen himmlischen Ursprung erweist? Wo soll ich heute Worte hören wie jene, die in alten Zeiten die Menschen hinrissen, daß sie alles verließen – Vater und Mutter, Haus und Gut, Weib und Kind – und ihm nachfolgten? Wo kann ich jene erhabenen sittlichen Gesetze so ausgesprochen hören, daß sie in meinem Ohre hallen und ich mich geadelt fühle, wenn ich mein äußerstes Thun und Leiden als Opfer biete? Der einzige Prüfstein wahren Glaubens ist seine Macht, die Seelen zu bezaubern und zu beherrschen, wie die Gesetze der Natur das Thun unserer Hände regieren – und so zu beherrschen, daß das Gehorchen uns eine Ehre und eine Lust ist. Der Glaube muß eins werden mit dem Lichte der aufgehenden und sinkenden Sonne, mit dem Fliehen der Wolken, dem Vogelgesang und dem Dufte der Blumen. Aber heute hat der Sabbath des Priesters den Glanz der Natur verloren, er ist unlieblich geworden – wir sind froh, wenn der Gottesdienst zu Ende ist. Wir können, selbst wenn wir auf unseren Kirchenstühlen sitzen, allein mit uns selbst einen weit besseren, heiligeren und süßeren Sabbath feiern – und wir feiern ihn auch.

So oft ein Formelmensch die Kanzel betritt, wird der Andächtige betrogen und trostlos. Wir fahren zurück, sobald die Gebete beginnen, die uns nicht erheben, sondern niederschlagen und verletzen. Wir würden uns am liebsten in unsere Mäntel hüllen und uns, so gut es geht, eine Einsamkeit schaffen, in der wir nichts mehr hören. Ich habe einmal einen Prediger gehört, der mich stark in die Versuchung führte, nie wieder eine Kirche zu betreten. Die Leute, dachte ich, gehen eben dorthin, wohin sie zu gehen gewohnt sind, sonst wäre an jenem Abend kein Mensch in die Kirche gekommen. Draußen fiel der Schnee – und der Schnee war etwas Wirkliches, der Prediger aber nur eine künstliche, eine gespenstische Erscheinung – und jedes Auge mußte den traurigen Unterschied zwischen ihm und dem schönen Phänomen vor den Fenstern empfinden. Der Mann hatte umsonst gelebt. Keines seiner Worte verriet, daß er je gelacht oder geweint, geliebt oder gefreit hatte, keines, daß er je gelobt, betrogen oder gequält worden war. Wenn er wirklich je gelebt oder gefühlt hatte – wir merkten nichts davon. Das erste Geheimnis seines Amtes – Leben in Wahrheit umzusetzen – hatte er nie gelernt. Kein Körnlein seiner Erfahrung hatte er in seine Lehre zu bringen verstanden. Der Mann hatte gepflügt und gepflanzt, gesprochen, gekauft und verkauft, er hatte Bücher gelesen, er hatte gegessen und getrunken, sein Kopf schmerzt, sein Herz klopft, er lächelt und leidet – und doch verriet kein Wort, keine noch so leise Andeutung in seiner Rede, daß er überhaupt je gelebt hatte. Keine Zeile war dem wirklichen Leben entnommen. Den wahren Prediger erkennt man daran, daß er seiner Gemeinde sein eigenes Leben mitteilt – sein Leben, wie es durch das Feuer des Gedankens gegangen ist. Aber aus der Rede des schlechten Predigers ging nicht hervor, in welches Weltalter seine Geburt gefallen war, ob er einen Vater oder ein Kind hatte, ob er ein Freisasse oder ein Proletarier, ein Städter oder ein Landmann war, noch sonst irgend etwas aus der Geschichte seines Lebens. Es schien sonderbar, daß die Leute überhaupt in die Kirche kamen. Sie hatten es offenbar zu Hause sehr unbehaglich, da sie dieses gedankenlose Geschwätz vorzogen. Es beweist, welche gebietende Anziehung das sittliche Gefühl ausübt, da es selbst der Langeweile und Unwissenheit einen schwachen Lichtschimmer verleihen kann, wenn sie in seinem Namen und an seiner Stelle auftreten. Der empfängliche Hörer weiß, daß er sich doch hier und da getroffen fühlt, weiß, daß etwas in ihm ergriffen werden kann, und daß das eine oder das andere Wort dieses „Etwas“ zu ergreifen vermag. Wenn er diesen leeren Worten lauscht, tröstet er sich damit, daß sie die Erinnerung an bessere Stunden erwecken, und so hallen und klappern sie fort, ohne daß jemand etwas dawider hätte.

Ich weiß wohl, daß auch dort, wo wir unwürdig predigen, es nicht immer vergebens geschieht. Manche Menschen haben ein gutes Ohr und wissen auch aus sehr mangelhafter Nahrung neue Stärke für ihr sittliches Wesen zu schöpfen.

In all den Gemeinplätzen des Gottesdienstes und der Gebete liegt poetische Wahrheit, und ob thöricht gesprochen, können sie weise gehört werden, denn jeder dieser Gemeinplätze war einst der ungewöhnlichste Ausdruck, der sich in einem Augenblick tiefer Frömmigkeit einer tief betrübten oder jauchzenden Seele entrang, und den seine Vorzüglichkeit vor dem Vergessen schützte. Die Gebete und selbst die Dogmen der Kirche sind, wie der Zodiacus von Dendera und die astronomischen Denkmäler der Hindus, von allem, was in der heutigen Generation lebt und sie beschäftigt, vollkommen losgelöst und ihr fremd geworden. Sie zeigen nur mehr den Wasserstand an, zu dem sich einst die Fluten erhoben haben. Aber jene Empfänglichkeit vermindert das Unheil nur bei den

Frommen und Guten. In dem größten Teil der Gemeinde ruft der Gottesdienst ganz andere Gedanken und Bewegungen hervor. Wir brauchen den nachlässigen Diener des Herrn nicht zu schelten. Die rasche Vergeltung, die seiner Jämmerlichkeit folgt, erregt eher unser Mitleid.

Wehe dem unseligen Mann, der da berufen ist, auf der Kanzel zu stehen und kein Brot des Lebens zu geben hat! Was immer vorfällt, wird zu einer Anklage gegen ihn! Wenn er Geld für die inneren oder ausländischen Missionen fordert, muß nicht Schamröte sein Antlitz färben? Kann er seiner Gemeinde vorschlagen, Geld in eine Entfernung von hundert oder tausend Meilen zu senden, um anderen dieselbe ärmliche Kost zu verschaffen, die sie zu Hause haben, der zu entfliehen, sie besser thäten, selbst Hunderte und Tausende von Meilen weit fortzuziehen? Kann er die Leute zu einem gottgefälligen Leben ermahnen? Kann er von seinen Mitmenschen fordern, am Sabbath zu frommen Versammlungen zu erscheinen, da doch er und sie alle wissen, wie unsäglich wenig sie dort im besten Falle erwarten können? Kann er sie einzeln zum heiligen Abendmahl einladen? Er wagt es nicht.

Wenn der Ritus nicht von lebendiger Herzensliebe erwärmt wird, der hohle, trockene, knarrende Formalismus ist viel zu leer, als daß der Prediger einem Mann von Geist und Energie ins Auge schauen und die Einladung unerschrocken aussprechen könnte. Was kann er dem frechen Lästerer auf der Straße erwidern? Der Lästerer sieht ja Furcht im Gesicht, in den Bewegungen, im Gange des Geistlichen!

Ich will hier aufrichtig sprechen und meine Aufrichtigkeit nicht durch irgend welche Ungerechtigkeit gegen brave Männer beflecken. Ich kenne und ehre die Reinheit und strenge Gewissenhaftigkeit zahlreicher Mitglieder des Klerus.

Das geringe Leben, das dem öffentlichen Gottesdienst überhaupt noch innewohnt, verdankt er der weit verstreuten Schar frommer Männer, die, wenn sie auch bisweilen mit allzugroßer Zärtlichkeit die Lehren der Vorfahren acceptieren, doch aus sich selbst das echte Feuer sittlicher Impulse geschöpft haben und uns so durch die Heiligkeit ihres Charakters noch immer zu Liebe und Ehrfurcht zwingen. Noch mehr, diese Ausnahmen sind nicht so sehr in wenigen hervorragenden Predigern zu suchen, als in den besseren Augenblicken, in der wahren Begeisterung eines jeden – ja in den aufrichtigen Stunden jedes einzelnen Menschen. Aber wie viel Ausnahmen es auch geben mag, es bleibt dennoch wahr, daß alles Predigen in diesem Lande ein traditionelles Gepräge zeigt, daß es aus dem Gedächtnis und nicht aus dem

Herzen kommt; daß die Prediger nach dem Üblichen und nicht nach dem Notwendigen und Ewigen streben, und daß so das historische Christentum das Predigeramt seiner Macht beraubt, indem es ihm die Erforschung der sittlichen Natur des Menschen entzieht, in der allein das Erhabene gefunden werden kann, in der allein die Quellen der Verwunderung und der Macht liegen. Es läßt sich gar nicht sagen, welch grausames Unrecht hierdurch gegen jenes „Gesetz" begangen wird, das die Wonne der ganzen Erde ist, jeden Gedanken reich und wertvoll machen kann, jenes Gesetz, gegen dessen verhängnisvolle Sicherheit die astronomischen Kreise nur als schwächliche Nachahmungen erscheinen, und das auf diese Weise travestiert und entwertet, von anderen aber verschrien und angeheult wird – während kein Zug, kein Wort desselben klar verkündet wird. Die Kanzel, die dieses Gesetz aus dem Auge verloren, verliert ihren ganzen Sinn und hascht, sie weiß selbst nicht, wonach! Und weil dieser Geist fehlt, wird die Gemeinde der Sache müde und glaubenslos.

Das Volk verlangt nach nichts so sehr wie nach einer hohen, ernsten, stoischen, christlichen Lehre, damit es sich selber und die durch seine Seele redende Gottheit kennen lerne. Heute schämt der Mensch sich seiner selbst, er schleicht und kriecht durch die Welt, froh, wenn er geduldet oder bemitleidet wird, und kaum einmal in tausend Jahren wagt es ein Mensch, weise und gut zu sein und damit die Thränen und den Segen seines Geschlechtes nach sich zu ziehen.

Gewiß hat es Zeiten gegeben, in welchen der Geist auf dem Gebiete gewisser Wahrheiten keine Thätigkeit entfaltete und infolgedessen ein größerer Glaube an Namen und Personen möglich war. Die Puritaner in England und Amerika fanden in dem Christus der katholischen Kirche und in den von Rom ererbten Dogmen Spielraum für ihre strenge Frömmigkeit und ihre Sehnsucht nach politischer Freiheit – aber ihr Glaube schwindet täglich mehr dahin, und kein anderer erhebt sich an seiner Statt. Ich glaube, kein Mensch, der nicht ganz gedankenlos ist, kann in eine unserer Kirchen gehen, ohne zu fühlen, daß aller Einfluß, den der öffentliche Gottesdienst einst auf die Seelen der Menschen hatte, dahin ist oder dahin schwindet.

Er hat seine Macht über die Liebe der Guten und die Furcht der Schlechten verloren. Auf dem Lande fallen halbe Sprengel ab. Es scheint beinahe schon ein Zeichen von Charakter und wahrer Religiosität zu sein, wenn ein Mensch den gewöhnlichen religiösen Versammlungen fern bleibt. Ich habe einen wahrhaft frommen Menschen, der den Sabbath hielt, in der Bitterkeit seines Herzens ausrufen hören: „Es scheint schon Sünde zu sein, am Sonntag in die Kirche zu gehen!" Und das Motiv, das die Besten noch hinführt, ist heute nur mehr Hoffnung und Erwartung. Was einst nur zufällig war, daß die Besten und Schlechtesten der Gemeinde, Arme und Reiche, Bildung und Unwissenheit, Jung und Alt sich an einem Tage als Brüder in einem Hause trafen, zum Zeichen der Gleichberechtigung der Seelen, das ist heute ein hervorragendes Motiv geworden, überhaupt noch dahin zu gehen.

In diesen zwei Irrtümern, meine Freunde, glaube ich die Gründe des Verfalls der Kirche und eines verheerenden Unglaubens zu finden. Und welches größere Unheil kann eine Nation treffen als der Verlust des Glaubens? Dann verfällt alles. Der Genius verläßt den Tempel, um sich im Senat oder auf dem Markt niederzulassen. Die Litteratur wird frivol, die Wissenschaft kalt. Das Auge der Jugend wird nicht mehr von der Hoffnung auf eine andere Welt erleuchtet – und dem Alter wird keine Ehre mehr zu teil. Die menschliche Gesellschaft lebt nur mehr für jämmerliche Kleinigkeiten, und wenn die Menschen sterben, sind sie keiner Erwähnung wert.

Und nun, meine Brüder, werdet ihr fragen: Was können wir in diesen kleinmütigen Tagen thun? – In unserer Klage über die Kirche ist auch das Heilmittel schon ausgesprochen. Wir haben die Kirche dem Geiste entgegengesetzt. Nun denn, im Geiste liegt die Erlösung. Wo ein Mann auftritt, bringt er eine Revolution mit sich. Das Alte ist für Sklaven. Wenn ein Mann auftritt, werden alle Bücher lesbar, alle Dinge durchsichtig, alle Religionen zu Formen. Nur er ist religiös. Er ist es, der Wunder wirkt, der unter Wundern geschaut wird. Alle anderen Leute segnen und fluchen; er aber sagt nur: Ja, ja; nein, nein. Die Starrheit unserer Religionen; die Annahme, daß die Zeit der Inspiration vorüber und die Bibel abgeschlossen sei; die Furcht, Jesus herabzusetzen, wenn man ihn als Menschen auffaßt: alles dies zeigt klar genug, wie falsche Wege unsere Theologie wandelt.

Des wahren Predigers Aufgabe ist es, uns zu zeigen, daß Gott ist, nicht daß er war; daß er spricht, nicht daß er gesprochen hat. Das wahre Christentum – ein Glaube an die Unendlichkeit des Menschen, wie der Christi war – ist verloren gegangen. Kein Mensch glaubt an den Geist des Menschen, sondern an irgend einen alten längst erloschenen Stamm, irgend eine alte längst verstorbene Persönlichkeit. Weh' mir! Kein Mensch mehr geht allein. Alle strömen herdenweise zu diesem oder jenem Heiligen oder Poeten und meiden den Gott, der in das Verborgene schaut. Sie, die im Verborgenen nichts sehen können und lieber auf den Straßen blind sind: sie halten die Gesellschaft für klüger als ihre

Seele und wissen nicht, daß eine Seele – ihre Seele weiser ist als alle Welt. Siehe, Nationen und Rassen fliehen vorüber und versinken im Meer der Zeit, und kein Wellenringlein zeigt die Stelle, auf der sie fluteten oder sanken, und eine große Menschenseele läßt die Namen Moses, Zeno oder Zarathustra für immer ehrwürdig erscheinen. Kein Mensch hat den ernsten Ehrgeiz, das Selbst der Nation und der Natur zu sein, sondern jeder möchte gern ein bequemer Nachtreter irgend eines christlichen Systems, irgend einer Sekte oder irgend eines hervorragenden Mannes sein. Laßt nur einmal eure eigene Gotteserkenntnis, euer eigenes Gefühl fahren und empfanget Lehre aus zweiter Hand, sei es vom Apostel Paulus, von George Fox oder Swedenborg – und ihr entfernt euch mit jedem Jahre, daß diese Religion aus zweiter Hand währet, weiter von Gott, und wenn dies, wie jetzt, durch Jahrhunderte andauert, dann gähnt der Abgrund zuletzt so weit, daß die Menschen kaum mehr glauben wollen, daß irgend etwas Göttliches in ihnen ist.

So ermahne ich euch denn vor allem anderen, allein zu gehen, alle guten Vorbilder zu verschmähen, selbst diejenigen, die den Menschen noch so geheiligt erscheinen, und Gott ohne Mittler, ohne Schleier zu verehren.

Ihr werdet Freunde genug finden, die euch Wesleys und Oberlins, Heilige und Propheten zur Nacheiferung empfehlen werden. Dankt Gott für diese guten Leute, aber sprecht: Auch ich bin ein Mensch. Kein Nachahmer kann sein Vorbild überflügeln, und so verdammt sich der Nachahmer selbst zu hoffnungsloser Mittelmäßigkeit. Der Erfinder durfte dies thun, weil es für ihn das Natürliche war und darum an ihm voll Reiz erschien. Dem Nachahmer wäre etwas anderes naturgemäß, und er beraubt sich seiner eigenen Schönheit, um die eines anderen nicht zu erreichen.

Du, der du ein neugeborener Sänger des heiligen Geistes bist, wirf alle Form und Konformität von dir und führe die Menschen gerade zu Gott. Sieh vor allem und einzig darauf, daß Mode, Sitte, Autorität, Genuß und Geld dir als nichts erscheinen – damit sie nicht Binden über deine Augen seien, die dich am Sehen hindern – sondern lebe mit dem Vorrecht des unendlichen Geistes! Seid nicht allzu erpicht darauf, daß ihr alle Familien und jede Familie in eurer Gemeinde regelmäßig besuchet, aber wenn ihr einem Manne oder einem Weibe aus derselben auf der Straße begegnet, dann seid für sie ein geistlicher Mensch! Seid für sie Gedanke und Sittlichkeit, möge ihr schüchternes Streben in euch einen Freund finden, wo ihre unterdrückten, verachteten Triebe durch euch in eure Atmosphäre geleitet werden, – lasset ihre Zweifel fühlen, daß auch ihr einst gezweifelt habt, laßt ihre Verwunderung merken, daß auch ihr euch verwundert habt. Vertrauet eurem eigenen Herzen, und ihr werdet auch zu anderen Vertrauen haben. Denn trotz all unserer Pfennigweisheit, trotz der geisttötenden Sklaverei, in der uns die Gewohnheit hält, ist es zweifellos, daß alle Menschen erhabener Gedanken fähig sind, daß alle die wenigen wirklichen Stunden ihres Lebens schätzen, daß alle gehört werden wollen, daß sie sich gerne zur Höhe, zur Erkenntnis des Gesetzes emporheben lassen. Wie leuchtende Punkte sind in unser Gedächtnis die wenigen Begegnungen eingeprägt, die wir auf dem öden Pfade der Gewohnheit und der Sünde mit Menschen hatten, die unsere Seele weiser und besser machten, die aussprachen, was wir dachten, die uns sagten, was wir wußten, die uns das zu sein gestatteten, was wir innerlich sind. Erfüllt den Menschen gegenüber wahrhaft eure priesterliche Pflicht, und ihre Liebe wird euch wie ein Engel auf allen euren Wegen folgen.

Und darum hüten wir uns, nach gemeinem Verdienst zu streben! Können wir nicht anderen, die sie lieben, die Tugend überlassen, die für das Lob der Menschen glitzert, und uns selbst in die tiefe Einsamkeit absoluten Könnens und Wertes zurückziehen? Was die Gesellschaft an Sittlichkeit von uns fordert, das können wir leichtlich leisten. Das Lob der Gesellschaft ist billig zu haben, und die meisten Menschen sind mit diesem leichten Verdienst zufrieden, aber die erste Folge des wirklichen Verkehrs mit Gott ist, diese Verdienste abzuthun.

Es giebt Menschen, die keine Schauspieler, keine Redner sind, sondern „Influenzen," Menschen, die zu groß sind für den Ruhm, zu groß für irgend eine Schaustellung, die auf alle Beredsamkeit verzichten, denen alles, was wir Kunst und Künstler nennen, zu nahe mit Schein und Nebenzweck verbunden ist und allzusehr zur Überschätzung des Endlichen und Selbstsüchtigen auf Kosten des Allgemeinen zu führen scheint. Redner, Dichter und Feldherren imponieren uns wie schöne Frauen, nur wenn wir es ihnen gestatten und ihnen huldigen. Wenn euer Geist des Hohen voll ist, dann dürft ihr auch sie gering achten; wenn ihr nach großen, für die ganze Welt bedeutsamen Zielen strebet, dann fühlen sie sogleich, daß ihr das Recht dazu habt, und daß ihr Licht erst an zweiter Stelle leuchtet. Sie fühlen euer Recht, weil sie gleich euch vom Strome des allwissenden Geistes empfangen haben, vor dessen leuchtender Mittagshelle all die kleinen Nuancen und Grade des Intellekts der Weisen und Weisesten zunichte werden.

In solch hoher Gemeinschaft laßt uns die großen Züge und Zeichen des Rechten erlernen: eine mutige Menschenliebe, völlige Unabhängigkeit von unseren Freunden, sodaß auch nicht die ungerechtfertigten Wünsche derer, die uns lieben, unsere Freiheit einschränken, sondern wir um der Wahrheit willen der reichsten Güte widerstehen können und für uns eine vertrauende Sympathie im voraus fordern, die erst unsere Zukunft rechtfertigen wird, und vor allem anderen – und dies ist die höchste Form, in der wir dies schöne Element schauen können – eine gewisse Festigkeit in unserem Rechtthun, die mit der Meinung der Leute nichts zu thun hat – eine so essentielle, offenbare Sittlichkeit, daß sie unwiderstehlich das Richtigere, Mutigere, Hochherzigere erwählen muß und kein Mensch daran denkt, sie erst zu loben oder zu rechtfertigen. Einem Narren mag man Komplimente machen, wenn er einmal was Rechtes thut, aber niemand wird einen Engel darum loben. Das Schweigen, welches eine verdienstvolle Handlung als das Selbstverständlichste in der Welt hinnimmt, ist der höchste Beifall. Solche Seelen – wenn sie erscheinen – sind die kaiserliche Garde des Sittlichen, seine ewige Reserve und die Diktatoren des Schicksals. Man braucht ihren Mut nicht zu loben – sie sind Herz und Seele der Natur. O, meine Freunde, es giebt Quellen in uns, an denen wir noch nicht geschöpft haben! Es giebt Menschen, die sich neu gekräftigt erheben, wenn sie eine Drohung hören; Menschen, denen eine Lage, die alle anderen einschüchtert und lähmt, die nicht Klugheit und Erwerbsfähigkeit, sondern Verständnis, Unbeweglichkeit und Opferfähigkeit fordert, anmutig wie eine geliebte Braut erscheint. Napoleon sagte zu Massena, er sei erst dann ganz er selbst, wenn die Schlacht sich gegen ihn zu wenden anfinge; wenn die Toten in Reihen um ihn fielen, dann erwachte sein Geist, seine Kombinationen, dann zog er Schrecken und Sieg wie ein Feldherrnkleid an. Und so zeigt sich der Engel erst in den rauhesten Proben, in der unermüdlichsten Ausdauer, in Bestrebungen, bei denen menschliche Sympathie nicht mehr in Frage steht. Aber das sind Höhen, deren wir kaum gedenken, zu welchen wir kaum emporschauen können, ohne Scham und Zerknirschung zu empfinden. Laßt uns Gott danken, daß es solche Dinge giebt.

Und nun laßt uns thun, was wir können, um das erstickte, nahezu erloschene Feuer auf dem Altar zu neuen Flammen anzufachen. Die Übel, an denen die heutige Kirche krankt, liegen klar zu Tage; und wieder drängt sich die Frage auf: Was sollen wir thun? Ich gestehe, daß mir alle Versuche, einen neuen Kultus zu entwerfen und einzurichten, mit neuen Formen und neuem Ritus, eitel erscheinen. Der Glaube macht uns, nicht wir den Glauben, und jeder Glaube schafft sich seine eigenen Formen.

Alle Versuche, ein System zu schaffen, sind kalt wie der neue Dienst, den die Franzosen seinerzeit für die Göttin der Vernunft eingeführt haben – heute

Pappendeckel und Filigran, morgen unter Wahnsinn und Mord zu Boden gestürzt. Eher wird es euch möglich sein, den schon bestehenden Formen den Atem neuen Lebens einzuhauchen. Wenn nur ihr erst lebendig seid, werden auch sie neu und plastisch werden. Das Heilmittel gegen ihre Entartung ist erstens Geist und zweitens Geist und immer wieder lebendiger Geist.

Ein ganzes Papsttum von Formen kann ein Pulsschlag sittlichen Ernstes vom Boden erheben und neu beleben. Das Christentum hat uns zwei unschätzbare Güter gebracht: erstens den Sabbath, den Jubeltag der ganzen Welt, dessen willkommenes Licht in gleicher Weise in die Zelle des Philosophen, in die Dachkammer der Arbeit und in die Kammern des Kerkers bricht und selbst die Niedrigsten an die Würde geistigen Seins erinnert. Er soll uns bleiben als ein Tempel, den neue Liebe, neuer Glaube, neue Anschauungen mit einem helleren Glanze denn vorher schmücken sollen. Und zweitens die Institution der Predigt – der Rede von Mensch zu Menschen, des biegsamsten, ausdrucksvollsten aller Werkzeuge. Was hindert euch, jetzt und überall auf der Kanzel, in Hörsälen, im Hause und auf den Feldern, wo immer die Aufforderung der Menschen oder die Gelegenheit euch hinführt, die volle Wahrheit zu sagen, die euer Leben und Gewissen euch gelehrt, und die erwartungsvollen verzagenden Menschenherzen mit neuer Hoffnung, neuer Offenbarung zu trösten?

Ich harre der Stunde, wo jene höchste Schönheit, die dereinst die Seelen jener Männer des Ostens, vornehmlich jener Hebräer entzückte und hinriß und durch ihren Mund Weisheitslehren für alle Zeiten verkündete, auch im Westen sprechen wird! Die hebräischen, die griechischen Schriften enthalten unsterbliche Aussprüche, die das Brot des Lebens für Millionen gewesen sind: aber sie haben keine epische Integrität; sie sind fragmentarisch; man vermißt die stetige Folge.

Ich harre des neuen Lehrers, der diesen leuchtenden Gesetzen so weit zu folgen imstande sein wird, daß er sieht, wie sie sich zum vollen Kreise schließen; der die vollkommene Anmut ihrer Kreise schauen wird, der da die Welt als Spiegel der Seele erkennen, die Identität des Gravitationsgesetzes mit der Reinheit des Herzens wahrnehmen wird, der da zeigen wird, daß das Soll, die Pflicht eins ist mit der Wissenschaft, mit der Schönheit, mit der Freude!

Der Dichter

Die Leute, die bei uns als Sachverständige in ästhetischen Dingen angesehen werden, sind häufig Personen, die sich eine gewisse Kenntnis der meistbewunderten Gemälde und Bildhauerwerke verschafft haben und eine Vorliebe für alles Elegante besitzen; wenn man aber nachforscht, ob ihr eigener Geist den Forderungen ästhetischer Schönheit gerecht wird, ob ihre Handlungen schönen Gemälden gleichen, dann zeigt sich, daß sie gewöhnliche sinnliche Egoisten sind. Ihre Bildung ist eine lokalisierte, gleichwie, wenn man ein Stück trockenen Holzes an einer Stelle reibt, um Feuer zu erzeugen, das ganze übrige Scheit kalt bleibt. Ihre ganze Kennerschaft in den schönen Künsten besteht in der Kenntnis einiger Regeln und fachlicher Details oder in einem gewissen, meist sehr beschränkten Urteil über Farbe und Form, das teils zur Unterhaltung, teils zum Prunke ausgeübt wird. Wie flach der Schönheitsbegriff ist, der im Geiste unserer Kunstliebhaber lebt, geht schon daraus hervor, daß den Menschen ganz die Erkenntnis verloren gegangen scheint, wie unmittelbar alle Form vom Geiste abhängig ist. In unserer Philosophie fehlt die Lehre von den Formen.

Wir werden in unsere Leiber gethan wie Feuer in eine Pfanne, um darin umhergetragen zu werden; niemand ahnt, wie genau Geist und Organ einander entsprechen, noch weniger, daß das letztere stets nur eine Sprießung des ersteren ist. Die intelligenten Leute glauben auch nicht mehr an irgend eine wesentliche Abhängigkeit der materiellen Welt von Geist und Willen. Selbst Theologen halten es für ein hübsches Luftgebäude, wenn sie von der geistigen Bedeutung eines Schiffes, einer Wolke, einer Stadt oder eines Vertrages sprechen, auch sie ziehen es vor, auf den soliden Boden historischer Beweise zurückzukehren; und selbst unsere Poeten begnügen sich mit einer bürgerlichen, ausgeglichenen Lebensweise und schreiben ihre Poeme aus der Phantasie in sicherer Entfernung von ihrer eigenen Erfahrung nieder.

Aber die höchsten Geister der Erde haben niemals aufgehört, die doppelte Bedeutung oder besser die vier-, ja hundert- und noch viel mehrfache Bedeutung jeder sinnfälligen Erscheinung zu prüfen: Orpheus, Empedocles, Heraklit, Plato, Plutarch, Dante, Swedenborg und alle Meister der Skulptur, der Malerei, der Poesie. Denn wir sind keine Pfannen und Becken für das Feuer, ja nicht einmal Leuchter und Fackelträger, sondern Kinder des Feuers, daraus geschaffen, ja nichts anderes als Metamorphosen dieser Gottheit, zwei, drei Phasen von ihr entfernt, wenn wir es am wenigsten ahnen. Und diese verborgene und verkannte Wahrheit, daß die Quellen, aus denen der ganze Strom der Zeit mit all seinen Geschöpfen flutet, ihrem innersten Wesen nach von idealer Natur und schön sind, führt uns dahin, die Natur und Aufgaben des Poeten oder Schönheitsmenschen zu untersuchen, die Mittel und das Material, die er gebraucht, und den Zustand, in welchem seine Kunst in der gegenwärtigen Zeit sich befindet.

Es ist das ein gewaltiges Problem, denn der Poet ist ein Repräsentant der Menschheit. Er steht unter all den unzähligen Teil-Menschen für den vollkommenen Menschen, er lehrt uns nicht seinen Reichtum, sondern den aller kennen. Der junge Mann verehrt geniale Menschen, weil, die Wahrheit zu sagen, sie mehr er selbst sind als er. Sie wie er empfangen vom Geiste, aber sie mehr. In den Augen liebender Menschen gewinnt die Natur an Schönheit, daß zugleich durch die Vorstellung mit ihnen der Dichter ihre Herrlichkeiten betrachtet. Er steht isoliert unter seinen Zeitgenossen durch die Wahrheit und durch seine Kunst, aber mit dem Troste, daß sein Streben alle Menschen früher oder später unwiderstehlich nach sich reißen wird. Denn alle Menschen leben von der Wahrheit und bedürfen des Ausdrucks. In Liebe und Kunst, in Habgier und Politik, in Spiel und Arbeit suchen wir unser schmerzliches Geheimnis zu offenbaren. Jeder Mensch ist nur halb er selbst, die andere Hälfte ist sein Ausdruck!

Aber trotz all diesem Ringen nach Offenbarung gelingt es uns fast nie, uns wirklich auszusprechen. Ich weiß nicht woher es kommt, daß wir stets eines Dolmetschers bedürfen; aber die große Mehrzahl der Menschen scheint aus Minorennen zu bestehen, die in den Besitz ihres eigenen Vermögens noch nicht gelangt sind, oder aus Stummen, die, was die Natur ihnen anvertraut, nicht wiedergeben können. Es giebt keinen Menschen, der nicht einen übersinnlichen Zweck der Sonne und Sterne, der Erde und des Wassers voraussetzen würde. Sie stehen da, sie warten darauf, ihm besondere Dienste zu leisten. Aber in unserem Bau muß irgend ein Hemmnis liegen oder ein Übermaß von Trägheit, sodaß sie nicht zur vollen Wirkung und Geltung kommen. Die Eindrücke der Natur treffen uns zu schwach, um Künstler aus uns zu machen. Bei jeder Berührung müßte es in uns hallen und beben. Jedermann sollte soweit ein Künstler sein, daß er wenigstens im Gespräch wiedergeben könnte, was mit ihm und in ihm vorgeht. Aber unserer Erfahrung gemäß haben die Strahlen oder Eindrücke wohl Kraft genug, um bis zu den Sinnen zu gelangen, aber nicht genug, das Motorische zu erreichen und ihre eigene Reproduktion in Worten zu erzwingen. Der Dichter nun ist der Mensch, in dem diese Kräfte im Gleichgewicht sind, der Mensch, in dessen Bau kein Hemmnis liegt, der klar sieht und beherrscht, wovon die andern nur träumen, der die ganze Skala der Erfahrungen durchmißt und so zum Repräsentanten der ganzen Menschheit wird, weil ihm die gewaltigste Fähigkeit, zu empfangen und mitzuteilen, eigen ist.

Denn das Weltall hat drei Kinder, die, zu einer Zeit geboren, unter verschiedenen Namen in jedem Denksystem auftreten, mag man sie nun Ursache, Wirkung und Folge nennen, oder poetischer: Jupiter, Pluto und Neptun, oder theologisch: den Vater, den Geist und den Sohn, die wir aber hier den Wisser, den Thuer und den Sager nennen wollen. Diese drei bedeuten bezüglich die Liebe zum Wahren, die Liebe zum Guten, die Liebe zum Schönen. Sie sind einander gleichwertig, und jeder ist das, was er ist, wesentlich, sodaß er weder übertroffen noch analysiert werden kann, und jeder der drei trägt die Fähigkeit der beiden anderen latent in sich, während seine eigene frei wirkt.

Der Poet ist der Sager, der Nenner, und repräsentiert die Schönheit. Er ist ein Souverän und steht im Centrum des All. Denn die Welt ist nicht etwa bemalt oder ausgeschmückt, sondern schon vom Anfang bis zum Ende, und Gott hat nicht eine Anzahl schöner Dinge (neben anderen häßlichen) geschaffen, sondern Schönheit ist die Schöpferin des All. Daher ist auch der Dichter kein Herrscher von fremden Gnaden, sondern König aus eigenem Recht. Unsere Kritik ist von einem materialistischen Geschwätze angesteckt, das da behauptet, manuelle Fertigkeit und Thätigkeit sei das erste Verdienst aller Menschen, und alle jene geringschätzt, welche sagen und nicht thun, wobei sie übersieht, daß einige Menschen, und zwar die Poeten von Natur aus, Sager sind, die in die Welt gesandt worden sind, um ihr Ausdruck zu geben, und nicht mit jenen verwechselt werden dürfen, deren eigentliches Gebiet die Aktion ist, das sie aber verlassen, um die Sager nachzuahmen. Aber Homers Worte sind für Homer nicht weniger köstlich und bewundernswert als Agamemnons Siege für Agamemnon. Der Dichter wartet nicht auf den Helden oder Weisen, sondern so wie für sie das Handeln oder Denken das Primäre ist, so für ihn das Schreiben, und somit schreibt er das, was ausgesprochen werden wird und muß, wobei er die anderen, obgleich sie an sich primär sind, mit Rücksicht auf sich als sekundäre Erscheinungen und Diener ansieht, gleichwie Modelle im Atelier eines Malers, oder Gehilfen, die einem Architekten das Material für sein Gebäude herbeischaffen.

Denn Poesie war längst geschrieben, bevor es eine Zeit gab, und wenn wir so feine Organe haben, daß wir in jene Regionen dringen können, wo die Luft Musik ist, dann vernehmen wir jene ursprünglichen Melodien und versuchen auch wohl, sie niederzuschreiben, aber hier und da entfällt uns ein Wort, ein Vers, und wir setzen etwas Eigenes dafür ein und so verderben wir das Gedicht. Menschen von feinerem Ohr schreiben diese Melodien treuer nieder, und ihre Transkripte, ob unvollkommen, werden die Lieder der Nationen. Denn die Natur ist so wahrhaft schön, wie sie gut und vernünftig ist, und muß ebensosehr geschaut werden, wie sie gethan und erkannt werden muß. Worte und Thaten sind ganz gleichwertige Erscheinungsformen der göttlichen Energie. Auch Worte sind Thaten und Thaten sind eine Art von Worten.

Das Kennzeichen und Kreditiv des Dichters ist, daß er verkündet, was niemand voraussagen konnte. Er ist der einzige wahre Lehrer, er weiß und kann erzählen, er ist der einzige, der uns wirklich Neues sagt, denn er war bei der Erscheinung gegenwärtig und eingeweiht, die er schildert. Er ist es, der die Ideen schaut, der das kausal Notwendige ausspricht. Ich spreche hier nicht von Leuten mit poetischem Talent, oder von solchen, die geschickt und eifrig Verse machen, sondern vom wahren Dichter. Ich nahm erst jüngst an einem Gespräch über einen neueren Lyriker teil, einen Mann von feinem Geist, dessen Haupt ein Tonspiel zarter Melodien und Rhythmen schien und dessen Gewandtheit und Herrschaft über die Sprache wir nicht genug preisen konnten. Als sich aber die Frage erhob, ob er nicht nur ein guter Lyriker, sondern ein Dichter sei, da mußten wir alle gestehen, daß wir in ihm lediglich einen Zeitgenossen, keinen Mann der Ewigkeit vor uns hatten. Denn er erhebt sich nicht aus unseren niedrigen Schranken wie ein Chimborasso über den Äquator, der von seiner heißen Basis aufwärts durch alle Klimate und Zonen der Erde läuft, der seine hohen bunten Flanken mit den Gewächsen aller Breiten gürtet; sondern unser Mann gleicht dem Landschaftsgarten eines modernen Hauses, der mit Brunnen und Statuetten zierlich geschmückt ist, während wohlerzogene Männer und Franen auf den Promenaden und Terrassen sitzen oder lustwandeln. Wir hören durch all die wechselnde Musik den Grundton unseres konventionellen Lebens hindurch. Unsere Dichter sind Leute von Talent, die singen, nicht die Söhne der Musik. Der Inhalt ist für sie das Sekundäre, der Schliff der Verse die Hauptsache.

Es ist aber nicht das Metrum, sondern ein Metrum schaffender Stoff, der ein Gedicht macht – ein Gedanke, so leidenschaftlich und lebendig, daß er wie der Geist einer Pflanze oder eines Tieres seine eigene Architektur besitzt und die

Natur mit einem neuen Phänomen schmückt. Der Dichter hat einen neuen Gedanken: er hat eine ganze neue Erfahrung mitzuteilen, er sagt uns, was mit ihm geschah, und alle Welt wird durch sein Glück um so viel reicher werden. Die Erfahrung jeder neuen Generation verlangt auch ein neues Bekenntnis, und die Welt scheint immer auf einen Dichter zu warten. Ich erinnere mich aus meiner Jugend, wie heftig ich eines Morgens durch die Nachricht bewegt wurde, daß ein Jüngling, der in meiner Nähe am Tische saß, sich als Genie offenbart hatte. Er hatte seine Arbeit liegen lassen, war umhergewandert, niemand wußte, wohin, und hatte ein paar hundert Zeilen niedergeschrieben, vermochte aber nicht zu sagen, ob das, was er empfand, darin auch ausgesprochen war: er konnte nichts sagen, als daß alles ihm verändert schien: Menschen und Tiere, Erde, Himmel und Meer. Wie froh wir lauschten! Wie gläubig! Die alte Gesellschaft schien abgewirtschaftet zu haben. Wir saßen in der Morgenröte eines Sonnenaufgangs, der alle Sterne auszulöschen drohte. Boston schien uns zweimal so fern zu sein als den Abend zuvor, oder noch viel weiter entfernt. Rom – was war uns Rom? Plutarch und Shakespeare waren vergilbte Blätter, von Homer war nicht mehr die Rede. Ja, es ist viel, zu wissen, daß Poesie an diesem heutigen Tage, unter diesem selben Dache an unserer Seite geschrieben worden. Was?! Dieser wundervolle Geist ist noch nicht verloren gegangen! Diese Steinbilder funkeln und leben noch! Ich hatte mir eingebildet, die Orakel wären längst verstummt und das Feuer der Natur erloschen, und siehe, die ganze Nacht, durch alle Poren, ist diese herrliche Morgenröte wieder hereingeströmt! Jeder Mensch hat ein Interesse am Advent des Dichters, und keiner weiß, wie nahe es ihn angehen mag. Wir wissen wohl, daß das Geheimnis der Welt ein tiefes ist, aber wer der ist, der's uns erläutern wird, das wissen wir nicht. Eine Bergwanderung, eine neue Gesichtsform, ein neuer Mensch kann uns den Schlüssel in die Hand geben. Der Wert des Genius liegt natürlich in der Wahrhaftigkeit seiner Berichte. Das Talent mag scherzen und künsteln, das Genie schafft neue Realitäten. Die Menschheit ist nun im Verständnis ihrer selbst und ihrer Werke ernstlich so weit gekommen, und der vorderste Wächter auf der Höhe verkündet, was er schaut. Sein Wort ist das wahrste, das je ausgesprochen ward, sein Ausspruch die geeignetste, musikalischeste, unfehlbare Stimme der Welt für seine Zeit.

Alles was wir geheiligte Geschichte nennen, bezeugt, daß die Geburt eines Dichters das Hauptereignis aller Chronologie ist. So oft wir auch enttäuscht werden, immer wieder harrt der Mensch der Ankunft eines Bruders, der ihn fest an eine Wahrheit bannen kann, bis er sie in sich aufgenommen und zu seiner eigenen gemacht hat. Mit welch unsagbarer Freude beginn' ich ein Gedicht zu lesen, das ich für ein wahrhaft inspiriertes halte. Jetzt werden meine Ketten zerbrochen werden, jetzt werde ich über diese Wolken und die dunkeln Lüfte, in denen ich lebe – dunkel, wie durchsichtig sie auch scheinen mögen, – hoch emporgehoben werden und vom Himmel der Wahrheit aus werd' ich mein eigenes Wesen und seinen Zustand schauen und begreifen. Es wird die Natur verjüngen und mich mit dem Leben aussöhnen, wenn ich erkenne, wie alle Kleinigkeiten von einem Streben beseelt sind, wenn ich mein eigenes Thun nun erst begreifen werde. Das Leben wird hinfort kein öder Lärm mehr sein; nun werd' ich Männer und Frauen sehen und die Zeichen lernen, an welchen sie von Thoren und Teufeln unterschieden werden können. Dieser Tag wird mehr für mich bedeuten als der Tag meiner Geburt; damals kam ich zum Leben, heute soll ich zur reinen Erkenntnis gelangen. So ist meine Hoffnung, aber den Genuß muß ich verschieben. Weit öfter geschieht es, daß dieser geflügelte Mensch, der mich in den Himmel emporheben will, mich in die Wolken hinaufreißt und dann mit mir von Wolke zu Wolke hüpft und wirbelt und immer noch behauptet, daß sein Weg himmelwärts führe; und ich, der ich selber ein Neuling bin, bemerke spät und langsam, daß der Mann den Weg zum Himmel gar nicht kennt und daß er nichts weiter will, als daß ich die Geschicklichkeit bewundere, mit der er wie ein Huhn oder ein fliegender Fisch sich ein wenig über den Boden oder das Wasser erhebt; aber die alles durchdringende, alles ernährende, sichtbare Luft des Himmels wird der Mann nie bewohnen. Und ich taumle auch bald wieder in meine alten Winkel hinab und führe dasselbe übertriebene Leben weiter wie vorher und hab' meinen Glauben an die Möglichkeit eines Führers verloren, der mich dorthin geleiten kann, wo ich gern sein möchte.

Aber lassen wir diese Opfer ihrer Eitelkeit und beachten wir mit neugeschöpfter Hoffnung, wie die Natur in würdigeren Trieben sich der Treue des Dichters für sein Amt der Verkündigung durch die Schönheit dieser Welt versichert, die zu einer neuen und höheren Schönheit wird, wenn sie ausgesprochen wird. Die Natur bietet ihm all ihre Geschöpfe als Bildersprache an. Wenn er als Sinnbild verwendet wird, dann offenbart sich in jedem Gegenstand ein zweiter wundervoller Wert, der weit besser ist als sein erster ursprünglicher, gerade so wie des Zimmermanns gespannte Leine, wenn wir das Ohr ganz nahe an sie halten, musikalisch im Winde ertönt. „Dinge, herrlicher als jedes Bild, werden durch Bilder ausgesprochen," sagt Jamblichus. Die Dinge lassen sich als Symbole verwenden, weil die Natur selbst ein Symbol ist, als

Ganzes betrachtet, wie in jedem ihrer Teile. Jede Linie, die wir im Sande ziehen, hat ihre Bedeutung, es giebt keinen Körper ohne seinen Geist oder Genius. Alle Form ist eine Affektion des Charakters, jeder Zustand eine Affektion der Lebensqualität, alle Harmonie eine der Gesundheit (und darum sollte jede Wahrnehmung der Schönheit sympathetisch und nur den Guten eigentümlich sein). Das Schöne beruht immer in der Notwendigkeit. Der Geist schafft sich den Körper, wie der weise Spencer uns lehrt:

„So jeder Geist, je reiner er im Wesen,
Je mehr vom Himmelslicht er in sich birgt,
So schönern Körper auch er sich erwirkt,
Darin zu wohnen, herrlicher geschmückt,
Mit froher Anmut, die das Aug' entzückt,
Denn Form erscheint der Geist in Körperhaft,
Und Geist ist Form, die sich den Körper schafft."

Hier befinden wir uns plötzlich nicht mehr auf den vergnüglichen Wegen kritischer Spekulation, sondern auf heiligem Boden, auf dem wir still und ehrfurchtsvoll gehen sollten. Wir stehen vor dem Geheimnis der Welt – da, wo das Sein in Erscheinung und Einheit in Mannigfaltigkeit übergeht.

Das Universum ist die Externisation des Geistes. Wo immer Leben ist, bricht es in Erscheinung aus. All unsere Wissenschaft ist eine sinnliche und daher auch eine oberflächliche. Die Erde und die Himmelskörper, die physikalischen und chemischen Erscheinungen betrachten wir sinnlich, als ob ihnen eine eigene Existenz zukäme, während sie doch nur das Gefolge unseres Seins bilden. „Der mächtige Himmel," sagt Proclus, „zeigt in seinen Transfigurationen deutliche Bilder des Glanzes intellektueller Erkenntnisse, indem sich alle in genauer Verbindung mit verborgenen Perioden im Leben geistiger Naturen bewegen." Darum erhebt sich die Wissenschaft stets nur so hoch als der Mensch selbst und hält mit Religion und Metaphysik gleichen Schritt; oder anders ausgedrückt: der Stand der Wissenschaft ist ein Index unserer Selbsterkenntnis. Da alles und jedes in der Natur einer geistigen Kraft entspricht, so kann eine Erscheinung nur so lange und deshalb unfaßlich und dunkel bleiben, als die entsprechende Fähigkeit im Beobachter noch nicht aktiv geworden ist.

Kein Wunder denn, wenn diese Wasser so tief sind, daß wir mit einer religiösen Scheu über ihnen verweilen. Die Schönheit der Fabel beweist dem

Dichter und allen anderen die Bedeutsamkeit ihres Sinnes; oder, wenn man will, jeder Mensch ist so weit Dichter, daß er für diese Zauberkräfte der Natur empfänglich ist: denn alle Menschen sind der Ideen teilhaft, deren feierliche Verkündigung das Weltall ist. Ich finde, der ganze Zauber liegt in dem Symbol: Wer liebt die Natur? Wer liebt sie nicht? Sind es denn nur die Poeten und gebildete Menschen in den Mußestunden, die sie mit ihr verleben? Nein, auch die Jäger, Bauern, Reitknechte und Fleischhauer; nur bringen sie ihre Liebe nicht in der Wahl ihrer Worte, sondern in der Wahl ihres Berufes zum Ausdruck. Der Gelehrte wundert sich, was der Kutscher oder Jäger am Reiten, an Hunden und Pferden so schätzen mag. Es sind nicht ihre oberflächlichen Eigenschaften. Wenn man mit ihm redet, verrät er, daß er diese so gering schätzt wie ein anderer. Seine Liebe zu ihnen liegt in einer geheimen Sympathie, er hat keinen Ausdruck dafür, aber die lebendige Kraft, deren Gegenwart in der Natur er dunkel fühlt, weist ihm seine Stellung an. Keine Nachahmung, kein Spielen mit jenen Dingen würde ihn befriedigen; er will Sturm und Regen, Wald, Fels und Eisen im Ernste um sich haben. Eine Schönheit, die wir nicht erklären können, ist uns teurer, als eine, die wir begreifen. Es ist die Natur als Symbol, die Natur, die das Übernatürliche zur Gewißheit macht, der Leib, der von Leben überfließt, den er nach einem rohen aber tiefempfundenen Ritus anbetet.

Die Innigkeit, das Geheimnisvolle dieser tiefen Anhänglichkeit treibt Menschen jeden Standes zum Gebrauch von Zeichen und Emblemen. Poeten- und Philosophenschulen sind nicht berauschter von ihren Symbolen als der Pöbel von den seinigen. Man muß nur einmal die Macht der Abzeichen und Embleme in unserem politischen Leben ins Auge fassen. Zum Beispiel den großen Ball, den sie von Baltimore nach Bunkerhill rollen! Die politischen Aufzüge, bei denen Lowell mit einem Lappen, Lynn mit einem Schuh, Salem mit einem Schiff einherzieht! Man denke an das Weinfaß, das Blockhaus, den Walnußzweig, die Zwergpalme und all die unzähligen anderen Parteikennzeichen. Man denke gar an die Gewalt nationaler Embleme! Ein paar Sterne, Lilien oder Leoparden, ein Halbmond, ein Löwe, ein Adler, oder andere Bilder, die Gott weiß wie zu solchem Ansehen gelangt sind, abgebildet auf einem alten Fetzen von Flaggentuch, der auf einem Fort in irgend einem Winkel der Erde vom Winde hin und her gerissen wird, kann das Blut der rohesten wie der abgeschliffensten Leute kochen machen. Die Leute bilden sich ein, sie mögen die Poesie nicht leiden, und sind lauter Dichter und Mystiker!

Abgesehen von dieser Allgemeinheit der symbolischen Sprache, erkennen wir die Göttlichkeit dieses höheren Gebrauches der Dinge (durch den die Welt zu einem Tempel wird, dessen Mauern mit Abzeichen, Bildern und Geboten der Gottheit bedeckt sind) auch daran, daß es kein Ereignis in der Natur giebt, das nicht den ganzen Geist der Natur in sich tragen würde; denn all die Unterscheidungen, die wir in den Ereignissen und Angelegenheiten machen, wie hoch oder niedrig, ehrenhaft oder gemein, verschwinden alsbald, wenn die Natur symbolisch aufgefaßt wird. Die durchdringende Idee macht alles zum Gebrauche geeignet; und der Wortschatz eines allwissenden Menschen würde Worte und Bilder umfassen, die aus der Salonsprache ausgeschlossen sind. Was niedrig, ja selbst obscön für den Obscönen wäre, wird vornehm, wenn es in neuer Gedankenverbindung ausgesprochen wird. Die Frommheit der hebräischen Propheten reint die Derbheit ihres Ausdrucks. Die Beschneidung ist ein Beispiel für die Macht der Poesie, selbst das Niedrige und Anstößige zu adeln. Kleine unbedeutende Dinge leisten so gute Dienste wie große Symbole. Ja, je unbedeutender das Sinnbild, durch welches ein Gebot zum Ausdruck gebracht wird, desto eindringlicher wirkt es, desto dauernder bleibt es im Gedächtnis der Menschen, so wie wir die kleinste Büchse oder Kassette aussuchen, um ein unentbehrliches Instrument darin mit uns zu führen. Bloße Wörterverzeichnisse bringen einem phantasievollen und aufgeregten Geist neue Ideen, wie von Lord Chatham berichtet wird, daß er in Baileys Wörterbuch zu lesen pflegte, so oft er die Absicht hatte, im Parlament zu sprechen. Die ärmste Erfahrung ist reich genug, um allen Gedanken Ausdruck zu geben. Wozu dieses beständige Sehnen nach der Kenntnis neuer Details? Tag und Nacht, Garten und Haus, einige wenige Bücher, einige wenige Thaten leisten uns denselben Dienst, den alle Gewerbe und alle Sehenswürdigkeiten uns leisten würden. Wir sind noch weit davon entfernt, die Bedeutung der wenigen Symbole, die wir gebrauchen, erschöpft zu haben. Wir können noch dahin kommen, sie mit schrecklicher Einfachheit zu verwenden. Ein Gedicht muß nicht lang sein. Es gab eine Zeit, da jedes Wort ein Gedicht war. Jede neue Beziehung schafft ein neues Wort. Und wir gebrauchen selbst Fehler und Verunstaltungen zu heiligen Zwecken und drücken hierdurch unsere Überzeugung aus, daß die Übel der Welt nur einem übeln Auge als solche erscheinen. In der alten Mythologie werden göttlichen Naturen Defekte zugeschrieben, wie Lahmheit dem Vulkan, dem Cupido Blindheit und andere mehr, um eine Fülle, ein Übermaß nach einer anderen Seite auszudrücken.

Nur die Loslösung, die Entfernung vom Leben Gottes läßt die Dinge häßlich erscheinen, und der Poet, der alle Dinge wieder mit der Natur und dem Ganzen in Verbindung bringt – der selbst künstliche Dinge, ja Vergewaltigungen der Natur, durch eine tiefere Einsicht wieder auf die Natur zurückführt, – wird sehr leicht mit den unangenehmsten Dingen fertig. Poetisch gebildete Leser sehen Fabriken und Eisenbahnen und bilden sich ein, daß die Poesie der Landschaft durch solche gestört werde – weil diese Gegenstände in ihrer Lektüre noch nicht zu Gegenständen der Kunst geweiht worden sind; aber der Dichter sieht leicht, daß sie sich der großen Ordnung nicht weniger als ein Bienenstock oder als der Spinne geometrisches Netz einreihen. Die Natur nimmt sie sehr bald in ihre lebendigen Kreise auf und liebt den dahin gleitenden Wagenzug wie ihre eigenen Schöpfungen. Übrigens macht es auf einen klaren, gefestigten Geist wenig Eindruck, wenn ihr ihm die mechanischen Erfindungen vorhaltet. Und wenn ihr eine Million neuer Erfindungen der erstaunlichsten Art hinzufügen würdet, das Wesen der Mechanik selbst hat hierdurch nicht um ein Gran an Gewicht gewonnen. Die geistige Bedeutung bleibt unveränderlich, ob viel oder wenig Einzelerscheinungen hinzutreten mögen; so wie kein Berg eine genügende Höhe hat, um die Kurve der Erdkugel zu brechen. Ein geriebener Landbursche kommt zum erstenmal in die Stadt, und der selbstgefällige Städter ist mit seinem geringen Staunen nicht zufrieden. Nicht etwa, daß er all die schönen Häuser nicht sehen, oder nicht wissen würde, daß er dergleichen noch nie gesehen hat, aber er wird mit ihnen ebenso leicht fertig, wie der Dichter Raum für die Eisenbahn findet. Der Hauptwert der neuen Sache liegt darin, daß sie die große und konstante Masse des Lebens erhöht, gegen die alle und jede Einzelerscheinung zwerghaft ist, und für welche der Wampumgürtel des Indianers und der ganze Handel Amerikas gleiche Bedeutung haben.

So stellt sich die Welt dem Geiste als Verbum und Nomen zur Verfügung, aber nur der Dichter ist es, der in dieser Sprache auch sprechen kann. Denn, obgleich das Leben groß ist, obgleich es alles bezaubert und absorbiert, und obgleich alle Menschen die Symbole verstehen, welche ihr die Namen geben, können sie sie doch nicht selbständig gebrauchen. Wir sind Symbole und bewohnen Symbole; Arbeiter, Arbeit und Werkzeuge, Worte und Dinge, Geburt und Tod sind alles nur Sinnbilder; aber wir fühlen zu sehr für diese Symbole, und bethört von der gewöhnlichen wirtschaftlichen Bedeutung der Dinge, vergessen wir, daß sie Ideen sind. Der Dichter, der eine tiefere Einsicht in das Wesen der Dinge besitzt, verleiht ihnen eine Kraft, die ihre alte Bedeutung vergessen läßt, giebt allen stummen und unbelebten Gegenständen Augen und Zunge. Er erkennt die Unabhängigkeit der Idee vom Symbole, die Stabilität der Idee, die Zufälligkeit und Flüchtigkeit des Symbols. So wie die Augen Lynkeus' durch die Erde schauen konnten, so verwandelt der Dichter die Welt in Glas und zeigt uns alle Dinge erst in der richtigen Ordnung und Folge. Denn kraft seiner besseren Einsicht steht er den Dingen um einen Schritt näher und sieht ihr Strömen und ihre Metamorphosen; sieht, daß jede Idee vielförmig ist, daß in der Form jeder Kreatur eine Kraft wohnt, die sie antreibt, zu einer höheren Form emporzusteigen, und indem so seine Augen das innerste Leben verfolgen, gebraucht er dieselben Formen, in welchen dieses Leben zum Ausdruck gelangt, und so strömen seine Worte mit dem Strome der Natur dahin. Alle Ereignisse des animalischen Reiches, Geschlecht, Ernährung, Schwangerschaft, Geburt und Wachstum sind Symbole des Überganges der Welt in den Geist des Menschen, um in demselben umgewandelt zu werden und in einer neuen und höheren Bedeutung wieder zu erscheinen. Er gebraucht die Formen ihrem inneren Leben nicht der bloßen Form entsprechend. Das ist wahre Wissenschaft. Der Poet allein versteht Astronomie, Chemie, Vegetation und animalisches Leben – denn er hält nicht bei den Erscheinungen inne, sondern gebraucht dieselben als Sinnbilder. Er weiß, warum das Feld des Raumes mit diesen Blumen bestreut ward, die wir Sonne, Mond und Sterne nennen; warum die weite Tiefe mit Menschen, Tieren und Göttern geschmückt ward, denn mit jedem Worte, das er spricht, reitet er auf ihnen als den Rossen des Gedankens.

Kraft dieser Wissenschaft ist der Poet der Namengeber, der Sprachenschöpfer, der die Dinge bald nach ihrer Erscheinung und bald nach ihrem Wesen benennt, der jedem Dinge seinen eigenen Namen giebt und so dem Geist jenes Entzücken gewährt, das wir bei richtiger Trennung und Begrenzung empfinden. Die Dichter haben alle Worte geschaffen, und darum ist die Sprache das Archiv der Geschichte und gleichsam eine Grabhalle der Musen. Denn obgleich der Ursprung der meisten unserer Worte heute vergessen ist, war einst jedes Wort ein Geistesblitz, ein Funke des Genies, und es blieb im Umlauf, weil es im Augenblick die Welt für den ersten Sprecher und Hörer symbolisierte Etymologen finden, daß die totesten Worte einst leuchtende Bilder waren. Sprache ist fossile Poesie. So wie der Kalkstein des Festlandes aus unendlichen Massen versteinerter Schaltierchen besteht, so ist die Sprache aus Bildern und Tropen zusammengesetzt, die heute in ihrer sekundären Verwendung längst aufgehört haben, uns an ihren poetischen Ursprung zu erinnern. Aber der Dichter giebt dem Dinge seinen Namen, weil er es sieht, weil er ihm einen Schritt näher kommt, als irgend ein anderer. Dieser Ausdruck, diese Benennung ist nicht Kunst, sondern eine zweite Natur, die aus der ersten hervorsprießt wie das Blatt aus dem Baume. Was wir Natur nennen, ist eine gewisse sich selbst regulierende Bewegung und Wechsel; und die Natur thut alles mit eigener Hand, läßt sich nicht von anderen taufen, sondern tauft sich selbst, und dies wieder durch die Metamorphosen. Ich entsinne mich, daß ein Dichter mir dies folgendermaßen beschrieben:

Genius ist die Aktivität, die dem Verfall der Dinge vorbeugt, ob derselbe nun ganz oder teilweise von materieller und endlicher Art erscheine. Die Natur versichert sich in all ihren Reichen selbst. Niemand sorgt für das Anpflanzen des armen Pilzes: daher schüttelt sie aus den Falten des Blätterschwammes zahllose Sporen nieder, deren jede, erhalten, morgen oder übermorgen neue Billionen von Sporen aussenden kann. Der neue Pilz, der so entstanden, mag eine Chance haben, die der alte nicht hatte. Dieses Atom seiner Saat ist auf einen neuen Platz gefallen, der dem Zufall nicht mehr ausgesetzt ist, welcher seinen Erzeuger zwei Fußbreit von hier zerstört hat. Sie schafft einen Menschen; und wenn sie ihn bis zum Alter der Reife gebracht, will sie nicht länger Gefahr laufen, dieses Wunder mit einem Schlage zu verlieren, und sie löst von ihm ein neues Selbst ab, damit die Gattung vor den Unfällen bewahrt bleibe, denen das Individuum ausgesetzt ist. So auch, wenn die Seele des Dichters zur Reife der Gedanken gekommen, löst sie von ihm Dichtungen und Gesänge ab – eine furchtlose, schlaflose, unsterbliche Nachkommenschaft, die den Zufällen des Reiches der Zeit nicht ausgesetzt ist, eine furchtlose, lebenskräftige Schar von geflügelten Sprößlingen (so groß war die Kraft der Seele, die sie erzeugte), deren Schwingen sie rasch und ferne dahintragen und sie unwiderruflich in den Herzen der Menschen festsetzen. Je reicher und schöner die Seele des Dichters, desto mächtiger sind diese Schwingen. So fliegen die Gesänge unsterblich von ihrem sterblichen Erzeuger fort, verfolgt von lärmenden Zügen schmähender Kritiken, die in weit größerer Menge umherschwärmen und sie zu verschlingen drohen; aber ihnen fehlen die Flügel. Nach einem ganz kurzen Satze fallen sie plump herab und faulen, da sie von den Seelen, aus denen sie kamen, keine Schönheitsschwingen empfangen haben. Aber die Melodien des Dichters steigen mächtig empor und dringen in die Tiefen der unendlichen Zeit.

Soweit belehrte mich der Sänger in seiner freieren Sprache. Aber die Natur verfolgt ein höheres Ziel bei der Erzeugung neuer Individuen als die bloße

Sicherheit – nämlich Veredlung oder den Übergang des Geistes in höhere Gestalt. Ich kannte in jüngeren Jahren den Bildhauer, der die Jünglingsstatue geschaffen, die in unserem Parke steht. Er konnte, wie ich mich wohl erinnere, nicht sagen, was ihn glücklich oder unglücklich machte, nur auf wunderbaren Umwegen gelang es ihm. Er erhob sich eines Tages, seiner Gewohnheit nach, vor der Dämmerung und sah den Morgen anbrechen, groß wie die Ewigkeit, aus der er kam, und Tage um Tage mühte er sich, diese große Ruhe zum Ausdruck zu bringen, und siehe! sein Meißel hatte aus dem Marmor die Gestalt eines herrlichen Jünglings geformt, – Phosphorus, den Lichtbringer, deren Anblick, wie man sagt, alle Leute, die sie anschauen, in Schweigen versinken macht. Und so überläßt auch der Dichter sich seiner Stimmung, und der Geist, der ihn bewegte, kommt zum Ausdruck, aber als ein alter idem in völlig neuer Weise. Der Ausdruck ist organisch, ist nichts als der neue Typus, den die Dinge annehmen, wenn sie befreit werden. So wie die Gegenstände im Sonnenlicht ihr Bild auf die Netzhaut des Auges zeichnen, so streben sie, die am Streben des All teilnehmen, eine weit zartere Kopie ihres Wesens im Geiste des Dichters zu zeichnen. An Stelle der Metamorphose der Dinge in höhere organische Formen tritt gleichbedeutend ihre Umwandlung in Melodien. Über jedem Dinge schwebt sein Dämon oder Geist, und so wie die Umrisse des Dinges sich im Auge spiegeln, so spiegelt sich sein Geist in einer Melodie. Die See, der Bergesgrat, der Niagara und jedes Blumenbeet haben eine frühere oder höhere Existenz in „Vorgesängen," die wie Gerüche durch die Lüfte fluten, und wenn ein Mensch, dessen Ohr fein genug ist, vorübergeht, dann erlauscht er sie und versucht die Klänge niederzuschreiben, ohne sie aufzulösen oder zu verfälschen. „Und darin liegt auch die Berechtigung der Kritik, in der Überzeugung unseres Geistes, daß alle Gedichte nur corrupte Wiedergaben eines Textes der Natur sind, mit dem sie übereinstimmen sollten. Der Reim eines Sonetts sollte nicht weniger wohlgefällig sein als die Windungen der Muschel, oder die bunte Wiederkehr der gleichen und doch wechselnden Form in einem Blumenstrauße. Das Paaren der Vögel ist ein Idyll, aber nicht langweilig wie unsere Idyllen sind; der Sturm eine wilde Ode ohne falsches Pathos und ohne jeden Schwulst; der Sommer mit seiner Saat und Ernte ein episches Lied, mit vielen wunderbar ausgeführten Teilgesängen. Warum sollten die Harmonie und Wahrheit, die diese durchklingen, nicht in unseren Geist überströmen, warum sollten wir nicht an der Erfindungskraft der Natur teilhaben?

Dieser Einblick, der in dem, was wir Einbildungskraft nennen, seinen Ausdruck findet, ist eine gar hohe Art des Schauens, die niemand lernen kann, sondern deren nur der Geist fähig ist, der dort, wo und das, was er schaut, selbst ist, der den Weg und Kreislauf der Dinge durch die Formen mitmacht und sie so den anderen durchleuchtet erscheinen läßt. Der Weg der Dinge aber geht in tiefem Schweigen. Dulden sie denn, daß ein Sprecher mit ihnen gehe? – Einen Spion dulden sie nicht; aber ein Liebender, ein Dichter ist die Transcendenz, die Erfüllung ihrer eigenen Natur, – ihn dulden sie. Die Bedingung wahrhaften Ausdrucks ist auf der Seite des Dichters, daß er sich ganz und gar der göttlichen aura überlasse, die durch die Formen haucht, und nur ihr folge.

Es ist ein Geheimnis, daß jeder mit Verständnis begabte Mensch rasch lernt, daß er außer der Kraft seines bewußten und beherrschten Geistes einer neuen Kraft (eines gleichsam in sich selbst verdoppelten Geistes) fähig wird, wenn er sich ganz der Natur der Dinge überläßt; daß es außer seinem speciellen Kraftanteil als Individuum eine große allgemeine Kraft giebt, an welcher er teilnehmen kann, indem er, auf jede Gefahr hin, seine Thüren öffnet und die ätherischen Wogen durch seinen Geist strömen und cirkulieren läßt: dann ergreift ihn das Leben des All, dann wird seine Rede Donner, sein Gedanke Gesetz und seine Worte allgemeinverständlich, wie es Pflanzen und Tiere sind. Der Dichter weiß, daß er nur dann sich vollkommen ausspricht, wenn er etwas wild spricht, mit „der Blume des Geistes,“ wenn er seinen Geist nicht als Werkzeug gebraucht, sondern ihn allen Dienstes entläßt und ihn seine Richtung ganz und gar von seinem eigenen himmlischen Leben empfangen läßt, oder wie die Alten sich ausdrückten, nicht mit seinem Geiste allein, sondern mit dem von Nektar trunkenen Geiste spricht. Wie der Reisende, der seinen Weg verloren hat, dem Pferde die Zügel läßt und es dem Instinkt des Tieres überläßt, seinen Weg zu finden, so müssen auch wir mit dem göttlichen Tier verfahren, das uns durch die Welt trägt. Denn sobald wir diesen Instinkt irgendwie anregen können, öffnen sich uns neue Wege ins Innere der Natur, der Geist strömt in und durch die schwersten und höchsten Dinge, und die Metamorphose wird möglich.

Dies ist der Grund, weshalb die Sänger Wein und Met, narkotische Mittel aller Art, Kaffee, Thee, Opium, den Rauch des Sandelholzes und Tabaks lieben, und welche Mittel animalischer Aufheiterung es sonst noch geben mag. Alle Menschen bedienen sich der Mittel, deren sie habhaft werden können, um jene außerordentliche Kraft zu ihren normalen Kräften hinzuzufügen; darum schätzen sie die Konversation, Musik, Gemälde und Skulpturen, Tänze, Theater,

Reisen, Krieg, Pöbelhaufen und Feuersbrünste, Spiel, Politik und Liebe, oder Wissenschaft oder animalischen Rausch, welche alle nur gröbere oder feinere quasi-mechanische Surrogate des wahren Nektars sind, der in jener Verzückung des Geistes besteht, die eintritt, sobald er Einblick in das Wesen der Dinge gewinnt. Es sind lauter Hilfsmittel für das centrifugale Streben des Menschen, der stets ins Freie und Weite gelangen will, sie helfen ihm, aus der Haft des Leibes zu entkommen, in den er gesperrt ist, aus dem Gefängnishofe individueller Beziehungen, der ihn einschließt. Daher kommt es, daß eine große Zahl derjenigen, die professionelle Darsteller der Schönheit waren, wie Maler, Dichter, Musiker und Schauspieler, mehr als andere ein Leben des Vergnügens und der Zügellosigkeit zu führen pflegten; ja alle mit Ausnahme der wenigen, die den wahren Nektar empfangen haben; und da dies stets eine gefälschte Art, die Freiheit zu erlangen war, da es eine Emancipation war, die nicht in die Himmel führte, sondern zur Freiheit niedrigerer Regionen, darum mußten sie für den Vorteil, den sie gewannen, durch Verlotterung und Verderbnis büßen. Die Natur läßt sich niemals durch List einen Vorteil abgewinnen. Der Geist der Welt, die große ruhevolle Gegenwart des Schöpfers läßt sich nicht durch die Zauberkünste des Opiums oder Weines beschwören. Die erhabene Vision wird der reinen und einfältigen Seele in einem reinen und keuschen Leibe zu teil. Was wir narkotischen Mitteln verdanken, ist keine Inspiration, sondern nur eine Pseudo-Erregung und Raserei. Milton sagt, der lyrische Dichter möge Wein trinken und ein üppiges Leben führen, aber der epische Dichter, er, der von den Göttern singen soll und wie sie zu den Menschen niederstiegen, müsse Wasser aus einem Holzgefäß trinken. Denn Poesie ist nicht „des Teufels Wein," sondern Gottes Wein. Es geht damit wie mit Kinderspielzeug. Wir füllen die Hände und Stuben unserer Kinder mit allen Arten von Puppen, Trommeln und hölzernen Pferden, und lenken damit ihre Augen von dem einfachen Antlitz der Natur und ihnen genügenden Gegenständen, der Sonne, dem Mond, den Tieren, dem Wasser und den Steinen ab, welche ihr Spielzeug sein sollten. So sollte auch die Lebensweise des Dichters auf einen so niederen und einfachen Schlüssel gestimmt sein, daß die gewöhnlichsten Einflüsse ihn entzücken müßten. Seine Fröhlichkeit sollte die Gabe des Sonnenlichts sein, die Luft müßte genügen, um ihn zu begeistern, Wasser müßte ihn berauscht machen. Der Geist, der ruhigen Herzen genügt, der zu solchen aus jedem Hügel trockenen Grases spricht, aus jedem Fichtenstumpf, aus jedem halb vergrabenen Stein, welchen die matte Märzsonne bestrahlt, der erscheint den Armen und Hungrigen und denen, die einfachen Geschmackes sind. Wenn du aber dein Hirn mit dem Getriebe von Boston und New-York, mit

Mode und Lüsternheit anfüllst, wenn du deine abgehetzten Sinne mit Wein und schwarzem Kaffee antreibst, dann wirst du freilich in der einsamen Wüste der Tannenwälder kein Ausstrahlen der göttlichen Weisheit bemerken können.

Wenn die Phantasie den Dichter berauscht, so ist sie auch in anderen Menschen nicht unthätig. Die Metamorphose ruft auch im Beschauer eine freudige Erregung hervor. Der Gebrauch von Symbolen hat über alle Menschen eine gewisse befreiende und aufheiternde Macht. Es ist, als wären wir von einem Zauberstabe berührt, der uns wie glückliche Kinder tanzen und umherspringen macht. Wir gleichen Leuten, die aus einer Höhle oder einem Keller in die freie Luft hinaus gekommen sind. Das ist die Wirkung, die Tropen, Fabeln, Orakelsprüche und alle poetischen Formen auf uns haben. So werden die Poeten zu befreienden Göttern. Den Menschen ist nun wirklich ein neuer Sinn entstanden, sie haben in ihrer Welt eine neue Welt, ja ein ganzes Nest von Welten entdeckt, denn das erraten wir, wenn wir die Metamorphose einmal erkannt haben, daß sie bei dem einen Phänomen nicht stehen (Zeile fehlt im Buch) hohem (Zeile fehlt im Buch) Ich will jetzt nicht in Betrachtung ziehen, in wie bbt'ker (unverständlich) Grade dies den Reiz der Algebra und aller mathematischen Wissenschaften ausmacht, die gleichfalls ihre Tropen haben; aber wir fühlen diesen Zauber in jeder Definition. So, wenn Aristoteles den Raum als ein unbewegliches Gefäß definiert, in welchem alle Dinge enthalten sind, oder wenn Plato die Linie als einen strömenden Punkt, oder Gestalt als die Umgrenzung eines Festen definiert, und dergleichen mehr. Welch ein fröhliches Freiheitsgefühl empfinden wir, wenn Vitruvius die alte Überzeugung der Künstler ausspricht, daß kein Architekt ein Haus richtig bauen kann, der keine anatomischen Kenntnisse besitzt. Wenn Sokrates uns im Charmides sagt, daß die Seele von ihren Krankheiten durch gewisse Zaubersprüche geheilt wird, und daß diese Zaubersprüche nichts anderes als herrliche Vernunftgründe sind, durch welche Mäßigung und Besonnenheit in den Seelen hervorgerufen wird; wenn Plato die Welt ein Tier nennt; Wenn Timaeus behauptet, daß auch die Pflanzen Tiere sind, oder behauptet, daß der Mensch ein himmlischer Baum sei, der mit der Wurzel, nämlich dem emporgewendeten Haupt wachse, wie George Chapman ihn nachahmend schreibt:

„So in dem Menschenbaum, des nerv'ge Wurzel
Zu Häupten ihm entspringt;“

wenn Orpheus von den weißen Haaren als von „jener weißen Blüte, die das höchste Alter bezeichnet," spricht; wenn Chaucer in seinem Loblied auf die „Gentilesse" edles Blut in niedriger Lage mit Feuer vergleicht, daß, wenn es auch ins dunkelste Haus, das sich zwischen unseren Bergen und dem Kaukasus findet, gebracht wird, dennoch seiner Natur folgt und so hell leuchtet, als wenn zwanzigtausend Menschen es sehen würden; wenn Johannes in der Apokalypse den Untergang der Welt durch das Böse und die Sterne vom Himmel fallen sah, wie der Feigenbaum seine unzeitigen Früchte abwirft; wenn Äsop uns die ganze Reihe unserer täglichen Erlebnisse und Beziehungen in dem Maskenzug von Vögeln und Vierfüßlern vorführt; – da vernehmen wir den fröhlichen Wink, der uns die Unsterblichkeit unseres Wesens in all seinen tausend Verwandlungen und Entfliehungen verkündet, und fühlen, daß von uns gilt, was die Zigeuner von sich sagen: „Es sei umsonst, sie zu hängen, denn sie können nicht sterben."

So sind die Poeten in Wahrheit befreiende Götter. Die alten britischen Barden führten als Titel ihres Standes: "Jene, die frei sind durch die ganze Welt." Sie sind frei und machen frei. Ein phantasievolles Buch leistet uns zuerst, wenn es uns durch seine Bilder entzündet, weit mehr Dienste als nachher, wenn wir den genauen Sinn des Autors verstanden haben. Ich halte nichts in einem Buche für wirklich wertvoll, als das Transcendentale und Außerordentliche darin. Wenn ein Mensch von seinem Gedanken so entflammt und fortgerissen wird, daß er Autoren und Publikum vergißt und einzig und allein seines Traumes achtet, der ihn wie Wahnsinn gefesselt hält, dann laßt mich seine Schriften lesen, und ihr mögt dafür alle Logik und Geschichte und Kritik haben. Aller Wert, den Pythagoras, Paracelsus, Cornelius Agrippa, Cardanus, Kepler, Swedenborg, Schelling, Oken und alle anderen haben, die fragwürdige Dinge wie Engel und Teufel, Magie, Astrologie, Chiromantik, Mesmerismus und dergleichen in ihre Kosmogonie eingeführt haben, liegt in der Gewißheit, daß hier einmal die Routine verlassen worden und ein neuer Zeuge aufgetreten ist. Das auch macht den besten Erfolg im Gespräch, die Magie der Freiheit, die die Welt wie einen Spielball in unsere Hände giebt. Und selbst die Freiheit erscheint billig, ja wertlos, wenn eine hohe Erregung dem Geiste die Kraft mitteilt, unter die Natur selbst den Hebel zu schieben und sie emporzuschwingen; dann erst wird der Ausblick riesengroß! Naturen, Zeiten und Systeme treten auf und verschwinden wie die Fäden eines bunten, figurenreichen Teppichs; Traum folgt auf Traum, und so lange die Trunkenheit währt, würden wir unser Bett, unsere Philosophie, unsere Religion in unserem neuen Reichtum schwelgend verkaufen.

Und wir haben guten Grund, diese Befreiung zu schätzen. Das Schicksal des armen Schäfers, der im Schneesturm verirrt und von den Flocken geblendet, wenige Schritt von der Thür seiner Hütte entfernt, im Gestöber zu Grunde geht, ist ein Sinnbild für den Zustand des Menschen. Am Rande der Wasser des Lebens und der Wahrheit sterben wir elend dahin. Es ist zum Staunen, wie unerreichbar jeder Gedanke ist, mit Ausnahme dessen, der uns gerade erfüllt. Da hilft kein Nahekommen; wenn wir ihm am nächsten sind, sind wir genau so ferne von ihm, wie da wir am weitesten waren. Auch jeder Gedanke ist ein Gefängnis; ja jeder Himmel ist ein Gefängnis. Darum lieben wir den Dichter, den Erfinder, der in irgendwelcher Form, sei's durch ein Lied oder durch eine That, durch seine Blicke oder sein Betragen uns einen neuen Gedanken gebracht hat. Er schließt unsere Ketten auf und öffnet unseren Blicken einen neuen Schauplatz.

Diese Befreiung ist allen Menschen teuer, und die Kraft sie mitzuteilen ist, da sie aus einer größeren Tiefe und weiterem Spielraum der Gedanken entspringt, ein Maßstab der Begabung. Darum leben alle Bücher fort, die die Einbildungskraft geschaffen hat, das heißt alle jene, die sich zu solcher Höhe der Wahrheit erheben, daß der Autor die Natur unter sich sieht und sie gleichsam als Exponenten seines eigenen Geistes behandelt. Jeder Vers, jede Sentenz, die diese Kraft hat, sorgt selbst für ihre Unsterblichkeit. Die Religionen der Welt sind nichts als die Stoßgebete einiger weniger phantasiereicher Menschen.

Aber die Phantasie hat die Eigenschaft, zu strömen, nicht zu gefrieren. Der Dichter begnügte sich nicht mit Farbe und Form, sondern er las ihre Bedeutung, aber auch die Bedeutung darf ihm nicht genug sein, vielmehr muß er dieselben Gegenstände zu Exponenten seines neuen Gedankens machen. Hier liegt der Unterschied zwischen dem Dichter und dem Mystiker; der letztere nagelt ein Symbol an einen Sinn, der zwar für den Augenblick der richtige Sinn war, aber in der nächsten Stunde veraltet und falsch wird. Denn alle Symbole sind flüssiger Art; alle Sprache ist rollend und in beständigem Uebergang, und wie Sänften und Rosse gut zum Fortkommen, nicht zum Niederlassen wie Häuser und Landgüter. Mysticismus besteht in der Verwechslung eines zufälligen und individuellen Symbols mit einem allgemeinen. Die Morgenröte ist in den Augen Jakob Behmens zufällig die Lieblingserscheinung unter allen Meteoren, darum ist sie für ihn gleichbedeutend mit Wahrheit und Glauben; und er glaubt, daß sie für alle Leser dieselben Realitäten bedeuten werde. Aber der nächste Leser zieht ebenso natürlich das Symbol einer Mutter mit ihrem Kinde, oder eines Gärtners mit seiner Zwiebel, eines Juweliers, der einen Edelstein glättet, vor. Jedes dieser

Symbole und eine Myriade anderer sind genau so gut für die Person, in deren Augen sie die betreffende Bedeutung haben. Nur darf man sie nicht überschätzen und muß sie willig in die gleichbedeutenden Ausdrücke übersetzen, die alle anderen gebrauchen. Und dem Mystiker muß man immer wieder sagen: Alles, was du sprichst, ist genau so wahr ohne deine ermüdenden Symbole, wie mit ihnen. Gieb uns lieber ein wenig Algebra anstatt dieser abgedroschenen Rhetorik – allgemein verständliche Zeichen anstatt dieser auf ein Dorf beschränkten, – und wir werden beide besser fahren. Die Geschichte der Hierarchien scheint zu lehren, daß der Fehler aller Religionen darin lag, daß das Symbol zu starr und fest wurde, sodaß es zuletzt nichts mehr als ein verknöcherter Auswuchs der Sprache ward.

Unter allen Menschen der neueren Zeiten hat keiner wie Swedenborg die Natur in Gedanken umgesetzt. Ich kenne keinen Menschen in der Geschichte, dem die Gegenstände so durchwegs Gedanken bedeuteten. Vor ihm treibt die Metamorphose unausgesetzt ihr Spiel. Alles, worauf sein Auge fällt, gehorcht geistigen und sittlichen Trieben. Die Feigen werden zu Trauben, während er sie ißt. Wenn einer seiner Engel eine Wahrheit ausspricht, beginnen die Lorbeerzweige in seinen Händen zu blühen. Das Geräusch, das aus der Ferne wie Knarren und Hämmern ertönte, fand sich beim Näherkommen als die Stimme streitender Menschen. In einer seiner Visionen erschienen die Menschen, in überirdischer Beleuchtung gesehen, als Drachen in tiefer Dunkelheit, aber sie selbst hielten sich untereinander für Menschen, und als das Himmelslicht in ihre Hütte fiel, beklagten sie sich über die plötzliche Dunkelheit und mußten die Fenster schließen, um sehen zu können.

Er besaß jene Wahrnehmungsgabe, die den Dichter oder Seher zu einem Gegenstand der Scheu und des Schreckens macht, die Wahrnehmung, daß derselbe Mensch, dieselbe Schar von Menschen in ihren eigenen Augen und denen ihrer Gefährten ein Ansehen haben können, und ein ganz anderes für höhere Geister, die auf sie schauen. Gewisse Geistliche, die er schildert, wie sie höchst gelehrt untereinander reden, erschienen den Kindern in einiger Entfernung als Kadaver von Pferden und viele solcher Mißgestalten mehr. Und sogleich drängt sich dem Geiste die Frage auf, ob denn jene Fische unter der Brücke, jene Ochsen auf der Weide, die Hunde da im Hofe, unabänderlich Fische, Ochsen und Hunde sind, oder am Ende uns nur so erscheinen? Ob sie nicht vielleicht in ihren eigenen Augen aufrechte Menschen sind? Und endlich, ob ich selbst allen Augen als Mensch erscheine? Die Brahmanen und Pythagoras warfen dieselbe Frage auf, und wenn ein Dichter solche Umbildung wahrgenommen hat, dann hat er sie sicherlich mit vielen anderen Erfahrungen übereinstimmend gefunden. Wir haben ja alle nicht geringere Veränderungen am Weizenkorn und an Raupen gesehen. Es ist der Dichter, der durch das „lebendige Kleid" die ewig feste Natur sieht, der es aussprechen kann und uns in Liebe und Schrecken nach sich zieht.

Ich schaue umsonst nach dem Dichter aus, den ich schildere. Wir wenden uns nicht mit hinreichender Einfachheit und Tiefe an das Leben, noch wagen wir unsere eigenen Zeiten und socialen Verhältnisse zu singen. Wenn wir den Tag mit tapferem Thun ausfüllen würden, hätten wir keine Bedenken, ihn zu feiern. Zeit und Natur haben uns manche Gabe gewährt; aber den Mann unserer Zeit noch nicht, die neue Religion, den Versöhner, den alles erwartet. Dantes Ruhm ist, daß er es wagte, seine Autobiographie in kolossalen Chiffern gleichsam ins Weltall zu schreiben. Wir haben bisher in Amerika noch kein Genie gehabt, das mit tyrannischem Auge den Wert unseres unvergleichlichen Materials erkannt hätte und in der Barbarei und dem Materialismus der Zeit einen anderen Karneval derselben Götter sehen würde, deren Bild er im Homer so sehr bewundert, der im Mittelalter und im Kalvinismus wiederkehrt. Banken und Tarife, Zeitungen und Klubsitzungen, Methodismus und Unitariertum, erscheinen nur flachem Volke öd und flach, aber sie ruhen auf demselben Wunderboden, auf dem die Stadt Troja oder der Tempel von Delphi stand, und schwinden ebenso rasch dahin wie diese. Unser politischer Parteienschacher, unsere Baumstumpf-Politik, unsere Fischereien, unsere Neger und Indianer, unsere Boote, der Zorn der Spitzbuben und die Kleinmütigkeit der ehrlichen Leute, der Handel des Nordens, die Pflanzungen des Südens und die Rodungen des Westens, Oregon und Texas sind noch unbesungen. Und doch ist Amerika in unseren Augen ein Gedicht, seine mächtige Geographie blendet die Phantasie, und es wird auf seine Metra nicht mehr lange warten müssen. Aber so wie ich jene wunderbare Verbindung von Gaben, die ich suche, unter meinen Landsleuten nicht finden kann, ebenso wenig habe ich die Idee des Poeten verwirklicht finden können, wenn ich in Chalmers Sammlung der letzten fünf Jahrhunderte englischer Dichter blätterte. Es sind mehr geistreiche Leute als Dichter, obgleich auch Dichter unter ihnen gewesen sind. Aber wenn wir am Ideal des Dichters festhalten, dann haben wir selbst mit Homer und Milton unsere Schwierigkeiten. Milton ist zu gelehrt und Homer zu buchstäblich und zu historisch.

Aber ich fühle mich der Aufgabe einer nationalen Kritik nicht gewachsen und muß noch eine kurze Weile bei der alten Fülle des Begriffs bleiben, um von der Muse an den Dichter meine Botschaft über seine Kunst bis zu Ende zu bestellen.

Kunst ist der Weg des Schöpfers zu seinem Werke. Diese Wege oder Methoden sind ideal und ewig, obgleich wenige Leute sie kennen, – oft auch der Künstler nicht, durch Jahre, ja sein ganzes Leben lang nicht, bis die Bedingungen erfüllt sind. Der Maler, der Bildhauer, der Komponist, der epische Rhapsode, der Redner; alle haben sie einen Wunsch, nämlich den, sich auszusprechen und zwar symmetrisch und ganz, nicht zwerghaft und fragmentarisch. Sie fanden oder brachten sich unter den Einfluß gewisser Bedingungen, wie der Maler und der Bildhauer vor wirkungsvolle menschliche Gestalten, der Redner in die Volksversammlung und so jeder in solche Scenen, die er anregend für seinen Geist gefunden hat; und nun fühlt jeder den Wunsch neu und rege. Er hört eine Stimme, er sieht einen Wink. Und nun merkt er mit Staunen, welche Scharen von Dämonen ihn umschwärmen. Er findet keine Ruhe mehr, er sagt wie der alte Maler: „Bei Gott, es ist in mir und muß aus mir heraus kommen!" Er jagt einer Schönheit nach, die er halb geschaut, und die vor ihm flieht. Der Dichter spricht, sobald er in der Einsamkeit ist, Verse vor sich hin. Vieles von dem, was er sagt, ist zweifellos alltägliches Zeug. Aber hie und da spricht er etwas Ursprüngliches und Schönes. Das entzückt ihn; er möchte nur mehr solches sagen können. In unseren gewöhnlichen Reden sagen wir: „Dies sagst du, und das sag' ich;" aber der Dichter weiß wohl, daß nicht er spricht, daß es ihm gerade so fremd und herrlich erscheint wie euch; und auch er möchte gern die gleiche Beredsamkeit weitersprechen hören. Sowie er einmal von diesem unsterblichen Ichor gekostet, kann er davon nicht genug haben, und da in solchen Erkenntnissen eine wunderbare schöpferische Kraft liegt, so ist es von höchster Wichtigkeit, daß jene Dinge ausgesprochen werden. Wie wenig von all dem, was wir wissen, ist noch gesagt: Welche Tropfen haben wir aus dem Meere unseres Wissens geschöpft! Und wie zufällig sind diese ans Licht gelangt, während so viele Geheimnisse in der Natur noch schlafen. Daher kommt dieses heftigste Bedürfnis nach Rede und Gesang, daher das Zittern und Herzklopfen des Redners an der Thüre der Versammlung – der sehnsüchtige Trieb, den Gedanken als Logos oder Wort zu offenbaren.

Zweifle nicht, o Dichter, und harre aus! Sprich: „Es ist in mir und soll heraus!" Stehe da, enttäuscht und stumm, stotternd und stammelnd, ausgepfiffen und verhöhnt, steh' und kämpfe, bis zuletzt die Wut jene Traum-Kraft in dir aufweckt, die jede Nacht dir als dein Eigentum zeigt – eine Kraft, die alle Grenzen und Schranken überschreitet und durch welche ein Mensch zum Leiter des ganzen Stromes der Elektricität gemacht wird. Was da geht oder kriecht, was da wird und was ist, muß eins nach dem andern vor ihm erscheinen und vor ihm einherschreiten als Modell und Exponent seines Geistes. Kommt er zu dieser Kraft, so ist sein Genius nicht mehr erschöpflich. Alle Geschöpfe strömen zu Paaren und Stämmen in seinen Geist wie in eine Arche Noahs, um als Bewohner einer neuen Welt wieder daraus hervorzutreten. Wie als Luftvorrat für unser Atmen oder für das Feuer in unserem Herde nicht ein bestimmtes Maß von Gallonen, sondern die ganze Atmosphäre zur Verfügung steht, wenn wir sie brauchten, so dem Dichter die ganze Welt. Und darum giebt es für die Werke der reichen Dichter, wie Homer, Chaucer, Shakespeare und Raphael, augenscheinlich keine Schranken außer den Schranken ihrer Lebenszeit, sie gleichen einem Spiegel, den man durch die Straßen trägt, der das Bild jedes geschaffenen Dinges zurückzustrahlen bereit ist.

O Dichter! ein neuer Adel wird auf Wiesen und in Hainen verliehen, nicht mehr in Schlössern mit dem Schwerte. Die Bedingungen sind hart aber gerecht. Du mußt der Welt entsagen und nur noch die Muse kennen. Du darfst Zeiten und Sitten, Gnaden, Politik und Meinungen der Menschen nicht länger kennen; du mußt alles von der Muse empfangen. Denn die Zeit der Städte wird der Welt von Grabglocken verkündet; aber draußen in der Natur werden die Stunden des All gezählt durch aufeinanderfolgende Stämme von Pflanzen und Tieren, durch Freude, die über Freuden entsteht. Gottes Wille ist auch, daß du ein vielfaches, ein doppeltes Leben aufgiebst und dich damit begnügest, daß andere für dich handeln. Andere werden deine Gentlemen sein und alle Eleganz, alles weltliche Leben für dich darstellen; andere wieder werden die großen, tönenden Thaten für dich verrichten. Du aber wirst in enger Verborgenheit mit der Natur bleiben, du kannst nicht auch zugleich für Kapitol und Börse leben. Die Welt ist voll von Entsagungen und hat ihre Lehrjahre für alle; und dies sind die deinen: Du mußt durch eine lange Zeit für einen Narren, und für einen schwerfälligen Narren gelten. Dies ist die Blütendecke und Scheide, in der Pan seine geliebteste Blume schützt; und nur die dein eigen sind, werden dich erkennen und dich mit der zärtlichsten Liebe trösten. Und du wirst nicht einmal die Namen deiner Freunde in deinem Liede nennen können, weil eine alte Scham vor dem heiligen Ideal dich zurückhalten wird. Und dies ist dein Lohn: Daß das Ideale für dich real sein wird und wie Sommerregen, reich, aber gelind, auf dein unverletzliches

Wesen niederströmen wird. Das ganze Land wird dein Schloß und Park sein, das Meer dein Bad und der Teich für dein Schiff, ohne Zoll und ohne Neid; Wälder und Ströme werden dein eigen sein, und du wirst Herr und Eigentümer sein, wo die anderen nur Pächter und Miether sind. Du wahrer Herr des Landes! des Meeres! der Luft! Wo immer Schnee fällt, oder Wasser fließt, oder Vögel fliegen, wo immer Tag und Nacht im Zwielicht sich begegnen, wo der blaue Himmel mit Wolken behangen oder mit Sternen besäet ist, wo es Gestalten mit durchsichtigen Umrissen, wo es Öffnungen in dem Himmelsraum giebt, wo immer Gefahr ist und Ehrfurcht und Liebe, da ist auch Schönheit, üppig wie Regen, für dich ausgegossen, und solltest du die ganze Welt durchwandern, nie und nirgends wirst du etwas Unbrauchbares, nie etwas Gemeines finden!

Persönlichkeit

(„Character")

Ich hab' einst gelesen, daß alle, die Lord Chatham sprechen hörten, stets das Gefühl hatten, es müsse in dem Manne etwas Feineres, Höheres sein als alles, was er aussprach. Man hat wider unseren glänzenden englischen Historiker der französischen Revolution die Klage vorgebracht, daß alle Thaten, die er von Mirabeau zu berichten weiß, die Meinung, die er von seinem Genie hat, nicht rechtfertigen. Die Gracchen, Agis, Kleomenes und andere der plutarchischen Helden können mit dem Bericht dessen, was sie gethan, ihrem eigenen Ruhm nicht die Wage halten. Sir Philip Sidney, der Graf von Essex, Sir Walter Raleigh sind lauter Männer von großer Bedeutung und wenig Thaten. Wir können kaum den kleinsten Teil vom persönlichen Gewichte Washingtons in der Geschichte seiner Leistungen finden. Die Autorität, die der Name Schillers besitzt, ist zu groß für seine Schriften. Dieses Mißverhältnis zwischen dem Ruf und den Werken oder Anekdoten läßt sich nicht mit Phrasen beseitigen wie etwa: der Wiederhall dauere stets länger als der Donner; sondern es stak etwas in diesen Männern, das eine Erwartung erzeugte, die über jede mögliche Leistung hinausging. Der größte Teil ihrer Kraft war latent. Dies ist es, was wir „Persönlichkeit" nennen, – eine aufgespeicherte Kraft, die unmittelbar und durch ihre bloße Gegenwart wirkt. Dieselbe muß als eine nicht demonstrierbare Kraft aufgefaßt werden, gleich einem spiritus familiaris oder Dämon, durch dessen Impulse der Mann geleitet wird, dessen Ratschläge er jedoch nicht mitteilen kann; der ihm Gesellschaft leistet, sodaß solche Leute meist die Einsamkeit lieben, oder wenn sie zufällig geselliger Natur sein sollten, so brauchen sie doch die Gesellschaft nicht, sondern können sich recht gut allein unterhalten. Das reinste litterarische Talent erscheint manchmal größer und manchmal geringer, aber die Persönlichkeit, der Charakter, besitzt eine sternenhafte, unveränderliche Größe. Was andere durch Talent oder Überredung erzielen, das bewirkt sie durch eine Art Magnetisierung. „Die Hälfte seiner Kraft setzte er gar nicht in Thätigkeit." Er erficht seine Siege durch die bloße Demonstration seiner Superiorität, nicht durch das Kreuzen der Bayonette. Er gewinnt, weil durch seine Ankunft die ganze Sachlage überhaupt eine andere wird. „O Jole woher wußtest du, daß Herakles ein Gott war?" „Weil," antwortete Jole, „ich in dem Augenblick zufrieden war, in dem meine Augen auf ihn fielen. Als ich Theseus erblickte, da wünschte ich ihn zum Kampfe vortreten oder wenigstens seine Rosse beim Wagenrennen lenken zu sehen; aber Herakles wartete nicht auf den Kampf; er siegte, ob er stand oder ging oder saß, oder was er sonst thun mochte." Der Mensch, der gewöhnlich den Ereignissen nachhinkt, der mit der Welt, in der er lebt, nur halb, und das ungeschickt genug, verknüpft ist, scheint in solchen Exemplaren seiner Gattung das Leben der Natur zu teilen und ein Ausdruck der Gesetze zu sein, die Ebbe und Flut, die Sonne, die Zahlen und Größen regieren.

Bei unseren politischen Wahlen, bei welchen dieses Element, wenn überhaupt, nur in seiner rohesten Form auftreten kann, wissen wir dennoch seinen unvergleichlichen Wert gar wohl zu schätzen. Die Leute wissen, daß ihr Vertreter viel mehr als bloßes Talent haben muß, nämlich die Kraft, sein Talent vertrauenswürdig zu machen. Sie erreichen ihre Zwecke nicht damit, daß sie einen gelehrten, scharfen und gewandten Redner in den Kongreß entsenden, wenn er nicht zugleich ein Mensch ist, der, bevor er vom Volke erwählt ward, es zu vertreten, vom allmächtigen Gott erwählt wurde, eine Sache zu vertreten – eine Sache, von der er innerlich aufs unerschütterlichste überzeugt ist – sodaß die dreistesten und die gewaltthätigsten Leute einsehen müssen, daß sie hier einem Widerstande begegnen, an dem Unverschämtheit und Einschüchterung gleich verschwendet sind, nämlich der Überzeugung, dem Glauben an die Sache. Die Leute, die ihren Standpunkt zu behaupten wissen, brauchen ihre Wähler nicht erst zu fragen, was sie sprechen sollen, sondern sind selbst das Land, das sie vertreten; nirgends spielen sich seine Erregungen und Meinungen so augenblicklich und wahrhaft ab, wie in ihnen; nirgends treten sie so frei von jedem selbstsüchtigen Nebeninteresse auf! Die Wählerschaft lauscht daheim auf ihre Worte, beobachtet die Farbe ihrer Wangen und richtet, wie nach einem Spiegel, ihre eigene danach. Unsere öffentlichen Versammlungen sind recht gute Probeplätze männlicher Kraft. Unsere freimütigen Landsleute im Westen und Süden haben einen Spürsinn für Persönlichkeiten und lieben es zu wissen, ob der Neu-Engländer ein substantieller Mensch ist, oder ob man die Hand durch ihn hindurchstecken kann.

Dieselbe bewegende Kraft zeigt sich im Handel. Es giebt kaufmännische Genies, so gut wie kriegerische, staatsmännische oder wissenschaftliche; und der Grund, warum der eine Glück hat und der andere nicht, läßt sich nicht sagen. Es liegt im Menschen; das ist alles, was man davon sagen kann. Seht ihn an und ihr werdet seinen Erfolg begreiflich finden, wie ihr das Glück Napoleons begreifen würdet, wenn ihr ihn sähet. Auf dem neuen Gebiet bleibt es das alte Spiel, die Gewohnheit, den Dingen ins Angesicht zu schauen, und nicht aus zweiter Hand, nicht nach den Vorstellungen anderer mit ihnen zu verfahren. Von der Natur selbst scheint der Handel autorisiert, sobald wir den natürlichen Kaufmann erblicken, der kaum mehr wie ein privater Geschäftsmann, sondern als ihr Agent und Handelsminister erscheint. Seine natürliche Rechtschaffenheit, verbunden mit seiner Einsicht in den Bau der Gesellschaft, erhebt ihn über alle Kniffe, und wer mit ihm zu thun hat, dem teilt er seine Überzeugung mit, daß Verträge sich nicht zu beliebigem Vorteil auslegen lassen. Sein Geist hat die natürliche Billigkeit und den allgemeinen Nutzen zur beständigen Richtschnur; er flößt zugleich Respekt und den Wunsch, mit ihm in Verbindung zu treten, ein, und dies sowohl durch die stille Atmosphäre von Ehrenhaftigkeit, die ihn umgiebt, als auch wegen des geistigen Vergnügens, das das Schauspiel solcher vielverwendbarer Fähigkeiten gewährt. Dieser ins Ungeheuere ausgedehnte Handel, der die Vorgebirge der Südsee zu seinen Werften und den Atlantischen Ocean zum Hafen seines Hauses macht, hat sein Centrum in diesem einen Hirn, und kein Mensch in der Welt kann seinen Platz ausfüllen. Schon in seinem Sprechzimmer erkenn' ich, daß er heute morgen schon hart gearbeitet hat, an den Falten seiner Stirn und an seiner bestimmten Art, die all sein Wunsch, höflich zu sein, nicht abschütteln kann. Ich sehe klar, wie viel feste, sichere Akte heute schon vollzogen worden sind, wie viel tapfere „Nein" an diesem Tage ausgesprochen worden, wo andere ein verderbliches „Ja" gesprochen hätten. Ich sehe neben dem Stolz der Kunst, der Gewandtheit meisterlicher Arithmetik und der ausgedehntesten Kombinationsgabe, sein Bewußtsein, ein Diener und Spielgefährte der ursprünglichsten Weltgesetze zu sein. Auch er ist überzeugt, daß niemand ihn ersetzen kann, und daß ein Mann für den kaufmännischen Beruf geboren sein muß, oder ihn nie erlernen kann.

Diese Kraft zieht den Geist mächtiger an, wenn sie sich in Handlungen, die nicht so gemischte Ziele verfolgen, offenbart. Mit höchster Energie tritt ihre Wirkung in den kleinsten Cirkeln und in privaten Beziehungen zu Tage. In allen Fällen bildet sie ein außerordentliches und unberechenbares Agens. Die größte physische Kraft wird durch sie paralysiert. Höhere Naturen überwältigen niedrigere, indem sie sie in einen gewissen Schlaf versetzen. Die Fähigkeiten werden gleichsam abgesperrt und leisten keinen Widerstand mehr. Vielleicht ist das das allgemeine Gesetz der Welt. Wenn das Hohe das Niedrige nicht zu sich emporheben kann, dann betäubt es das Objekt, wie der Mensch den Widerstand der niedereren Tiere niederzaubert. Die Menschen üben auch aufeinander dieselbe geheime Macht aus. Wie oft hat der Einfluß eines wahren Meisters alle Geschichten, die man von Zauberei erzählt, wahr gemacht! Ein Strom der Herrschaft schien sich aus seinen Augen auf alle, die ihn schauten, zu ergießen, ein unwiderstehlicher Strom starken, ernsten Lichtes, gleich einem Ohio oder den Wassern der Donau, der die anderen mit seinen Gedanken durchtränkte und allen Ereignissen die Farbe seines Geistes verlieh. „Welche Mittel habt Ihr angewendet?“ fragte man die Frau Concini's, als man herausbringen wollte, wie sie Maria von Medici behandelt hatte, und die Antwort war: „Nur die Mittel, die jeder starke Geist über einen schwachen hat.“ Kann nicht Cäsar in Ketten die Ketten abschütteln und sie Hippo oder Thraso, dem Schließer, aufzwingen? Ist eine eiserne Handschelle eine so unzerreißbare Fessel? Nehmt einmal an, ein Sklavenhändler an der Küste von Guinea nähme einen Trupp Neger an Bord, der Personen vom Schlage Toussaint L'Ouverture's enthielte, oder stellen wir uns vor, er hätte unter diesen schwärzlichen Masken einen Trupp Washingtons in Ketten. Wird, wenn sie in Cuba eintreffen, die Ordnung und das Verhältnis der Schiffsgesellschaft noch dasselbe sein? Giebt es denn nichts als Stricke und Eisen? Giebt es keine Liebe, keine Ehrfurcht? Giebt es denn nie einen Funken von Rechtsgefühl in dem Haupt eines armen Sklavenschiffshauptmanns, und sollten diese wirklich nicht imstande sein, die Spannung von ein oder zwei Zoll eiserner Ringe zu brechen, zu lösen oder sonst wie zu überwältigen?

Persönlichkeit ist eine Naturkraft wie Licht und Wärme, und die ganze Natur arbeitet mit ihr. Der Grund weshalb wir die Gegenwart eines Menschen empfinden und die eines anderen nicht, ist so einfach wie die Schwerkraft. Wahrheit ist der Gipfel des Seins: Gerechtigkeit ist ihre Anwendung auf die Lebensverhältnisse. Alle individuellen Naturen stehen in einer Stufenleiter, geordnet nach der Reinheit, in der dieses Element sich in ihnen findet. Der Wille reiner Menschen strömt von ihnen auf Geringere herab, wie Wasser aus einem höheren Gefäß in ein tieferes hinabfließt. Dieser Naturkraft läßt sich so wenig Widerstand entgegensetzen wie irgend einer anderen. Wir können wohl einen Stein für einen Augenblick aufwärts in die Luft treiben; es bleibt dennoch wahr, daß alle Steine zuletzt zur Erde fallen, und wie viel Beispiele von unbestraftem Diebstahl, von Lügen, die Glauben gefunden, sich auch aufzählen lassen, der Gerechtigkeit muß der Sieg bleiben, und es ist das Vorrecht der Wahrheit, sich selbst Glauben zu verschaffen. Nun, Persönlichkeit ist dieses selbe moralische Gesetz, durch das Medium individueller Naturen gesehen. Jedes Individuum ist ein Gefäß. Zeit und Raum, Freiheit und Notwendigkeit, Wahrheit und Ideen sind nun nicht mehr im Freien. Die Welt wird ein Gehege, ein Pfandhaus. Das Universum steckt in dem Menschen, individuell gefärbt je nach der eigentümlichen Art seiner Seele. Mit den Qualitäten, die er besitzt, imprägniert er alles, was er erreichen kann; hat aber nicht das Bestreben, sich in die Weite zu verlieren, sondern seine Blicke kehren, wie lang die Kurve auch sein mag, die sie beschreiben, zuletzt immer wieder zu seinem eigenen Gut zurück. Er belebt alles, was er beleben kann, und sieht auch nur das, was er belebt. Er schließt die Welt ein, wie der Patriot sein Vaterland, als die materielle Basis seines Charakters, als den Schauplatz seines Thuns. Eine gesunde Seele verbindet sich mit dem Gerechten und Wahren, wie der Magnet sich nach dem Pole richtet, sodaß er für alle Beschauer gleich einem transparenten Gegenstand zwischen ihnen und der Sonne steht, und wer immer sich auf die Sonne zu bewegt, sich auch ihm zu bewegen muß. So wird er das Medium des höchsten Einflusses für alle, die nicht auf derselben Höhe stehen. Und so sind Menschen von Charakter das Gewissen der Gesellschaft, der sie angehören.

Das natürliche Maß dieser Kraft ist der Widerstand, den sie den Verhältnissen entgegensetzt. Unreine Menschen sehen das Leben nur so, wie es sich in Meinungen, Ereignissen und Personen spiegelt. Sie können eine Handlung nicht sehen, so lange sie nicht vollzogen ist. Und doch existierte das geistige Element der Handlung längst schon im Thäter, und die Qualität derselben als recht oder unrecht war leicht vorauszusagen. Alles in der Natur ist zweipolig, alles hat einen positiven und einen negativen Pol. Überall giebt es ein Männliches und ein

Weibliches, die Thatsache und den ihr entsprechenden Geist, einen Norden und Süden. Der Geist ist das positive, das Ereignis das negative Bild. Der Wille stellt den Nordpol, die Handlung den Südpol dar. Vom Charakter kann man sagen, daß er seine natürliche Stelle im Norden habe. Er nimmt an den magnetischen Strömungen des ganzen Systems teil. Die schwachen Seelen werden vom südlichen, negativen Pol angezogen. Sie fragen nach dem Nutzen oder Schaden, den eine Handlung gebracht. Sie können ein Princip nicht wahrnehmen, so lang es nicht in einer Person verkörpert ist. Sie wünschen nicht, liebenswürdig zu sein, sondern geliebt zu werden. Die eine Klasse von Charakteren liebt es, von ihren Fehlern zu hören, die andere will von den eigenen Fehlern nichts wissen und betet den Erfolg an; wenn man sie einer Thatsache, einer Kette und Folge von Umständen versichert, so verlangen sie nichts weiter. Der Held erkennt, daß der Erfolg etwas Knechtisches ist und ihm folgen muß. Eine gegebene Reihenfolge von Ereignissen kann ihm nicht jene Befriedigung gewähren, welche die Phantasie damit verbindet, denn aus jeder scheinbar noch so glücklichen Lage kann der Geist des Guten fliehen; aber an manche Geister heftet sich das Glück und bringt Macht und Sieg als ihre natürlichen Früchte, welchen Lauf die Dinge auch nehmen mögen. Kein Wechsel der Verhältnisse kann einen Mangel in der Persönlichkeit ersetzen. Wir rühmen uns unserer Emancipation von manchem Aberglauben, aber wenn wir unsere Götzenbilder wirklich zerbrochen haben, so war es nur, um einen neuen Götzendienst einzuführen. Was hab' ich damit gewonnen, daß ich Jupiter oder Neptun keinen Stier, der Hekate keine Maus mehr opfere, daß ich nicht mehr vor den Rachegöttinnen zittere noch auch vor dem Fegefeuer der Katholiken oder dem Jüngsten Gericht der Calviner – wenn ich vor der Meinung zittere, der sogenannten „öffentlichen Meinung“, oder vor der Gefahr eines Einbruchs, eines Schimpfes, vor bösen Nachbarn oder vor der Armut, vor Verstümmlung, oder vor dem Lärm von Revolution und Mord? Wenn ich zittere, ist es nicht ganz gleichgiltig, wovor ich zittere? Unser eigenes Laster nimmt je nach dem Geschlecht, Alter oder Temperament die eine oder die andere Form an, und wenn wir für Furcht zugänglich sind, werden wir unsere Schreckgespenster leicht finden. Die Habgier und Bosheit, die mich verstimmt, und die ich der menschlichen Gesellschaft zuschreibe, ist meine eigene. Ich bin immer von mir selbst umgeben. Auf der anderen Seite ist die Gradheit ein beständiger Sieg, der nicht mit Freudengeschrei gefeiert wird, sondern durch Heiterkeit, die gleichsam fixierte, zur Gewohnheit gewordene Freude ist. Es ist unvornehm, stets nach dem Erfolg als der Bestätigung unseres Wertes und unserer Wahrheit zu fragen. Der Kapitalist läuft nicht allstündlich zum Banquier, um seinen Gewinn in gangbare Münze umzusetzen; es genügt ihm, aus den Marktberichten die Vergrößerung seiner Fonds zu entnehmen. Dasselbe Entzücken, welches das Eintreffen der glücklichsten Ereignisse in der glücklichsten Aufeinanderfolge mir bereiten würde, kann ich in einer reineren Weise durch die Erkenntnis genießen, daß meine Lage allstündlich eine bessere wird, und daß ich bereits Herr über die Ereignisse bin, welche ich wünsche. Dieses Triumphgefühl kann nur noch durch die Voraussicht eines so herrlichen Zustandes gebändigt werden, daß all unser Glück und Erfolg durch ihn in den tiefsten Schatten gestellt werden.

Das Gesicht, das die Persönlichkeit in meinen Augen annimmt, ist Selbstgenügsamkeit. Ich verehre den Menschen, der Reichtum ist, den ich mir allein oder arm oder verbannt oder unglücklich oder als Klienten gar nicht vorstellen kann, den ich mir stets nur als Patron, Wohlthäter und glückseligen Menschen denken muß. Persönlichkeit bedeutet Centralität, die Unmöglichkeit aus seiner Stelle gerückt oder gestürzt zu werden. Ein Mann muß uns den Eindruck einer Masse machen. Die Gesellschaft ist frivol und verschnitzelt ihren Tag zu Läppereien, ihre Konversation zu Ceremonien und Ausflüchten. Wenn ich aber einen genialen Menschen zu sehen bekomme, werd' ich mich nur ärmlich bewirtet glauben, wenn er mir nur ein flüchtiges Wohlwollen und Etiquettestückchen vorsetzt; lieber wär' mir, er stünde stämmig auf seinem Platz und ließe mich wenigstens seinen Widerstand fühlen und erkennen, daß ich hier einer neuen und positiven Eigenschaft gegenüberstehe – eine große Erfrischung für uns beide. Es ist schon viel wert, wenn er nur die konventionellen Ansichten und Bräuche nicht acceptiert. Seine Nonkonformität wird ein Stachel und ein Memento bleiben, und jeder neue Ankömmling wird vor allem zu ihm Stellung nehmen müssen. Es giebt nichts reales und fruchtbares, was nicht zugleich ein Kriegsschauplatz wäre. Unsere Häuser hallen von Gelächter, von persönlichem und kritischem Klatsche, aber das hilft wenig. Der ungefügige, widerspenstige Mann, der ein Problem und eine Gefahr für die Gesellschaft ist, den sie nicht mit Schweigen übergehen kann, sondern entweder hassen oder vergöttern muß – mit dem alle Parteien sich verwandt fühlen, sowohl die Führer des Tages als die Unbekannten und Originalitätssüchtigen – der hilft; er bringt Amerika und Europa ins Unrecht und zerstört den Skepticismus, der da behauptet: „der Mensch ist eine Puppe, laßt uns essen und trinken, es ist noch das beste, was wir thun können“, denn er lenkt die Aufmerksamkeit wieder auf Unbekanntes und Nieversuchtes hin. Ergebenheit in den gegenwärtigen Zustand und steter Appell ans Publikum beweisen einen schwachen Glauben und einen unklaren Kopf, der ein Haus gebaut sehen muß, wenn er den Plan begreifen soll. Der Weise läßt bei seinen Gedanken nicht allein die Menge unberücksichtigt, sondern auch die Wenigen. Die Menschen, welche Quellen sind, die aus sich selbst Bewegten, in sich Versunkenen, welche gebieren, weil ihnen geboten ward, die Sicheren, die Ursprünglichen – die sind gut; denn sie verkünden die unmittelbare Gegenwart der höchsten Macht.

Unser Thun muß mit mathematischer Genauigkeit auf unserem Wesen beruhen. In der Natur giebt es keine falschen Schätzungen. Ein Pfund Wasser im Meeressturm ist nicht schwerer als im Sommerteich. Alle Dinge in der Welt wirken in genauem Verhältnis zu ihrer Qualität und Quantität; keines versucht etwas, was es nicht leisten kann, ausgenommen der Mensch: er allein in der Welt ist anmaßend, nur er wünscht und versucht Dinge, die über seine Kräfte sind. Ich las einmal in einem englischen Memoirenwerke: „Mr. Fox (nachmals Lord Holland) sagte, er müsse Schatzminister werden, er habe zu diesem Portefeuille hinauf gedient, und er werde es auch bekommen.“ – Xenophon und seine Zehntausend waren dem, was sie unternahmen, völlig gewachsen und führten es auch durch; so gewachsen, daß sie gar nicht ahnten, daß sie da eine großartige und unnachahmliche Leistung vollbrachten. Und ihre That steht da, unwiederholt, ein Hochwasserzeichen in der Kriegsgeschichte. Viele haben seither das Gleiche versucht und sind der Aufgabe nicht gewachsen gewesen. Nur auf Realität läßt thatkräftiges Thun sich basieren. Keine Institution kann besser sein als der, der sie geschaffen. Ich kannte einen liebenswürdigen und gebildeten Herrn, der es unternahm, eine praktische Reform durchzuführen, aber nie konnte ich das Liebeswerk, das er in seine Hände nahm, in ihm selbst entdecken. Es kam ihm durchs Ohr, er nahm's mit dem Verstande auf, aus den Büchern, die er gelesen hatte. All sein Thun war ein Experimentieren, ein Stück Stadt ins Feld hinausgetragen, und blieb ein Stück Stadt, es war kein Novum und konnte keinen Enthusiasmus hervorrufen. Hätte in dem Manne etwas gesteckt, ein furchtbarer verborgener Geist, der sein Benehmen aufgeregt und verwirrt hätte, wir hätten seines Advents geharrt. Es genügt nicht, daß der Verstand die Übel und ihre Heilmittel erkenne. Wir werden unsere Existenz stets hinausschieben müssen und den Boden, auf den wir ein Anrecht haben, nicht betreten, so lange es nur ein Gedanke ist, der uns treibt, und nicht der Geist. Wir haben „noch nicht so weit hinaufgedient.“

Dies sind Eigentümlichkeiten des Lebens; ein anderer Zug ist ein unaufhörliches Wachstum. Die Menschen sollen klug und ernst sein, aber sie müssen auch in uns das Gefühl erwecken, daß sie eine glückliche Zukunft als eine Kontrolle ihres Wertes vor sich haben, die ihren Glanz bereits auf die fliehende Stunde wirft. Der Held wird stets mißverstanden, und immer cirkulieren falsche Gerüchte über ihn; er aber kann sich nicht damit aufhalten, die Mißgriffe der Leute zu entwirren; er ist schon wieder unterwegs und erwirbt neue Macht und neue Ehren und neue Rechte auf euer Herz, die euch bankrott machen werden, wenn ihr an den alten Geschichten herumhaspelt, und nicht durch die Vermehrung eures eigenen Reichtums mit ihm Schritt gehalten habt. Neue Thaten sind die einzigen Entschuldigungen und Erklärungen, die ein vornehmer Geist geben und annehmen kann. Wenn dein Freund dein Mißfallen erregt hat, dann setze dich nicht nieder, um darüber nachzudenken, denn er hat es schon längst völlig vergessen, hat seine Mittel, dir zu dienen, verdoppelt und wird dich, ehe du dich wieder erhebst, mit Wohlthaten überhäufen.

Ein Wohlwollen, das nur nach seinen Werken gemessen werden kann, macht uns wenig Freude. Die Liebe ist unerschöpflich und vermag noch zu trösten und zu bereichern, wenn ihr Gut verzehrt und ihre Speicher geleert sind; wenn der Mann schläft, scheint noch die Luft um ihn reiner zu werden und sein Haus die Landschaft zu schmücken und die Gesetze zu kräftigen. Das Volk erkennt diesen Unterschied immer. Wir wissen, wer wohlthätig ist, auf ganz anderem Weg als aus den Subskriptionsbeträgen der Suppengesellschaften. Es sind geringe Verdienste, die sich aufzählen lassen. Fürchte dich, wenn deine Freunde dir sagen, was du gut gemacht hast, und es dir aufzählen können! Aber wenn sie dir mit einem gewissen unsicheren Blick aus dem Wege gehen, der halb Respekt und halb Mißfallen bedeutet, wenn sie ihr endgiltiges Urteil auf Jahre hinausschieben müssen, dann magst du Hoffnung schöpfen! Diejenigen, die für die Zukunft leben, müssen denen, die für die Gegenwart leben, immer selbstsüchtig erscheinen. Es war komisch von dem guten Riemer, der Erinnerungen an Goethe herausgegeben hat, daß er ein Verzeichnis der Schenkungen und guten Werke Goethes verfaßte, wie „so viel hundert Thaler an Stilling, an Hegel, an Tischbein gegeben; ein einträglicher Posten dem Professor Voß verschafft, ein anderer beim Großherzog für Herder, eine Pension für Meyer, zwei Professoren an ausländische Universitäten empfohlen u. s. w." Die längste Liste specificierter Wohlthaten würde sich da sehr kurz ausnehmen. Ein Mensch ist ein armes Geschöpf, wenn er sich so abmessen lassen muß. Denn das sind lauter Ausnahmshandlungen, Wohlthun aber ist für den guten Menschen Regel und tägliches Leben. Die wahre Wohlthätigkeit Goethes ist aus dem zu entnehmen, was er selbst dem Doktor Eckermann über die Verwendung seines Vermögens sagte: „Jedes Bonmot, das ich sage, kostet mir eine Börse voll Gold; eine halbe Million meines Privatvermögens ist durch meine Hände gegangen, um das zu lernen, was ich jetzt weiß, nicht allein das ganze Vermögen meines Vaters, sondern auch mein Gehalt und mein bedeutendes litterarisches Einkommen seit mehr als fünfzig Jahren. Außerdem habe ich etc."

Es ist nur armseliges Geschwätz und Klatsch, Züge dieser einfachen, rapid wirkenden Kraft aufzuzählen, es ist als wollten wir den Blitz mit einer Kohle zeichnen; aber in diesen langen Nächten und öden Zeitläuften lieben wir, uns mit solchen Anekdoten zu trösten. Aber sie kann nur durch sich selbst dargestellt werden. Ein Wort, das warm vom Herzen kommt, bereichert mich. Ich ergebe mich auf Gnade und Ungnade. Wie totenkalt erscheint alles schriftstellerische Genie vor diesem Feuer des Lebens! Das sind Berührungen, die meine erschlaffte Seele neu beleben und ihr Augen verleihen, bis ins Dunkel der Natur zu schauen. Ich erkenne, daß ich dort, wo ich mich arm glaubte, am reichsten war. Und daraus entspringt eine neue geistige Erhebung, die ihrerseits wieder von einer neuen Offenbarung der Persönlichkeit verdrängt wird. Seltsamer Wechsel von Anziehung und Abstoßung! Die Persönlichkeit lehnt die geistige Begabung ab und regt sie doch an; und so setzt sich alle Persönlichkeit in Gedanken um, tritt als solche in die Öffentlichkeit, um dann wieder vor neuen Strahlen sittlichen Wertes beschämt den Platz zu räumen.

Persönlichkeit ist Natur in ihrer höchsten Form. Es ist ganz nutzlos, sie nachzuäffen oder gegen sie anzukämpfen. Es ist ihr ein Maß von Widerstandskraft, Ausdauer und schöpferischer Kraft eigen, die jeden Wettstreit unmöglich macht.

Und dieses Meisterstück ist dort am vollkommensten, wo keine anderen Hände als die der Natur daran gelegt wurden. Es ist dafür Sorge getragen, daß die zu Großem Bestimmten im Schatten ins Leben gleiten, ohne daß ein tausendäugiges Athen jeden neuen Gedanken, jede errötende Bewegung des jungen Genies bewache und ausposaune. Zwei Personen – ganz junge Kinder des höchsten Gottes – haben mir jüngst manches zu denken gegeben. Als ich der Quelle ihrer Heiligkeit und des Zaubers, den sie auf die Phantasie ausübten, nachforschte, da schien es, als ob jeder von beiden antwortete: „Das verdanke ich meiner Nonkonformität; ich habe nie auf das Gesetz der Leute, noch auf das, was sie ihr Evangelium nennen, geachtet; ich begnügte mich mit der einfachen ländlichen Armut, die mir eigen war: daher meine Anmut; mein Werk erinnert dich nicht an das eine und ist rein vom anderen." Durch solche Menschen beweist mir die Natur, daß sie sich selbst in unserem demokratischen Amerika nicht demokratisieren läßt. Wie in einem Kloster, ängstlich behütet vor dem Markt und seinem schamlosen Treiben, zieht sie ihre Lieblinge auf! Erst heute morgen sendete ich einige Schriften fort, die wie wilde Blumen dieser Waldgötter waren. Wie trostreich erhoben sie sich aus unserer Litteratur, – diese frischen Züge aus den Quellen des Gedankens und des Gefühls, wie wenn wir in der Zeit des Schliffes und der Kritik die ersten ältesten Zeilen lesen, die in einer Nation in Vers oder Prosa niedergeschrieben werden. Wie anziehend ist ihre Verehrung für ihre Lieblingsbücher, sei es nun Aeschylus, Dante, Shakespeare oder Scott, gerade als ob sie selbst Anteil an dem Buche hätten, und wer es angreift, sie mit angreifen würde; – und vor allem ihre völlige Abgeschlossenheit von aller Kritik, das Patmos der Gedanken, von dem aus sie schreiben, in völliger Unbewußtheit und Unabhängigkeit von den Augen, die jemals ihre Bücher lesen werden. Könnten sie so weiter träumen wie Engel, ohne je zu Vergleichungen und zur Schmeichelei zu erwachen! Und doch, einige Naturen sind zu gut, als daß Lob sie verderben könnte; und wo die Ader des Gedankens bis ins Tiefe reicht, da ist von der Eitelkeit keine Gefahr zu befürchten. Feierliche Freunde werden sie vor der Gefahr warnen, sich ihre Köpfe durch die Posaunenstöße verdrehen zu lassen, aber sie können dazu lächeln. Ich erinnere mich der Empörung eines beredten Methodisten, als ein Doktor der Gottesgelehrtheit ihn gütig mahnte: „Mein Freund, ein Mann kann weder gelobt noch beschimpft werden." Aber vergebt denen, die euch gute Ratschläge erteilen, sie sind ja so natürlich. Ich erinnere mich, daß der erste Gedanke, der mich erfaßte, als einige bedeutende ausländische Geistliche nach Amerika kamen, war: „Seid ihr wohl als Opfer hierher gebracht worden?" oder antwortet mir vielmehr erst auf die Frage: „Laßt ihr euch überhaupt als Opferlämmer behandeln?"

Wie ich es bereits gesagt, hält die Natur diese Souveränitäten in ihrer eigenen Hand, und wie gewandt und dreist unsere Predigten und Erziehungsmethoden sich einen Anteil daran zuschreiben möchten, wie oft sie auch lehren mögen, daß die Gesetze es sind, die den Bürger heranbilden, – sie geht ihren eigenen Gang und spottet der Weisesten und ihrer Lehren. Sie legt auf alle Evangelien und Propheten einen geringen Wert, wie jemand, der noch eine ganze Menge solcher vorrätig hat und auf keinen zuviel Zeit verwenden kann. Es giebt eine

Klasse von Menschen, Individuen, die in langen Zeitabschnitten erscheinen und in so eminenter Weise mit Einsicht und Tugend begabt sind, daß sie einstimmig als göttlich begrüßt worden sind, und die uns gleichsam als eine Quintessenz der Kraft, von der wir sprechen, erscheinen müssen. Göttliche Personen sind geborene Persönlichkeit, oder um einen Ausdruck Napoleons zu gebrauchen, organisierter Sieg. Sie werden gewöhnlich mit Übelwollen empfangen, weil sie neu sind und weil sie der Übertreibung ein Ende machen, welche mit der Persönlichkeit der letzten göttlichen Person ins Werk gesetzt wird. Die Natur reimt ihre Kinder niemals, noch schafft sie je zwei völlig gleiche Menschen. Wenn wir einen großen Mann sehen, bilden wir uns ein, eine Ähnlichkeit mit irgend einer historischen Person zu entdecken, und prophezeien die Zukunft, die seinem Charakter und seinem Schicksal beschieden ist – eine Prophezeiung, die niemals eintrifft. Kein solcher wird je das Problem seiner Persönlichkeit nach unseren Vorurteilen lösen, sondern nur auf seinem eigenen hohen, unbetretenen Pfade. Persönlichkeit braucht Spielraum; läßt sich nicht von den Leuten umdrängen, noch nach flüchtigen im Drange der Geschäfte oder bei wenigen Gelegenheiten erhaschten Blicken beurteilen. Wie ein großes Gebäude, bedarf auch jede Persönlichkeit der Perspektive. Vielleicht, ja wahrscheinlich, bildet sie ihre Beziehungen nicht so rasch; und wir dürfen daher auch keine rasche Erklärung ihres Wirkens weder nach den Maßen der volkstümlichen Ethik noch nach unserer eigenen verlangen.

Ich betrachte die Skulptur nicht anders als die Geschichte. Ich glaube nicht, daß Zeus und Apollo in Fleisch und Blut unmöglich sind. Jeden Zug, den der Künstler im Steine überliefert, hat er im Leben gesehen und besser als auf seinem Bilde. Wir haben viel Nachahmungen gesehen, aber der Glaube an große Männer ist uns angeboren. Wie freudig lesen wir in alten Büchern, aus der Zeit, da die Menschen noch wenige waren, von den unbedeutendsten Handlungen der Patriarchen. Es freut uns, wenn ein Mensch eine so mächtige und säulenhafte Erscheinung in der Landschaft bildet, daß es der Mühe wert scheint, zu berichten, wie er sich erhob und sich die Lenden gürtete und nach diesem oder jenem Orte ausbrach. Die glaubwürdigsten Bilder sind für uns jene majestätischer Menschen, die schon bei ihrem Eintritt siegten und die Sinne überwältigten, wie es dem Magier des Ostens geschah, der ausgesandt wurde, die Verdienste Zertuschts oder Zoroasters zu prüfen. Als der Yunani-Weise in Balkh anlangte, erzählen die Perser, da bestimmte Gushtasp einen Tag, an welchem die Mobeds aus jedem Lande sich versammeln sollten, und ein goldener Stuhl wurde für den Weisen der Yunani aufgestellt. Und nun trat der geliebte Yezdam, der Prophet Zertuscht, in die Mitte der Versammlung. Als der Yunani-Weise diesen Häuptling erblickte, sagte er: „Diese Gestalt und dieser Gang können nicht lügen, und nichts als Wahrheit kann von ihnen ausgehen." Plato sagte, es sei unmöglich, an die Kinder der Götter nicht zu glauben, „und wenn sie auch ohne wahrscheinliche oder zwingende Beweisgründe sprechen sollten." Ich würde mich sehr unglücklich unter meinen Gefährten fühlen, wenn ich das Beste in der Weltgeschichte nicht glauben dürfte. „John Bradshaw," sagt Milton, „gleicht einem Konsul, der die Fasces nicht am Ende des einen Jahres abgeben muß; und nicht nur auf dem Tribunal, sondern sein ganzes Leben hindurch scheint er über Königen zu Gericht zu sitzen." Ich finde es glaublicher, insbesondere da es sich hier um ein aphoristisches Wissen handelt, daß ein Mensch, wie die Chinesen sagen, den Himmel kenne, als daß so viele die Welt kennen sollen. „Der tugendhafte Fürst tritt selbst vor die Götter ohne Bedenken. Er wartet hundert Jahre auf die Ankunft eines Weisen und zweifelt nicht. Wer aber den Göttern ohne Furcht entgegentritt, der kennt den Himmel, und wer hundert Jahre der Ankunft eines Weisen harrt, ohne zu zweifeln, der kennt die Menschen. So handelt der tugendhafte Fürst und weist der Herrschaft auf Jahrhunderte den Weg." Aber wir brauchen nicht nach so fern liegenden Beispielen zu greifen. Der ist ein schlechter Beobachter, den seine Erfahrung noch nicht die Wirklichkeit und Gewalt dieses Zaubers so gut wie die der Chemie gelehrt hat. Der kälteste Rechner kann nicht ausgehen, ohne unerklärlichen Einflüssen zu begegnen. Es kommt ein Mensch und heftet sein Auge auf ihn, und die Gräber der Erinnerung öffnen sich und senden ihre Toten herauf; Geheimnisse, die ihn elend machen, mag er sie bewahren oder verraten, muß er kund thun; es kommt ein anderer, und er kann nicht sprechen, die Gebeine seines Körpers scheinen aus den Gelenken zu weichen; der Eintritt eines Freundes giebt ihm Grazie, Beredsamkeit und Mut; und es giebt Leute, an die er sich erinnern muß, die seinen Gedanken eine überwältigende Weite gaben und ein neues Leben in seiner Brust entfachten.

Was ist so herrlich wie eine enge Freundschaft, wenn sie aus solch tiefer Wurzel entspringt? Keine Antwort, die den Skeptiker so völlig schlägt, der die Kräfte und Begabung der Menschen in Zweifel zieht, wie die Möglichkeit dieses frohen Verkehrs mit anderen Menschen, der das Fundament des Glaubens und die glücklichste Zeitverwendung aller vernünftigen Menschen ist. Ich weiß nichts Befriedigenderes, was das Leben zu bieten hätte, als das tiefe freundliche

Verständnis, das nach dem Austausch vieler guter Dienste zwischen zwei tüchtigen Menschen bestehen kann, deren jeder seiner selbst und seines Freundes sicher ist. Es ist das eine Seligkeit, hinter welcher jeder andere Genuß zurücktreten muß, neben der Politik, Handel und Kirche billig und unbedeutend erscheinen. Denn wenn Menschen einander begegnen, wie sie es sollen, jeder ein Wohlthäter, jeder ein Sternenschauer, in Gedanken, Thaten, Vorzüge wie in ein Kleid gehüllt, da sollte die ganze Natur einen Festtag feiern und allen Dingen das freudige Ereignis laut verkünden. Von solcher Freundschaft ist die Liebe der Geschlechter das höchste Symbol, sowie alle anderen Dinge Symbole der Liebe sind. Diese Beziehungen zu den besten Menschen, die wir einst für romantische Jugendschwärmereien hielten, werden für entwickelte Persönlichkeiten der ernsteste Genuß.

Wenn es doch möglich wäre, in den richtigen Beziehungen mit den Menschen zu leben! – wenn wir uns nur jeder Forderung an sie enthalten könnten, wenn wir aufhören könnten, ihr Lob, ihre Hilfe, ihr Mitleid zu verlangen, sondern uns damit begnügen würden, durch die Kraft der ältesten Gesetze auf sie zu wirken! Könnten wir nicht wenigstens mit einigen wenigen Personen, mit einer einzigen, nach den ungeschriebenen Statuten verkehren und die Wirksamkeit derselben versuchen? Könnten wir unserem Freunde nicht das Kompliment der Wahrhaftigkeit, des Schweigens und der Geduld machen? Müssen wir ihm denn so eifrig nachgehen? Wenn wir verwandt sind, werden wir einander begegnen. Es war ein Glaube der Alten, daß keine Metamorphose einen Gott vor einem Gott verbergen könne; und es giebt einen griechischen Vers, der folgenden Wortlaut hat:

> „Die Götter sind einander nicht verborgen."

Die Freundschaft folgt gleichfalls den Gesetzen göttlicher Notwendigkeit, zwei Menschen gravitieren gegeneinander, weil sie nicht anders können:

> „Und, wenn sie einander meiden,
> Mehren sie der Liebe Freuden."

Ihr Verhältnis ist kein gemachtes, sondern ein gestattetes. Die Götter werden sich ohne Ceremonienmeister in unserem Olymp niederlassen und sich nach ihrer eigenen göttlichen Rangordnung einzurichten wissen. Alle Geselligkeit wird verdorben, wenn man sich um sie Mühe giebt, wenn man die Leute eine

Meile weit zusammentreibt. Und wenn sich keine Geselligkeit ergiebt, dann entsteht ein ärgerliches, niedriges, entwürdigendes Geklapper, und wenn die besten zusammengekommen wären. Alle Größe eines jeden wird zurückgedrängt, und jede Schwäche der Einzelnen zur peinlichsten Aktivität gereizt, als ob die Olympier zusammengekommen wären, um einander Schnupftabak anzubieten.

Hals über Kopf geht das Leben dahin. Entweder wir jagen irgend einem fliehenden Schemen nach, oder wir werden von einer Furcht oder einem Befehle hinter uns gejagt. Aber wenn wir plötzlich einem Freunde begegnen, halten wir inne; unsere Hast und Hitze sieht nun thöricht genug aus; Ruhe und Besitz sind es jetzt, die wir uns wünschen, und die Kraft, dem Augenblick aus den Tiefen unseres Herzens Dauer zu verleihen. In allen edleren Verhältnissen ist der Augenblick alles.

Ein göttlicher Mensch ist die Prophezeiung des Geistes, ein Freund die Hoffnung des Herzens. Unsere Seligkeit wartet auf den Augenblick, wo die Erfüllung beider in ein und derselben Person eintreten wird. Und die Jahrhunderte bilden nur die Eröffnungsfeier für diese erwartete Kraft. Alle Kraft, die wir kennen, ist der Schatten oder das Symbol jener, die kommen soll. Alle Poesie hat Fröhlichkeit und Wirkung, soweit sie von daher ihre Inspiration erhält. Die Menschen schreiben ihre Namen in die Welt, nachdem sie mit ihr erfüllt sind. Die Weltgeschichte ist bisher ärmlich gewesen; unsere Nationen waren Pöbel, einen Mann haben wir noch nicht gesehen: Wir kennen diese göttliche Gestalt noch nicht, wir kennen nur Träume von ihr und Prophezeiungen; wir kennen seine majestätische Weise nicht, die jeden Beschauer beschwichtigen und erheben wird. Wir werden eines Tages sehen, daß die eigenste, intimste Energie die allgemeinste ist, daß Qualität die Quantität ersetzt, und daß Charaktergröße im Dunkeln schafft und jenen zu Hilfe kommt, die sie nie geschaut haben. Alle Größe, die uns bis jetzt erschienen, bedeutete nur Anfänge und Ermutigungen auf dem Wege dahin. Die Geschichte der Götter und Heiligen, die die Welt geschrieben und dann angebetet hat, besteht aus Dokumenten der Persönlichkeit. Die Jahrhunderte jubeln in der Erinnerung an die Weise eines Jünglings, der nichts dem Glücke verdankte, der auf dem Richtplatz seiner Nation ans Kreuz geschlagen wurde und der durch die Reinheit seines Wesens die Ereignisse, die seinen Tod begleiteten, mit einem epischen Glanze übergoß, sodaß jede Einzelheit in den Augen der Menschheit zu einem weltbedeutenden Symbol transfiguriert wurde. Aber der Geist verlangt einen Sieg über die Sinne, eine Macht der Persönlichkeit, die Richter, Geschworene, Krieger und König überwältigt, die die Kraft des Tier- und Mineralreiches beherrscht und mit dem Lauf der Pflanzensäfte, der Ströme, der Winde, der Sterne und der sittlichen Kräfte eins wird.

Wenn wir uns zu diesen Hoheiten nicht mit einemmal erheben können, so laßt uns wenigstens ihnen huldigen. In der Gesellschaft bringen sie dem, der sie besitzt, hohe Vorteile, aber auch Nachteile. Um so vorsichtiger müssen wir in unseren Urteilen sein. Ich kann es meinem Freunde nicht vergeben, wenn er eine herrliche Persönlichkeit kennt, ohne ihr mit dankbarer Gastlichkeit zu begegnen. Wenn endlich das, wonach wir uns so lange sehnten, erscheint und uns mit seinen frohen Strahlen Licht aus jenen fernen Himmeln bringt – da roh zu sein, da zu kritteln und solchem Gast mit dem Klatsche und Argwohn der Straße zu begegnen, verrät eine Gemeinheit, die die Pforten des Himmels zu verschließen scheint. Das ist Wirrnis, das ist der wahre Wahnsinn, wenn die Geister ihr Eigenstes nicht mehr erkennen und nicht wissen, wo sie ihre Huldigung, ihre Andacht darzubringen haben. Giebt es denn noch eine andere Religion als die, zu wissen, daß, wo immer in der weiten Wüste des Daseins, das heilige Gefühl, daß wir lieben, eine Blüte getrieben hat, sie für mich blüht? Wenn niemand das erkennt, ich erkenne es, ich erfasse, und wenn ich der einzige wäre, die Größe des Ereignisses. So lang' die Blume blüht, will ich den Sabbath feiern und die Zeit für eine heilige halten und meinen Unmut sowie meine Narrheit und meine Scherze unterbrechen. Die Natur ist befriedigt, wenn dieser Gast erscheint. Es giebt viele Augen, die die klugen und nützlichen Eigenschaften zu entdecken und zu ehren wissen, es giebt viele, die das Genie auf seiner Sternenbahn zu erkennen vermögen, obgleich der Pöbel auch dies nicht imstande ist; aber wenn jene Liebe, die alles duldet, allem entsagt und alles hofft, und die eher ein Thor und Bettler in dieser Welt sein will, als ihre weißen Hände durch die geringsten Konzessionen beflecken, in unsere Straßen und Häuser kommt, – da können nur die Hochstrebenden und Reinen ihr Antlitz erkennen, und die einzige Huldigung, die sie ihr anzubieten haben, ist, sie sich zu eigen zu machen.

Manieren

Die eine Hälfte der Welt, sagt man, weiß nicht, wie die andere Hälfte lebt. Die Expeditionen unserer Forscher sahen die Fidschi-Insulaner ihre Mahlzeiten von menschlichem Gebein ablösen, ja sie sollen ihre eigenen Frauen und Kinder verzehren. Die Hausführung der gegenwärtigen Bewohner von Gurnu (im Westen des alten Theben) ist wahrhaft philosophisch. Zu ihrer Einrichtung ist nichts weiter erforderlich als zwei oder drei irdene Töpfe, ein Stein zum Mahlen des Mehles und eine Strohmatte, die als Bett dient. Das Haus, nämlich ein Grab, steht jedem ohne Miete und Steuer zur Verfügung. Durchs Dach wird der Regen abgehalten, und eine Thür giebt es nicht, weil man keine Thür braucht, wo nichts zu holen ist. Wenn ihnen das Haus nicht gefällt, so verlassen sie es und beziehen ein anderes, denn es stehen ihnen mehrere Hunderte zu Gebote. „Es klingt beinahe seltsam," fügt Belzoni, dem wir diese Schilderung verdanken, hinzu, „bei Leuten von Glück zu sprechen, die in Gräbern leben, unter den Leichen und Resten einer alten Nation, von der sie keine Ahnung haben." In den Einöden von Borgu wohnen die Felsen-Tibbus noch in Höhlen wie Klippschwalben, und die Sprache dieser Neger wird von ihren Nachbarn mit dem Kreischen der Fledermäuse und dem Zwitschern der Vögel verglichen. Die Bornus wieder haben keine Eigennamen; die einzelnen Individuen werden nach ihrer Höhe, Dicke oder nach einer anderen zufälligen Eigenschaft bezeichnet und haben nur Spitznamen. Aber das Salz, die Datteln, das Elfenbein und das Gold, um derentwillen diese schauderhaften Gegenden besucht werden, finden ihren Weg in Länder, wo der Käufer und Konsument kaum zu einer und derselben Rasse, wie diese Kannibalen und Menschenräuber, gezählt werden können, Länder, in denen der Mensch Metalle, Holz, Stein, Glas, Gummi, Leinwand, Seide und Wolle zu seinen Dienern macht, wo er sich selbst durch die Architektur Ehre erweist, Gesetze schreibt und seinem Willen durch die Hände von Nationen Geltung verschafft; und wo er vor allem eine gewählte Gesellschaft eingerichtet hat, die alle von intelligenten Völkern bewohnten Länder umspannt, eine selbst konstituierte Aristokratie oder Brüderschaft der Besten, die ohne geschriebene Gesetze, ohne irgendwelchen festgesetzten Brauch, sich dauernd erhält, jede neu besetzte Insel kolonisiert und jede persönliche Schönheit, jede außerordentliche angeborene Begabung, die irgendwo auftaucht, sogleich adoptiert und sich zu eigen macht.

Giebt es eine bedeutsamere Thatsache in der modernen Geschichte als die Entstehung des „Gentleman"? Rittertum und Loyalität sind dadurch abgelöst worden, und in der englischen Litteratur haben, von Sir Philipp Sidney angefangen bis zu Walter Scott, die Hälfte aller Dramen und alle Romane die Darstellung dieser Figur zum Gegenstand gewählt. Das Wort „Gentleman," das, wie das Wort „Christ," infolge der Wichtigkeit, die ihm beigelegt wird, für die Zukunft das gegenwärtige und die letzt vorhergehenden Jahrhunderte charakterisieren muß, ist eine Huldigung für persönliche Eigenschaften, welche sich nicht mitteilen lassen. Wohl sind frivole und willkürliche Zuthaten mit dem Worte verbunden worden, aber das bleibende Interesse, das die Menschheit daran nimmt, muß den schätzenswerten Eigenschaften, welche es bezeichnet, zugeschrieben werden. Ein Element, das sämtliche kräftigsten Personen jedes Landes eint, sie einander verständlich und angenehm macht und etwas so Präcises ist, daß es augenblicklich empfunden wird, wenn einem Individuum das Freimaurerzeichen fehlt, das kann kein zufälliges Produkt sein, sondern ein Durchschnittsprodukt des Charakters und der Fähigkeiten, die sich in den Menschen allgemein finden. Und zwar scheint es ein gewisser konstanter Durchschnitt zu sein; so wie die Atmosphäre ein konstantes Gemenge ist, während so viel andere Gase sich nur verbinden, um sogleich wieder auseinander zu weichen. Comme il faut ist der französische Ausdruck für gute Gesellschaft „ so wie man sein muß." Es ist eine spontane Frucht der Talente und Gefühle, die eben jene Klasse besitzt, die auch die meiste lebendige Kraft besitzt, die in diesem Augenblick die Führerrolle in der Welt spielt und die, obgleich weit davon entfernt, rein zu sein, weit davon entfernt, über den höchsten und frohesten Ton menschlichen Empfindens zu verfügen, doch so gut ist, als die gesamte Gesellschaft sie eben sein läßt. Es ist mehr ein Produkt des Geistes, der die Menschen belebt, als ihres Talents, und ein höchst zusammengesetztes Produkt, das unter seine Ingredienzien jede größere Kraft aufnimmt, namentlich sittliche Tüchtigkeit, Geist, Schönheit, Reichtum und Macht.

Es liegt etwas Zweideutiges in allen Worten, die gebraucht werden, um die Vorzüglichkeit der Manieren und der socialen Bildung zu bezeichnen, weil die Quantitäten sehr schwankend sind, die damit bezeichnet werden sollen, und die letzte Wirkung von den Sinnen für den Grund genommen wird. Es giebt für das Wort „Gentleman" kein entsprechendes Abstraktum, das die damit bezeichnete Qualität ausdrücken würde.

Aber wir müssen in unserer familiären Redeweise sorgfältig den Unterschied zwischen dem Worte „Mode", einem Worte von enger und oft unglückseliger Bedeutung, und dem heroischen Wesen, das dem Gentleman eigen sein muß, bewahren. Nichtsdestoweniger muß man auf die üblichen Worte Rücksicht nehmen, denn es wird sich zeigen, daß in ihnen die Wurzel der ganzen Sache zu finden ist. Das, was all diese Namen wie Höflichkeit, Ritterlichkeit, elegante Manieren und dergleichen auszeichnet und aus ihnen hervorgeht, ist, daß hier nur die Blüte, nicht die Frucht des Baumes in Betracht gezogen wird. Es ist Schönheit, um die es sich diesmal handelt, nicht Wert. Das Resultat wollen wir untersuchen, obgleich unsere Worte klar genug das Gefühl des Volkes andeuten, daß die Erscheinung auch einen Inhalt voraussetzt. Der Gentleman ist ein Mann der Wahrhaftigkeit, Herr seines Thun und Lassens, und zwar muß er diese Herrschaft in seinem Betragen zeigen, das absolut nichts Abhängiges oder Serviles haben darf, sei es gegen Personen, Meinungen oder Besitz. Außer dieser Wahrhaftigkeit und wirklichen Kraft bedeutet das Wort auch eine gewisse Gutmütigkeit oder Wohlwollen: erstens Mannhaftigkeit, zweitens Milde. Die allgemeine Vorstellung fügt allerdings noch glückliche Vermögensverhältnisse oder Wohlhabenheit hinzu. Aber dies ist nur die natürliche Folge von persönlicher Kraft und Liebe, daß sie auch die Güter dieser Welt besitzen und verteilen sollten. In gewaltthätigen Zeiten wird jeder Mensch wiederholt in die Lage kommen, seine Stämmigkeit und seinen Wert zu erproben; daher kommt es auch, daß jeder Name aus den Zeiten der Feudalität, der sich überhaupt aus der Masse erhebt, wie Trompetenschmettern in unserem Ohre tönt. Aber persönliche Kraft kommt nie aus der Mode. Noch heute steht sie zuhöchst, und in dem beweglichen Gedränge der guten Gesellschaft wird persönliche Tapferkeit und Echtheit bald erkannt und steigt zu ihrer natürlichen Stellung empor. Der Rangstreit ist vom Kriege auf die Felder der Politik und des Handels übergegangen, aber die persönliche Kraft macht sich bald genug in diesen neuen Arenas geltend.

Macht vor allem, oder keine herrschende Klasse! In Politik und Handel haben Raufer und Korsaren mehr Aussichten als Schönredner und Schreiber. Gott weiß, daß alle Arten von „Gentlemen" an unsere Thüren klopfen, aber so oft das Wort im prägnanten Sinne und emphatisch gebraucht wird, wird man immer finden, daß damit eine gewisse ursprüngliche Energie gemeint sein soll. Es bezeichnet einen Mann, der auf eigenem Rechte steht und nicht nach eingelernten Weisen handelt. In einem tüchtigen Herrn muß vor allem ein tüchtiges Tier stecken, wenigstens so weit, daß es ihm den unschätzbaren Vorteil animalischer Lebenskraft gewährt. Die herrschende Klasse muß noch andere Eigenschaften haben, aber diese darf nicht fehlen, denn sie verleiht ihr in jeder

Umgebung das Machtgefühl, welches Dinge leicht macht, vor denen der Weise zurückscheut. Die Gesellschaft der energischen Klassen zeigt bei ihren Festen und geselligen Zusammenkünften einen Mut, eine Initiative, die den blassen Gelehrten einschüchtern. Der Mut, den junge Mädchen zeigen, ist kaum geringer, als der in einem Straßenkampf oder in einer Seeschlacht gezeigt wird. Der Verständige verläßt sich gern auf sein Gedächtnis, daß es ihm Hilfstruppen gegen diese extemporierten Schwadronen zur Verfügung stelle. Aber das Gedächtnis ist ein Bettler mit Armenhauszeichen und Bettelsack, wenn es sich in der Gesellschaft plötzlich diesen Meistern der Geistesgegenwart gegenüber sieht. Die Beherrscher der Gesellschaft müssen auf der Höhe der Weltaufgaben und ihrem vielseitigen Amte gewachsen sein, Leute vom echten Cäsarischen Schlage, deren Affinität die weiteste Ausdehnung hat. Ich bin weit davon entfernt, die furchtsame Maxime Lord Falklands für richtig zu halten („daß zum Ceremonienmeisteramt zwei gehören, da ein kühner Bursch sich durch die spitzfindigsten Formen durchschlägt"), ich bin vielmehr der Meinung, daß der Gentleman dieser kühne Bursche ist, dessen Formen nicht gebrochen werden können; und daß nur eine reiche Natur, die selbst ein Kompliment für jeden ist, der mit ihr in Verkehr tritt, der rechtmäßige Ceremonienmeister ist. Mein Gentleman giebt das Gesetz, wo er hinkommt, er überbetet die Heiligen in der Kirche, übergeneralt die Veteranen im Feld und überstrahlt alle Kourtoisie im Salon. Er ist gute Gesellschaft für Seeräuber wie für Akademiker, sodaß es ganz umsonst ist, Schutzwälle gegen ihn zu errichten, er hat geheimen Zutritt zu allen Geistern, und ich könnte ebensogut mich selbst von mir fernhalten wie ihn. Die berühmten Gentlemen von Asien und Europa waren von diesem kräftigen Schlage: Saladin, Schapur, der Cid, Julius Cäsar, Scipio, Alexander, Pericles und die übrigen adligsten Persönlichkeiten. Sie saßen sehr sorglos in ihren Sesseln und waren selbst zu vorzüglich, um irgend einen äußeren Umstand hoch anzuschlagen.

Ein reichliches Vermögen wird nach dem gewöhnlichen Urteil zur Vervollständigung solch eines Mannes von Welt für nötig erachtet; es ist gleichsam ein materieller Ersatzmann, der dem Reigen folgt, den der Erste führt. Geld ist nicht wesentlich notwendig, wohl aber jene weite Affinität, die sich von den Bräuchen aller Cliquen und Kasten nicht einschränken läßt und sich Leuten aller Klassen fühlbar macht. Wenn der Aristokrat nur in fashionablen Zirkeln zu bestehen vermag und nicht auch unter Packträgern, wird er nie ein Tonangeber in jenen werden; und ein Volksmann, der mit dem vornehmsten Gentleman nicht von gleich zu gleich zu sprechen vermag, sodaß der Gentleman empfindet, daß der andere bereits seinem Stande angehört, der ist nicht zu fürchten. Diogenes, Socrates und Epaminondas sind Leute vom besten Blut, die die Armut vorgezogen haben, wo ihnen der Reichtum gleichermaßen zu Gebote stand. Ich gebrauche diese alten Namen, aber die Leute, die ich meine, sind meine Zeitgenossen. Das Glück giebt nicht jeder Generation einen jener auserwählten Edelleute, aber jede größere Menge von Menschen liefert Exemplare der Gattung; und die Politik dieses Landes und der Handel in jeder Stadt werden von diesen kühnen und unverantwortlichen Thatmenschen dirigiert, die genug Erfindungsgabe haben, um die Führung zu übernehmen und eine breite Sympathie, die ihnen eine gewisse Kameradschaft mit jeder Volksmasse verleiht und ihre Handlungen populär macht.

Die Manieren dieser Klasse werden von allen Leuten von Geschmack scharf beobachtet und mit Andacht aufgegriffen. Die Geselligkeit dieser Meister und Herren untereinander und mit Leuten, die ihre Verdienste erkennen, ist eine wechselseitig erfreuliche und anregende. Die guten Formen, die glücklichsten Ausdrücke eines jeden werden wiederholt und allgemein angenommen. Mit rascher Übereinstimmung wird alles Überflüssige fallen gelassen, alles Graziöse wiederholt. Vornehme Manieren erweisen sich dem Ungebildeten fruchtbar; es giebt keine feinere Verteidigungswaffe als sie, sowohl zum Parieren als zum Einschüchtern; aber sowie die Geschicklichkeit des Gegners sich ihnen gewachsen zeigt, senken sie die Degenspitze; Hieb und Parade hört auf, und der junge Mann befindet sich in einer durchsichtigeren Atmosphäre, in der das Leben ein minder verdrießliches Spiel ist, in der sich zwischen den Spielern keine Mißverständnisse erheben. Feine Manieren haben den Zweck, das Leben zu erleichtern, Hindernisse aus dem Wege zu räumen und die Energie des Menschen rein und ungehemmt zur Wirkung zu bringen. Sie unterstützen unseren Verkehr und unsere Konversation, wie die Eisenbahnen das Reisen, indem sie alle vermeidlichen Hindernisse aus dem Wege räumen und nichts als den reinen Raum zu überwinden übrig lassen. Diese Formen werden alsbald fixiert, und ein feiner Sinn für das Anständige wird um so sorgsamer gepflegt, sodaß er zuletzt ein Zeichen socialer und staatlicher Vornehmheit wird. Und damit wächst auch die Mode empor, ein zweideutiges Wesen von ähnlichem Schein, das Mächtigste, das Fantastischste und Frivolste, das Gefürchtetste und Vergöttertste von allen, gegen das Moral und Gewaltthätigkeit umsonst ankämpfen.

Immer besteht ein enger Zusammenhang zwischen der Klasse, die die Macht in Händen hält, und den exklusiven und eleganten Kreisen. Die letzteren sind stets von der ersten gefüllt und ergänzen sich beständig aus ihr. Die Männer der Thatkraft machen in der Regel selbst dem Übermut der Mode gewisse Konzessionen, weil sie eben in ihr etwas Verwandtes erkennen. Napoleon, das Kind der Revolution, der Vernichter der alten Noblesse, hörte nie auf, dem Faubourg St. Germain schön zu thun; unzweifelhaft in dem Gefühl, daß die Elegance eine Huldigung für Leute seines Schlages bedeutet. Die elegante Mode wird auf diesem sonderbaren Umwege zu einer Repräsentantin aller männlichen Tüchtigkeit. Sie ist gleichsam eine in Saat aufgegangene Tüchtigkeit, eine Art posthumer Ehre. Selten schmeichelt sie den Großen, wohl aber den Kindern der Großen; sie ist eine Halle der Vergangenheit. Ja sie nimmt gewöhnlich gegen die Großen der gegenwärtigen Stunde eine feindselige Haltung ein. Große Männer sind auch in ihren Salons nicht gewöhnlich zu sehen; sie sind im Felde abwesend; sie sind mit der Arbeit, nicht mit dem Triumphieren beschäftigt. Die eleganten Kreise werden durch und für ihre Kinder gebildet, für diejenigen, die durch irgend jemands Tapferkeit und Tüchtigkeit einen glanzvollen Namen, eine hervorragende Stellung erworben haben, sowie Mittel zur allseitigen Ausbildung und generösem Auftreten, und in ihrer physischen Konstitution eine gewisse Gesundheit und Vorzüglichkeit, die ihnen, wenn auch nicht die höchste Leistungsfähigkeit, so doch eine hohe Genußfähigkeit sichert. Die Klasse der Thatkraft, die schaffenden Helden, die Cortez, die Nelson, die Napoleon, erkennen, daß dies ein Fest und eine permanente Feier für ihresgleichen ist, daß die eleganten Formen der Mode kapitalisiertes Talent, dünngeprägtes Mexiko, Marengo und Trafalgar sind, daß die glänzenden Namen des Tages stets auf so geschäftige Namen wie die ihren um fünfzig oder sechzig Jahre zurückführen. Sie sind die Säleute, ihre Söhne werden die Erntenden sein, und deren Söhne werden wieder im gewöhnlichen Lauf der Dinge den Besitz der Ernte neuen Bewerbern mit schärferen Augen und kräftigeren Muskulaturen überlassen müssen. Die Stadt rekrutiert sich immer aus dem Lande. Im Jahre 1805, heißt es, waren alle legitimen Monarchen Europas schwachsinnig. Die Stadt wäre längst ausgestorben, verfault und verpufft, wenn sie nicht neues Blut aus den Feldern bekommen hätte. Was heute Stadt und Hof ist, ist nichts als Land, das vorgestern zum Stadtthore hereingewandert ist.

Aristokratie und Mode sind zwei unvermeidliche Produkte der menschlichen Gesellschaft. Diese wechselseitige Auswahl ist unaustilgbar. Wenn sie den Zorn der mindest begünstigten Klassen erregt und die ausgeschlossene Majorität sich an der exklusiven Minorität mit roher Kraft rächt und sie tötet, so findet sich sofort wieder eine neue Klasse zu oberst, so gewiß, wie die Sahne im Milchtopf emporsteigt, und wenn das Volk eine Aristokratie nach der andern vernichten würde, bis zuletzt nur zwei Menschen übrig wären, so würde einer dieser beiden der Meister sein und von dem anderen unwillkürlich bedient und kopiert werden. Man kann diese Minorität geflissentlich übersehen und unberücksichtigt lassen, aber sie hat das zäheste Leben und wird immer einen Stand im Reiche bilden. Diese Zähigkeit setzt mich umsomehr in Staunen, wenn ich ihre Wirksamkeit beobachte. Sie befolgt die Anordnung so unwichtiger Dinge, daß man an irgend welche Dauer ihrer Herrschaft nicht glauben sollte. Wir sehen manchmal Leute, die unter einem starken moralischen Einfluß stehen – denken wir z. B. an eine patriotische, eine litterarische, eine religiöse Bewegung, – und fühlen, wie das sittliche Gefühl über Natur und Menschen die Herrschaft führt. Wir meinen, daß alle anderen Bande und Unterschiede geringwertig und flüchtig sein müssen, insbesondere die der Kasten und der Mode: aber Jahr aus Jahr ein können wir bemerken, wie permanent dieselben sind, selbst im Leben von Boston und Newyork, wo sie in den Landesgesetzen auch nicht die geringste Stütze finden. Nicht in Ägypten oder Indien giebt es eine festere oder unüberschreitbarere Grenzlinie. Es giebt wohl Vereinigungen, wo diese Fäden über, unter und durch einander laufen, kaufmännische Vereine, Truppenkörper, Universitätsklassen, Schießklubs, professionelle Genossenschaften, politische und religiöse Versammlungen, – die Leute scheinen sich unzertrennlich nahe zu kommen; aber die Versammlung ist auseinandergegangen, und im ganzen Jahr kommen die Leute nicht mehr zusammen. Jeder kehrt zu seinem Grad in der Scala der guten Gesellschaft zurück, Porzellan bleibt Porzellan, und Irdenware bleibt Irdenware. Die Gegenstände der Mode mögen frivol oder die Mode gegenstandslos sein – das Wesen dieser Vereinigung und Auswahl kann weder frivoler noch zufälliger Natur sein. Der Rang, den jeder Mann in dieser vollkommenen Stufenleiter einnimmt, hängt von einer gewissen Symmetrie in seinem Wesen oder von einer gewissen Anpassung seines Wesens an die Symmetrie der Gesellschaft ab. Ihre Thore öffnen sich augenblicklich für jeden Anspruch von ihrer eigenen Art. Ein natürlicher Gentleman findet den Weg hinein und vermag den ältesten Patrizier fernzuhalten, der seinen innerlichen Rang verloren hat. Eleganz wird überall verstanden, die Wohlerzogenheit und persönliche Superiorität jeden Landes fraternisiert sogleich mit der jedes anderen. Die Häuptlinge wilder Stämme haben sich in Paris und London durch die Vorzüglichkeit ihrer Haltung ausgezeichnet.

Um das beste von Eleganz und Mode zu sagen, was sich von ihr sagen läßt: sie beruht auf Echtheit und haßt nichts so sehr wie Betrüger; – betrügerische Parvenus zu mystifizieren und auszuschließen und auf ewig aus ihren Kreisen zu verbannen ist ihr Entzücken. Jede andere Eigenschaft der Weltleute mag uns bei Gelegenheit verächtlich erscheinen, aber die Gewohnheit auch in kleinen und kleinsten Angelegenheiten sich auf nichts als auf sein eigenes Anstandsgefühl zu verlassen, bildet die Basis allen Rittertums. Es giebt fast keine Art von Selbständigkeit, soweit sie nur gesund und harmonisch ist, die die Mode nicht gelegentlich adoptieren und in ihren Salons willkommen heißen würde. Eine reine, hohe Seele ist immer elegant und dringt, wenn sie will, unbehelligt bis in den ängstlichst gehüteten Kreis. Aber auch Jockel der Fuhrmann kommt durch irgend ein ganz besonderes Ereignis eines Tages hinein und findet Gunst, so lange die neue Umgebung ihm nicht den Kopf verdreht und seine Nagelschuhe nicht bei Walzer und Kotillon mitzutanzen verlangen. Denn es giebt überhaupt keine ein- für allemal festgesetzten Manieren, sondern die Gesetze des Betragens fügen sich der Energie der Individualitäten. Das Mädchen auf ihrem ersten Ball, der Landmann bei einem städtischen Diner, glauben, daß ein Ritualgesetz existiere, nach dem jede Handlung und jedes Kompliment vorgenommen werden müsse, bei sonstigem Ausschluß des Verstoßenden aus der Gesellschaft. Später lernen sie, daß gesunder Verstand und Persönlichkeit sich ihre Formen in jedem Augenblick selbst schaffen und je nach Belieben sprechen oder schweigen, Wein nehmen oder ausschlagen, bleiben oder fortgehen, auf dem Sessel sitzen oder mit den Kindern auf der Erde kriechen, oder auch sich auf den Kopf stellen oder was immer thun, wenn es nur in einer neuen, in einer ursprünglichen Weise geschieht; und daß ein starker Wille immer in der Mode ist, mag sonst wer will aus der Mode sein. Alles was die gute Gesellschaft verlangt, ist Selbstbeherrschung und Selbstgenügen. Ein Kreis von vollkommen wohlerzogenen Leuten wäre eine Gesellschaft vernünftiger Personen, in den jedes einzelnen angeborene Art und Persönlichkeit zu Tage treten müßten. Wenn ein eleganter Herr diese Eigenschaft nicht hat, dann ist er überhaupt nichts. Wir haben eine solche Vorliebe für alle Selbständigkeit, daß wir einem Manne viele Sünden vergeben, wenn er nur eine vollkommene Zufriedenheit mit seiner Position zeigt und nicht erst meine gute Meinung oder die irgend eines anderen um die Erlaubnis fragt, so zu sein, wie er ist. Aber jede Nachahmung irgend eines hervorragenden Mannes oder einer Weltdame verscherzt sofort jedes Adelsvorrecht. Das ist ein Untergebener: Ich habe nichts mit ihm zu thun; ich will mit seinem Herrn sprechen. Ein Mann sollte nirgends hingehen, wohin er nicht seine ganze Gesellschaftssphäre mitbringen kann, nicht etwa körperlich seinen ganzen Freundeskreis, wohl aber die Atmosphäre desselben. Er muß in einer neuen Gesellschaft dieselbe geistige Haltung, dieselbe Realität der Beziehungen, welche ihn mit seinen täglichen Gefährten verbinden, aufrecht erhalten, sonst wird er sich seiner besten Strahlen beraubt und in dem fröhlichsten Klub als arme Waise fühlen. „Ja, wenn Sie Vich Jan Vohr mit seinem Kometenschweif sehen könnten!" – Aber Vich Jan Vohr muß sein Gefolge in irgend einer Art überallhin mitbringen, wenn nicht in seinem Geleite als eine Zier, so als Verunstaltung von ihm getrennt.

Immer finden sich in der Gesellschaft gewisse Leute, die die Merkure ihrer Gunst sind, und deren Blick den Neugierigen jederzeit ihre Stellung in der Welt verkündet. Dies sind die Kammerdiener der niederen Götter. Nehmt ihre Kühle als ein Zeichen der Gnade der erhabenen Gottheiten hin und laßt ihnen all ihre Privilegien. Sie sind zweifellos in ihrem Amte, auch könnten sie ohne gewisse eigene Verdienste nicht so furchtbar sein. Nur darf man die Wichtigkeit dieser Gattung nicht nach ihrer Anmaßung beurteilen oder wirklich glauben, daß ein Geck Ehre und Schande zuteilen kann. Sie zählen auch genau nach ihrem Werte; denn wie könnte das anders sein in Kreisen, die gleichsam als ein Heroldsamt für das Aussieben der Persönlichkeiten existieren?

Da das erste, was ein Mensch vom anderen verlangt, Echtheit ist, so tritt sie auch in allen Gesellschaftsformen zutage. Wir stellen die Leute einander mit genauer Bezeichnung ihres Namens vor. Wisset, ihr, vor Himmel und Erde, daß dies Andreas und dieser Gregor ist; – sie sehen einander ins Auge, sie fassen einander an der Hand, um einander zu identificieren und gleichsam ein Signalement zu nehmen. Es gewährt eine große Befriedigung. Ein Gentleman gebraucht keine Kniffe; seine Augen sehen geradeaus, und er versichert den anderen vor allem, daß er, der andere, tatsächlich mit ihm zusammengetroffen ist. Denn was ist es denn, was wir bei all unseren Besuchen und all unserer Gastfreundlichkeit eigentlich suchen? Sind es eure Draperien, eure Bilder und Dekorationsstücke? Oder fragen wir nicht unersättlich: War ein Mensch in dem Hause? Es kann mir leicht begegnen, daß ich in den größten Haushalt eintrete, wo es eine Fülle von Dingen giebt, die trefflichste Einrichtung, was Komfort, Luxus und guten Geschmack anbelangt, und ich darin dennoch keinem

Amphitryon begegne, der diese Anhängsel sich unterzuordnen imstande wäre. Und ich kann in eine Hütte kommen und einen Bauern finden, der fühlt, daß er der Mann ist, zu dem ich komme, und mir dementsprechend aufrecht und stramm entgegentritt. Es war daher eine sehr natürliche Vorschrift der alten feudalen Etiquette, daß ein Edelmann, der einen Besuch empfing, und wäre es der seines Souveräns, nie sein Haus verlassen, sondern den Gast am Thore erwarten mußte. Denn kein Haus, und wären es die Tuilerien oder der Escurial, ist irgend etwas wert ohne den Hausherrn. Und doch werden wir selten genug durch solche Gastlichkeit erfreut. Jedermann, den wir kennen, umgiebt sich selbst mit einem schönen Haus, schönen Büchern, mit einem Gewächshaus, mit Gärten, Equipagen, und aller Art von Spielzeug, um es wie Lichtschirme zwischen sich und seinen Gast zu schieben. Sieht es nicht so aus, als ob der Mensch sehr scheuer, ausweichender Natur wäre, und nichts so sehr fürchtete, als eine volle Begegnung, Aug' in Auge mit seinem Nebenmenschen? Es wäre unbarmherzig, ich weiß es, diese Schirme ganz abzuschaffen, die ja die höchste Bequemlichkeit sind, wenn der Gast zu groß oder zu klein ist. Wir rufen eine Menge Freunde zusammen, die einander wechselseitig in Beschäftigung erhalten, oder wir unterhalten die jungen Leute mit Leckerbissen und Zieraten und wahren dabei unsere Zurückgezogenheit. Aber wenn zufällig ein forschender Realist an unser Thor kommt, vor dessen Augen wir nicht gern treten möchten, dann laufen wir wieder hinter unseren Vorhang und verstecken uns, wie Adam vor der Stimme des Herrn im Garten Eden that. Kardinal Caprara, der päpstliche Legat in Paris, schützte sich vor den Blicken Napoleons hinter einem Paar ungeheuer großer grüner Augengläser. Napoleon bemerkte sie und spottete sie ihm bald wieder herunter, und doch war Napoleon seinerseits, mit den achthundertausend Mann, die hinter ihm standen, nicht groß genug, einem Paar freigeborener Augen Stand zu halten, sondern zog die Etiquette und ein dreifaches Verhau von Reserve um sich und ließ, wie alle Welt durch Madame de Staël weiß, sobald er sich beobachtet sah, allen Ausdruck von seinem Gesichte schwinden. Aber Kaiser und reiche Leute sind keineswegs die geschicktesten Lehrer guter Manieren. Keine Rentenkasse und kein Armeeschematismus kann der Schleicherei und Verstellung Würde verleihen, und der erste Punkt aller Courtoisie muß immer Wahrhaftigkeit sein, wie denn auch wirklich alle gute Erziehung diesen Weg weist.

Eben habe ich in Mr. Hazlitts Übersetzung Montaigues Bericht von seiner italienischen Reise gelesen, und nichts fiel mir angenehmer darin auf als die

Selbstachtung, die in den Sitten der Zeit lag. Seine Ankunft in jedem Ort, die Ankunft eines französischen Edelmannes, ist ein Ereignis von einiger Bedeutung. Wo immer sein Weg ihn führt, macht er jedem Fürsten oder größeren Edelmann auf seinem Wege einen Besuch, gleichsam als eine Pflicht gegen sich selbst, sowie gegen die gute Sitte. Wenn er ein Haus verläßt, in dem er ein paar Wochen gewohnt hat, so läßt er sein Wappen malen und als ein dauerndes Andenken für das Haus an die Wand hängen, wie es unter Edelleuten Sitte war.

Die notwendige Ergänzung dieser graziösen Selbstachtung und zugleich das, was ich von aller guten Erziehung vor allem fordere, und der Punkt, auf dem ich am strengsten bestehe, ist gegenseitige Ehrerbietigkeit. Ich sehe es gern, wenn jeder Sessel ein Thron ist und von einem König eingenommen wird. Ich ziehe eine Spur von Steifheit einer excessiven Kameradschaftlichkeit vor. Die Gegenstände der Natur, die sich nie ganz berühren können, und die metaphysische Isolierung des Menschen sollten uns Unabhängigkeit lehren. Wir müssen nicht gar zu bekannt werden. Ich wollte, jeder Mann träte in sein Haus durch eine mit Heroen- und Götterbildern geschmückte Halle ein, damit es ihm nicht an einer Mahnung zur Ruhe und Gewichtigkeit fehlte. Wir sollten uns jeden Morgen begegnen, als kämen wir aus fernen Landen, und wenn wir den Tag miteinander verbracht, uns abends verlassen, als zögen wir in ferne Lande. In allem möchte ich den Menschen gleichsam auf einer unverletzlichen Insel wissen. Laßt uns in einiger Entfernung von einander uns niedersetzen und von Gipfel zu Gipfel sprechen wie die Götter auf dem Olymp. Kein Grad der Zuneigung darf dieses Heiligtum verletzen. Dies ist Myrrhe und Rosmarin, um die volle Süße für einander zu bewahren. Selbst Liebende müßten eine gewisse Fremdheit behalten. Wenn sie einander zu viel gestatten, wird das ganze Verhältnis verwirrt und gemein. Es ist leicht, diese Ehrerbietigkeit bis zum Maß der chinesischen Etiquette zu übertreiben; aber eine gewisse Kühle, ein Fehlen aller Hitze und Eile verrät vornehmes Wesen. Ein Gentleman macht keinen Lärm, eine Dame ist gelassen. Wir fühlen einen entsprechenden Widerwillen gegen jene Eindringlinge, die ein stilles Haus mit Lärm und Hinundherrennen füllen, um sich irgend welche armselige Bequemlichkeiten zu sichern. Nicht weniger mißfällt mir ein niedriges Mitgefühl mit den Bedürfnissen unseres Nachbars. Müssen wir in einem so guten Einverständnis mit unseren wechselseitigen Gaumen leben, wie thörichte Leute, die lange miteinander gelebt haben, genau wissen, wann der andere Zucker oder Salz haben will? Ich ersuche meinen Gefährten, wenn er Brot haben will, Brot zu verlangen, und wenn er Sassafras oder Arsenik wünscht, mich darum zu bitten, und nicht seinen Teller herzuhalten, als müßte ich schon wissen, was er will. Jede natürliche Verrichtung kann durch Bedächtigkeit und Zurückgezogenheit würdiger gemacht werden. Die Eile bleibe den Sklaven. Alle Komplimente und Ceremonien unserer Lebensart sollten, wenn auch noch so entfernt, eine Erinnerung an die Größe unserer Bestimmung bedeuten.

Die Blüte der Courtoisie verträgt das Anfassen nicht gut; wenn wir es dennoch wagen, ein weiteres Blatt zu öffnen und zu forschen, welche Elemente sich zu ihrer Bildung vereinigen müssen, so werden wir auch eine geistige Qualität finden. Bei den Führern der Menschen muß das Hirn so gut wie das Fleisch und das Herz seinen entsprechenden Anteil haben. Mangelhafte Manieren bedeuten meistens den Mangel eines feinen Empfindungsvermögens. Diese Menschen sind zu grob gearbeitet, als daß sie das nötige Feingefühl für ein schönes Betragen und zierliche Sitte haben könnten. Zur Wohlerzogenheit reicht eine Vereinigung von Güte und Unabhängigkeit nicht völlig aus. Wir verlangen von den Leuten, mit denen wir verkehren, gebieterisch Empfindung, ja Ehrfurcht vor dem Schönen. Im Feld und in der Werkstatt sind andere Tugenden vonnöten, aber in den Leuten, mit denen wir zusammensitzen, ist ein gewisser Grad von Geschmack unerläßlich. Ich könnte eher mit einem Menschen essen, der unwahr ist oder die Gesetze nicht achtet, als mit einer schmutzigen und unsalonfähigen Person. Sittliche Qualitäten regieren die Welt, aber auf kurze Entfernungen sind die Sinne Despoten! Dieselbe Unterscheidung des Nützlichen und Schönen kehrt, wenn auch mit geringerer Bedeutung, in allen Verhältnissen des Lebens wieder. Der allgemeine Geist der energischen Klasse ist gesunder Menschenverstand, der unter gewissen Beschränkungen und für gewisse Ziele arbeitet. Sie nimmt jede natürliche Gabe gastlich auf. Ihrer ganzen Natur nach gesellig, achtet sie alles, was die Menschen zu einen strebt. Vor allem aber ist das Maß ihre Freude. Der Sinn fürs Schöne ist hauptsächlich Sinn für Maß und richtige Verhältnisse. Eine Person, welche schreit, den Superlativ gebraucht, oder hitzig konversiert, jagt einen ganzen Salon in die Flucht. Wenn ihr geliebt werden wollt, so liebt das Maß. Man muß ein Genie oder ein ganz außergewöhnlich brauchbarer Mensch sein, um den Mangel an Maß gutzumachen. Dieses Feingefühl ist noch nötig, um alle Teile des socialen Instruments zu glätten und zu vervollkommnen. Die Gesellschaft verzeiht einem Genie oder außerordentlichen Gaben sehr viel, aber da sie ihrer Natur nach ein Konvent ist, so liebt sie das Konventionelle, das heißt: das, was zum

Zusammenkommen gehört. Gut oder Schlecht bedeutet bei Manieren das, was die Geselligkeit fördert oder beeinträchtigt. Denn elegante Form ist nicht absoluter gesunder Verstand, sondern relativer, nicht der gesunde Verstand des Einzelnen, sondern gesunder Verstand, soweit er die Geselligkeit unterhält. Sie haßt alle Ecken und scharfen Spitzen der Charaktere; sie haßt streitsüchtige, egoistische, einsiedlerische, finstere Leute; sie haßt alles was die totale Berührung der Gesellschaft beeinträchtigen kann; dagegen schätzt sie als im höchsten Grade erfrischend alle Eigentümlichkeiten, die mit guter Geselligkeit verträglich sind. Und abgesehen von der allgemeinen Beimengung von Geist und Witz, die alle Artigkeit erhöhen, ist der volle Glanz geistiger Bedeutung der guten Gesellschaft immer willkommen als die köstlichste Zuthat zu ihrer Herrschaft und zu ihrem Ansehen.

Das trockene Licht muß leuchten, um unserem Feste Glanz zu geben, aber es muß gedämpft und schattiert werden, sonst verletzt selbst das Licht. Genauigkeit ist der Schönheit wesentlich, und rasche Auffassung der Höflichkeit, aber doch nicht allzu rasche. Man kann zu pünktlich, zu genau sein. Wer in den Palast der Schönheit eintritt, muß die geschäftliche Allwissenheit vor der Thür lassen. Die Gesellschaft liebt Kreolennaturen und schläfrige, matte Manieren, wenn sie nur Verstand, Anmut und guten Willen verdecken, ihr gefällt eine Art von schlaftrunkener Stärke, die jede Kritik entwaffnet, vielleicht weil solche Leute ihre Kraft für den besten Teil des Spieles aufzusparen und sich nicht in Oberflächlichkeiten auszugeben scheinen; ein unwissendes Auge, das all die Verdrießlichkeiten, Notlügen und Unbequemlichkeiten nicht sieht, die dem Empfindsamen die Stirn in Falten legen und seine Stimme ersticken.

Daher verlangt die Gesellschaft von ihrer patrizischen Klasse außer persönlicher Kraft und so viel Empfindungsvermögen als nötig ist, um einen nie fehlgehenden Takt hervorzubringen, ein anderes bereits angedeutetes Element, welches sie in bedeutsamer Weise als „Liebenswürdigkeit" bezeichnet, ein Ausdruck, der alle Grade der Generosität, von der geringsten Gefälligkeit und Bereitwilligkeit bis hinauf zu den Höhen der Hochherzigkeit und Liebe, umschließt. Einsicht müssen wir haben, sonst rennen wir einander um und verfehlen den Weg zu unserer Nahrung; aber der bloße Verstand ist selbstsüchtig und unfruchtbar. Das Geheimnis gesellschaftlichen Erfolges ist eine gewisse Herzlichkeit und Sympathie. Ein Mensch, der sich in der Gesellschaft nicht wohl fühlt, wird bei aller Anstrengung kein Wort in seinem Gedächtnis finden, das zur Gelegenheit paßt, und all sein Wissen wird beinahe impertinent erscheinen. Ein Mensch, der sich in ihr wohl fühlt, findet bei jeder Wendung des Gespräches gleich glückliche Gelegenheiten, das anzubringen, was er zu sagen hat. Die Lieblinge der Gesellschaft, diejenigen, welche sie „ganze Leute“ nennt, sind fähige Menschen mit mehr Feuer als Witz, die keinen unbequemen Egoismus haben, sondern immer zu gelegener Stunde und Gesellschaft kommen, die bei einer Hochzeit oder einem Begräbnis, auf einem Ball oder auf der Geschworenenbank, bei einer Kahnpartie oder einem Jagdausflug sich zufrieden fühlen und die anderen zufrieden stellen. England, das überhaupt reich an Gentlemen ist, bot im Anfang des gegenwärtigen Jahrhunderts ein treffliches Muster des Genius, den die Welt liebt, in Mr. Fox, der mit seinen großen Fähigkeiten die geselligsten Anlagen und die wahrhafteste Menschenliebe verband. Die parlamentarische Geschichte hat wenig schönere Stellen aufzuweisen als die Debatte, in der Burke und Fox sich im Haus der Gemeinen trennten, als Fox seinem alten Freunde die Ansprüche alter Freundschaft mit solcher Innigkeit vorhielt, daß das Haus zu Thränen bewegt wurde. Eine andere Anekdote gehört so zu meinem Gegenstande, daß ich die Erzählung riskiere. Ein Geschäftsmann, der ihn lange mit einem Schuldschein über dreihundert Guineen verfolgt hatte, fand ihn eines Tages mit dem Zählen von Goldmünzen beschäftigt und verlangte Zahlung. „Nein,“ sagte Fox, „dieses Geld schulde ich Sheridan; es ist eine Ehrenschuld, und wenn mich ein Unfall trifft, so hat er nichts vorzuweisen.“ „Dann,“ sagte der Gläubiger, „verwandle ich meine Forderung in eine Ehrenschuld,“ und zerriß den Schuldschein in kleine Stücke. Fox dankte dem Mann für sein Vertrauen und zahlte ihm sofort mit den Worten, „daß seine Forderung die ältere sei und Sheridan warten müsse.“ Ein Verfechter der Freiheit, der Freund der Hindus, der Freund der afrikanischen Sklaven, besaß er eine große persönliche Popularität: und Napoleon sagte von ihm gelegentlich seines Besuches in Paris im Jahre 1805: „Mr. Fox wird in jeder Gesellschaft in den Tuilerien immer den ersten Platz einnehmen.“

Wir können uns bei unserer Lobrede auf die feine Sitte leicht lächerlich machen, wenn wir so sehr betonen, daß das Wohlwollen ihre Grundlage bildet. Das bemalte Gespenst der eleganten Mode erhebt sich und scheint eine Art von Hohn, auf das, was wir da sagen, herabzuschütten. Aber ich lasse mich weder davon abbringen, der Mode, als einer symbolischen Einrichtung einige Berechtigung zuzuerkennen, noch werde ich den Glauben aufgeben, daß Liebe die Basis der Höflichkeit ist. Wenn irgend möglich, wollen wir auch das erstere durchsetzen, aber den zweiten Punkt müssen wir mit Aller Entschiedenheit behaupten. Das Leben verdankt diesen scharfen Kontrasten viel von seiner Lebendigkeit. Die Eleganz, die sich für Ehre ausgiebt, ist nach der Erfahrung aller oft nichts weiter als ein Ballsaalkodex. Dennoch liegt, so lange sie in der Phantasie der besten Köpfe auf unserem Planeten den höchsten Kreis bildet, etwas notwendiges und vortreffliches in ihr; denn es ist nicht anzunehmen, daß die Leute übereingekommen sind, sich von einer Verkehrtheit foppen zu lassen; und der Respekt, den diese Geheimnisse dem rauhesten Waldmenschen einflößen, und die Neugier, mit welcher alle Details aus dem High-life gelesen werden, verrät, wie allgemein die Vorliebe für elegante Manieren ist. Ich weiß wohl, daß sich eine komische Unzulänglichkeit fühlbar machen würde, wenn wir in die anerkannten „ersten Kreise" eintreten und die Individuen, die wir wirklich daselbst antreffen, nach diesem furchtbaren Maßstab von Gerechtigkeit, Schönheit und Wohlthätigkeit messen würden. Diese Elegants sind keine Monarchen und keine Helden, sind weder weise noch liebevoll. Die Mode hat viele Klassen und viele Reglements für Legitimierung und Zulassung, und nicht immer die besten. Da gilt nicht nur das Recht der Eroberung, das das Genie geltend macht, – das Individuum, das seine natürliche Aristokratie, als Bester der Besten, erweist, – sondern eine Zeit lang passieren auch geringere Ansprüche; denn die Mode liebt Löwen und liebt es auch wie Circe, auf ihre gehörnte Gesellschaft weisen zu können. Dieser Herr hier ist heute Nachmittag aus Dänemark angekommen, und dort steht mein Lord Ride, der gestern aus Bagdad zurückgekehrt ist, hier ist Kapitän Friese vom Kap Kehrwiederum, und Kapitän Symmes aus dem Innern der Erde; Monsieur Jovaire, der heute morgen im Ballon herabgekommen ist; Mr. Hobnail, der bekannte Reformator, und der hochwürdige Jul Bat, der die ganze heiße Zone mit seiner Sonntagsschule bekehrt hat; Signor Torre del Greco, der den Vesuv ausgelöscht hat, indem er die Bucht von Neapel hineinschüttete; Spahi, der persische Gesandte, und Tul Wil Shan, der exilierte Nabob von Nepaul, der den Neumond als Sattel benutzt. – Aber das sind lauter Eintagsungetüme, die morgen wieder in ihre Löcher und Höhlen entlassen werden; denn in diesen Räumen ist kein Sessel, auf den nicht bereits jemand warten würde. Der Künstler, der Gelehrte, die Geistlichkeit im allgemeinen, machen ihren Weg zu diesen Plätzen und finden ihre Vertretung in jenen Kreisen ungefähr nach dem gleichen Rechte der Eroberung. Andere wieder machen alle Grade durch, bringen Jahr und Tag auf dem Korso zu, gut in Eau de Cologne getaucht, gut parfümiert, gut diniert und eingeführt, und in aller Biographie, Politik und allem Klatsch der Boudoirs gehörig unterrichtet.

Aber all dieser Aufputz kann Witz und Grazie haben. Die Thore und Räume der Tempel mögen mit groteskem Schuhwerk verziert sein, dem Glauben und den Geboten mag oft genug in der frechen Form der Parodie gehuldigt werden. Die Formen der Höflichkeit drücken allgemein den höchsten Grad des Wohlwollens aus. Wie nun, wenn sie im Munde selbstischer Menschen und zu selbstischen Zwecken gebraucht werden? Wenn der falsche Gentleman den echten beinahe zur Welt hinauskomplimentiert? Wenn der falsche Gentleman es zuwege bringt, mit seinesgleichen derart das Wort zu führen, daß er in der höflichsten Weise alle anderen aus seinem Gespräch ausschließt und sie sich auch als ausgeschlossen fühlen läßt? – Wahrhafte Leistungen werden trotz alledem ihren Adel nicht verlieren. Die Vornehmheit ist nicht auf die Franzosen und auf das Sentimentale beschränkt; auch läßt es sich nicht verhüten, daß lebendiges Blut und eine leidenschaftliche Güte zuletzt immer den Gentleman, den Gott geschaffen, von dem, den die Mode geschaffen, unterscheiden. Die Grabschrift Sir Jenkin Grouts ist auch unserer Zeit nicht ganz unverständlich:

„Hier ruht Sir Jenkin Grout, der seinen Freund liebte und seinen Feind zu gewinnen wußte – was sein Mund aß, das bezahlte seine Hand – was seine Diener raubten, gab er zurück – wenn ein Weib ihm Freude gab, verließ er es nicht in ihren Schmerzen – nie vergaß er seine Kinder – und wer seinen Finger berührte, fand seine ganze Hand.“

Selbst die Reihe der Helden ist noch nicht gänzlich erloschen. Immer noch findet sich irgend ein bewundernswerter Mensch in einfacher Kleidung, der auf dem Damm steht und hineinspringt, um einen Ertrinkenden zu retten; immer noch giebt es einen thörichten Erfinder neuer Barmherzigkeiten, immer noch Führer und Tröster entlaufener Sklaven, Polenfreunde und Philhellenen; einen Fanatiker, der Obstgärten anlegt, wenn er alt ist, und Bäume pflanzt, die der zweiten und dritten Generation ihren Schatten geben werden; irgend eine gut verborgene Pietät, einen Gerechten, der trotz üblem Rufe glücklich ist; einen Jüngling, der sich der Wohlthaten des Glückes schämt und sie ungeduldig auf fremde Schultern lädt. Und diese sind trotz allem die Centra der Gesellschaft, zu denen sie stets zurückkehrt, um frische Impulse zu holen. Sie sind die Schöpfer der Eleganz, die nichts anderes als ein Versuch ist, die Schönheit des Betragens zu organisieren. Die Schönen und Edelmütigen sind, in der Theorie, die Lehrer und Apostel dieser Kirche: Scipio und der Cid, Sir Philip Sidney und Washington, und jedes reine und tapfere Herz, das mit Wort und That der Schönheit huldigte. Die Personen, welche die natürliche Aristokratie bilden, sind nicht in der aktuellen Aristokratie zu finden, oder höchstens an ihrem Rande, sowie die chemische Energie des Spektrums gerade außerhalb des leuchtenden Streifens am stärksten ist. Aber das ist immer die Schwäche der Seneschals, daß sie ihren Souverän nicht erkennen, wenn er auftritt. Die Theorie der Gesellschaft setzt ihre Existenz und ihre Souveränität voraus. Sie errät ihr Kommen von weitem. Sie sagt mit den älteren Göttern:

„Wie Erd' und Himmel weitaus schöner sind,
Als je das Chaos und das leere Dunkel,
Obgleich einst Herrscher, – und so wie wir selbst
Noch über Erd' und Himmel stark und herrlich

Erscheinen von Gestalt, so wandelt doch schon
Jüngre Vollkommenheit in unsern Spuren,
Aus uns geborne Kraft, in höhrer Schöne,
Bestimmt vom Schicksal, so vor uns zu leuchten,
So wie wir selber jenes alte Dunkel
An Glorie überstrahlen – – – – –

Denn ewig als Gesetz gilt, daß der Erste
An Schönheit auch der Erste sei an Macht."

Darum giebt es innerhalb des ethnischen Kreises der guten Gesellschaft, einen engeren und höheren Kreis, der gleichsam als die Konzentration ihres Lichtes und die Blüte ihrer Courtoisie erscheint, und an welchen sie stets mit stolzer Bezugnahme stillschweigend, als an ihren inneren und höchsten Gerichtshof, appelliert – das Parlament der echten Ritterlichkeit und Liebe. Und das wird von jenen Personen gebildet, denen heroische Eigenschaften angeboren und mit der Liebe zum Schönen, der Freude an der Geselligkeit und der Gabe, den fliehenden Tag zu verschönern, vereint sind. Wenn wir alle Individuen, welche die reinsten aristokratischen Cirkel in Europa bilden, das sorgsamst behütete Blut von Jahrhunderten, Revue passieren ließen, sodaß wir ihr Benehmen kritisch und mit Muße beobachten könnten, da könnte es uns leicht begegnen, daß wir unter ihnen auch nicht einen Gentleman und nicht eine Dame finden; denn obgleich Exemplare von ausgezeichnetem Anstande und feinster Erziehung uns in der Versammlung erfreuen würden, müßten wir doch an Einzelheiten Anstoß nehmen, weil die wahre Eleganz durch keine Erziehung erreicht werden, sondern nur von der Geburt gegeben werden kann. Es muß Poesie des Charakters vorhanden sein, sonst ist die sorgfältigste Vermeidung alles Ungehörigen vergeblich. Der Geist muß diese Richtung nehmen – es genügt nicht, daß er ritterlich sei, er muß selbst die Ritterlichkeit sein. Ein wirklich vornehmes Betragen findet sich ebenso selten in Werken der Erfindung wie in der wirklichen Welt. Scott wurde oft wegen der Treue gepriesen, mit welcher er das Benehmen und die Konversation der höheren Klassen schilderte. Und sicherlich hatten Könige und Königinnen, adlige Herren und große Damen einiges Recht, sich über die Absurditäten zu beschweren, die ihnen vor den Tagen Waverleys in den Mund gelegt wurden: aber auch Scott kann vor der Kritik nicht bestehen. Seine Lords höhnen einander mit herausfordernden, epigrammatischen Redensarten, aber der Dialog ist ein kostümierter und gefällt beim zweiten Lesen nicht mehr: es ist kein warmes Leben in ihm. Bei Shakespeare allein spreizen und brüsten die Redner sich nicht, der Dialog strömt mit leichter Größe dahin, und er ist der best erzogene Mensch in England, ja in der Christenheit. Ein- oder zweimal im Leben wird es uns vergönnt, den ganzen Zauber vornehmen Betragens zu genießen, wenn wir einem Manne oder Weibe begegnen, in deren Natur keine Sperre ist, deren Charakter sich frei in Wort und Geberde ergießt. Eine schöne Gestalt ist besser als ein schönes Gesicht; ein schönes Betragen besser als eine schöne Gestalt; es gewährt einen höheren Genuß als Bilder und Statuen, es ist die schönste aller schönen Künste. Der Mensch ist nur ein kleines Ding inmitten der gewaltigen Natur, aber durch das geistige Wesen, das von seinem Antlitz ausstrahlt, vermag er alle Größenempfindung zu vernichten und in seinem Betragen die Majestät der Welt zu erreichen. Ich habe jemand gekannt, dessen Manieren, obgleich sie sich völlig in den Formen der eleganten Gesellschaft hielten, niemals in dieser erlernt worden waren, sondern ursprünglich und gebieterisch auftraten und den anderen Gunst und Glück gewährten; einen, dem kein Hofgefolge nötig war, dem der Festtag im Auge leuchtete; der die Phantasie erheiterte, indem er weite Thore zu neuen Lebensweisen öffnete; der die Fesseln der Etiquette mit glücklichem, feurigen Wesen abschüttelte, frei und gutmütig wie Robin Hood, doch mit der Haltung eines Kaisers – der, wenn es not thut, ruhig, ernst, dem Blick von Millionen Stand zu halten vermöchte.

Die freie Luft und das offene Feld, die Straßen und öffentlichen Gebäude sind der Platz, wo der Mann seinen Willen durchsetzt; aber am Thore des Hauses muß er sein Scepter abgeben oder teilen. Das Weib mit seinem Instinkt für das

Benehmen entdeckt in einem Manne augenblicklich jede Pedanterie, jede Kälte oder Stumpfheit, kurz jeden Mangel jenes freien, überströmenden und hochsinnigen Betragens, das als Exterieur im Salon unerläßlich ist. Unsere amerikanischen Institutionen sind ihr hold gewesen, und ich halte es heute für ein besonderes Glück unseres Landes, daß es so vorzügliche Frauen hat. Ein gewisses linkisches Bewußtsein der Inferiorität in den Männern mag jenes neue Rittertum der Frauenrechtler hervorgerufen haben. Gewiß, möge sie nur durch die Gesetze und in socialer Beziehung soweit besser gestellt werden, als der eifrigste Reformer nur wünschen kann; aber ich habe ein solches Vertrauen zu ihrem inspirirenden und musikalischen Wesen, daß, wie ich glaube, nur sie selbst uns zeigen kann, wie wir ihr dienen sollen. Die wundersame Hoheit ihrer Empfindungen erhebt sie zu Zeiten bis in heroische und göttliche Sphären und macht die Bilder Minervas, Junos und Polyhymnias wahr; und durch die Festigkeit, mit der sie ihren Weg nach oben wandelt, überzeugt sie die gröbsten Rechner, daß es noch einen anderen Weg giebt als den, den ihre Füße kennen. Aber außer jenen, die in unserer Phantasie die Stelle der Musen und delphischen Sybillen ersetzen, giebt es nicht Frauen, die unser Gefäß mit Wein und Rosen bis zum Rande füllen, sodaß der Wein überläuft und das Haus mit Duft erfüllt? Die uns zur Ritterlichkeit begeistern; die unsere Zunge lösen, und wir sprechen, die unsere Augen benetzen, und wir schauen? Wir sagen Dinge, die wir uns nie zugetraut hätten; denn nun sind die Schranken unserer gewöhnlichen Zurückhaltung geschwunden und wir sind im Freien; wir wurden Kinder, die mit Kindern auf einem weiten Blumenfelde spielten. Tauch' uns, so riefen wir, für Wochen, Tage in solche Lüfte, und wir werden sonnige Dichter werden und in vielfarbigen Versen das Märchenlied singen, das du bist! War es Hafis oder Firdusi, der von seiner Perserin Leila sang, sie sei eine Kraft der Elemente gewesen, die mich durch die Fülle ihres Lebens in Erstaunen setzte, als ich sie Tag für Tag strahlend, jede Minute Wonne und Anmut auf alle um sie her ausgießen sah? Sie war ein mächtiges Lösungsmittel und konnte die heterogensten Leute zu einer Gesellschaft verschmelzen. Wie Luft oder Wasser ein Element von so umfassender Affinität, daß es sich leichtlich mit tausenden von Substanzen verbindet. Wo sie gegenwärtig ist, werden alle anderen mehr sein, als sie sonst sind. Sie war eine Einheit und ein Ganzes, sodaß, was immer sie that, ihr wohlstand. Sie hatte viel zu viel Sympathie und Wunsch zu gefallen, als daß einer hätte sagen können, ihr Betragen sei ein würdevolles gewesen, und doch konnte keine Fürstin sie an klarem, hoheitsvollen Benehmen übertreffen, wenn die Gelegenheit es forderte. Sie hatte die persische Grammatik nicht gelernt, noch die Bücher der sieben Poeten, aber alle Dichtungen der Sieben schienen in ihr verkörpert zu sein. Denn, obgleich der Grundzug ihres Wesens nicht Reflexion, sondern Sympathie war, war sie dennoch so vollkommen in ihrem eigenen Wesen, daß sie geistig bedeutenden Personen durch die Fülle ihres Herzens entgegenkam und sie mit ihren Gefühlen erwärmte, in dem Glauben, der sie befing, daß, wenn sie mit allen vornehm umging, alle sich auch vornehm erweisen würden.

Ich weiß wohl, daß dieser byzantinische Pfeiler der Ritterlichkeit oder Eleganz, der denen so schön und malerisch erscheint, die ihre Zeit des Wissens oder der Ergötzung wegen beobachten, nicht für alle, die ihn schauen, gleich erfreulich ist. Die Struktur unserer Gesellschaft macht sie zu einem Riesenschloß für die ehrgeizigen Jünglinge, die ihren Namen in ihr goldenes Buch nicht eingezeichnet fanden und die sich von ihren vielbegehrten Ehren und Privilegien ausgeschlossen sehen. Diese müssen noch lernen, daß das, was so großartig scheint, sehr schattenhafter und relativer Natur ist und mir so lange groß ist. als sie es zugeben: seine stolzesten Thore fliegen auf, wenn ihr Mut und ihre Tüchtigkeit sich ihnen nähert. Was den gegenwärtigen Schmerz derjenigen anbelangt, die so empfindlich sind, daß sie unter dieser launischen Tyrannei leiden, so giebt es leichte Heilmittel. Man braucht nur seinen Aufenthaltsort um ein paar englische Meilen, höchstens vier, zu verlegen, und die äußerste Empfindlichkeit wird sich meistens getröstet fühlen. Denn die Vorteile, die von der Mode geschätzt werden, sind Pflanzen, die nur in sehr beschränkten Lokalitäten, namentlich in einigen wenigen Straßen gedeihen. Außerhalb dieses Bereichs zählen sie für nichts, man kann sie weder in der Landwirtschaft, noch im Forste, auf dem Markte oder im Kriege, in der ehelichen Gemeinschaft, in litterarischen oder wissenschaftlichen Kreisen, zur See, in der Freundschaft oder gar in den Himmeln des Geistes und der Sittlichkeit gebrauchen.

Aber wir haben uns nun lange genug in diesen gemalten Höfen aufgehalten. Der Wert der Sache, die mit dem Symbol bezeichnet wird, muß unsere Vorliebe für das letztere rechtfertigen. Alles was Mode und feine Sitte genannt wird, beugt sich vor dem Grund und Quell aller Ehren, dem Schöpfer aller Titel und Würden: dem Herzen der Liebe. Dies ist das königliche Blut, dies das Feuer, das in jedem Lande und in jeder Lage nach seiner Art wirkt und alles bezwingt und weitet, was in seine Nähe kommt. Jeder Thatsache giebt es eine neue Bedeutung. Es macht die Reichen arm, denn es duldet keine Größe außer seiner eigenen. Was heißt denn „reich“? Seid ihr reich genug, um jemandem zu helfen, um die Uneleganten und Überspannten zu unterstützen? Reich genug, um den Canadier in seinem Fuhrwerk, den armen Reisenden, den der Paß seines Konsuls der „Mildthätigkeit“ empfiehlt, den gebräunten Italiener mit seinen wenigen Brocken Englisch, den lahmen Bettler, den die Armenpfleger von Stadt zu Stadt jagen, ja selbst das arme wahnsinnige und verkommene Wrack eines Mannes oder Weibes fühlen zu machen, daß eure Gegenwart und euer Haus eine vornehme Ausnahme aus der allgemeinen Öde und Erstarrung machen? Könnt ihr solche fühlen machen, daß eine Stimme sie grüßte, die Erinnerung und Hoffnung in ihnen wachrief? Was ist gemein, als diesen Anspruch aus scharfen schlüssigen Gründen zurückzuweisen? Was edel, als ihn zu gewähren und ihrem Herzen und eurem inmitten der allgemeinen Vorsicht einen Festtag zu schenken! Ohne ein reiches Herz ist das größte Vermögen ein garstiger Bettler. Der König von Schiras vermochte es nicht, so gütig zu sein wie der arme Osman, der vor seinem Thore wohnte. Osman besaß eine so breite und tiefe Menschlichkeit, daß, obgleich seine Rede mit dem Koran so frei und kühn umsprang, daß er alle Derwische empörte, es dennoch nie einen armen, ausgestoßenen, närrischen oder wahnwitzigen Menschen, einen Thoren, der sich den Bart abgeschoren, dessen Hirn ein Gelübde beschädigt hatte, oder dem sonst eine Lieblingsnarrheit im Hirn nistete, gab, der nicht sogleich zu ihm seine Zuflucht genommen hätte, – so sonnig und gastlich lag dieses große Herz im Mittelpunkte des Landes da, – daß es schien, als ob der Instinkt aller Leidenden sie an seine Seite geführt hätte. Und den Wahnsinn, den er beherbergte, er teilte ihn nicht. Heißt das nicht reich sein? Nicht das allein, wirklich reich sein?

Aber ich werde ohne Kränkung anhören, daß ich den Hofmann sehr schlecht spiele und von Dingen rede, die ich nicht recht verstehe. Es ist leicht einzusehen, daß das, was man im prägnanten Sinne Gesellschaft und elegante Mode nennt, gute Gesetze sowohl wie schlechte hat, daß es viel an sich hat, was notwendig ist, und vieles, was absurd ist. Zu gut zum Fluchen und zu schlecht zum Segnen, erinnert es uns, sobald wir den Versuch machen wollen, es zu charakterisieren, an eine Überlieferung der heidnischen Mythologie: „Ich hörte Zeus eines Tages davon sprechen,“ sagte Silenus, „daß er die Erde zerstören wolle; er sagte, sie sei mißlungen, es wären lauter Schufte und nichtsnutzige Weiber, die von Tag zu Tag schlechter würden. Minerva sagte, sie hoffe, er werde das nicht thun; sie wären nur lächerliche kleine Geschöpfe mit der merkwürdigen Eigenschaft, daß sie ein verwischtes, unbestimmtes Aussehen hätten, ob man sie nun aus der

Ferne betrachtete oder aus der Nähe. Nannte man sie schlecht, so erschienen sie schlecht, nannte man sie gut, so erschienen sie gut, und es gäbe unter ihnen keine Person, keine Handlung, die nicht ihre Eule, ja den ganzen Olymp in Verlegenheit setzen würde, wenn sie erklären sollten, ob sie im Grunde schlecht oder gut sei."

Zweiter Teil

Repräsentanten der Menschheit

Mit diesem zweiten Bande von Emersons Essays giebt der Übersetzer ein Werk heraus, dem er seine Kraft nicht immer gewachsen fühlte. Englische Kritiker sagen, daß Emerson nichts Orakelhafteres geschrieben, und in der That finden sich nirgends so viele Stellen, die sich gegen eine Übersetzung sträuben. Es wäre vielleicht nicht unzweckmäßig gewesen, die Übersetzung gleichzeitig mit einem fortlaufenden Kommentar zu versehen, aber nach einiger Überlegung wurde diese Idee aufgegeben und den kommenden Zeiten überlassen, in denen ein solcher Kommentar nicht ausbleiben wird; wie er bei großen Schriftstellern, deren Worte für Generationen ihren Wert behalten und infolge des überreichen Inhalts, der in sie gedrängt ist, mannigfacher Deutung und jedenfalls einer Erläuterung durch breitere Sätze fähig sind, nie ausgeblieben ist.

In einem solchen Übermaß an Gedanken liegt zumeist auch die Dunkelheit, die Emerson so oft zum Vorwurf gemacht wird. Was seinen Geist erfüllt, ist zu viel und zu sein für den Ausdruck. Autoren sind dunkel, wenn sie ihrem Gegenstande nicht gewachsen sind. Bei Geringeren liegt das darin, daß sie nicht fähig sind, die klare Erscheinung darzustellen, daß ihre Einsicht und Ausdrucksfähigkeit um einen Schritt hinter der Erscheinung zurückbleibt. Emerson ist dunkel, weil er um einen Schritt tiefer als die anderen unter die Oberfläche der Dinge eingedrungen ist, weil er so gern das Wesen der Erscheinungen und ihre geheimen Zusammenhänge, so weit sie unserer Empfindung sich offenbaren, in Worte fassen möchte.

Wir alle wissen, daß wir nicht den hundertsten Teil dessen, was wir empfinden, sagen, nicht den tausendsten von dem, was, wie wir klar erkennen, unser Leben ausmacht, in Worten zur Darstellung bringen können. Unsere Worte und Sätze, unsere Rede, ja unsere Bücher und Wissenschaften sind immer nur armselige Fäden, die wir aus dem großen Weltgemälde, das sich um uns aufrollt, herausziehen. Unsere prägnantesten Ausdrücke sind nur Schlagwörter, die kaum einmal das Richtige treffen und meist nur näher oder ferner an der Sache vorbeifahren. Die wichtigsten Einflüsse, die in unserem Leben sich geltend machen, das Tiefste, was uns bewegt, ist auch meist das Geheimste: es geht gleichsam subkutan vor sich, unter jener Oberfläche, die unserer klaren Rede zugänglich ist. Emersons Specialität ist es nun, möchte ich sagen, diese subkutanen Einflüsse aufzuspüren und auszusprechen – schärfer, klarer, als ein Mensch es vor ihm gethan. Aber sie spotten des Ausdrucks überhaupt, und so wird er dunkel, nicht, wie gesagt, weil er um einen Schritt hinter dem Tageslicht der anderen zurück ist, sondern weil er den meisten um einen Schritt voraus ist, aber dabei auf ein Gebiet gekommen ist, wo volles Licht und Klarheit nicht mehr menschenmöglich sind.

Wirklich dunkel in einem Sinne, in dem das Wort einen Vorwurf für den Autor enthält, ist nur der erste Aufsatz des vorliegenden Buches. Es hat dies zum Teil seinen Grund in Emersons Art zu arbeiten. Er setzte sich selten wie andere Schriftsteller hin, über ein bestimmtes Thema das angesammelte oder zuströmende Gedankenmaterial zu verarbeiten, indem er das Ganze in eine Form goß, einen Bau von Grund aus aufführte, in dem jeder Stein und jeder Pfeiler zur Stufe des darüberliegenden dient, wo alle Spalten mit Kitt und Mörtel verstrichen sind, und zuletzt ein Anwurf das Ganze glatt und einheitlich erscheinen läßt, sondern er brachte Tag für Tag jeden Gedanken, der ihm beim Studium, auf Spaziergängen oder sonst einfiel, in möglichst präciser Form zu Papier, sammelte auf diese Weise unzählige Sätze und Absätze an, welche dann, so weit sie sich mehr oder minder auf ein Thema bezogen, unter dem Titel desselben vereinigt und, so gut es gehen wollte, verbunden wurden. Die Folge ist nicht nur der übervolle, aphoristische Stil – seine Häuser sind, wie ihm einmal ein Landsmann sagte, „aus lauter Medaillen erbaut“ – sondern auch der undeutliche Aufbau! ein Gerippe, eine Disposition, eine Inhaltsangabe eines Emersonschen Essays zu geben ist beinahe unmöglich. Man kann in seinen Werken, wenn man sie einigermaßen kennt, mit Leichtigkeit die Stellen unterscheiden, wo er in einem Zuge fortschrieb und wo er jene mosaikartige Arbeitsweise verwendete.

Wo nun das Thema ein greifbares ist, wie die Darstellung der Werke eines Menschen, oder wo es sich wenigstens um eine allgemein zugängliche einheitliche Frage handelt, wie in dem Aufsatze „Bücher" oder in der Theologischen Vorlesung, da ist der Zusammenhang trotz des losen Materials immerhin gewahrt und erkennbar. In einem Aussage jedoch, wo Emerson sich gleichsam vergeblich abmüht, das allertiefste Thema des Menschengeschlechts, seine Entwicklung, seine Ziele, seine Bedeutung in Worte zu fassen, wo er den aufblitzenden und gleich wieder versinkenden Intuitionen vergeblich Ausdruck zu geben versuchte, da wo dem Leser der Weg durch das schwierige und dunkle Gebiet durch hundert Brücken und Treppen und Wegweiser erleichtert werden müßte, da wird diese Zusammenhangslosigkeit ein fühlbarer Mangel. Es handelt sich darum, die Bedeutung der großen Männer für die Geschichte und für die Entwicklung der Menschheit, für jeden einzelnen und dessen Entwicklung, ja ihren Zusammenhang mit dem ganzen Bau der Natur zu untersuchen, und es ist nicht Emersons Art, irgend eine Frage mit ein paar gewöhnlichen und allgemeinen Sätzen, ein paar flachen Vergleichen abzuthun; er möchte bis ins Innerste des Geheimnisses dringen, keine Falte, keinen noch so geheimen Zusammenhang, keinen Faden, der sich aus fernster Vorzeit in die unsere zieht, unaufgespürt lassen. Die Resultate, zu denen er dabei gelangt ist, sind nach der oben erwähnten Weise in Aphorismen gefaßt und diese in einer selbst für Emerson abrupten Weise zusammengestellt. Wir wollen im folgenden versuchen, seinen Gedankengängen nachzugehen und die Brücken, die der Leser in diesem ersten Aufsatze oft betroffen vermissen wird, so gut es geht, herzustellen. Wenn ein Teil, speciell die ersten Absätze dieser Ausführungen, banal erscheint, so möge man bedenken, daß ich damit gleichsam Not- und Holzbrücken über ein Diamantenfeld zu bauen suche.

Emerson bespricht zuerst, wie tief die Verehrung großer Männer uns im Blute liegt, wie wir die Völker nach den großen Männern schätzen, die sie hervorgebracht, wie die Religionen auf diesem Kultus beruhen, wie die Gottesidee selbst nur die ins Riesenhafte, ins Unendliche hinaus geworfene Projektion des menschlichen Geistes ist. Wie kommt es, fragt er, daß wir einzelnen Menschen solch eine Bedeutung zumessen? Was sind sie für uns? Was können andere Menschen überhaupt für uns sein? – Er geht davon aus, daß die sociale, die gesellige Existenz uns das Leben in materieller und geistiger Beziehung erleichtert: in geistiger, weil wir durch andere erst zur Klarheit über uns selbst und unsere eigenen Gedanken kommen, weil sie eben so viele „Linsen sind, durch die wir die Welt schauen." Je origineller, je reicher die Begabung des anderen ist, desto mehr wird er mich anregen, desto mehr wird er für mich leisten. Jede Zeit wirft Fragen auf, die desjenigen harren, der, nachdem das Material zur Lösung sich gehäuft hat, diese Lösung findet. Wenn der rechte Mann kommt, setzt er gleichsam wie das Kommandowort des erwarteten Feldherrn die bereite Armee, das angehäufte Willensmaterial der Generation in Bewegung. Tiefe direkten Dienste, die uns die großen Entdecker, Erfinder, Gesetzgeber und Denker erweisen, liegen ziemlich klar. Es sind ihre geringsten, denn „alles Schenken ist den Gesetzen des Weltalls zuwider". Die Sache muß tiefer gefaßt werden. Der Mensch hat sich nie mit dem bloßen Leben begnügt. Es war stets den Weisesten wie den Geringsten ein Bedürfnis, nach einem tieferen „Wozu" zu fragen. Das Leben ist für alle ein Rätsel und eine Aufgabe gewesen, die ihre Lösung nicht ohne weiteres in sich selbst trug. Und auf die immer wieder gestellte Frage: Was ist unsere Aufgabe, und was ist das Menschenmögliche, was sollen und können wir aus uns machen? scheinen diejenigen eine Art Antwort zu geben, deren Leben wir am meisten bewundern, die ein solches Leben geführt haben, daß Mit- und Nachwelt sich unwiderstehlich gedrängt fühlen, es aufs genaueste kennen zu lernen und immer wieder für sich und andere darzustellen. Das sind diejenigen, welche wir große Menschen nennen. Was drängt uns so dazu? Fühlen wir, daß wir einen Anteil an ihnen haben? Sagt das Epitheton „groß", das wir ihnen geben, nicht, das; sie Menschen wie wir, mir mit größeren geistigen Dimensionen waren? Daß sie das waren, was wir so gern sein wollten? Vielleicht ist die Erkenntnis ihres Lebens und ihrer Werke nur ein Umweg, aus welchem wir über uns selbst und unser Leben klar werden wollen. Denn sie haben in dem ihren viel zum Ausdruck gebracht, was auch wir drängend empfinden, aber weder in Worten noch in Thaten aussprechen können: „Sie sind mehr wir selbst, als wir es sind." Die Anlage, die in uns im Keime liegt, war ihnen frei gegeben; geistige Strömungen, die auch uns mit fortrissen, haben in dem oder in jenem großen Manne geradezu einen Kopf, einen Mund, eine Hand gefunden, sie haben sich in ihm geradezu inkarniert. Er ist die typische Personifikation des Talentes, das wir bewundern, der Idee, die uns bewegt. Dies ist teilweise der Sinn jener Worte, die sich auf der vierten Seite des Aufsatzes finden und gleichsam das Leitmotiv des ganzen Buches enthalten: „Auch die großen Menschen sind Repräsentanten, erstens von Dingen und zweitens von Ideen." Wir freilich sind alle nur Andeutungen dessen, was sie in so hohem Maße sind. Aber vollkommen sind auch sie nicht, keiner von ihnen ist der ganze Mensch, keiner entspricht der „Idee" des Menschen völlig – jeder zeigt uns eine Seite mächtig entwickelt, aber auf Kosten der anderen, – die Menschen kräftiger That sind „die Opfer und Sklaven ihrer Thaten“, ihre Energie selbst ist meist die Frucht einer gewissen Beschränktheit, dem Denker erlahmt die Thatkraft, die Mängel der Dichter sind uns wohl bekannt, wir kennen die Beschränktheit der großen Gläubigen und Propheten, und der Skeptiker, was bringt er zustande? Jedes Genie ist zugleich auf das Gebiet beschränkt, aus dem es so Wunderbares hervorbringt, und selbst demjenigen, der das Weiteste umfaßt, sind immer noch zahlreiche andere wie mit Brettern vernagelt. Der vollkommene Mensch müßte Regent und Philosoph, Gelehrter und Dichter, Skeptiker und Gläubiger, Mystiker und Rationalist zugleich sein, ja fast müßte er Frevelhaftigkeit und Tugend, Gnade und Unerbittlichkeit in sich vereinen. Aber einen solchen können wir uns gar nicht vorstellen. Der Poet muß sich wohl in jeden hineinfinden können, aber wollte er einen solchen geeinten Menschen darstellen, so käme ein Monstrum von Widersprüchen, eine Puppe, der alle möglichen Gewande aufgebunden sind, zum Vorschein. Wollen wir ein Bild des Menschen oder konkreter gesprochen der Menschheit bekommen, so müssen wir die Einheit in der Vielheit erforschen, wir müssen eine Anzahl charakteristischer Individualitäten herausgreifen, und wenn wir die richtigen auswählen, dann werden wir vielleicht aus ihnen allen ein solches Bild bekommen, etwa wie ein Parlament uns ein gewisses je nach seiner Zusammensetzung allerdings mehr oder minder verzerrtes Bild des Volkes giebt; und so wie im Parlament die Repräsentanten des Volkes sitzen, so haben wir hier die Repräsentanten der Menschheit.

Aber auch damit ist die Meinung Emersons keineswegs erschöpft. Die Übersetzung des Titels ist keine völlig genaue. Emerson hat sein Buch nicht Repräsentanten der Menschheit, sondern „ Representative Men“ – Repräsentative Menschen – genannt. Ich hätte die letztere Übersetzung auch gewählt, wenn sie nicht im Deutschen unklar und noch überdies durch den veränderten Accent so unerträglich schleppend klingen würde. Der Unterschied ist auch kein großer, nur läßt der englische Ausdruck Emersons tiefere Auffassung mehr durchschimmern. Der Titel war im Original ein sehr glücklich gewählter, der sofort zu einem technischen Ausdruck wurde. Als das Buch im Jahre 1850 erschien und in England an allen Bahnhöfen feilgeboten wurde, war gerade Sir Robert Peel, eben noch Ministerpräsident, durch einen unglücklichen Sturz vom Pferde ums Leben gekommen, und die Zeitungen griffen den Ausdruck „ Representative man“ für ihn auf, und das Wort machte die Runde durch ihre Nekrologe. Aber es soll mit dem Worte noch mehr gesagt sein als die Verfasser dieser Nekrologe damit sagen wollten, und als oben rationalistischer, als Emerson es gemeint hat, interpretiert worden ist.

Die oben citierte Stelle lautet vollständig so: „Die Menschen haben eine bildliche oder repräsentative Natur und nützen uns auf geistigem Wege. Behmen und Swedenborg sahen, daß alle Dinge Symbole und Repräsentanten seien. Auch die Menschen sind Repräsentanten erstens von Dingen, zweitens von Ideen," In dem Aufsatz über Swedenborg spricht Emerson davon, daß „die sinnlich wahrnehmbaren Gegenstände – Tiere, Felsen, Ströme und Lüfte, ja Raum und Zeit selbst, nicht für sich selbst existieren, noch überhaupt in ihrem materiellen Dasein resp. in ihren Beziehungen zur Materie ihre endgiltige Bedeutung haben, sondern gleichsam als eine Bildersprache da sind, um eine ganz andere Geschichte von Wesen und Pflichten zu erzählen," und am Schlusse des Aufsatzes über Shakespeare heißt es noch schärfer, noch überraschender, noch charakteristischer: „Sie (die großen Dichter) wußten, daß der Baum einen anderen Zweck hat, als Äpfel zu tragen, daß das Korn nicht da ist, um uns Mehl zu geben, noch die Erdkugel für unseren Pflug und unsere Straßen, daß alle diese Dinge eine zweite schönere Ernte dem Geiste bringen, weil sie die Sinnbilder seiner Gedanken sind und in ihrer Naturgeschichte eine Art stummen Kommentars zum Leben der Menschen liefern."

Die Menschen haben allezeit die Erde und ihren Reichtum unbeirrt ausgenutzt und sind immer überzeugt gewesen, daß dieselben für sie da wären, sie haben ihr Recht und ihre Herrschaft nie bezweifelt, ja sie haben sich dieselbe in ihren verschiedenen Bibeln gleichsam selbst verbrieft und beglaubigt, und es ist ihnen bis in die jüngste Zeit nie eingefallen, daß die Mäuse eigentlich ebensogut ihre Rechte an Grund und Boden, Eigentum am Korn und Löchernießbrauch einrichten könnten. Hier aber scheint ein poetischer Mensch noch kühner zu sagen: Die Welt ist dazu da, um unserem Geiste Symbole zu liefern. Das erinnert fast an das Wort, das Goethe einmal in einer übermütigen Laune ausgesprochen: „Die ratio finalis der ganzen Welt ist ihre Verwendbarkeit zur dramatischen Poesie!" Die Worte Emersons sind allerdings alles eher als übermütig gemeint. Im Gegenteil, solch eine ästhetische Weltanschauung war ihm geradezu verhaßt und hat ihm die eigentlichen Dichter schließlich doch nur als Spaßmacher höherer Ordnung erscheinen lassen. Er hat für sie eine ähnliche Verehrung und gegen sie eine ähnliche Empfindung, wie etwa Platon, der sie mit allen Ehren aus seinem Staate hinausgeleitet wissen wollte. Um genau zu verstehen, was Emerson in jenen überraschenden Sätzen meinte, muß daran erinnert werden, was in der Einleitung zum ersten Hefte dieser Sammlung von seiner Weltanschauung als von einer „völlig durchgeistigten“ gesagt worden ist: daß er die Welt anders betrachtete, als wir es alltäglich thun, daß er wie Carlyle in der Erscheinung nur „einen dünnen Schleier sah, der über Abgründe gespannt ist.“ Vielleicht wird folgender Gedankengang am ehesten darauf führen:

Daß alles, was wir von dieser Welt erkennen, vermutlich, ja gewiß nur ein geringer Bruchteil derselben ist, daß wir nicht mehr berechtigt sind, die Phänomene der Welt, die wir wahrnehmen, für alle, und den Zusammenhang, den wir entdecken können, für den letzten zu halten, als ein Hund oder ein Wurm berechtigt wäre, die viel geringere Zahl von Phänomenen, die ihm zugänglich sind, für die Totalsumme des Existenten zu halten, das leuchtet ein. Ebenso wissen wir, daß wir eine Reihe von Zusammenhängen, von sogenannten Naturgesetzen, von Kausalitätsreihen zu erkennen imstande sind und erkannt haben, daß wir aber nirgends noch die Enden dieser Reihen, die letzten Glieder dieser Zusammenhänge, ausfindig machen konnten. Und daß es möglich, ja sogar in hohem Grade wahrscheinlich ist, daß die Harmonien und Zusammenhänge, die „Gesetze,“ die wir erkennen, in dem uns unzugänglichen Teil des All weiteren höheren „Gesetzen“ untergeordnet sein mögen, etwa wie sich bei Zahlenreihen aus den Intervallen neue Reihen höherer Ordnung ergeben, und daß wahrscheinlich die ganze Reihe geistiger und sittlicher Phänomene, für welche wir annehmbare Erklärungen und Fundamente so vergeblich suchen, in solchen höheren Gesetzen ihre für uns unzugängliche Erklärung und Ursache finden. Dies zur logischen Rechtfertigung des Transcendentalismus. Von diesem Standpunkt bezeichnet Emerson den Materialismus im Essay über Montaigne kurzweg als die „Quadrupeden-Anschauung“, die eine Bekämpfung nicht wert sei.

Bei solch einer Weltanschauung kann Emerson natürlich nichts ferner liegen, als die alte Zweiteilung von Materie und Geist anzunehmen. Dennoch können wir – ohne Präjudiz – an der hergebrachten Teilung des Materiellen und Geistigen als bequemen Ausdrücken, bei welchen so ziemlich jeder weiß, was ungefähr damit gemeint ist, festhalten. Denn sobald wir die Welt vom Standpunkt eines einzigen Menschen, also eines einzigen Menschenhirns betrachten – und eigentlich giebt es ja für niemand einen anderen Standpunkt – ergiebt sich sofort dem Betrachtenden eine völlige Zweiteilung. Die Welt zerlegt sich für ihn – wenigstens scheinbar – in zwei symmetrische Hälften: die äußere Welt im Raum, die ihn umgiebt, und die Vorstellung, die er von den Dingen hat. Die Zweiteilung geschieht etwa so, wie durch eine Spiegelfläche die Welt symmetrisch in die Gegenstände vor dem Spiegel und in die Bilder hinter demselben geteilt zu werden scheint, nur mit dem Unterschied – wie Emerson in dem Essay über Shakespeare mit Bezug auf das Schaffen des Dichters bemerkt – daß die Bilder im Hirn immerhin mehr Realität haben als die im Spiegel, daß wir mit ihnen Neuordnungen und Associationen vornehmen können, was der Spiegel nicht vermag. Es läßt sich thatsächlich von den Dingen dieser zwei Welten, von den materiellen Dingen einerseits und von den Vorstellungen und Begriffen, die den Dingen entsprechen und durch sie in uns hervorgerufen sind, ein ganz verschiedener Gebrauch machen. Der Schuster hat mit dem thatsächlichen Leder und mit den Schuhen zu thun, der Bauer mit den Erdschollen und mit dem Korn, der Feldherr mit Soldaten u. s. w. Aber der Dichter z. B. arbeitet mit den Vorstellungen, mit den Bildern von diesen Dingen, die er im Kopfe trägt, und die wir im Kopfe tragen, in einer ganz anderen, freieren Art; er arbeitet mit denselben Dingen, aber auf einem höheren Felde, wo sie ihre Schwere und Materialität verloren haben, sodaß der Dichter mit Armeen, mit Korn, mit Riesensummen, mit Menschenleben, ja, wenn er will, mit der ganzen Welt spielt, gleichsam als der schöpfende, denkende Gott seiner kleinen Roman- oder Bühnenwelt. Der Dichter ist das Extrem, aber der Historiker, selbst der Naturforscher arbeitet ganz ähnlich, und im Leben jedes Menschen zeigt sich diese „doppelte ja vielfache Bedeutung und Verwertung der Dinge." Jeder benutzt sie zu Gleichnissen, jeder zu Symbolen – und so kann auch jeder Mensch zum Symbol werden, nicht nur in der Poesie, und nicht nur die Namen großer Männer, sondern auch gewöhnliche Menschen, die wir kennen, werden uns für gewisse Ideen und für gewisse Dinge typisch. Das alles scheint beinahe Spielerei, aber alle Poesie, alle unsere Sprachen beruhen auf diesem Spiele, und in der historischen Wirklichkeit sind die großen Männer die typischen Repräsentanten von Ideen und Dingen geworden, als solche haben sie ihre Bedeutung für die Nachwelt, für uns behalten, und ihr sehr reales Leben, und nicht nur das ihre, sondern das ganzer Generationen hat sich für die Idee, die Entdeckung, die neuen Symbole, die sie vertreten, abgespielt.

Manches wird hierzu gesagt, was uns wirklich wie mystisches Spielwerk anmutet und was wir hier übergehen wollen. Was Emerson in den auf die oben citierte

Stelle folgenden vier Absätzen als Grund jener „geheimen Neigungen, durch welche jeder Mensch der Interpret und Bearbeiter eines gewissen Gebiets der Natur wird," anführt, was er über den „Elektro-Magneten, der in einem Oersted Mensch geworden sein müsse", sagt, ist ebenso geistreich wie fragwürdig. Interessant ist daran nur, daß hier wie in vielen anderen Aufsätzen ein Transcendentalist und Mystiker zeigt, daß er alle Ideen und Resultate der modernen Naturwissenschaft sich zu eigen gemacht hat. Dem Darwinismus weiß er immer neue ethische und poetische Bedeutung abzugewinnen, und in einem Aufsatz „Science and the poets" (Die Wissenschaft und die Dichter) Im Cosmopolitan vom April 1888.hat John Burroughs darauf aufmerksam gemacht, daß Emerson bereits 1844, also lange vor den Naturforschern, aus philosophischen Gründen den Satz ausgesprochen hat, daß Wärme nichts anderes als Bewegung sei.

Was über die Bedeutung der großen Männer für die Menschheit gesagt wird, über die Verehrung und Dankbarkeit, die wir ihnen schulden, und dann wieder über ihre Grenzen und ihren unlöslichen Zusammenhang mit der übrigen Menschheit, die ja für Emerson eine große transcendentale Einheit ist, das ist verhältnismäßig klar und soll hier nicht periphrasiert werden.

Bei der Beurteilung der einzelnen Essays darf nie vergessen werden, daß es Emerson nirgends darum zu thun war, in diesen Aufsätzen biographische und kritische Portraits zu geben. Vielmehr ist jeder der besprochenen sechs großen Männer als Repräsentant einer bestimmten Geistesrichtung aufgefaßt, welche das eigentliche Thema, der eigentliche Held des Aufsatzes ist und an ihm als dem Repräsentanten nur demonstriert wird. Darum ist kein Vorwurf verkehrter als der, daß Platos Gestalt aus dem Essay nicht klar werde; daraus erklärt es sich, daß kaum ein Viertel des Aufsatzes über Montaigne sich mit Montaigne beschäftigt. An der Auswahl fällt auf, daß wir fünf Männer der Feder neben einem des Schwertes haben; es sollten eben nicht sechs Menschenklassen, sondern sechs Weltanschauungen vertreten sein. Es soll der typische Philosoph uns gezeigt werden: Plato – auf ihn folgt der religiöse Mystiker Swedenborg; diesen zwei Arten, die Welt zu deuten, tritt als dritte die Anschauung entgegen, die sich der Deutung überhaupt enthält, die dem Rätsel gegenüber ein vorsichtiges „Non liquet" ausspricht, die Anschauung des „weisen Skeptikers," vertreten durch Michel de Montaigne. Nach der Antike und dem dogmatischen Christentum, dem „Hebraismus" in seinem modernen Gewand, nun der

Skepticismus. Keine Anschauung war der Emersons entgegengesetzter und doch vielleicht keine sympathischer; nirgends zeigt sich die Doppelseitigkeit seines Wesens so vollkommen: das ehrliche Bekenntnis des Nichtswissens, das objektive Betrachten der ganzen Welt, ihrer hellen wie ihrer teuflischen Seiten und das tiefe Vertrauen auf ihr göttliches Wesen und Endziel. Er scheint völlig die Partei seines neuen Helden gegen die beiden früheren zu nehmen: „Die Antike ist uns zu kalt und zu steif, das Evangelium des Duldens zu schwächlich und zu ätherisch, wir brauchen ein Gewand aus elastischem Stahl, kräftig wie jene, geschmeidig wie dieses, wir brauchen ein Schiff, ein Muschelhaus in den Wogen, die wir bewohnen, jedes eckige, dogmatische Haus geht in Trümmer." Dieser geschmeidige Schwimmeranzug ist die Anschauung des Skeptikers, der nichts leugnet und nichts glaubt, der die Welt nimmt, wie sie ist, und weil er nicht anders kann und in ihr so ehrlich und friedlich und genußreich als möglich zu leben sucht. Freilich, das letzte Drittel des Aufsatzes ist auf die Widerlegung dieses Standpunktes verwendet – und, um völlig ehrlich zu sein, sind die Schatten so tief als möglich gezeichnet. „Wir können nichts erkennen, aber wir müssen, wir dürfen und sollen glauben." Das ist der wesentliche Inhalt der ganz wunderbaren Darlegung.

Diesen dreien gegenüber, die die Welt zu deuten versuchen, – denn auch in der Methode des Skeptikers liegt wider Willen ein solcher Versuch – haben wir zwei, die sie darzustellen, und einen, der sie zu leben und zu beherrschen versuchte. Shakespeare der Dichter, gewählt, weil kein anderer die Welt so unmittelbar, so ganz und so unpersönlich dargestellt hat, und Goethe der Schriftsteller, derjenige, der kein Gebiet des Lebens, vom Standpunkte höchster, leidenschaftsloser Einsicht, unerforscht und unbeschrieben läßt. Und zwischen diesen beiden als einziger Vertreter der ungeheueren Masse jener, die in der Welt lediglich das Gebiet sehen, auf dem sie Erfolg und Genuß, Ruhm und Macht und Reichtum zu suchen haben, Napoleon, der geniale Streber – denn damit wäre das Epitheton „ The man of the world" vielleicht am besten übersetzt. Man sieht, Emerson hat das System der Minoritätenvertretung gründlich durchgeführt, er hat die Köpfe der Repräsentierten nicht gezählt, sondern gewogen.

Man vergleiche dagegen die ähnliche Auswahl typischer Helden in Carlyles „ Hero-Worship": Da haben wir den Helden als Gott: Odin; den Helden als Propheten: Mahomet; den Helden als Dichter: Dante und Shakespeare! den

Helden als Priester: Luther, Knox; den Helden als Litteraten: Johnson, Rousseau und Burns, den Helden als König: Cromwell Napoleon. Hier ist weit mehr Gewicht auf die Thaten, auf die äußere historische Stellung des einzelnen gelegt als auf die Geistesrichtung, die er vertritt – wie es dem Wesensunterschiede Carlyles und Emersons entsprach. Aber in beiden Werken vermissen wir einen: den bildenden Künstler. Beide Bücher sind aus Vorlesungen entstanden, und Emerson hat ursprünglich, wie ich einem seiner Briefe entnehme, auch eine Vorlesung über Michelangelo gehalten, aber dieselbe scheint leider nie gedruckt worden zu sein, wenigstens ist sie in der letzten vollständigen, von J. E. Cabot, dem litterarischen Exekutor Emersons, veranstalteten Ausgabe nicht enthalten, noch habe ich sie sonst in einem Verzeichnis entdecken können. Auch Carlyle hat einmal eine Lebensgeschichte Michelangelos schreiben wollen, aber er gab die Absicht auf, weil er zu wenig Interesse für die Kunst besaß und sich zu wenig Verständnis dafür zutraute.

Carlyle verglich die „ Representative Men" mit einer Reihe höchst vollendeter Stahlstiche in Linearmanier; „Portraitbilder voll Ähnlichkeit und übervoll an Material zur Belehrung und zum Nachdenken." Der Essay über Plato sagte ihm am wenigsten zu. Wir möchten im Gegenteil gerade den Essay über Plato neben dem über Montaigne für den vorzüglichsten erklären. Die tiefsinnige Gegenüberstellung orientalischen und europäischen Geistes und die wunderbare Auseinandersetzung, wie Plato die beiden Elemente in sich vereinigte und so die Basis der europäischen Kultur und Religion schuf – die ja noch heute auf dieser zwiegeteilten Basis stehen –, die Darstellung des Höhepunktes der attischen Kultur, so wenig Worte darauf verwendet sind, vor allem aber das Portrait des Sokrates sind unvergleichlich. So oft auch bereits versucht worden ist, Sokrates zu schildern: plastischer, lebendiger hat ihn niemand gezeigt. Der Abschnitt beweist ebenso wie der Essay „Napoleon," daß Emerson recht wohl konkret sein konnte, wenn es ihm einmal darum zu thun war. Mit der tiefsten geistigen Durchdringung – die wie eine Erläuterung zu dem schönen Bilde im „Gastmahl" von dem Satyr, in dem ein Gott steckt, scheint, – ist eine Anschaulichkeit verbunden, daß man die Straßen Athens zu sehen und den Alten mit den großen Ohren plaudern und nach irgend einem gelungenen dialektischen Streich behaglich in sich hinein lachen zu hören glaubt. Platos Stil und die Art seiner Forschung sind schwerlich jemals gründlicher und herrlicher besprochen worden. Und unbestechlich wie immer – wenn er die eine Wagschale mit allen Vorzügen und den höchsten Attributen beschwert hat –

verliert Emerson nie das Urteil über den Gepriesenen, wird er nie blind gegen seine Mängel, und so deckt er auch die Platos auf und erweist – weil das Thema ja eigentlich ein viel größeres ist – an ihm die Unzulänglichkeit aller Philosophie.

Der mindestbekannte unter den besprochenen Denkern dürfte Swedenborg „der Mystiker" sein, der große schwedische Naturforscher, Ingenieur und Theologe. Als Repräsentant kommt er eigentlich nur in dieser letzten Eigenschaft in Betracht, denn alle Theologie ist Mystik, weil sie die flutenden Ideen an ein für allemal fixierte Symbole heftet. Das allein ist es, was die Theologie von der philosophischen Metaphysik unterscheidet, daß die letztere allgemeine, abstrakte Ausdrücke wählt, die erstere aber historische und konkrete, unter welchen ihr freilich der geistige Inhalt mit der Zeit entweicht und ihr die hohlen, starrgewordenen Symbole zurückläßt. Swedenborg und Plato sind überhaupt die zwei Schriftsteller, welche auf Emerson den größten Einfluß genommen haben, deren Schüler man ihn nennen könnte. Seine Mystik ist vielfach auf die Swedenborgs zurückzuführen; nur die dogmatische, christlich-theologische Formulierung der Swedenborgschen Mystik ist es, die er abgestreift hat und bekämpft. Er führt uns in dem Essay die ganze Größe des Mannes vor, seine kolossale Vielseitigkeit, die Kühnheit und Tiefe seiner Einsicht, aber nicht ohne die Krankhaftigkeit und eben die theologische Einseitigkeit seines Geistes zu betonen. Und so wird auch der zweite Erkenntnis-Versuch als unzulänglich verworfen, der dogmatisch-kirchliche Versuch einer künstlichen Lösung der ewigen Fragen: – „Er hält sich ans christliche Symbol, anstatt an das sittliche Gefühl, das unzählige Christenheiten, Menschlichkeiten und Göttlichkeiten im Busen trägt." „Die hebräische Poesie hat auf diesen Mann denselben übermäßigen Einfluß ausgeübt, wie auf die Nationen Europas überhaupt." „Palästina wird immer wertvoller als Kapitel der Weltgeschichte, immer unnützer als Erziehungs-Element." Es ist nicht Swedenborg, es ist ein ganzes, ungeheueres, zwei Jahrtausende altes religiöses System, – nicht der Geist desselben, das System – das in dem Satze verurteilt wird: „Es sind glanzlose Landschaften für uns, Totengärten, in denen nie ein Vogel gesungen; sein Lorbeer ist zu sehr mit Cypressen vermischt, ein Leichengeruch mengt sich mit seinem Weihrauch – Knaben und Mädchen werden den Plan meiden."

Der Essay über Napoleon ist, wie der Stoff es mit sich brachte, der einfachste von allen. Die Auffassung von Napoleons Persönlichkeit ist eine ganz eigenartige und interessante, die Charakterisierung aufs trefflichste durchgeführt. Napoleon ist für ihn ein Mann, der durchweg materielle und sinnliche, also durchaus gemeine Ziele – „gemein" im ursprünglichen Sinne des Wortes – verfolgt und diese Ziele mit Hintansetzung aller sittlichen Bedenken, die für ihn nur ideologische Hirngespinste sind, mit den Mitteln der großartigsten Begabung und durch die genialste und rücksichtsloseste Anwendung aller Mittel zu erreichen sucht und weiß. Kurz, der glänzende Typus des Strebers, der mit Genialität umkleidete Alltagsmensch, der das sucht und anstrebt, was die Alltagsmenschen insbesondere des neunzehnten Jahrhunderts anstreben – Carriere, Einfluß, Reichtum, tönenden Ruf, – der daher ihr geborener Führer ist. Ein Mann ohne jedes Attribut des Höheren und Schönen; in den Schalen dieser kolossalen Begabung steckt ein unehrenhafter, gemeiner Mensch, ein Mann, der seine Memoiren fälscht, der jeden ausbeutet, ohne einem dankbar zu sein, der dem großen Chemiker kein Laboratorium gewährt, sondern nur eine Fabrik zu errichten gestatten will, und trotz alledem eine historische Erscheinung, an der wir uns immer wieder freuen werden, die uns ewig mit Interesse erfüllen wird, weil er seiner Aufgabe so völlig gewachsen war, weil „die Menschen immer wieder ihre Freude daran haben, wenn ein aktueller König auch ein nomineller König wird." – Aber fast noch interessanter als der Aufsatz und für Emersons Persönlichkeit noch charakteristischer ist uns der dem Wesen solcher Persönlichkeit entgegengerichtete kommunistische Schluß des Aufsatzes erschienen, in welchem die beiden großen Gegenströmungen der Zeit, die Tendenzen beider Parteien der civilisierten Welt, der erhaltenden wie der revolutionären, gleicherweise verurteilt werden. Weil beide utilitarisch sind, weil beide Interessenkämpfe führen: „Jedes Experiment, das ein sinnliches und selbstsüchtiges Ziel hat, ob es nun von Individuen oder von Massen versucht werde, wird fehlschlagen. Der friedliche Fourier wird so wenig ausrichten wie der zerstörende Napoleon. So lange unsere Civilisation wesentlich eine solche des Privateigentums, der Schranken, der Exklusivität ist, wird sie Enttäuschung auf Enttäuschung bringen. Unser Reichtum wird uns Krankheit bringen, in unserem Gelächter wird Bitterkeit sein und unser Wein wird uns im Munde brennen. Nur das Gut bringt wahren Nutzen, das wir bei offenen Thüren genießen können, und das allen Menschen in gleicherweise dient." Es ist die alte christliche, heidnische, immer gleiche Erkenntnis der Weisen und Guten, realisierbar, sobald nur solche auf der Welt sind. Emerson sah ein, daß die Zeit noch nicht gekommen war, daß er vorläufig sich noch „der Erniedrigung unterziehen mußte, Geld in der Bank zu haben und arme Leute leiden zu sehen." Er versuchte auf dem Wege der freisinnigsten Gastfreundschaft und äußerster

Rücksicht und Fürsorge für die Dienerschaft in Haus und Gut das Seinige zu thun. Viele Experimente scheiterten oder erwiesen sich als schädlich. Am interessantesten ist wohl jener merkwürdige Versuch, ernstlich eine kleine Gemeinde auf kommunistischer Grundlage zu gründen, der im Jahre 1840 in Massachusetts unternommen wurde und als das „Brookfarm-Experiment“ eine gewisse Berühmtheit erlangte; einer der vielen derartigen Versuche, die in der ersten Hälfte dieses Jahrhunderts unternommen wurden. Auch Emerson nahm daran teil, obgleich er sich dabei nicht wohl fühlte. Das Experiment scheiterte nicht nur an der privatwirtschaftlichen Einrichtung der übrigen Welt, als auch an dem mehr beschaulich-ästhetischen als aktiven Gebahren vieler Teilnehmer. Doch gestand Emerson stets, daß der geistige und sittliche Vorteil, den alle aus diesem wenn auch mißglückten Versuche eines kommunistischen Zusammenlebens von Männern und Frauen aller Stände gezogen hatten, ein ganz unschätzbarer gewesen sei.

Wir sind auf dieses biographische Detail, das sich scheinbar von unserem Thema entfernt, eingegangen, weil es uns nicht unwichtig schien, bei Besprechung dieses Buches, in welchem Emerson die Frage der Menschheit aufwirft, auch auf seine Stellung zur socialen Frage wenigstens ein Streiflicht zu werfen. Auch giebt der Essay (Napoleon), der implicite eine Kritik der materiellen Bestrebungen unseres Jahrhunderts enthält, hierzu Anlaß genug. Er wie Carlyle war aufs tiefste davon durchdrungen, daß ohne sittliche Regeneration keine sociale möglich sei, daß nur die äußerste Selbstverleugnung von allen Seiten und Hintansetzung aller materiellen Interessen dieselbe durchführbar machen könnten. Er hat an irgend einer Stelle einen sublimen Satz ausgesprochen, der ebenso einfach, so einleuchtend wahr und doch so völlig utopisch ist; er sagt ungefähr folgendes: Unsere ganze sociale Ordnung mit all ihren Vorteilen und Schäden beruht darauf, daß jeder Mann mit gespanntester Aufmerksamkeit darauf achtet, daß kein anderer ihm ein Unrecht thue; alle Vorteile ließen sich wahren und alle Schäden vermeiden, wenn jeder Mensch es als seine erste Sorge betrachten würde, daß er keinem anderen ein Unrecht zufüge.

Am wenigsten befriedigt den deutschen Leser der Essay über Goethe. Aber auch der Engländer Garnett meint, der Versuch sei ein verfehlter gewesen, Goethes vielseitige Thätigkeit lasse sich nicht in eine Vorlesung zwingen. Es ist nicht nur das, wir haben ihm einen tieferen Vorwurf zu machen. Wir finden, daß Emerson trotz einzelner vortrefflicher Bemerkungen weder der Persönlichkeit und noch viel weniger der Weltanschauung, die sie vertritt, gerecht wird. Die Wahl des Repräsentanten, des typischen Schriftstellers, desjenigen, dem kein Gebiet des Lebens, kein Phänomen des Lebens uninteressant und undarstellbar erscheint, ist eine vorzügliche. Dasjenige, um was es sich dem Plan des Buches gemäß handelte, scheint erreicht. Aber das entschädigt nicht für ein Bild, das uns in vielen Zügen verfehlt, für Urteile, die uns schief erscheinen. Emerson hat die Genialität Goethes begriffen, aber nicht den Menschen Goethe verstanden, und diese beiden sind für uns unzertrennlich. Auch das Leben, das Goethe gelebt hat, ist für uns ein im höchsten Sinne typisches und ein ideales, ein Kunstwerk, das dem Besten, das er geschaffen, gleichkommt. Emerson findet Goethe kalt, weltlich u. s. w. Diese Beurteilung ist uns nicht neu. Auch sein Urteil über die Schriften Goethes erinnert an das Herders: „Teilnahmlose genaue Schilderung der Sichtbarkeit." Er kann sich den Schönheiten und der tiefen Lebensweisheit im Wilhelm Meister nicht verschließen, aber er hat den sonderbaren Einfall, die „Consuelo" der George Sand dem Buch gegenüber und ethisch bei weitem höher zu stellen; er bedenkt nicht, wie leicht ethische Tiraden, wie leicht die begeisterte Überschwenglichkeit, wie viel schwerer es ist, das wirkliche tägliche, nicht romanhaft verstellte Leben mit all seinen Schatten und Negationen und Teufeleien und Enttäuschungen in einem so sonnigen Licht, in so unerschütterlich lebensmutiger und hochstrebender Weise zu betrachten und auszulegen. Er, der jeden als unvollständig hinstellt, auf die notwendigen Grenzen eines jeden stets aufmerksam macht, er fällt hier an seiner eigenen Begrenztheit, war selbst zu halb, um den Ganzesten von allen, die er bespricht, zu fassen. Diese neue Inkarnation des alten heiteren schöpferischen Jupiter war dem Enkel so vieler Theologen zu frei und groß; er ahnte nicht, daß hier eine neuartige hohe Sittlichkeit der Welt gezeigt ward, die im Grunde keine andere war, als die er selbst lehrte. Vielleicht hat er ihn nur zu jung kennen gelernt als er noch in Schranken lebte, die er später abstreifte, und das alte Vorurteil nicht mehr überwinden können. Auch dürfen wir nicht vergessen, daß in den vierziger Jahren über Goethes Leben – besonders in Amerika – noch nicht so viel bekannt war, wie heute, daß Goethes Gestalt nicht so klar dastand, daß Goethe selbst die Anschauungen der Welt vielfach umwandeln mußte, ehe sie ihn begriff.

Eine ähnliche Unzulänglichkeit fällt uns gegen den Schluß des Essays über Shakespeare auf, der nebenbei bemerkt gleich dem vorigen bereits einmal von Hermann Grimm ins Deutsche übersetzt worden ist. Wir fürchten, Emerson suchte hier Gestalten zu umspannen, die ihm zu gewaltig waren, und deren

Antlitz von hoch oben auf seinen ethischen Maßstab herablächelte. Es ist wieder Emersons eigener Mangel, wenn er Shakespeare vorwirft, bei der Schönheit der Welt verweilt zu haben und den tieferen Schritt zur Erkenntnis und Darlegung ihres ethischen Sinnes unterlassen zu haben. Er selbst klagt, daß diejenigen, die den Schritt gethan, alsbald die Schönheit aus den Augen verloren, daß das Leben traurig, freudlos, eine Last von Pflicht und tödlicher Entsagung, von Verbrechen und Höllenstrafen geworden. „Wir harren des Dichter-Priesters," so schließt er, „der die Welt von beiden Gesichtspunkten betrachten und darstellen wird." Wir meinen: entweder ist das unmöglich, oder es ist wohl schon der Fall gewesen. Solch ein Dichter-Priester war – wenn wir von der Antike absehen – zweifellos Dante, der die Schönheit sah und das Gericht nicht zurückhielt. Ohne eine Hölle ist es freilich nicht abgegangen. Und an Grenzen hat es ihm auch nicht gefehlt. Aber wann wird ein Mensch die Tausendseitigkeit der Welt in ein Buch fassen können, insbesondere wenn das Buch ein Kunstwerk sein soll! Wenn aber einer dieser unmöglichen Forderung näher gekommen ist als irgend ein anderer, dann ist es Goethe gewesen, und wir und vielleicht manche mit uns sind der Meinung, daß in ihm solch ein Versöhner und der Verkündiger einer neuen, einer gerade durch ihre sittliche Kraft froheren, einer weder asketischen noch eudämonistischen Weltanschauung erschienen ist, einer neuen Ethik, zu deren vornehmsten Vertretern Emerson selbst, ohne es zu ahnen, gehört. Doch das führt auf Fragen, die hier nicht erledigt werden können.

Und anderseits mußte Emerson auch die Unzulänglichkeit der Kunst betonen: auch sie ist von dem weltumfassenden Standpunkt, den er in diesem Buche einnahm oder wenigstens einnehmen wollte, einseitig; sie kann darstellen, sie kann erfreuen – aber sie läßt uns zuletzt als hilflose Menschen, wie wir es vorher waren. Sie ist unvermögend wie ein Spiegel, sie zeigt uns Bilder, die schönsten, die die Menschheit beobachten oder erträumen konnte, aber es sind eben nur Bilder: sie giebt uns Freiheit im Spiel, aber wir sind nur wie der Knabe Kyros, der den König spielt, die Magier haben recht: wir werden nie zu wirkliche" Herrschern. Und das fühlte auch Goethe:

„Der Gott, der mir im Busen wohnt,
Kann tief mein Innerstes erregen!
Der über allen meinen Kräften thront,
Er kann nach außen nichts bewegen."

Wir haben uns nach Emersons eigenem Vorgehen gerichtet und die Mängel seines Werkes nicht minder als die Vorzüge betont. Es ist trotz jener ein ganz eigenartiges, unvergleichliches, reiches Buch. Der Übersetzer könnte sich eine erfreulichere Arbeit kaum vorstellen. Es ist eine Fülle neuer Ideen, prächtiger Bilder und wunderbarer Lebensweisheit darin enthalten. Wer hat die Tragödie unseres Lebens tiefer und poetischer ausgesprochen, als es in folgender Stelle im „Skeptiker" geschehen ist:

„Jeder jugendliche, feurige Geist klagt die göttliche Vorsehung einer gewissen Kargheit an. Sie hat jedem ihrer Kinder Himmel und Erde gezeigt und es mit einer Sehnsucht nach dem Ganzen erfüllt, einem rasenden, unendlichen Verlangen, gleich dem des Weltraums, mit Planeten erfüllt zu werden, einem Schrei des Hungers, wie der des Teufels nach Seelen. Und zur Befriedigung wird jedem Menschen ein einziger Tropfen, eine Tauperle von Lebenskraft, per Tag, gegeben, – ein Kelch groß wie der Weltraum und ein Tropfen vom Wasser des Lebens darin. Jeder erwachte des Morgens mit einem Hunger, der das Sonnensystem hätte verzehren können, einem Hunger nach Thaten und Leidenschaften ohne Grenzen, er hätte mit der Hand nach dem Morgenstern greifen, er hätte die geheimsten Rätsel der Gravitation und der Chemie ergründen mögen – und bei der ersten Bewegung lassen ihn Hand und Fuß im Stich und versagen den Dienst. Er gleicht einem Kaiser, den sein Reich verlassen, und der sich nun etwas vorpfeifen kann, ja er ist unter einen Pöbel von Kaisern gestoßen, die alle vor sich hin Pfeifen, und immer noch singen die Sirenen: „Das was uns anzieht, muß unserem Schicksale entsprechend sein." In jedem Hause, im Herzen jedes Mädchens und jedes Knaben, in der Seele des sehnsüchtig emporverlangenden Heiligen gähnt derselbe Abgrund – zwischen dem reichsten Versprechen idealer Kraft und der armseligen Erfahrung."

Und solchem Elend gegenüber giebt es nichts Erfrischenderes als seine Werke, als speciell diesen Hinweis auf jene, die aus diesem Leben dennoch etwas gemacht, die mit jenem einen Tropfen Lebenskraft so viel erreicht haben. Ich habe bereits an anderer Stelle In Nr. 34 der „Zeit" vom 25. Mai d. J.ausgeführt, wie sehr es nur gerade heute an der Zeit scheint, dieses Buch zu verbreiten, wie sehr gerade heute das Verständnis für das Wesen und die Bedeutung der großen Männer in der Weltgeschichte an vielen Stellen im Schwinden ist. So oft eine große Volksschichte emporstrebte, haben ihre Führer, um ihr bewußt oder unbewußt zu schmeicheln, gesagt, daß es eine wirkliche geborene geistige

Aristokratie nicht gebe, daß die Menschen von Geburt aus gleich seien. Das versicherten Helvetius und seine Zeitgenossen dem dritten Stand, dasselbe sagen heute die socialdemokratischen Führer dem Vierten. Und die wissenschaftliche Theorie, die von großen Bewegungen immer mitbewegt wird, versucht vielfach, mehr oder minder bewußt, das Gleiche zu verteidigen. Und dem gegenüber kann nicht oft genug das betont werden, was Emerson und insbesondere Carlyle so oft gesagt: Die Menschheit ist von Natur aus aristokratisch eingerichtet und kann nur aristokratisch geleitet werden. Nur sind nicht diejenigen ihre Aristokraten, die man heute so nennt, und die sich gedankenlos dafür halten. Und jede Bewegung, wenn sie zum Heil der Menschheit ausschlagen soll, hat keinen anderen Zweck, als die wirklichen Aristokraten, die berufenen Führer zu erheben, keinen anderen Grund, als daß die Leitung der Unfähigen und Unberufenen unerträglich geworden ist. Und ein Buch, das uns dies aufs tiefsinnigste klarlegt, das uns eine Anzahl Männer, die solche Aristokraten unbezweifelt gewesen sind, in ihrer Stellung zur Menschheit und zum All darstellt, ein Buch, das gleichzeitig ohne Hochmut, im versöhnendsten Sinne geschrieben ist, und anerkennt, wie viel die Großen ihrerseits auch den Massen verdanken, ist heute, gerade weil es so unzeitgemäß scheint, sehr zeitgemäß.

Wien, im Herbst 1895.

D. Karl Federn.

Der Wert und die Bedeutung großer Menschen

Der Glaube an große Menschen ist uns angeboren. Wenn die Gespielen unserer Kindheit sich plötzlich als Helden und ihr Stand sich als königlich offenbaren würden, es würde uns nicht überraschen. Alle Mythologie beginnt mit Halbgöttern, alles was sie umgiebt ist von Hoheit und Poesie erfüllt; weil alles von ihrem Genius beherrscht wird. In den Legenden der Gautama aßen die ersten Menschen die Erde und fanden sie von köstlicher Süße.

Die Natur scheint für die Vorzüglichen da zu sein. Die Welt wird durch die Wahrhaftigkeit guter Menschen erhalten: sie sind es, die die Erde gesund und heilsam machen. Alle, die mit ihnen lebten, fanden das Leben froh und nahrhaft.

Nur durch unseren Glauben an die Gemeinschaft mit solchen Menschen wird das Leben süß und durch sie erträglich; und wir richten es stets so ein, daß wir wirklich oder im Geiste mit denen leben, die größer sind als wir. Wir nennen unsere Kinder und Länder nach ihren Namen. Ihre Namen sind in die Worte der Sprache verwoben, ihre Werke und Abbilder sind in unseren Häusern, und jedes Ereignis des Tages ruft eine Anekdote aus ihrem Leben ins Gedächtnis.

Die Suche nach großen Menschen ist der Traum der Jugend und die ernsteste Aufgabe des Mannesalters. Wir reisen nach fernen Landen, um ihre Werke zu finden, wenn möglich einen Blick auf sie zu erhaschen. Aber statt dessen werden wir mit gewöhnlichen Glücksgütern abgespeist. Man sagt, die Engländer seien praktisch, die Deutschen gastfreundlich; in Valencia sei das Klima zum Entzücken, und in den Bergen von Sacramento gäbe es Gold für den, der es sucht. Ja, aber ich reise nicht, um bequeme, reiche und gastfreundliche Leute, oder einen klaren Himmel, oder Barren, die mehr kosten, als sie wert sind, zu finden. Doch wenn es einen Magnet gäbe, der nach den Ländern und Häusern wiese, in denen die Menschen leben, die innerlich reich und mächtig sind, ja dann würde ich alles, was ich habe, verkaufen und mich heute noch auf den Weg machen.

Die ganze Rasse lebt vom Kredit dieser einzelnen. Der Umstand, daß der Mann in der Stadt lebt, der die Eisenbahn erfunden, hebt das Ansehen aller Bürger. Und die bevölkertsten Länder, denen solcher Reichtum fehlt, sind ekel wie belebter Käse, wie Ameisenhaufen oder Flöhe, – je mehr, desto ärger.

Unsere Religion ist nichts als die Liebe und der Kultus dieser Schutzheiligen. Die Götter der Fabel sind die leuchtenden Augenblicke aus dem Leben großer Menschen. Wir alle gießen unsere Gefäße nach einer Form. Unsere ungeheueren Gotteslehren, unser Judaismus, Christismus, Buddhismus, Mahometismus, sie sind die notwendigen Resultate der architektonischen Arbeit des Menschengeistes. Der Geschichtsforscher gleicht einem Mann, der in ein Warenhaus eintritt, um Tücher oder Fußteppiche zu kaufen. Er bildet sich ein, er habe einen neuen Artikel bekommen. Wenn er in die Werkstätte blicken würde, würde er entdecken, daß sein neuer Stoff dieselben Schnörkel und Rosetten trägt, die sich schon auf den Innenwänden der Pyramiden von Theben finden. Unser Deismus ist nur die geläuterte Idee des menschlichen Geistes selbst. Der Mensch kann nichts anderes malen, schaffen, denken, als den

Menschen. Er muß glauben, daß alle die großen, materiellen Elemente aus seinem Geiste den Ursprung nehmen. Und unsere Philosophie findet stets nur ein Grundwesen, sei es geeint oder verteilt.

Wenn wir nun daran gehen, die Dienste zu untersuchen, welche wir von anderen überhaupt empfangen können, so müssen wir uns vor allem vor den Gefahren der modernen Philosophie hüten und ganz unten anfangen. Wir dürfen nicht gegen die Liebe ankämpfen und nicht die substantielle Existenz der anderen Menschen überhaupt leugnen. Ich weiß nicht, was uns sonst zustoßen könnte. Ein guter Teil unserer Stärke ist eine sociale. Unsere Neigung für andere schafft eine Art von Vorteil oder Erwerb, den nichts ersetzen kann. Ich kann manches durch einen anderen thun, was ich nicht selbst thun kann. Ich kann einem anderen Dinge sagen, die ich vorher mir selbst nicht hätte sagen können. Andere Menschen sind die Linsen, durch welche wir in unserem eigenen Geiste lesen. Jeder Mensch sucht diejenigen auf, die in der Qualität von ihm verschieden und die besten ihrer Art sind; das heißt: er sucht andere Menschen, und zwar gerade die andersten. Je stärker die Natur eines Menschen ist, desto stärker ist ihre Reaktion. Wir wollen die Qualität rein haben. Die kleinen Talente wollen wir lassen. Ein Hauptunterschied zwischen den Menschen liegt darin, ob sie ihre eigenen Aufgaben erfüllen oder nicht. Der Mensch ist die edle endogenetische Pflanze, die gleich der Palme von innen nach außen wächst. Seine eigensten Aufgaben, die allen anderen unmöglich sein mögen, löst er schnell und spielend. Es ist dem Zucker leicht, süß zu sein, und dem Salpeter leicht, salzig zu schmecken. Wir geben uns oft eine unglaubliche Mühe, mit Fallen und Gruben und Hinterhalten das zu erjagen, was ganz von selbst in unsere Hände fallen muß. Ich halte den für einen großen Mann, der eine höhere Gedankensphäre bewohnt, zu welcher andere sich nur mühsam und mit Schwierigkeiten emporheben können; er braucht nur die Augen zu öffnen, um die Dinge in ihrem wahren Lichte und in bedeutenden Beziehungen zu sehen, während sie beständig ärgerliche Korrekturen vorzunehmen und auf zahlreiche Fehlerquellen ein wachsames Auge zu halten genötigt sind. Der Dienst, den er uns erweist, ist von gleicher Natur. Einem schön gestalteten Menschen kostet es keine Mühe, sein Bild unserem Auge einzuprägen – und was für eine herrliche Wohlthat erweist er uns damit; und keine größere Mühe kostet es der weisen Seele, andere ihre Weisheit mitgenießen zu lassen. Jeder kann sein Bestes leicht thun. „Peu de moyens, beaucoup d'effet." Der ist groß, der das, was er ist, von Natur aus ist und uns nie an andere erinnert. Aber er muß eine uns verwandte

Natur sein und unserem Leben irgend eine Aussicht auf Aufklärung eröffnen. Ich kann nicht immer sagen, was ich gerade wissen möchte; aber ich habe bemerkt, daß es Menschen giebt, die durch ihren Charakter und ihre Handlungen Fragen beantworten, die zu stellen ich nicht genug Geschick besitze. Mancher beantwortet Fragen, die keiner seiner Zeitgenossen stellte, und die Folge für ihn ist Isolierung. Die vergangenen und vergehenden Religionen und Philosophien beantworten manche andere Frage. Gewisse Leute berühren uns wie reiche Möglichkeiten, die dennoch unfähig sind, sich selbst oder ihrer Zeit zu helfen – das Spiel irgend eines Triebs vielleicht, der die Luft bewegt, entsprechen sie unserem Bedürfen nicht. Aber die Großen sind nah; und wir erkennen sie, wenn wir sie sehen. Was gut ist, ist wirksam und zeugungskräftig und schafft sich Raum, Nahrung und Bundesgenossen. Ein guter Apfel giebt Samen, ein Bastard nicht. Wenn ein Mann auf seinem Platze ist, wirkt er aufbauend, fruchtbar und magnetisch; Heere erfüllt und schwellt er mit seinen Absichten, und so werden sie vollstreckt. Der Strom schafft sich seine eigenen Ufer, und jede berechtigte Idee schafft sich ihre eigenen Kanäle, ihre Begrüßung – ihre Ernten zur Nahrung, Institutionen zu ihrem Ausdruck, Waffen zum Kämpfen und Jünger, sie zu erklären. Der wahre Künstler hat den Planeten zum Piedestal, der Abenteurer hat nach Jahren des Ringens keinen Boden, der breiter wäre als seine Schuhe.

Unser gewöhnliches Reden kennt zwei Arten des Nutzens oder der Dienste, welche höherstehende Menschen uns erweisen. Unmittelbares Geben ist dem frühen Glauben der Menschen erwünscht; unmittelbares Geben materieller oder metaphysischer Hilfe, wie Gesundheit, ewige Jugend, scharfe Sinne, Heilkunst, Zauberkünste und die Gabe der Prophezeiung. Der Knabe glaubt, es gäbe Lehrer, die ihm Weisheit verkaufen können. Kirchen glauben an solche wundersame Verdienste, die dem und jenem zugeschrieben werden. Aber bei strenger Prüfung können wir nicht viel direktes Nützen entdecken. Der Mensch ist endogenetisch, und die Erziehung ist seine Entfaltung. Alle Hilfe, die wir von anderen haben können, ist eine mechanische im Vergleich zu den Entdeckungen der Natur in uns selbst. Was wir so lernen, das ist ein Entzücken beim Thun, und seine Wirkung bleibend. Alle wahre Ethik ist central und geht von der Seele nach außen. Alles Geben ist den Weltgesetzen zuwider. Anderen dienen heißt uns dienen. Ich muß mich selbst absolvieren können. „Kümmere dich um deine eigenen Sachen“ sagt der Geist; „Thor, willst du dich in die Sache der Himmel mengen oder in die anderer Leute?“ – So bleibt uns denn nur ein indirekter Nutzen übrig. Die Menschen haben eine bildliche oder repräsentative Natur und nützen uns auf geistigem Wege. Behmen und Swedenborg sahen, daß alle Dinge Symbole und Repräsentanten seien. Auch die Menschen sind Repräsentanten, erstens von Dingen und zweitens von Ideen.

Gleichwie Pflanzen die Mineralien in Nahrungsstoffe für Tiere umwandeln, so verwandelt jeder Mensch die Rohmaterialien der Natur zu menschlichen Zwecken. Die Entdecker des Feuers, der Elektrizität, des Magnetismus, des Eisens, des Bleies, des Glases, der Leinwand, Wolle und Seide, die Erfinder der Werkzeuge, die Schöpfer des Dezimal-Systems, der Geometer, der Ingenieur, der Musiker – bereiten jeder nach seiner Weise einen bequemen Pfad für alle durch unbekannte und unmögliche Wirrnisse. Jeder Mensch ist durch eine geheime Sympathie mit irgend einem Gebiete der Natur verwandt und wird der Agent und Dolmetsch derselben: so Linnaeus der des Pflanzenreiches, Huber der der Bienen, Fries derjenige der Flechten, Van-Mons der Birnen, Dalton der Atomgesetze, Euklides der Linien, Newton der unendlichen und veränderlichen Größen.

Jeder Mensch ist gleichsam ein Centrum für die Natur, von dem aus verbindende Fäden durch alles Feste und Flüssige, Materielle und Elementare laufen. Die Erde dreht sich, und jede Scholle und jeder Stein passiert den Meridian: so hat jedes Organ, jede Funktion, jede Säure, Krystall und Staubkorn seine Beziehung zum Menschenhirn. Oft wartet es lange, aber es kommt an die Reihe. Jede Pflanze hat ihren Parasiten, und jedes erschaffene Ding seinen Liebhaber und Dichter. Schon ist dem Dampf, dem Eisen, dem Holz, der Kohle, dem Magnet, dem Jod, dem Korn und der Wolle ihr Recht zu teil geworden; und doch wie wenig Materialien hat unsere Kraft und Kunst bisher zu verwerten gewußt! Die Mehrzahl der Geschöpfe und Eigenschaften liegen noch im Verborgenen und warten. Es ist, als ob ein jedes wie die bezauberte Prinzessin im Märchen des bestimmten menschlichen Befreiers harren würde. Jedes muß entzaubert werden und in menschlicher Gestalt ans Tageslicht treten. In der Geschichte der Entdeckungen scheint jede reife und verborgene Wahrheit sich selbst ein Hirn gemodelt zu haben. Es muß ein Magnet in einem Gilbert, Swedenborg oder Oersted Mensch geworden sein, ehe der Geist der Menschheit seine Kräfte kennen und würdigen lernt.

Wenn wir uns auf die nächstliegenden Vorteile beschränken, so finden wir eine ernste Anmut in den mineralischen und botanischen Reichen, die sich in den höchsten Augenblicken als der Reiz der Natur offenbart, – das Glitzern des Speeres, die Sicherheit der chemischen Affinität, die unfehlbare Gewißheit der Winkel. Licht und Dunkel, Hitze und Kälte, Hunger und Nahrung, Süßes und Bitteres, Festes, Flüssiges und Gase kreisen um uns in einem Kranze von Wonnen und täuschen uns in ihrem gefälligen Kampfe über den Tag hinweg. Jeden Tag wiederholt das Auge das erste Lob, das den Dingen gespendet ward: „Und Er sah, daß sie gut waren." Wir wissen, wo sie zu finden sind, und wir schätzen ihr Spiel nur noch höher, sobald wir einige Erfahrungen mit den anspruchsvolleren Rassen gemacht haben. Aber wir haben auch ein Anrecht auf höhere Vorteile. Der Wissenschaft fehlt etwas, so lange sie nicht vermenschlicht ist. Die Logarithmentafel ist eine Errungenschaft, aber das lebendige Spiel der Logarithmen in der Botanik, Musik, Optik und Architektur ist noch ganz etwas anderes. Und es giebt Fortschritte für die Kunst der Zahlen, für Anatomie, Architektur und Astronomie, die wir uns nicht hätten träumen lassen, sobald sie zum Leben emporsteigen und uns im Gespräch, in Persönlichkeiten und Politik wieder begegnen.

Aber das kommt später. Wir sprechen vorläufig nur von dem, was wir von ihnen in ihrer eigenen Sphäre erkennen, und von der Weise, in der sie ein Genie auszusuchen, zu fascinieren und anzuziehen scheinen, sodaß es sich sein ganzes Leben lang mit einem einzigen Gegenstande beschäftigt. Die Möglichkeit einer Erklärung liegt in der Identität des Beobachters mit dem Beobachteten. Jeder materielle Gegenstand hat seine himmlische Seite; jeder wird, indem er den Weg durch die Menschheit nimmt, in die geistige und unvergängliche Sphäre emporgehoben, wo er eine ebenso unzerstörbare Rolle spielt wie alles andere. Und zu diesen ihren Endzielen steigen alle Dinge unaufhörlich empor. Die Gase verdichten sich zum festen Gewölbe, das chemische Gemenge wird zur Pflanze und wächst, wird zum Quadruped und schreitet, wird zum Menschen und denkt. Aber die Wählerschaft bestimmt auch das Votum des Repräsentanten. Er ist nicht nur ihr Repräsentant, er hat selbst teil an ihr. Nur vom Gleichen kann das Gleiche erkannt werden. Der Grund, daß er von ihnen etwas weiß, liegt darin, daß er von ihnen ist: er ist ja eben erst aus der Natur herausgetreten, er war eben erst noch ein Teil des Dinges, das er heute erforscht. Belebtes Chlor weiß vom Chlor, und Fleisch gewordenes Zink vom Zink. Ihre Qualitäten bestimmen seinen Lebenslauf; und er kann ihre Kräfte mannigfach enthüllen, weil er aus ihnen zusammengesetzt ist. Der Mensch, aus dem Staube der Welt geschaffen, vergißt seinen Ursprung nicht; und alles was heute noch leblos liegt, wird eines

Tages sprechen und denken. Die unoffenbarte Natur wird noch all ihre Geheimnisse enthüllen müssen. Können wir nicht sagen, daß die Quarzfelsen zu Molekülen ungezählter Werners, von Buchs und Beaumonts zerstäuben werden; und daß das Laboratorium der Atmosphäre, ich weiß nicht was für einen Berzelius und Davys aufgelöst enthält?

So sitzen wir am Feuer und legen unsere Hand an die Pole der Erde. Diese Quasi-Allgegenwart leistet für die Schwäche unseres Zustandes Ersatz. An einem jener himmlischen Tage, an welchen Erde und Himmel einander begegnen und schmücken, scheint es Armut zu sein, daß wir nur ein Leben zu genießen haben, wir wünschten uns tausend Häupter und tausend Körper, um seine unendliche Schönheit an vielen Orten zugleich und in zahllosen Weisen feiern zu können. Ist dies nur ein Spiel der Phantasie? Wahrlich, in allem Ernste, unser Dasein wird vervielfacht durch diejenigen, die für uns geschafft haben. Und wie leicht wir ihre Arbeiten uns aneignen! Jedes Schiff, das nach Amerika kommt, hat seine Karte von Kolumbus erhalten. Jeder Roman ist ein Schuldner Homers. Jeder Zimmermann, der den Hobel zum Glätten benutzt, borgt vom Geiste des vergessenen Erfinders. Das Leben ist ringsumher mit einem Zodiakus von Kenntnissen umgürtet, den Beiträgen von Menschen, die gestorben, um ihren Lichtfunken an unseren Himmel zu fügen. Der Ingenieur, der Händler, der Jurist, der Arzt, der Moralphilosoph und der Theologe, und jeder, der irgend ein Maß von Kenntnissen erwirbt, wird einer von denen, welche die Längen und Breiten auf der Karte unseres Lebenszustandes ergründen und einzeichnen. Diese Pfadfinder sind es, die uns auf allen Seiten bereichern. Wir müssen das Areal des Lebens erweitern und unsere Beziehungen vermehren. Und wir gewinnen mindestens ebensoviel, wenn wir eine neue Eigenschaft der alten Erde, wie wenn wir einen neuen Planeten entdecken.

Wir verhalten uns zu passiv beim Hinnehmen dieser materiellen und halb-materiellen Dienste. Wir sollen nicht bloß Säcke und Magen sein. Wir brauchen nur eine Stufe emporzusteigen: – unsere Sympathie leistet uns größere Dienste. Thätigkeit wirkt ansteckend. Wenn wir dorthin schauen, wo andere hinschauen, uns mit den Dingen beschäftigen, die sie interessieren, entdecken wir den Reiz, der sie anlockte. Napoleon sagte: „Man darf nicht zu oft mit einem und demselben Feinde kämpfen, sonst lehren wir ihn unsere Kriegskunst." Wir brauchen nur viel mit einem Manne von kraftvollem Geiste zu sprechen, und wir werden uns sehr rasch gewöhnen, die Dinge in demselben Lichte wie er zu betrachten, und werden bei jedem Ereignis seine Gedanken anticipieren.

Die Menschen erweisen sich einander hilfreich durch ihren Geist und ihre Neigungen. Alle andere Hilfe ist falscher Schein. Wenn mir einer Brot und Feuer schenken will, bemerk' ich bald, daß ich es voll bezahlen muß und nachher nicht besser, noch schlimmer daran bin als vorher: aber alle geistige und sittliche Kraft ist ein positives Gut. Sie geht von dir aus, du magst wollen oder nicht, und nützt mir, an den du noch nie gedacht hast. Ich kann gar nicht von persönlicher Kraft irgendwelcher Art, von großer Leistungsfähigkeit hören, ohne von frischer Entschlossenheit durchdrungen zu werden. Wir sind eifersüchtig auf alles, was Menschen imstande sind. Cecils Worte über Sir Walter Raleigh: „Ich weiß, daß er eine geradezu fürchterliche Arbeitskraft hat" wirken wie ein elektrischer schlag, so auch Clarendons Portraits, z. B. das Hampdens: „der von einer Thätigkeit und Wachsamkeit war, welche die Emsigsten nicht ermüden oder einschläfern konnten, von Fähigkeiten, welchen die Schärfsten und Schlauesten nicht überlegen waren, und einem persönlichen Mute, der seinen besten Fähigkeiten gleichkam" – oder das Falklands, „der ein so strenger Verehrer der Wahrheit war, daß er sich ebenso leicht das Stehlen hätte gestatten können wie das Heucheln." Wir können Plutarch nicht lesen, ohne daß unsere Pulse schlagen, und ich schließe mich den Worten des Chinesen Mencius an: „Ein Weiser ist der Lehrer vieler Generationen. Wo vom Betragen Loos gehört wird, da werden die Blöden verständig und die Schwankenden entschlossen."

Dies ist die Moral aller Biographik: doch es ist für längst Verstorbene schwer, uns so zu erregen wie unsere eigenen Gefährten, deren Namen vielleicht nicht so lange leben werden. Wer ist der, an den ich nie denke, während doch in jeder Einsamkeit uns diejenigen nahe sind, die unserm Genius Hilfe bieten und uns in wunderbarer Weise anfeuern? Die Liebe besitzt eine Kraft, das Schicksal des anderen besser vorauszuahnen, als der andere selbst es vermag, und ihn durch heroische Ermutigung bei seinen Aufgaben festzuhalten. Was besitzt die Freundschaft so Ausgezeichnetes als diese herrliche Anziehung für alles Treffliche, was in uns liegt? Nun werden wir nie wieder gering von uns selbst oder vom Leben denken. Wir sind gereizt, einem Ziel zuzustreben, und die Thätigkeit der Erdarbeiter am Bahndamm wird uns nie wieder beschämen. Hierher gehört auch der huldigende Beifall, den ich für einen durchaus reinen halte, den alle Stände dem Helden des Tages zollen, von Coriolanus und

Gracchus bis zu Pitt, Lafayette, Wellington, Webster und Lamartine. Hört das Jubeln in den Straßen! Die Leute können ihn gar nicht genug sehen. Ein Mann ist ihr Entzücken. Das ist ein Kopf und ein Rumpf! Welch eine Stirn! und was für Augen! Schultern gleich denen des Atlas, und die ganze Haltung heroisch, und innere Kraft genug, die große Maschine zu leiten! Diese Freude am vollen Ausdruck dessen, was sie in ihrer eigenen Erfahrung meist nur verkrüppelt und verstopft gefunden, kehrt auch in höheren Geisteskreisen wieder und ist das Geheimnis der Freude des Lesers an den Werken des schriftstellerischen Genies. Hier strömt alles ungehemmt aus, hier ist Feuer genug, um einen Berg von Erz zu schmelzen. Shakespeares Hauptverdienst läßt sich damit ausdrücken, daß er unter allen Menschen am besten die englische Sprache versteht und alles sagen kann, was er will. Und doch sind diese unverstopften Kanäle und Schleusen des Ausdrucks nichts anderes als Gesundheit und eine glückliche Konstitution. Der Name Shakespeares ruft uns andere, rein geistige Wohlthaten ins Gedächtnis.

Die Senate und Souveräne der Erde verfügen mit all ihren Orden, Medaillen, Ehrendegen und Wappenschildern über kein Kompliment, das dem gleich käme, einem menschlichen Wesen Gedanken mitzuteilen, die eine gewisse Höhe erfordern und sein Verständnis voraussetzen. Und diese Ehre, die im privaten Verkehr oft kaum zweimal im Leben möglich wird: das Genie erweist sie uns unaufhörlich, zufrieden wenn dann und wann einmal in einem Jahrhundert sein Anerbieten angenommen wird. Die Menschen, die uns sachliche Werte weisen, werden gleichsam zu Köchen und Schneidern degradiert, sobald diejenigen, die uns Ideen zeigen, erscheinen. Das Genie ist der Naturforscher und Geograph der übersinnlichen Regionen und zeichnet die Karte derselben; und indem es uns neue Felder für unsere Thätigkeit kennen lehrt, kühlt es unsere Liebe für die alten ab. Jene werden nun als die Wahrheit betrachtet, von der die Welt, in der wir uns bewegten, nur der Wiederschein war. Wir gehen zum Ringplatz und zur Schwimmschule, um die Kraft und Schönheit des Körpers zu schauen; wir empfinden das gleiche Vergnügen und haben mehr Vorteil von der Wahrnehmung geistiger Leistungen jeder Art: Leistungen des Gedächtnisses, der mathematischen Kombination, großer Abstraktionsfähigkeiten, der wechselnden Bilder der Phantasie, von gewandtem Witz wie tiefer Konzentration, denn all diese Akte zeigen die unsichtbaren Glieder des Geistes, die, Glied für Glied, den Fähigkeiten des Leibes entsprechen. Denn nun betreten wir ein neues Gymnasion und lernen die Menschen nach ihren wahrhaftesten Kennzeichen zu wählen, belehrt von Plato, „jene zu wählen, die ohne Hilfe der

Augen oder eines anderen Sinnes zur Wahrheit und zum Sein vordringen." Zuvörderst unter diesen Thätigkeiten kommen die Purzelbäume, die Zaubereien, die Verwandlungen und Wiederauferstehungen der Phantasie. Sobald sie erwacht, scheint die Kraft eines Menschen zehnfach und tausendfach vervielfältigt. Sie entfesselt den entzückenden Sinn für unbestimmte Größen und flößt eine verwegene Haltung des Geistes ein. Wir werden elastisch und dehnbar wie die Gase im Schießpulver, und eine Sentenz in einem Buch, ein Wort, das im Gespräche fällt, entfesselt unsere Phantasie, und im nächsten Augenblick baden wir das Haupt in der Milchstraße, und unsere Füße treten den Boden des Höllenabgrunds. Und gerade dieser Vorteil ist ein wirklicher, und eine reale Wohlthat, denn wir haben ein Recht auf diese weiten Gebiete, und nie wieder können wir, wenn wir die Schranken einmal überschritten, dieselben elenden Pedanten werden, die wir vorher waren.

Die hohen Funktionen des Geistes sind so eng verbündet, daß ein gewisses Maß von Einbildungskraft fast allen hervorragenden Geistern eigen ist, sogar den Arithmetikern ersten Ranges, ganz besonders aber allen spekulativen Köpfen, deren Gedankenkraft eine intuitive ist. Diese Menschen dienen uns dadurch, daß ihnen gegeben ist, sowohl die Identität zu erkennen, als auch die Reaktion wahrzunehmen. Den Augen eines Plato, eines Shakespeare, Swedenborg oder Goethe entgingen diese Gesetze nie und nirgends. Die Wahrnehmung dieser Gesetze bildet eine Art von Maßstab für die Geister. Kleine Geister sind klein, weil sie dieselben nicht sehen können.

Aber auch solch ein Festschmaus kann zur Übersättigung führen. Unser Entzücken am Geiste entartet zum Götzendienst vor seinem Herold. Besonders wenn ein Geist die Menschen belehrt hat, der in der Methode gewaltig war, begegnen wir den Zeichen der Erdrückung. Die tyrannische Herrschaft des Aristoteles, der Ptolemäischen Astronomie, das Übergewicht Luthers, Bacons, Lockes, die Geschichte der Hierarchien jeder Religion, der Heiligen, der Sekten, die sich jede nach ihrem Gründer nannten, gehören alle hierher. Ach! jeder Mensch ist solch ein Opfer. Die Schwäche der Menschen wird immer verführerisch für den Übermut der Kraft. Es ist das Entzücken gemeinen Talents, den Blick des Zuschauers zu blenden und zu täuschen. Aber das wahre Genie sucht uns vor seiner eigenen Macht zu verteidigen. Das wahre Genie will keinen arm machen, es will befreien und neue Empfindungskräfte wecken. Wenn ein weiser Mann in unserem Dorfe erschiene, würde er in denen, mit denen er spräche, das Bewußtsein neuer Reichtümer erwecken, indem er ihre Augen für Schätze öffnet, die sie bisher unbeachtet ließen; er würde in uns das Gefühl eines unerschütterlichen Gleichgewichts befestigen, uns durch die Versicherung beruhigen, daß wir nicht betrogen werden können; denn jeder würde die Garantien seiner Lage erkennen. Die Reichen würden ihre Fehler und ihre Armut, die Armen ihre Hilfsmittel und Zuflüchte erkennen.

Aber die Natur bringt in gebührender Zeit all dies ins Gleiche. Die kreisende Bewegung ist ihr Heilmittel. Der Geist duldet keine Herren und lechzt nach Wechsel. Hausfrauen sagen von einem Dienstboten, der tüchtig gewesen ist: „Sie war schon zu lange bei mir.“ Wir sind alle nur Tendenzen oder besser Symptome, keiner von uns ist vollständig. Wir rühren nur aneinander und an die Dinge und schlürfen den Schaum vieler Leben. Rotation ist das Gesetz der Natur. Wenn sie einen großen Mann hinwegnimmt, späht die Menge über den Horizont nach einem Nachfolger für ihn aus, aber keiner zeigt sich, und es wird auch keiner kommen. Seine Gattung ist mit ihm erloschen. Auf einem anderen ganz verschiedenen Gebiete wird der nächste Mann erscheinen; kein Jefferson, kein Franklin, sondern jetzt ein großer Händler, dann ein Bauunternehmer, dann ein Zoolog, ein büffeljagender Forschungsreisender, oder ein halbwilder General des Westens. So bieten wir unseren rauheren Meistern die Spitze; aber gegen die besten haben wir ein feineres Mittel. Die Kraft, die sie uns mitteilen, ist nicht die ihre. Wenn sie von Ideen begeistert sind, verdanken wir das nicht Plato, sondern der Idee, deren Schuldner Plato selbst war. Ich darf nicht zu erwähnen vergessen, daß wir einer Klasse von Menschen ganz besonders verpflichtet sind. Das Leben ist eine Stufenleiter. Zwischen Rang und Rang unserer großen Männer giebt es weite Zwischenräume. Die Menschheit hat sich zu allen Zeiten um einige Personen gesammelt, die entweder durch die Großartigkeit der Idee, welche sie verkörperten, oder durch ihre weite Receptivität zur Stellung von Führern und Gesetzgebern befähigt und berechtigt waren. Solche lehren uns die Qualitäten der ursprünglichsten Natur kennen – sie gewähren uns einen Einblick in den Bau der Welt und das Wesen der Dinge. Wir schwimmen Tag für Tag auf einem Strome von Illusionen dahin, wir ergötzen uns thatsächlich an Luftschlössern und schwebenden Städten, von denen die Menschen um uns her genarrt werden. Aber das Leben selbst ist wahrhaftig. In lichten Zwischenzeiten sagen wir: „Ich will mir ein Eingangsthor zu den Wirklichkeiten öffnen, schon zu lange trag' ich die Narrenkappe.“ Wir wollen einmal den wahren Sinn der Ökonomie und Politik begreifen. Gebt uns den Schlüssel zu diesen Chiffern, und wenn Personen und Sachen Partituren einer himmlischen Musik sind, laßt uns die Melodien ablesen. Wir sind um unsere Vernunft betrogen worden; aber es hat doch Menschen gegeben, die sich eines reichen Lebens, das mit dem innersten Geist der Dinge in Fühlung stand, erfreuten. Was sie wissen, das wissen sie für uns. Mit jedem neuen Haupte wird ein neues Geheimnis der Natur ruchbar; und die Bibel kann nicht abgeschlossen werden, solange nicht der letzte große Mensch geboren ist. Das sind die Menschen, die das Delirium des animalischen Geistes in uns korrigieren, die uns überlegt machen und uns zu neuen Zielen und Kräften lenken. Die Ehrfurcht der Menschheit wählt sie für die höchste Stelle aus. Das wird', durch die Menge der Statuen, Bilder und Gedenkzeichen bezeugt, die ihren Genius in jeder Stadt, in jedem Dorf, jedem Haus und Schiff ins Gedächtnis rufen:

„Ihre Geister steigen empor uns –
Unsere herrlicher'n Brüder, doch eins im Blut –
Bei Tisch und Bett stehn sie herrschend vor uns,
In den Blicken strahlende Schönheit,
In den Worten das höchste Gut.“

Wie soll ich nur die von allem andern so ganz verschiedene Wohlthat derer erläutern, welche uns Ideen gewähren, wie den Dienst, den uns jene erweisen, welche sittliche Wahrheit dem Geiste der Allgemeinheit zuführen? – Mein ganzes Leben hindurch quält mich ein beständiger Preistarif. Wenn ich in meinem Garten arbeite und einen Apfelbaum beschneide, hab' ich meine Freude daran und fühle, daß ich eine ganz unbestimmbare Zeit mit der gleichen Beschäftigung fortfahren könnte. Aber auf einmal muß ich denken, daß der Tag vorüber ist, und ich habe nichts als dieses behagliche Nichts zustande gebracht. Ich fahre nach Boston oder New-York, renne auf und ab in meinen Angelegenheiten: sie werden herabgehetzt, aber der Tag desgleichen. Und mich quält der Gedanke, welchen Preis ich für einen so geringen Vorteil gezahlt. Ich muß an die „ peau d'âne“ denken, die jedem, der auf ihr saß, seinen Wunsch erfüllt; aber ein Stück der Haut ging mit jedem Wunsche verloren. Ich gehe in einen Philanthropen-Verein. Ich mag thun, was ich kann: ich kann meine Augen nicht von der Uhr abwenden. Aber wenn in der Gesellschaft eine feine Seele erschiene, die nichts wüßte von Personen und Parteien, von Carolina und Cuba, die aber ein Gesetz verkündigt, unter das all diese Einzelfragen fallen, und mich der großen Gerechtigkeit vergewissert, die jeden Falschspieler matt setzt, jeden Selbstsüchtigen bankrott macht, und mich meine Unabhängigkeit von Vaterland und Zeiten und von meinem menschlichen Leibe erkennen lehrt – solch ein Mann befreit mich; ich vergesse die Uhr, ich trete aus all den kranken Beziehungen zu den Personen um mich her heraus; alle meine Schäden heilen; und ich fühle mich unsterblich, indem ich meinen Schatz von unverderblichen Gütern erkenne. – In dieser Welt herrscht ein großer Wettkampf zwischen Arm und Reich. Wir leben in einem Markte, auf dem es nur ein bestimmtes Quantum Weizen oder Wolle oder Grundbesitz giebt; und wenn ich um so viel mehr davon habe, muß jeder andere um so viel weniger haben. Ja, es ist, als könnt' ich nichts an Gut erwerben, ohne die gute Sitte zu brechen. Niemand freut sich an der Freude des anderen, unser System ist ein System des Krieges, ein System verletzender Superiorität. Jedes Kind der sächsischen Rasse wird zu dem Wunsche erzogen, obenan zu sein. Es ist unser System, und es kommt so weit, daß jeder seine Größe nach dem Ärger, dem Neid und Haß seiner Mitstrebenden mißt. Aber in jenen neuen Gefilden ist Raum: da giebt es keine Selbstüberhebung, keine Exklusivität.

Ich bewundere die großen Männer jeder Art, die der That wie die der Gedanken, ich liebe die Rauhen und die Sanften, die „Gottesgeißeln“ und die „Lieblinge des Menschengeschlechts.“ Ich liebe den ersten Cäsar, und Karl den Fünften von Spanien, und Karl XII. von Schweden, Richard Plautagenet und Bonaparte in Frankreich. Ich applaudiere dem tüchtigen Mann, dem Beamten, der seinem Amte gewachsen ist, sei er Feldherr, Minister oder Senator. Ich liebe den Meister, der fest auf ehernen Füßen steht, wohlgeboren, reich, schön, beredt, mit glücklichen Gaben überhäuft, der alle Menschen durch einen Zauber zu Tributären und Stützen seiner Macht heranzieht. Schwert und Stab, oder vielmehr Talente des Schwertes oder des Stabes, sind es, die die Welt vorwärts bewegen. Aber ich finde den noch größer, der sich selbst und alle Helden abschaffen kann, indem er das Element der All-Vernunft einströmen läßt, die nach keiner Person fragt; der jene verfeinertste, unwiderstehlich aufwärts treibende Kraft in unser Denken führt, die allen Individualismus zerstört, jene Macht, die so groß ist, daß der Mächtige selbst in ihr zu Nichte wird. Er ist der Monarch, der seinem Volke eine Verfassung giebt, ein Hoherpriester, der die Gleichheit der Seelen predigt und seine Diener ihres barbarischen Dienstes entläßt, ein Kaiser, der sein Reich entbehren kann.

Aber meine Absicht war, zwei oder drei Punkte dieser wohlthätigen Wirkung eingehender zu specifizieren. Die Natur läßt es nie an Opium und schmerzstillenden Mitteln fehlen; sondern so oft sie eines ihrer Geschöpfe durch irgend eine Verunstaltung oder ein Gebrechen entstellt, legt sie ihren Mohnsamen reichlich auf die Wunde, und der Patient geht fröhlich durch die Welt, ohne den Schaden zu kennen und unfähig, ihn zu sehen, obgleich alle Welt tagtäglich mit dem Finger darauf weist. Die wertlosen und schädlichen Mitglieder der menschlichen Gesellschaft, deren Existenz eine sociale Pest ist, halten sich stets und immer für die gekränktesten Leute der Welt und können ihrer Verwunderung über die Undankbarkeit und Selbstsucht ihrer Zeitgenossen gar nicht genug Worte leihen. Unsere Erde offenbart ihre verborgenen Vorzüge nicht nur in Helden oder Erzengeln, sondern auch in Klatschbasen und Wärterinnen. Ist es nicht eine ganz außerordentliche Einrichtung, durch die in jede Kreatur eine gehöriges Maß von Trägheit gelegt wurde, die konservative Energie des Widerstands, der Ärger über alles Wecken und Wechseln? Fast völlig unabhängig von der geistigen Höhe eines jeden ist der Stolz der eigenen Meinung, die Sicherheit, daß wir recht haben. Kein noch so gebrechliches Großmütterchen, kein schiefmäuliger Idiot, die nicht die wenigen Funken von Verständnis und Geisteskraft, die ihnen übrig sind, dazu verwenden würden, über die Absurditäten aller übrigen zu kichern und sich des Triumphs ihrer Meinung zu erfreuen. „Verschiedenheit von mir," das ist der Maßstab der Absurdität. Nicht einer hat auch nur die geringste Besorgnis, daß er am Ende unrecht haben könnte. War das nicht ein glänzender Gedanke, der die Menschenwelt durch dieses Erdpech, dieses festeste aller Cemente, zusammenkittete? Aber inmitten dieses allgemeinen Kicherns der geheimen Überlegenheit und Selbstbeglückwünschung geht plötzlich eine Gestalt vorüber, die selbst Thersites lieben und bewundern kann. Der ist es, der uns den Weg führen muß, den wir zu geben haben. Seine Hilfe ist eine unendliche. Ohne Plato würden wir beinahe unseren Glauben an die Möglichkeit eines vernünftigen Buches verlieren. Wir brauchen vielleicht nur eines, aber dieses eine brauchen wir um so notwendiger. Wir lieben es, uns den Großen und Heroischen anzuschließen, denn unsere Aufnahmsfähigkeit ist eine unbegrenzte, und leben wir einmal mit den Großen, dann werden ohne Mühe auch unsere Gedanken und Sitten groß. Wir sind alle weise in Potenzialität, obgleich nur so wenige es in lebendiger Energie sind. Aber es bedarf nur eines weisen Mannes in einer Gesellschaft, und alle werden weise, so schnell wirkt die Ansteckung.

So werden große Männer zu einer Art Augensalbe, die uns von der Verblendung der Ichsucht befreit und uns andere Menschen und ihre Werke sehen lehrt. Aber es giebt Laster und Thorheiten, die ganze Völker und Zeitalter befallen. Die Menschen gleichen ihren Zeitgenossen weit mehr noch als ihren Erzeugern. Man hat an alten Ehepaaren oder an Personen, die lange Jahre Hausgenossen waren, die Beobachtung gemacht, daß sie einander ähnlich werden; und wenn sie nur lange genug lebten, würden wir sie gar nicht mehr voneinander kennen. Die Natur verabscheut diese äffischen Gefälligkeiten, die die Welt zu einem Klumpen umzuschmelzen drohen, und sie beeilt sich, solche unklaren Verleimungen aufzubrechen. Die gleiche Assimilation vollzieht sich zwischen den Bewohnern einer Stadt, den Anhängern einer Sekte, einer politischen Partei; die Ideen der Zeit liegen in der Luft und infizieren jeden, der diese Luft atmet. Von irgend einem hohen Standpunkt betrachtet, würde hier die Stadt New-York, dort die Stadt London, die ganze Civilisation des Westens als ein Haufen wahnsinniger Thorheiten erscheinen. Und dabei behalten wir einer den andern im Gesicht und treiben durch unseren Wetteifer die Raserei der Zeit auf die äußerste Spitze. Ein Schild gegen alle Gewissensbisse ist die allgemeine Praxis, – die Zeitgenossen. Wiederum: es ist nichts so leicht, als so weise und gut wie unsere Kameraden zu sein. Wir lernen von unseren Zeitgenossen was sie wissen, ohne Mühe, beinahe durch die Poren der Haut. Wir erfassen es durch Sympathie, oder wie ein Weib die geistige und moralische Höhe ihres Mannes erreicht. Aber wir halten auch inne, wo sie inne halten. Schwerlich gelingt es uns, einen Schritt darüber hinaus zu machen. Die Großen, das sind jene, die mit der Natur im Zusammenhang stehen und aus allen Moden herausschreiten, sie sind die Erlöser aus diesen Föderativ-Irrtümern, sie schützen uns vor unseren Zeitgenossen. Sie sind die Ausnahmen, deren wir bedürfen, wo alles gleich wird. Eine fremdartige Größe ist das Antidot gegen diese verderbliche Geheimbündelei.

So bietet das Genie uns neue Nahrung und Erholung von allzuvielem Verkehr mit unseresgleichen, und in der Richtung schreitend, die es uns führt, lernen wir wiederum mit jubelnder Freude die wahrhaftige Natur genießen. Welche Entschädigung ist ein großer Mann für ganze Generationen von Pygmäen: Jede Mutter wünscht, daß doch einer ihrer Söhne ein Genie werde, wenn auch alle übrigen mittelmäßig bleiben sollten. Aber eine neue Gefahr erwächst im Übermaß des Einflusses, den der große Mann ausübt. Seine Anziehungskraft bugsiert uns aus unserer natürlichen Stellung heraus. Wir sind Dienstleute und geistige Selbstmörder geworden. Aber – schon zeigt sich dort am Horizonte der Retter! – andere große Männer, neue Eigenschaften, einer für den andern Gegenwicht und Hemmung. Wir übersättigen uns an dem Honig jeder eigenartigen Größe. Jeder Held wird uns zuletzt langweilig. Vielleicht war Voltaire kein schlechter Mensch, und doch sagte er sogar von dem guten Jesus: „Ich bitt' euch laßt mich den Namen dieses Menschen nie wieder hören." Sie schreien die Tugenden George Washingtons aus: „Hol der Teufel George Washington!" ist des armen Jacobiners ganze Antwort und Widerlegung. Aber das ist die unvermeidliche Schutzwehr der menschlichen Natur. Die Centripetalität vermehrt zugleich die Centrifugalität. Wir setzen dem einen Mann, um des Gleichgewichtes willen, sein Gegenteil entgegen; und das Heil des Staates hängt an der Schaukel.

Übrigens erreicht die Verwertung großer Männer schnell ihre Grenze. Die Annäherung an jedes Genie wird durch Massen von Unbrauchbarkeit gehindert. Sie sind äußerst anziehend und scheinen aus der Entfernung uns ganz zu gehören; aber die Annäherung wird uns von allen Seiten verwehrt. Je mehr wir uns angezogen fühlen, desto mehr werden wir auch abgestoßen. Es liegt etwas Ungreifbares in dem Guten, das sie für uns vollbringen. Die beste Entdeckung macht der Entdecker für sich selbst. Für seinen Gefährten hat sie etwas Unreelles, so lange er sie nicht selbst substantiiert hat. Es ist, als ob die Gottheit jede Seele, die sie in die Welt sendet, mit gewissen Vorzügen und Kräften bekleidet hätte, die sich anderen nicht mitteilen lassen, und auf diese Gewande der Seele die Worte „Unübertragbar" oder „Nur für diese eine Strecke giltig" geschrieben hätte, als sie sie zu einem neuen Rundgang durch den Kreis der Wesen aussendete. Es liegt etwas Täuschendes in dem Verkehr der Geister. Die Grenzen sind unsichtbar, aber sie werden niemals überschritten. Es ist so viel guter Wille, mitzuteilen, vorhanden, und so viel guter Wille, zu empfangen, daß jeder ganz und gar Zum andern zu werden droht, aber das Gesetz der Individualität sammelt seine geheime Kraft und du bist du, und ich bin ich, und so bleiben wir auch.

Denn die Natur heischt, daß jedes Geschöpf und Ding bleibe, was es ist; und während jedes Individuum danach ringt, zu wachsen und auszuschließen, auszuschließen und zu wachsen, bis an die äußersten Grenzen des Weltalls, und das Gesetz seines Wesens jeder anderen Kreatur aufzuzwingen, ist die Natur stetig bestrebt, jedes gegen jedes andere zu schützen. Jedes ist bereits durch sich selbst geschützt. Nichts ist so auffällig wie die Macht, mit der Individuen sich gegen Individuen wehren in einer Welt, in der jeder Wohlthäter so leicht zum Schädiger wird, und zwar bereits dadurch, daß er seine Thätigkeit auf Gebiete ausdehnt, die ihm nicht zukommen; wo Kinder so sehr der Gnade und Ungnade ihrer thörichten Eltern „ausgeliefert scheinen, und wo fast alle Menschen an einem Übermaß des Geselligkeitstriebes und Interventionsdranges leiden. Wir sprechen mit Recht von einem Schutzengel der Kinder. Wie überlegen sind sie uns in ihrer Sicherheit vor den Einflüssen bösartiger Personen, vor Plattheit und Reflexion! Sie schütten ihren eigenen Überfluß an Schönheit auf die Gegenstände aus, welche sie erblicken. Und darum sind sie auch nicht so armseligen Erziehern preisgegeben, wie wir Erwachsenen es sind. Wenn wir mit ihnen poltern und schelten, kommen sie bald dahin, es nicht zu beachten, und lernen Selbständigkeit: und wenn wir sie zu Thorheiten verziehen, lernen sie die Schranken, die sie nicht überschreiten dürfen, auf anderem Wege kennen.

Wir brauchen eine excessive Beeinflussung nicht zu fürchten. Es ist uns gestattet, uns mit so viel edlerem Vertrauen hinzugeben. Diene den Großen! Schrecke vor keiner Demütigung zurück. Geize mit keinem Dienst, den du ihnen erweisen kannst. Sei das Glied ihres Leibes, der Hauch ihres Mundes. Gieb deinen Egoismus preis! Wer wird danach fragen, wenn du weit Besseres und Edleres gewinnst. Kümmere dich nicht um den Vorwurf des Boswellismus: die Hingebung kann leicht größer sein als der elende Stolz, der ängstlich seine eigenen Grenzen wahrt. Werde ein anderer: sei nicht du selbst, sondern ein Platoniker; kein selbständiger Geist, sondern ein Christ; kein Naturforscher, sondern ein Cartesianer; kein Dichter, sondern ein Shakespeareverehrer: Es wird alles vergebens sein; die Räder der Entwicklung halten nicht inne; und alle Kräfte der Trägheit, der Furcht, ja der Liebe selbst, werden dich nicht dabei festhalten können. Weiterund immer weiter! – Das Mikroskop beobachtet eine Monade oder ein Rädertierchen unter den Infusorien, die im Wasser kreisen. Da zeigt sich ein Pünktchen auf dem Tiere, das sich zu einem Spalt erweitert, und zwei vollständige Tiere bilden sich aus dem einen. Dieser unaufhörliche Spaltungs- und Ablösungsprozeß zeigt sich nicht weniger in allen Gedankensphären und in der Gesellschaft. Kinder glauben, daß sie ohne ihre Eltern nicht leben können. Aber lange, ehe sie es merken, ist das schwarze Pünktchen da, und die Ablösung hat stattgefunden. Jeder Zufall kann ihnen ihre Unabhängigkeit enthüllen. Aber „Große Männer“ – das Wort ist beleidigend. Giebt es also Kasten? Ist es das Fatum? Was wird aus dem Lohn, der der Tugend versprochen ist? Der nachdenkende Jüngling beklagt die Überfruchtung der Natur. „Euer Held ist freilich hochherzig und schön," sagt er, „aber seht jenen armen Paddy, dessen Heimat sein Karren ist. Seht jene ganze Nation von Paddys." Warum sind die Massen seit dem Dämmern der Geschichte nur Säbel- und Kanonenfutter? Die Idee ehrt einige wenige Führer, die Gefühl, eine selbstständige Meinung, Liebe und Selbstaufopferung besitzen, diese heiligen Krieg und Tod – aber was ist's mit den Elenden, welche sie mieten und töten? Die Wohlfeilheit des Menschen ist die Tragödie des Alltags. Es ist für uns ein so wirklicher Verlust, daß andere niedrig stehen, als wenn wir selbst niedrig stünden, denn wir können die Gesellschaft nicht entbehren.

Als Antwort auf diese Bemerkungen können wir sagen, daß die Gesellschaft einer Schule nach dem System Pestalozzi gleicht: alle sind der Reihe nach Lehrer und Schüler. Wir gewinnen in gleicher Weise, ob wir empfangen oder ob wir geben. Menschen, die dasselbe Wissen besitzen, sind nicht lange die beste Gesellschaft für einander. Aber bringt zu jedem intelligenten Menschen einen von ungleichartiger Erfahrung, und es ist, als würdet ihr Wasser von einem See ablassen durch Ausgrabung eines niederer gelegenen Bassins. Es scheint fast ein mechanischer Vorteil und für jeden Sprecher eine große Wohlthat: jeder kann sich jetzt über seine eigenen Gedanken klar werden und ihre Konturen mit Farben füllen. Wir gehen in unseren persönlichen Stimmungen sehr rasch von Würde zu Abhängigkeit über. Und wenn wir einen sehen, der nie den Vorsitz zu übernehmen, sondern stets zu stehen und zu dienen scheint, so ist das nur deshalb, weil wir die Gesellschaft nicht durch eine hinreichend lange Periode beobachten, sodaß der ganze Rollenkreis zur Geltung kommen könnte. Und was die sogenannten Massen und gemeinen Leute betrifft: es giebt keine gemeinen Leute. Alle Menschen sind zuletzt „von einer Größe, und wahre Kunst ist nur auf Basis der Überzeugung möglich, daß jedes Talent irgendwo seine Apotheose findet. Freien Spielraum und offenes Feld und den frischesten Lorbeer für alle, die ihn gewonnen! Aber der Himmel wahrt den gleichen Spielraum für jedes seiner Geschöpfe. Jedes ist unruhig, so lange es nicht seinen eigenen Strahl auf die Spiegelfläche der Hohlkugel geworfen und auch sein Talent in seiner letzten Veredlung und Verklärung erblickt hat.

Die Helden des Tages haben eine relative Größe, einen rascheren Wuchs; oder es sind solche Leute, in welchen im Augenblick ihres Erfolges eine Eigenschaft reif war, die damals begehrt wurde. Andere Tage werden andere Eigenschaften verlangen. Es giebt Strahlen, die dem gewöhnlichen Beobachter entgehen und ein Auge von feiner Übung verlangen. Fragt den großen Mann, ob er keinen Größeren kennt. Seine Gefährten sind es, und deshalb nicht weniger groß, weil die Gesellschaft sie nicht sehen kann. Die Natur sendet niemals einen großen Mann auf den Planeten, ohne das Geheimnis einer anderen Seele anzuvertrauen. Eine erfreuliche Thatsache ergiebt sich aus diesen Untersuchungen: daß ein wahres Emporsteigen in unserer Liebe möglich ist. Die Berühmtheiten des neunzehnten Jahrhunderts werden eines Tages aufgezählt werden, um die Barbarei desselben zu beweisen. Der wirkliche Gegenstand der Geschichte ist der Genius der Menschheit, und seine Biographie wird in unseren Annalen geschrieben. Viel in dem Bericht können wir vermuten und viele Lücken müssen wir ausfüllen. Die Geschichte des Weltalls ist eine symptomatische, und das Leben beruht auf dem Gedächtnis. Kein Mensch in dem ganzen Zuge berühmter Männer ist Vernunft oder Erleuchtung, keiner ist das Elixir, nach dem wir aussehen: jeder ist nur eine Schaustellung neuer Möglichkeiten auf irgend einem Gebiete. Ja, könnten wir eines Tages die ungeheuere Gestalt vervollständigen, welche diese flammenden Punkte zusammensetzten! Die Erforschung des Wesens vieler Individuen führt uns in eine elementare Sphäre, in der das Individuum schwindet, oder in der alle mit ihren äußersten Spitzen einander berühren. Die Gedanken und Gefühle, die sich dort ergießen, lassen sich nicht mehr in die Schranken einer Persönlichkeit sperren. Dies ist der Schlüssel zur Machtfülle der größten Menschen – ihr Geist ergießt sich von selbst durch jene Ströme ins Weite. Eine neue geistige Qualität strömt bei Tag und bei Nacht in konzentrischen Kreisen von ihrem Ursprung aus und veröffentlicht sich selbst durch unbekannte Methoden: es offenbart sich, in welch inniger Verbindung alle Geister stehen: was zu dem einen Zutritt gefunden, kann von keinem anderen ausgeschlossen werden; die kleinste Errungenschaft an Wahrheit oder Energie auf irgend einem Gebiete ist ein Erwerb für die Gemeinschaft aller Seelen. Wenn die Ungleichheiten von Begabung und Stellung schon schwinden, sobald die Individuen in jener Dauer betrachtet werden, die zur Vollendung der Laufbahn eines jeden nötig ist, so verschwindet die scheinbare Ungerechtigkeit noch viel schneller, wenn wir uns zur centralen Identität aller Individuen erheben und wissen, daß sie aus der einen Substanz geschaffen sind, die da lenket und wirket.

Der Genius der Menschheit – das ist der einzige richtige Standpunkt für die Weltgeschichte. Die Qualitäten verweilen; die Menschen, an denen sie sich zeigen, haben jetzt mehr davon, jetzt weniger, und gehen vorüber: die

Qualitäten bleiben auf einer neuen Stirn. Keine Erfahrung ist uns so vertraut wie diese. Einst saht ihr Phönixe: sie sind dahin – die Welt ist darum noch lange nicht entzaubert. Die Gefäße, auf denen ihr einst heilige Sinnbilder gelesen, die haben sich freilich als gemeine Töpferware herausgestellt: aber der Sinn der Bilder ist heilig geblieben, und ihr könnt sie noch heute auf die Mauern der Welt überschrieben lesen. Eine Zeitlang leisten unsere Lehrer uns einen persönlichen Dienst als Maßstäbe oder Meilensteine des Fortschritts. Einst waren sie Engel der Erkenntnis, und ihre Gestalten berührten den Himmel. Dann aber kamen wir immer näher, sahen ihre Mittel, ihren Entwicklungsgang, ihre Grenzen, und da machten sie anderen Genien Platz. Glücklich, wenn einige wenige Namen in solcher Höhe bleiben, daß wir nicht fähig wurden, sie aus der Nähe zu lesen, und Alter und Vergleichung ihnen keinen Strahl geraubt. Aber zuletzt werden wir ganz aufhören, bei den Menschen Vollständigkeit zu suchen, sondern uns mit ihrer socialen und delegierten Qualität begnügen. Alles was das Individuum angeht, ist zeitlich und nur im Hinblick auf die Zukunft gegeben und zu betrachten, sowie das Individuum selbst, das aus seiner Beschränkung empor zu einer katholischen Existenz zu steigen berufen ist. Wir haben die letzte und wahre Bedeutung eines Genies nicht erkannt, so lange wir ihm eine originale und selbständige Bedeutung zuschreiben. In dem Augenblick, wo er aufhört, uns als eine Ursache zu nützen, nützt er uns noch weit mehr als eine Folgeerscheinung. Denn nun erscheint er als ein Exponent eines gewaltigeren Geistes und Willens. Das dunkle Ich wird transparent, vom Licht des Ur-Grundes durchleuchtet.

Aber innerhalb der Schranken menschlichen Treibens und menschlicher Entwicklung können wir sagen: es giebt große Männer, damit noch größere werden mögen. Die Bestimmung der organischen Natur ist Veredlung – wer kann die Grenze der Veredlung sagen? Des Menschen Aufgabe ist, das Chaos zu zähmen, und, so lange er lebt, auf allen Seiten die Saat des Wissens und des Gesanges auszustreuen, auf daß Klima, Frucht und Getier milder werden und der Same der Liebe und des Wohlthuns sich mehre.

Plato oder der Philosoph

Unter allen weltlichen Büchern hat nur Plato ein Recht auf das fanatische Lob, das Omar dem Koran erteilte, als er den Ausspruch that: „Ihr mögt die Bibliotheken verbrennen, denn, was sie Wertvolles enthalten, das steht in diesem Buche.“ Seine Sentenzen enthalten die Bildung der Nationen: sie sind der Eckstein aller Schulen, der Brunnenkopf aller Litteraturen. Sie sind ein Lehrbuch und Kompendium der Logik, Arithmetik, Ästhetik, der Symmetrie, Poetik und Sprachwissenschaft, der Rhetorik, der Ontologie, der Ethik oder praktischen Weisheit. Niemals hat sich das Denken und Forschen eines Mannes über ein so ungeheueres Gebiet erstreckt. Aus Plato kommen alle Dinge, die noch heute geschrieben und unter denkenden Menschen besprochen werden. Unter unseren Originalitäten richtet er ein großes Gemetzel an. In ihm haben wir den Berg erreicht, von dem all dieses Gerölle sich losgelöst hat. Seit zweiundzwanzighundert Jahren ist er die Bibel des Gelehrten, und alle die kühnen jungen Männer, die der Reihe nach jeder widerstrebenden Generation Schönes zu sagen haben – Boethius, Rabelais, Erasmus, Brunos, Locke, Rousseau, Alfieri, Coleridge – sind Leser Platos, die seinen besten Inhalt witzig in die Volkssprache zu übersetzen wissen. Selbst bei Männern von viel großartigeren Maßen müssen wir einen Abzug machen infolge des – soll ich sagen: Unglücks, – daß sie erst nach diesem erschöpfenden Generalisierer gekommen sind. Sankt Augustinus, Kopernikus, Newton, Behmen, Swedenborg und Goethe sind ebenfalls seine Schuldner und müssen ihm nachsprechen. Denn es ist nur billig, daß wir dem, der die umfassendsten allgemeinen Sätze aufzustellen wußte und wagte, auch den Ruhm der speciellen Details, die sich aus denselben ableiten lassen, zuschreiben.

Plato ist die Philosophie, und die Philosophie ist Plato – der Ruhm zugleich und die Schande des Menschengeschlechtes, da weder Sachse noch Romane imstande gewesen sind, auch nur eine Idee zu seinen Kategorien hinzuzufügen. Er hatte kein Weib, keine Kinder; aber die Denker aller civilisierten Nationen sind seine Nachkommenschaft und von seinem Geiste durchdrungen und gefärbt. Wie viel große Männer sendet uns die Natur unaufhörlich aus der Nacht empor, alle seine Männer, alle Platoniker! Da sind zuerst die Alexandriner, eine ganze Konstellation von genialen Geistern, die großen Männer aus der Zeit Elisabeths, die nicht geringer sind; Sir Thomas More, Henry More, John Hales, John Smith, Lord Bacon, Jeremy Taylor, Ralph Cudworth, Sydenham, Thomas Taylor, Marsilius Ficinus und Picus von Mirandola. Der Calvinismus ist bereits im Phädon enthalten, ja das ganze Christentum liegt darin. Der Islam entnimmt all seine Philosophie – im Handbuch der Moral, dem Ahlak-y-Jalaly – aus ihm. Der Mysticismus findet in Plato sein ganzes Evangelium. Dieser Bürger einer griechischen Stadt hat kein Heimatsdorf und kein Vaterland: Der Engländer, der ihn liest, sagt: „Wie Englisch!“ der Deutsche ruft aus: „Wie Teutonisch,“ der Italiener: „Wie Römisch und wie Griechisch!“ So wie sie von der Helena von Argos sagen, daß sie jene allgemeine Schönheit besaß, daß jeder sich von ihr angezogen, jeder sich zu ihr gehörig fühlte, so scheint Plato dem Leser in Neu-England ein amerikanischer Geist zu sein. Seine allumfassende weite Menschlichkeit übersteigt alle partikulären Schranken.

Dieser gewaltige Umfang seines Geistes lehrt uns auch, was wir über die vielumstrittene Frage in betreff der ihm zugeschriebenen Werke – welche davon echt und welche untergeschoben seien – zu denken haben. Es ist sonderbar, daß, wo immer wir einen Mann finden, der um eine ganze Haupteslänge über seine Zeitgenossen emporragt, es sicherlich über kurz oder lang zu Zweifeln kommt, welche seine wirklichen Werke seien. So geht es Homer, Plato, Rafael und Shakespeare. Denn diese Menschen magnetisieren ihre Zeitgenossen, sodaß ihre Gefährten für sie thun können, was sie selbst für sich nie bewältigt hätten, und so lebt der große Mann in mehreren Leibern, und schreibt oder malt oder handelt mit vielen Händen, und einige Zeit nachher ist es nicht leicht, zu entscheiden, was das authentische Werk des Meisters und was nur aus seiner Schule ist.

Auch Plato, wie jeder große Mann, zehrte sein eigenes Zeitalter auf. Was ist ein großer Mann anderes als ein Mensch von mächtigen Affinitäten, der alle Künste und Wissenschaften, überhaupt alles Erkennbare in sich als seine geistige Nahrung aufnimmt? Er kann nichts schonen und alles gebrauchen. Was nicht zur sittlichen Ausbildung taugt, ist tauglich fürs Wissen. Infolgedessen wird er auch von seinen Zeitgenossen stets des Plagiates bezichtigt. Aber nur der schöpferische Geist weiß zu borgen, und die Gesellschaft ist froh, die unzähligen Arbeiter zu vergessen, die diesem Baumeister dienten, und hebt alle ihre Dankbarkeit für ihn allein auf. Wenn wir Plato preisen, preisen wir vielleicht Citate aus Solon, aus Sophron oder aus Philolaus. Sei dem so. Jedes Buch ist nur ein Citat; auch jedes Haus ist nur ein Citat aus allen Wäldern, Bergwerken und Steinbrüchen; und jeder Mensch ist ein Citat aus all seinen Vorfahren. Und dieser zusammenraffende Schöpfergeist nahm Tribute von allen Nationen an sich.

Plato absorbierte das gesamte Wissen seiner Zeit: – Philolaus, Timaeus, Heraklitus, Parmenides und wen es sonst gab; dann seinen Meister Sokrates – und da er sich einer noch gewaltigeren Synthese fähig fühlte – einer Synthese, wie sie damals und seither ohnegleichen geblieben ist – reiste er nach Italien: um das aufzunehmen, was Pythagoras ihm bieten konnte; dann nach Ägypten und vielleicht noch tiefer in den Osten, um das andere Element, dessen Europa bedurfte, dem europäischen Geiste zu bringen. Dieses ungeheuere Gebiet, das sein Geist beherrschte, berechtigt ihn, als der Repräsentant der Philosophie zu gelten. Er sagt in seiner Replik: „Solch ein Geist, wie Philosophen ihn notwendig haben müssen, pflegt sich selten mit all seinen Fähigkeiten in seinem Menschen zu finden, sondern seine verschiedenen Anlagen zeigen sich meist in verschiedenen Personen." Jeder Mensch, der etwas Ordentliches thun will, muß von einem höheren Plan an die Sache herantreten. Ein Philosoph muß mehr als ein bloßer Philosoph sein. Plato ist mit allen Fähigkeiten eines Dichters bekleidet, ja er steht als Dichter auf der höchsten Stufe und ist (obwohl ich vermute, daß ihm die entscheidende Gabe des lyrischen Ausdrucks fehlte) hauptsächlich deshalb kein Dichter, weil er es vorzog, seine poetische Gabe zu einem anderen Zwecke zu verwerten.

Große Geister haben die kürzesten Biographien. Ihre Vettern wissen nichts von ihnen zu erzählen. Sie lebten in ihren Schriften, und ihr Leben in Haus und Straße war daher trivial und gewöhnlich. Wenn einer wissen wollte, wie ihre Neigungen und ihr Aussehen beschaffen waren: derjenige ihrer Leser, der sie am meisten bewunderte, ist ihnen am ähnlichsten. Plato insbesondere hat keine äußere Biographie. Wenn er Liebhaber, Frau oder Kinder gehabt, – wir wissen nichts von ihnen. Er verrieb sie alle zu Farben. So wie ein guter Ofen seinen eigenen Rauch verbrennt, so verwandelt ein Philosoph alles Wertvolle in seinem Schicksal in die Werke seines Geistes.

Er wurde geboren im J. 430 vor Chr. G., ungefähr zur Zeit, in die des Perikles Tod fiel; war von adeligem Geschlechte seiner Zeit und seiner Stadt und soll eine frühe Neigung zum Kriegerberuf gehabt haben, wurde jedoch in seinem zwanzigsten Jahre, als er dem Sokrates begegnete, mit Leichtigkeit diesem Berufe abwendig gemacht und blieb hinfort durch zehn Jahre, bis zum Tode des Sokrates, dessen Schüler. Er ging hierauf nach Megara, nahm die Einladungen des Dion und des Dionysius an den sicilischen Hof an und begab sich dreimal an denselben, obgleich er sehr launisch behandelt wurde. Er reiste nach Italien, dann nach Ägypten, wo er lange Zeit blieb: einige sagen drei, andere sagen dreizehn Jahre. Man sagt auch, er wäre noch weiter bis Babylon gekommen, aber dies ist ungewiß. Nach Athen zurückgekehrt, unterrichtete er in der Akademie jene, die sein Ruhm dahin zog, und starb, wie uns berichtet wird, am Schreibtische, einundachtzig Jahre alt.

Aber die Biographie Platos ist eine innerliche. Wir haben zu prüfen, wieso dieser Mann in der geistigen Geschichte unserer Rasse die höchste Stellung einnimmt – woher es kommt, daß die Menschen, je nach dem Maß ihrer Bildung, seine Schüler werden; daß so wie unsere jüdische Bibel sich dem Tischgespräch und Hausleben jeden Mannes und Weibes der europäischen und amerikanischen Nationen eingeprägt hat, so die Schriften Platos jede Gelehrtenschule, jeden Denker, jede Kirche, jeden Poeten beschäftigt haben, ja es unmöglich gemacht haben – auf einem gewissen Niveau – überhaupt zu denken, außer durch ihn. Er steht inmitten zwischen der Wahrheit und jedes Mannes Geist, ja, er hat beinahe der Sprache und den Elementen des Denkens überhaupt seinen Namen und Siegel aufgedrückt. So oft ich ihn lese, überrascht mich die Modernität seines Stils und Geistes. Hier haben wir den Keim jenes Europa, das uns so wohl bekannt ist, mit seiner langen Geschichte seiner Künste und Waffen: hier ruhen all seine Züge bereits erkennbar im Geiste Platos – und in keinem vor ihm. Es hat sich seither in hunderte von Geschichten verbreitet, aber ein neues Element ist nicht hinzugekommen. Die unvergängliche Modernität ist der Maßstab für jedes Kunstwerk, der Beweis dafür, daß der Autor sich durch nichts, was nur eine kurzlebige lokale Bedeutung hatte, verführen ließ, sondern sich an die wirklichen und dauernden Züge zu halten wußte. Wie nun Plato dazu kam, Europa und die Philosophie Europas, ja beinahe auch seine Litteratur zu werden, das ist das Problem, dessen Lösung unsere Aufgabe sein soll.

Dies hätte nie der Fall sein können, ohne einen gesunden, wahrhaften und katholischen Menschen, der fähig war, das Ideal oder die Gesetze des Geistes und das Fatum oder die Ordnung der Natur gleichzeitig zu erkennen und zu ehren. Die erste Periode einer Nation wie die des Individuums ist die Periode unbewußter Kraft. Kinder weinen, schreien und stampfen vor Wut, unfähig ihre Wünsche auszudrücken. So wie sie sprechen können und sagen, was sie wollen, und warum sie es wollen, werden sie sanfter. Im Leben des Erwachsenen, so lange das Begriffsvermögen ein stumpfes ist, reden Männer und Frauen mit Heftigkeit und im Superlativ; lärmen und streiten; ihre Rede ist voll von Flüchen und Beteuerungen. Sobald mit der steigenden Kultur die Dinge sich ein wenig geklärt haben, und sie dieselben nicht mehr in Massen und Klumpen, sondern reinlich eingeteilt sehen, lassen sie von jener schwächlichen Heftigkeit ab und setzen ihre Ansicht ruhig und genau auseinander. Wenn die Zunge nicht zum Artikulieren geschaffen wäre, der Mensch wäre noch heute ein Tier im Walde.

Aber dieselbe Schwäche, dieselbe Unfähigkeit – nur auf einem höheren Plan – begegnet uns täglich bei der Erziehung leidenschaftlicher junger Leute, Männer und Mädchen. „Ach, ihr versteht mich nicht, ich habe noch nie jemand gefunden, der mich verstanden hätte," – und sie seufzen und weinen, schreiben Verse und gehen einsam – weil ihnen die Kraft fehlt, das, was sie denken, völlig auszusprechen. Ein oder zwei Monate später, wenn ihr guter Geist es so will, begegnen sie einem, der ihnen so verwandt ist, daß er ihrem vulkanischen Zustande zu Hilfe kommen kann, und nachdem sich die Mitteilsamkeit einmal ordentlich eingestellt hat, werden sie von nun an brauchbare Staatsbürger. Es ist immer so. Aller Fortschritt führt von blinder Kraft zur Genauigkeit, zur Glücklichkeit und zur Wahrheit.

Es kommt ein Augenblick in der Geschichte jeder Nation auf dem Wege aus dieser rohen Jugend heraus zur Kultur, in welchem das Begriffsvermögen zur Reife gelangt und doch noch nicht mikroskopisch geworden ist, sodaß der Mensch in diesem Augenblick die ganze Skala umfaßt, und, während seine Füße noch auf den ungeheueren Mächten der Nacht ausruhen, mit Augen und Hirn schon Sonnensysteme und Himmelsschöpfungen erfaßt. Das ist der Augenblick der vollendeten Gesundheit, der Kulminationspunkt der Kraft.

Dies zeigt auch die Geschichte Europas auf allen Gebieten und auch diejenige seiner Philosophie. Ihre ersten, fast verlorenen Berichte erzählen von den Einwanderungen aus Asien, bei welchen nur die Träume von Barbaren mitgebracht werden; – ein wirres Gemenge von rohen Moralbegriffen und Naturphilosophie, das sich allmählich durch die teilweise Einsicht einzelner Lehrer zu setzen und zu sichten beginnt.

Vor Perikles kamen die sieben Weisen; und mit ihnen die Anfänge der Geometrie, Metaphysik und Ethik; – dann die Partialisten, die den Ursprung der Dinge von der Strömung oder dem Wasser, oder von der Luft, oder vom Feuer, oder vom Geiste herleiteten. Alle vermischen diese Urgründe mit mythologischen Bildern. Und zuletzt kommt Plato, der ordnet und einteilt, der all der barbarischen Bemalung, ihres Tättowierens und Heulens nicht bedarf: denn er vermag zu definieren. Er ist es, der Asien und mit ihm das Wüste und Überschwängliche aufgiebt; er bedeutet den Eintritt der Intelligenz und nüchternen Genauigkeit. „Der soll für mich wie ein Gott sein, der da richtig einzuteilen und zu definieren vermag."

Dieses Definieren ist die Philosophie. Philosophie ist die Rechenschaft, die sich der menschliche Geist von dem Bau der Welt giebt. Zwei Kardinalthatsachen liegen ihr stets zu Grunde: die Eins und die Zwei, erstens: Einheit oder Identität, und zweitens: Verschiedenheit. Wir führen alle Dinge auf Eins zurück, wenn wir das Gesetz wahrnehmen, das sie durchdringt, wenn wir die oberflächlichen Unterschiede und die tiefe Ähnlichkeit aller wahrnehmen. Aber jeder geistige Vorgang – selbst diese Wahrnehmung der Identität oder Einheit muß auch die Verschiedenheit der Dinge anerkennen. Einheit und Anderheit: es ist unmöglich zu sprechen oder zu denken, ohne beide zu umfassen.

Der Geist fühlt sich gedrängt, nach einem Grunde vieler Wirkungen zu forschen, und wenn er denselben entdeckt, nach dem Grunde des Grundes, und dann wieder nach dessen Grund, unaufhörlich ins Tiefe tauchend, in sich die Gewißheit tragend, daß er zu einer absoluten und befriedigenden Einheit gelangen muß und wird – einer Eins, die alles ist. „Inmitten der Sonne ist das Licht, inmitten des Lichtes ist die Wahrheit und inmitten der Wahrheit ist das unvergängliche Sein“ sagen die Vedas. Alle Philosophie des Ostens und Westens hat dasselbe centripetale Bestreben. Von einer entgegengesetzten Notwendigkeit getrieben, kehrt der Geist von dem Einen, zu dem zurück, was nicht Eins sondern anders oder Vielfach ist; vom Grunde zur Wirkung, und betont das notwendige Sein der Mannigfaltigkeit, die spontane Existenz beider, da jedes ins andere gehüllt und verwoben ist. Diese bis ins letzte in einander gemengten Elemente zu trennen und dann miteinander zu versöhnen, ist das Problem des Denkens. Ihre Existenz ist eine gegenseitig contradiktorische und ausschließende – und doch gleitet eins so rasch ins andere, das wir nie sagen können, was das Einheitliche ist und was nicht. Der Proteus ist ebenso behende in den tiefsten Gründen, wenn wir das Eine, das Wahre, das Gute schauen wollen, als in den Oberflächen und äußersten Enden der Materie.

In allen Nationen finden sich Geister, die eine natürliche Neigung antreibt, bei der Conception der fundamentalen Einheit zu verweilen. In den begeisterten Entzückungen des Gebetes und der Ekstasen der Frömmigkeit verliert sich alles Dasein in dem einen Sein. Diese Richtung hat ihren höchsten Ausdruck in den religiösen Schriften des Ostens gefunden, insbesondere in den heiligen Schriften Indiens, in den Vedas, in der Bhagavat Ghita, und dem Vischnu Purana. Diese Schriften enthalten wenig anderes außer dieser Idee und sie erheben sich in der Feier derselben zu reinen und erhabenen Melodien.

Alles ist Einundasselbe!: Freund und Feind sind aus einem Stoff: der Pflüger, der Pflug und die Furche sind aus einem Stoff, und der Stoff ist solcher Art und so viel, daß die wechselnden Formen bedeutungslos sind. „Du bist fähig zu erfassen" – so sagt der höchste Krischna zu einem Weisen – „daß du von mir nicht verschieden bist. Das was Ich bin, bist du, und dasselbe ist auch diese Welt mit ihren Göttern und Helden und Menschen. Die Menschen betrachten die Verschiedenheiten, weil sie von Unwissenheit betäubt sind." „Die Worte Ich und Mein bedeuten Unwissenheit. Was das große Letzte im All ist, sollt ihr nun von mir erfahren. Es ist der Geist – einer in allen Leibern, durchdringend, einheitlich, vollkommen, über die Natur herrschend, frei von Geburt, Wachstum und Verfall, allgegenwärtig, aus wahrem Wissen bestehend, unabhängig, hat er nichts mit den Unwirklichkeiten, mit Namen und Species und all dem Übrigen zu thun, in vergangener, gegenwärtiger und künftiger Zeit. Die Erkenntnis, daß dieser Geist, der wesentlich Einer ist, derselbe ist in unserm eigenen Leibe, wie in allen andern Leibern, ist die Weisheit dessen, der die Einheit der Dinge erkannt hat. So wie eine zerfließende Luft, durch die Löcher einer Flöte strömend, mit den Noten einer Scala verschieden benannt wird, so ist die Natur des großen Geistes nur eine, obgleich seine Formen, die aus den Folgen von Handlungen entspringen, vielfach sind. Wenn die Verschiedenheit der bekleidenden Form, sei es die eines Gottes oder alles Übrigen, zerstört ist, giebt es keinen Unterschied mehr."

„Die ganze Welt ist nur eine Offenbarung Vischnus, der identisch ist mit allen Dingen, und den die Weisen nicht als etwas von ihnen Verschiedenes, sondern als Ein und Dasselbe wie sie zu betrachten haben." „Ich gehe nicht und komme nicht? noch weil' ich an irgend einem Ort; und weder bist du du, noch sind andere andere, noch Ich Ich!" Das ist, als hätte er gesagt: „Alles ist nur im Geist, und der Geist ist Vischnu; und Tiere und Sterne sind nur vergängliche Malerei, und das Licht ist Tünche, und alle Dauer trügerisch; und alle Formen Gefangenschaft, und der Himmel selbst nur eine Lockspeise." Das, was der Geist anstrebt, in Auflösung in das Sein, über aller Form, – los vom Tartarus wie vom Himmel – die Befreiung von der Natur.

Wenn die Betrachtung so nach einer erschreckenden Einheit strebt, in der alle Dinge absorbiert werden, so strebt alle Thätigkeit in gerade entgegengesetzter Richtung zur Verschiedenartigkeit zurück. Ersteres ist der Weg, die Gravitation des Geistes; das letztere ist Naturgewalt. Die Natur ist das Mannigfaltige. Die Einheit absorbiert und schmelzt oder reduciert. Die Natur erschließt und schafft.

Diese zwei Principien erscheinen immer wieder und durchdringen alle Dinge und alle Gedanken: die Einheit und die Vielheit. Das eine ist Sein, das andere Intellect; das eine ist Notwendigkeit, das andere Freiheit; das eine Ruhe, das andere Bewegung: das eine Kraft, das andere Verteilung; das eine Stärke, das andere Genuß; das eine Bewußtsein, das andere Definition: das eine Genie, das andere Talent; das eine Ernst, das andere Wissen; das eine Besitz, das andere Verkehr; das eine Race, das andere Bildung; das eine Königtum, das andere Demokratie, und wenn wir es wagen, diese Generalisationen noch einen Schritt weiter zu führen und das Endziel beider zu nennen, so könnten wir sagen, daß das Ziel des Einen die Flucht aus der Organisation ist – das reine Wissen, während das Ziel der anderen Macht ist, die höchste Instrumentalität, der Gebrauch aller Mittel die Gottheit in der Exekutive.

Jeder Forscher folgt, durch Temperament und Gewohnheit geleitet, der einen oder der anderen von diesen Gottheiten des Geistes. Die Religion führt ihn zur Einheit, der Intellekt oder die Sinne zu dem Vielen. Eine allzurasche Vereinheitlichung und ein übermäßiges Aufgehen in den Teilen und Einzelheiten sind die Zwillingsgefahren der Spekulation.

Dieser Einseitigkeit entspricht die Geschichte der Nationen. Das Land der Einheit, der starren, unbeweglichen Institutionen, der Sitz einer Philosophie, die ihr Entzücken an Abstractionen hat, die Heimat von Menschen, die in Theorie und Praxis treue Bekenner der Idee eines tauben, unerbittlichen, unendlichen Fatums sind, ist Asien; in der socialen Institution der Kaste giebt es diesem Glauben tatsächlichen Ausdruck. Der Genius Europas auf der anderen Seite ist thätig und schöpferisch; er arbeitet der Kaste entgegen durch die Kultur, seine Philosophie war stets eine Wissenschaft, es ist ein Land der Künste, der Erfindungen, des Handels, der Freiheit. Wenn der Osten die Unendlichkeit liebte, der Westen fand seine Freude in weiser Beschränkung.

Die europäische Civilisation ist der Triumph des Talentes der Systematik, des geschärften Verstandes, der anpassenden Geschicklichkeit, der Freude an Formen, des Entzückens am Ausdruck, an verständlichen Resultaten. Perikles, Athen und Griechenland hatten in diesem Element mit der ganzen Freude des Genius geschaffen, die noch keine Voraussicht des Schadens, den das Übermaß anrichten kann, erkältet hat. Sie sehen keine unheilvolle politische Ökonomie vor sich, keinen ominösen Malthus, kein Paris oder London, keine erbarmungslose Klasseneinteilung: nicht das traurige Los der Stecknadelarbeiter, das der Weber, der Zurichter, der Strumpfwirker, der

Wollkrämpler, der Spinner, der Kohlenarbeiter; kein Irland, keine indischen Kasten, neu geschaffen durch das Streben Europas, sie abzustreifen. Der Verstand erfreute sich seiner Blütenreife. Die Kunst leuchtete in ihrer Neuheit. Sie schnitten den Penthelischen Marmor, als wäre er Schnee, und die vollkommenen Werke ihrer Architektur und Sculptur schienen ihnen natürliche Dinge, nicht schwerer als heute die Vollendung eines neuen Schiffes auf den Werften von Medford, oder neue Mühlen zu Lowell. Aber diese Dinge sind im Lauf und können schon als gegeben angenommen werden. Die römischen Legionen, die Gesetzgebung der Byzantiner, der Handel Englands, die Salons von Versailles und die Pariser Caféhäuser, Dampfmühle, Dampfboot und Dampfwagen, alle zeigen sich in der Perspektive; die städtischen Versammlungen, die Stimmzettel-Urne, die Zeitungen und die billigen gedruckten Bücher.

Unterdessen sog Plato in Ägypten und auf östlichen Wanderungen die Idee einer Gottheit ein, in der alle Dinge enthalten sind. Die Einheitlichkeit Asiens und die Einzelheiten Europas, die Unendlichkeit des asiatischen Geistes, und das definierende, Resultate liebende, Maschinen bauende, Oberflächen suchende, Singspiele aufführende Europa – Plato kam, sie zu vereinigen und die Energie beider durch die Berührung zu erhöhen. Die Vorzüge Asiens und Europas sind beide in seinem Hirn. In Metaphysik und Naturphilosophie fand der europäische Geist den Ausdruck: er legte ihnen die Religion Asiens als Basis unter.

Kurz, es war ein Geist erstanden, der das Gleichgewicht in sich trug, der beide Elemente zu erfassen imstande war. Es ist eben so leicht groß zu sein, wie klein zu sein. Der Grund, weshalb wir an bewundernswerte Geister nicht sogleich glauben wollen, liegt darin, weil sie außerhalb unserer Erfahrung stehen. Sie sind so selten im wirklichen Leben zu finden, daß sie unglaublich werden; und doch spricht im tiefsten nicht nur keine Vermutung gegen sie, sondern die stärkste Vermutung zu Gunsten ihres Erscheinens. Aber ob Stimmen vom Himmel gehört wurden oder nicht, ob seine Mutter oder sein Vater träumten, daß ihr Knäblein der Sohn Apollos sei, ob ein Bienenschwarm sich wirklich auf seinen Lippen niedergelassen oder nicht, jedenfalls wurde ein Mensch geboren, der beide Seiten der Dinge schauen konnte. Die wundervolle Synthese, die der Natur so vertraut ist; die obere und die untere Seite der Medaille Jupiters; die Vereinigung von Unmöglichkeiten, die in jedem Dinge wiederkehrt; seine reale und seine ideale Bedeutung, – war nun in vollständiger Weise auch in das Bewußtsein eines Menschen übergegangen.

Der Geist, der im Gleichgewicht war, kam. Wenn er die abstrakte Wahrheit liebte, so wahrte er sich sein Menschentum, indem er das populärste aller Principien, das absolute Gute lehrte, das über die Herrscher herrscht und über die Richter zu Gericht sitzt. Wenn er transscendentale Merkmale und Unterscheidungen aufstellte, schützte er sich, indem er all seine Bilder von Quellen hernahm, die die Rhetoren und politischen Redner verachteten, von Rossen und Hündchen, von Eimern und Suppenlöffeln, von Köchen und Ausrufern, aus den Buden der Töpfer, der Pferde-Doktoren, Fleischhauer und Fischhändler. Er gestattet sich keinerlei Parteilichkeit in dem festen Entschluß, daß beide Pole des Geistes in seinen Mitteilungen erscheinen sollen. Seine Argumentation und seine Sentenz haben ihr Gewicht in sich selbst und sind von sphärischer Vollkommenheit. Es zeigen sich darin wirklich und stets beide Pole: ja, und sie werden zu zwei Händen, die, was ihnen angehört, ergreifen und sich aneignen.

Jeder große Künstler ist dies durch die Synthese gewesen. Unsere Stärke liegt in den Übergängen, sie ist, so zu sagen, die Schneidungslinie zweier Ränder. Sie gleicht dem Seeufer, der See, die vom Ufer, dem Ufer das von der See geschaut wird, der Wirkung zweier Metalle, die sich berühren; sie zeigt sich in dem Wachsen unserer Kraft beim Nahen oder Gehen eines Freundes, in der Erfahrung poetischer Produktivität, die sich nicht findet im Zuhausebleiben noch im Reisen, sondern nur in den Übergängen vom einem zum andern, die darum auch geschickt ausgebeutet und eingerichtet werden müssen, um so viel Oberfläche als möglich zu geben; diese Herrschaft über zwei Elemente muß auch die Macht und den Reiz Platos erklären. Die Kunst drückt das Eine und Identische durch das Verschiedenartige aus. Der Verstand sucht die Einheit in der Einheit zu erkennen; die Poesie sie durch das Mannigfaltige zu zeigen, d. h. stets an einem Gegenstande oder Symbol. Plato führt stets beide Gefäße, eins mit Äther und eins mit Pigment gefüllt, an der Seite, und gebraucht stets und unwandelbar alle beide. Thatsachen zu Thatsachen gereiht, wie Statistik, wie pragmatische Geschichte, sind nur Inventarien. Thatsachen als Rede gebraucht sind von unerschöpflichem Reiz. Plato wendet uns in unaufhörlicher Abwechslung bald die zugekehrte, bald die abgekehrte Seite der Medaille Jupiters zu.

Um ein Beispiel zu geben: Die Naturphilosophen hatten jeder seine Theorie der Welt entworfen; die Atom-Theorie, die Theorie des Feuers, die der Strömung und die des Geistes: Theorien, deren Grundgedanke bald ein mechanischer, bald ein chemischer war. Plato, ein Meister der Mathematik, ein eifriger Erforscher aller Naturgesetze und Gründe, fühlt, daß dies lauter zweite Ursachen sind und als solche für Welttheorien nicht geeignet, sondern nur Inventarien und Verzeichnisse sind. Daher schickt er der Naturforschung das Dogma voraus: „Wir wollen die Ursache erklären, welche den Höchsten Lenker bewog, das Universum hervorzubringen und zu organisieren. Er war gut, und wer gut ist, der kennt keinen Neid. Frei vom Neide wünschte er, daß alle Dinge so viel möglich ihm selbst gleichen sollten. Wer da immer, von weisen Männern belehrt, dies als den ersten Grund des Ursprungs und der Schöpfung der Welt zugeben wird, der wird von der Wahrheit nicht fehlgehen." „Alle Dinge sind um des Guten willen, es ist der Grund alles Schönen." Dieses Dogma belebt und personificiert seine ganze Philosophie.

Die Synthese, die für seinen Geist charakteristisch ist, offenbart sich in all seinen Gaben. Wo immer der Geistesumfang ein ungewöhnlich großer ist, finden wir Vorzüge, die sich im lebendigen Menschen leicht vereinigen, und doch in der Schilderung unvereinbar scheinen. Der Geist Platos läßt sich nicht in einem chinesischen Katalog ausstellen, sondern kann mir von einem eigenartigen Geiste in der Ausübung seiner eigenartigen Macht erfaßt werden. Das freieste Sichgehenlassen ist bei ihm mit der Präcision eines Geometers verbunden. Seine kühne Phantasie giebt ihm nur um so sichereren Halt in den Thatsachen, so wie die Vögel, die am höchsten fliegen, die kräftigsten Flugbeine haben. Sein aristokratischer Schliff, seine innerliche Eleganz, geschärft von einer so feinen Ironie, daß sie sticht und lähmt, schmücken die kräftigste Gesundheit und den mächtigsten Körperbau. Nach dem alten Satze: „Wenn Zeus zur Erde herabsteigen würde, würde er im Stile Platos sprechen." Verbunden mit diesem vornehmen Palast-Ton liegt in der Tendenz mehrerer seiner Werke und im Wesen aller ein gewisser Ernst, der sich im Staat und im Phaedon bis zur Frommheit erhebt. Man hat wider ihn vorgebracht, daß zur Zeit von Sokrates Tode er sich krank gestellt hätte. Aber die Anekdoten, die sich aus jener Zeit erhalten haben, bezeugen, wie männlich er beim Volke sich für seinen Meister einsetzte; ist doch auch der wilde Schrei in den Massen die wider Plato ausbrechen, erhalten. Auch die Empörung, mit der er sich in vielen seiner Werke gegen demokratische Regierungsformen ausspricht, verrät eine persönliche Gereiztheit. Er besitzt eine Rechtschaffenheit, eine natürliche Ehrfurcht für Recht und Ehre und eine Menschlichkeit, die ihn weich gegen den Aberglauben des Volkes stimmt. Hierzu kommt noch sein Glaube, daß Poesie, Weissagung und die höchste Einsicht von einer Erkenntnis kommen, über die der Mensch nicht Herr ist, daß die Götter nie philosophieren, sondern daß diese Wunder durch eine Art himmlischer Verzückung vollbracht werden. Von diesen Flügelrossen getragen schwebt er bis in die nebelhaften Regionen, besucht Welten, in die Fleisch nicht eindringen kann; er sah die Seelen in Pein, er hört das Urteil des letzten Richters, er schaut die strafende Metempsychose, die Schicksalsgöttinnen mit Spinnrocken und Schere und hört das betäubende Surren ihrer Spindel.

Aber seine Besonnenheit ließ ihn nie im Stich. Man möchte glauben, daß er die Inschrift auf den Thoren von Busyran gelesen: „Sei kühn" – und auf dem zweiten Thor: „Sei kühn, sei kühn, und immer wieder sei kühn!" und dann am dritten Thor sorglich eingehalten, das die Inschrift trug: „Sei nicht zu kühn!" Seine Stärke gleicht dem Kraftmoment eines fallenden Planeten, seine Diskretion dem geregelten Rücklauf der vollen Kurve, die dieser beschreibt – so herrlich ist seine griechische Liebe zu den harmonischen Schranken, seine Gewandtheit der Definition. Beim Lesen einer Logarithmentafel kann man nicht sicherer sein, als wenn man Plato auf seinen Flügen folgt. Nichts kann kälter sein als sein Haupt, wenn die Blitze seiner Phantasie über den Himmel spielen. Er ist mit seinem Denken fertig, bevor er es vor den Leser bringt, seine Werke sind überreich an all den Überraschungen eines Meisters der litterarischen Komposition. Er verfügt über jene Fülle, die ihm bei jeder Wendung gerade die Waffe bietet, die er braucht. So wie der reiche Mann nicht mehr Kleider trägt, nicht mit mehr Pferden fährt, noch in mehr Zimmern sitzt als der Arme, sondern nur stets das Kleid, das Gespann, kurz das Mittel hat, das für seinen Zweck und die Stunde das geeignete ist, so ist der Überfluß Platos unbeschränkt, und nie fehlt ihm das passende Wort. Es giebt in der That keine Waffe in der ganzen Rüstkammer des Geistes, die er nicht besessen und gebraucht hätte, die Kunst der Epik wie die der Analyse, Wahnsinn, Intuition, Musik, Satire und Ironie bis zum gewöhnlichsten Ausdruck und zur Höflichkeit herab. Seine erläuternden Bilder sind Poesie und seine Scherze Bilder. Sokrates' Profession der Hebammenkunst ist ernste Philosophie und daß er im Gorgias die Worte „Kocherei" und „Schmeichelkunst" für die Rhetorik fand, das leistet uns noch heute gute Dienste. Kein Redner kann sich an Wirkung mit dem vergleichen, der gute Spitznamen zu geben versteht.

Und wie weiß er sich zu mäßigen, wie seine Behauptungen einzuschränken und seinen Donner mitten im Rollen anzuhalten: Er hat dem Bürger und

Hofmann gutmütig alles in die Hand gegeben, was gegen die Schulen gesagt werden kann. „Denn die Philosophie ist eine elegante Sache, wenn einer sich bescheidentlich mit ihr befaßt? aber wenn einer sich mit ihr mehr abgiebt, als sich gehört, dann verdirbt sie den Mann." Er konnte leicht generös sein, er, der bei der sonnengleichen Centralität seines Wesens und der Weite seines Gesichts, einen wolkenlosen Glauben besaß. So wie seine Erkenntnis, war seine Rede: er spielt mit dem Zweifel und nimmt ihn so ernst als möglich; er scheint nur zu malen und zu sticheln und so nebenbei kommt eine Sentenz, die Land und Meer in Bewegung setzt. Der wunderbare Ernst kommt nicht bloß in einzelnen Stellen, in dem vollkommenen Ja und Nein des Dialogs, sondern in ganzen Strömen von Licht. „Ich, o Kallikles, bin daher von diesen Gründen überzeugt, und bedenke nunmehr, wie sich meine Seele vor dem Richter in gesunderem Zustand zeigen mag. Darum werde ich die Ehren, welche die meisten Menschen schätzen, nun nicht mehr beachten, nur nach der Wahrheit trachten und mich bestreben, in Wirklichkeit so tugendhaft zu leben als ich kann, und wenn ich sterbe, so zu sterben. Und ich lade auch alle andern Menschen, bis zum Äußersten meiner Kraft, und auch dich lade ich, der Reihe nach, zu diesem Wettkampf, der, ich behaupte es, alle anderen Wettkämpfe in Schatten stellt.

Groß ist auch die Ausgeglichenheit seines Wesens; mit dem feinsten Denken verbindet er eine solche Gleichmäßigkeit, ein so richtiges Verhältnis unter all seinen Fähigkeiten, daß die Menschen in ihm ihre eigenen Träume und Geistesblitze verwertet und nach ihrem Wert geltend gemacht sehen. Ein überaus gesunder Menschenverstand giebt ihm die Berechtigung und auch die Qualifikation, der Dolmetscher der Welt zu sein. Er hat Geist, wie alle philosophischen und poetischen Menschen ihn haben, aber er hat auch das, was ihnen fehlt, jenen kräftigen auflösenden gesunden Sinn, seine Poesie nicht in Widerstreit mit den Erscheinungen der Welt zu bringen, und eine Brücke von den Straßen der Städte zur Atlantis zu bauen. Nie überspringt er die Stufen und führt seine Gedanken, wie verlockend und malerisch auch der Abgrund an seiner Seite sein mag, immer auf zugänglichem Wege zur Ebene hinab. Er schreit nie in Ekstase, reißt uns nie plötzlich in poetische Entzückungen hinauf.

Plato erfaßte die Cardinalfacta. Er konnte sich auf die Erde werfen und die Augen bedecken, in der Anbetung dessen, was weder gezählt, noch gemessen, noch erkannt oder genannt werden kann; das, von dem alles gesagt und alles geleugnet werden kann, das „was Sein und Nichtsein ist." Er nannte es „überwesentlich." Er war sogar bereit – wie im Parmenides – zu beweisen, daß es so sei, daß dieses Wesen die Schranken des menschlichen Verständnisses überschreite. Kein Mann hat jemals das Unaussprechliche rückhaltloser anerkannt. Aber nachdem er so, gleichsam als Vertreter des Menschengeschlechtes, dem Unendlichen seine Huldigung dargebracht hatte, richtete er sich wieder empor und behauptete, wieder zum Menschengeschlechts gewendet: „Und dennoch giebt es Erkenntnis!" das will sagen: das Asien in seinem Geiste wurde zuerst von ganzem Herzen geehrt, der Ocean von Liebe und Kraft, der vor der Form, vor dem Willen, vor der Erkenntnis geht, das ewig Gleiche, Gute, Eine – dann aber, erfrischt und gestärkt durch diese Andacht, kehrt der Instinkt Europas ihm wieder, der Trieb der Bildung, und er ruft aus: „Und dennoch giebt es Erkenntnis!" Ja es giebt Erkenntnis, die Natur der Dinge ist erforschlich, weil, da alle von Einem ausgehen, es Zusammenhänge zwischen ihnen giebt. Es giebt eine Stufenleiter der Dinge, und die Wechselbeziehungen vom Himmel zur Erde, von der Materie zum Geiste, vom Teil zu dem Ganzen, sind unser Führer. So wie es eine Wissenschaft der Sterne giebt, die Astronomie genannt wird, eine Wissenschaft von den Quantitäten, die Mathematik, eine Wissenschaft von den Qualitäten, die Chemie genannt wird; so giebt es eine Wissenschaft von den Wissenschaften – ich nenne sie Dialektik – die nichts anderes ist, als die Art wie der Geist das Falsche und Wahre unterscheidet. Sie beruht auf der Beobachtung von Identität und Verschiedenheit, denn Urteilen heißt mit einem Gegenstande den Begriff verbinden, der zu ihm gehört. Die Wissenschaften, – selbst die besten, Astronomie und Mathematik – sind wie Sportsleute, die nach jeder Beute greifen, die sich ihnen darbietet, auch wenn sie keinen Gebrauch dafür haben. Die Dialektik muß sie erst den Gebrauch derselben lehren. "Sie ist von solcher Natur, daß kein mit Verständnis begabter Mensch irgend eine Forschung um ihrer selbst willen beginnen wird, sondern nur in der Absicht, sich selbst in der einen Wissenschaft, die alle andern umfaßt, vorwärts zu bringen."

„Das Wesen oder die Eigentümlichkeit des Menschen ist, ein Ganzes zu erfassen, das, was in der Mannigfaltigkeit der Empfindungen sich unter einer rationalen Einheit zusammenfassen läßt." „Die Seele, welche niemals die Wahrheit erfaßt hat, kann nicht in menschliche Form übergehen." Ich verkünde den Menschen den Intellekt. Ich verkünde ihnen die Wohlthat, von dem Geiste durchdrungen zu werden, der die Natur geschaffen; nämlich die Wohlthat, die Natur verstehen zu können, die er geschaffen hat und schafft. Die Natur ist gut, aber Intellekt ist besser, wie der Gesetzgeber vor dem Gesetznehmer kommt.

Freuet euch mit mir, ihr Söhne der Menschen, denn die Wahrheit ist allenthalben heilsam, freuet euch, daß wir hoffen können, zu erforschen, was das eigentliche Selbst eines jeden Dinges ist. Das Elend des Menschen ist, daß er um das Schauen des Wesens betrogen und mit Vermutungen gespeist wird: aber das höchste Gut ist etwas Wirkliches, die höchste Schönheit ist ein Wirkliches; und alle Tugend und alles Glück hängen von dieser Wissenschaft des Wirklichen ab: denn Mut ist nichts anderes als Wissen: das schönste Geschick, das einem Menschen begegnen kann, ist von seinem Dämon zu dem geleitet werden, was in Wahrheit seinem Wesen entspricht und angehört. Das ist auch das Wesen der Gerechtigkeit, daß jeder sich an das halte, was ihm eigentümlich angehört: ja zur Idee der Vortrefflichkeit könnt ihr gar nicht gelangen als durch das direkte Schauen des göttlichen Wesens. Also Mut! denn „die Überzeugung, daß wir das suchen müssen, was wir nicht wissen, wird uns unvergleichlich besser, tapfrer und thätiger machen, als wenn wir es für unmöglich hielten zu entdecken, was wir nicht wissen, und für nutzlos, danach zu forschen.“ Es sichert uns eine Position, die von keiner anderen beherrscht werden kann, durch seine Leidenschaft für das was wirklich ist, und schätzt die Philosophie nur in so weit, als sie den Genuß gewährt, mit dem wirklichen Wesen der Dinge zu thun zu haben.

So voll des Europäischen Geistes gab er das Wort: Bildung. Er sah die Institutionen Spartas und erkannte, man kann sagen, in genialerer Weise als irgend jemand seit ihm, den Wert und die Hoffnung der Erziehung. Er hatte eine unendliche Freude an jedem persönlichen Vorzug, an jedem graziösen und nützlichen und wahrhaften Thun; vor allem aber an dem Glanz des Genies und geistiger Thaten. „Der ganze Wert des Lebens, o Sokrates, sagte Glaukon, liegt für den Weisen darin, solche Reden wie die deinen anzuhören.“ Welchen Preis setzt er auf die Glanzleistungen des Talents, auf die Gaben des Perikles, des Isokrates, des Parmenides! Welchen Preis über alle Preise auf die Talente selbst! Götter nannte er die verschiedenen Fähigkeiten in seinen herrlichen Personifikationen. Welchen Wert für die Erziehung legt er der Gymnastik bei, welchen der Geometrie, der Musik, der Astronomie, deren beruhigende und heilende Macht er preist. Im Timäus giebt er die höchste Verwendung an, die wir von unseren Augen machen können: „Von uns ist behauptet worden, daß Gott das Augenlicht zu dem Zwecke geschaffen und uns gewährt, damit, wenn wir die Kreise die der Geist in den Himmeln zog, geschaut, wir die unseres eigenen Geistes gehörig verwenden, welche, obgleich getrübt wenn sie mit jenen verglichen werden, die so einheitlich sind, dennoch mit ihren Bahnen in Verbindung stehen, und damit, nachdem wir es so gelernt haben, und da wir von Natur aus mit einer korrekten Denkfähigkeit begabt sind, wir nach dem Vorbild der ewig gleichen Bahnen der Gottheit unsere eigenen Wanderungen und Irrwege verbessern können." Und im Staate: „Durch jede dieser Disciplinen wird ein gewisses Organ des Geistes zugleich gereinigt und neubelebt, welches durch Studien anderer Art geblendet und begraben war; ein Organ, das zu schonen wichtiger ist, als zehntausend Augen, da nur durch dieses allein die Wahrheit erkannt werden kann."

Er sagte Bildung, aber vorerst ließ er ihre Basis gelten, und räumte den angeborenen Vorzügen bei weitem den höheren Rang ein. Sein patricischer Geschmack legte Gewicht auf die Unterschiede der Geburt. In der Lehre vom organischen Charakter und von der Veranlagung liegt der Ursprung der Kasten. „In die Zusammensetzung jener, die fähig sein sollten zu regieren, mischte die formende Gottheit Gold; in die der kriegerischen Silber; Eisen und Erz für die Handwerker und Bauern." Der Osten bestätigt sich zu allen Zeitaltern in diesem Glauben. Im Koran ist von diesem Thema, den Kasten, ausführlich die Rede: „Die Menschen haben ihr Metall, Gold und Silber. Jene von euch, die die Würdigen waren im Zustande der Unwissenheit, werden auch die Würdigen sein im Zustand des Glaubens, sobald ihr ihn annehmet." Plato war nicht minder fest. „Von den fünf Reihen der Dinge, können der großen Mehrheit der Menschen nur vier gelehrt werden." In der Republik betont er die Temperamente der Jugend als das Erste von allem.

Ein glücklicheres Beispiel für das Gewicht, daß er auf die Natur legt, findet sich in dem Dialog mit den jungen Theages, der bei Sokrates Unterricht zu nehmen wünscht. Sokrates erklärt, daß, wenn einige dadurch weise geworden daß sie sich zu ihm gesellten, ihm kein Dank dafür gebühre: sondern dieselben seien einfach, während sie mit ihm gewesen, weise geworden, nicht aber durch ihn; er giebt vor, die Art und Weise, wie es geschehen, nicht zu wissen. „Vielen ist es nicht gegeben, noch können jene im Verkehr mit mir Vorteil finden, gegen die der Dämon sich sträubt, so daß es mir gar nicht möglich ist, mit solchen zu leben. Mit vielen wieder geht es so, daß es mich am Verkehr mit ihnen nicht hindert, sie aber dennoch keinerlei Vorteil davon haben. So, o Theages, ist der Verkehr mit mir beschaffen: denn, wenn es dem Gotte gefällt, wirst du große und rasche Fortschritte machen; du wirst keine machen, wenn es ihm nicht gefällt. Urteile nun, ob es nicht sicherer ist, sich von einem jener unterrichten zu lassen, die über den Nutzen, den sie den Menschen mitteilen, Gewalt haben, als von mir, der Nutzen bringen kann oder nicht, wie es kommen mag." Es ist, als ob er gesagt hätte: „Ich habe kein System. Ich kann keine Verantwortung für dich übernehmen. Du wirst das werden, was du sein mußt. Wenn zwischen uns Liebe möglich ist, dann wird unser Verkehr ganz unbegreiflich genußreich und nutzbringend sein; wenn nicht, dann verlierst du deine Zeit und wirst mich nur ärgern. Ich werde dir thöricht erscheinen, und der Ruf, den ich habe, falsch. Gänzlich über uns, außerhalb meines und deines Willens, ist jene geheime Anziehung oder Abneigung gelegen. All mein Gutes ist magnetisch und ich erziehe nicht durch Lektionen, sondern dadurch, daß ich meinen Geschäften nachgehe."

Er sagte: Bildung, er sagte: Natur, aber er verfehlte nicht, hinzuzufügen: „Dann ist noch das Göttliche da." Es kann kein Gedanke in irgend ein Haupt kommen, der nicht auch bestrebt wäre, sich zu einer Macht zu organisieren, und eine ungeheure Instrumentalität aus allen möglichen Mitteln organisieren würde. Plato, der die Schranken liebt, liebt auch das, was keine Schranken kennt, er kannte die Erleuchtung und Veredelung, die durch die Wahrheit selbst, das Gute selbst zustande gebracht werden, und versuchte ihm, gleichsam von seiten des menschlichen Intellekts entsprechend zu huldigen – eine Huldigung, wie sie der unendliche Geist empfangen konnte, wie sie dem menschlichen Intellekt zu erweisen geziemte. Und er sagte: „Unsere Fähigkeiten erstrecken sich hinaus in die Unendlichkeit und kommen von dorther zu uns zurück. Wir können nur ein kleines Stück weit definieren, dann kommt ein Faktum, das sich nicht überspringen läßt, und vor dem die Augen zu verschließen Selbstmord ist." Alle Dinge liegen in einer Stufenleiter, und wir mögen beginnen wo wir wollen, sie steigen empor und steigen empor. Alle Dinge sind symbolisch, und was wir Resultate nennen, sind Anfänge."

Einen Schlüssel zur Methode und Vollständigkeit Platons bildet seine zweimal zweigeteilte Linie. Nachdem er die Beziehung zwischen dem absoluten Guten und Wahren und den Formen der intelligibeln Welt erläutert hat, sagt er: „Man schneide eine Linie in zwei ungleiche Teile." „Jeden dieser zwei Teile – von welchen der eine die sichtbare, der andere die intelligible Welt vorstellen soll – schneide man wiederum, und, indem nun die beiden neuen Abschnitte den hellen und den dunkeln Teil dieser Welten vorstellen, bekommt man für den einen der beiden Abschnitte der sichtbaren Welt: Bilder, das heißt sowohl Schatten als Spiegelbilder; für den anderen Abschnitt, die Objekte dieser Bilder, das heißt Pflanzen, Tiere und die Werke der Kunst und Natur. Nun teile man die intelligible Welt in gleicher Weise, so wird der eine Abschnitt derjenige der Meinungen und Hypothesen, der andere der der Wahrheiten sein." Diesen vier Abschnitten entsprechen die vier Operationen des Geistes: Vermutung, Glaube, Verstand und Vernunft. So wie jeder Pfuhl das Bild der Sonne wiederspiegelt, so bringt uns jeder Gedanke und jedes Ding ein Bild und ein Geschöpf des höchsten Guten. Das Universum ist von Millionen Kanälen für seine Thätigkeit durchbohrt. Alle Dinge steigen und steigen.

Überall nimmt sein Geist diesen Aufschwung; im Phaedros, wenn er lehrt, daß die Schönheit das lieblichste aller Dinge sei, überall Heiterkeit verbreite, und Sehnsucht und Vertrauen durch das Weltall ausgieße, wo immer sie hingelange, und in einem gewissen Grade gelange sie überall hin; daß es aber ein Anderes gebe, das noch um eben so viel schöner sei als Schönheit, als die Schönheit herrlicher als das Chaos, nämlich die Weisheit, die unser wunderbares Sehorgan nicht erreichen könne, welche jedoch, könnte sie geschaut werden, uns durch ihre vollkommene Wirklichkeit in Entzücken versetzen würde. Ebenso hoch stellt er sie als die Quelle aller Vorzüglichkeit in den Werken der Kunst. „Wenn ein Künstler bei der Ausführung irgend eines Werkes auf das sieht, was von Ewigkeit ist, weil es dem Ewig-Gleichen, dem Ewig-Identischen entspricht; und wenn er, ein Modell von solcher Art verwendend, seine Idee und seine Kraft im Werke zum Ausdruck bringt; dann muß notwendig folgen, daß sein Werk schön wird. Aber wenn er nur das zu schauen vermag, was geboren wird und stirbt, wird es weit von der Schönheit entfernt sein."

So immer: das Gastmahl enthielt eine Lehre im selben Geiste, die heute das Gemeingut aller Poesie und aller Predigten und Lehren der Welt geworden ist, daß die Liebe der Geschlechter etwas Unvollkommenes sei, und nur ein entferntes Symbol sei für die leidenschaftliche Liebe der Seele zu jenem unendlichen See von Schönheit, den zu suchen sie da ist. Dieser Glaube an die Göttlichkeit kommt ihm nie aus dem Geist und bildet die Grundlage all seiner Dogmen. Der Leib kann Weisheit nicht lehren – nur Gott. In diesem Sinne behauptet er immer wieder, daß Tugend nicht gelehrt werden könne, daß sie keine Wissenschaft sondern eine Inspiration sei; daß unsere größten Güter durch eine Art Wahnsinn hervorgebracht und durch ein göttliches Geschenk uns zugewiesen werden.

Dies führt mich zu jener centralen Gestalt, die er zum Mittelpunkt seiner Akademie gemacht hat, als das Organ, durch welches die jedesmal in Betracht gezogene Meinung verkündet werden soll, und dessen Biographie er gleichfalls so verarbeitet hat, daß die historischen Thatsachen sich im Lichte von Platos Geist verloren haben. Sokrates und Plato sind das Doppelgestirn, das die kräftigsten Instrumente niemals völlig werden trennen können. Sokrates wiederum bietet in seinen Zügen und seinem Geiste das beste Beispiel jener Synthese in der Platos außerordentliche Kunst beruht. Sokrates, ein Mensch von niederer Herkunft, jedoch ehrsam genug, dessen Geschichte die denkbar gewöhnlichste ist, von einer persönlichen Hausbackenheit, die so auffällig ist, daß sie für andere zum Gegenstand ihres Witzes wird, umsomehr als seine derbe Gutmütigkeit und erlesener Geschmack für einen guten Spaß den Witz herausforderte, der unfehlbar heimgezahlt wurde. Die Schauspieler stellten ihn auf der Bühne dar, die Töpfer malten sein häßliches Gesicht auf ihre Steinkrüge. Er war ein kaltblütiger Gesell, der mit seinem Humor die vollkommenste Gemütsruhe verband und eine Menschenkenntnis, die, mit wem immer er zu thun haben mochte, den andern in jeder Debatte der sicheren Niederlage entgegenführt – und an Debatten hatte er eine unmäßige Freude. Die jungen Leute haben ihn unglaublich gern und laden ihn zu ihren Gelagen ein, und er kommt zu denselben der Gespräche wegen. Er kann auch trinken wie einer, hat den widerstandsfähigsten Kopf in Athen; und geht, wenn er die ganze Gesellschaft unter den Tisch getrunken, fort als ob nichts geschehen wäre, um mit irgend einem, der nüchtern ist, neue Dialoge zu beginnen. Kurz er war, was man bei uns einen „Gewitzten" oder einen „Alten, der's dick hinter den Ohren hat" nennt.

Er gefiel sich in einer ganzen Reihe gut-bürgerlicher Neigungen, er liebte Athen ganz ungemein, konnte Bäume nicht leiden und erschien niemals aus freien Stücken außerhalb der Stadtmauern, er kannte die alten Wahrzeichen, wußte auch die Langweiligen und Philister zu schätzen, und hielt alles was athenisch war, für ein wenig besser als irgendwas an irgend einem anderen Orte. In seinen Gewohnheiten und seiner Rede war er einfach wie ein Quäker, gefiel sich in den Redewendungen des gemeinen Volkes, in Gleichnissen von Hühnern und Wachteln, Suppenpfannen und Sykomorenlöffeln, Reitknechten und Hufschmieden und gar nicht nennbaren Handwerken – besonders wenn er mit superfeinen Leuten plauderte. Er besaß eine Lebensweisheit, ähnlich der Benjamin Franklins. So bewies er einem, der sich fürchtete, zu Fuß nach Olympia zu wandern, daß der Weg dahin nicht mehr ausmachte, als sein tägliches Hin-

und Hergehen im Hause, entsprechend fortgesetzt, mit Leichtigkeit ergeben mußte.

Gerader alter Onkel, der er war, mit seinen großen Ohren, ein Plauderer, der des Redens nicht müde wurde, – lief doch das Gerücht, daß er bei ein oder zwei Gelegenheiten im Böotischen Kriege eine Entschlossenheit gezeigt hatte, die den Rückzug einer ganzen Schar gedeckt hatte; und man erzählte sich auch eine Geschichte, daß er unter dem Deckmantel der Narrheit im Stadtvorstand, als er zufällig eines Tages darin Sitz hatte, einen Mut gezeigt, indem er allein der Stimme des Volkes opponierte, der ihm fast das Leben gekostet hätte. Er ist sehr arm, aber er ist auch abgehärtet wie ein Krieger und kann von ein paar Oliven leben, lebt gewöhnlich, im stengsten Sinne des Wortes, von Wasser und Brot, außer wenn er bei seinen Freunden zu Gast ist. Seine notwendigen Ausgaben waren außerordentlich geringe, und niemand konnte so leben, wie er es that. Er trug kein Unterkleid, sein Oberkleid war Sommer und Winter dasselbe, und er ging stets barfuß. Man erzählt sich, daß er, um sich sein Lieblingsvergnügen – den ganzen Tag mit eleganten und gebildeten jungen Leuten behaglich zu verplaudern – verschaffen zu können, hie und da zu seiner Werkstatt zurückkehre und Statuen meißele so gut sie eben ausfallen wollten, die er dann verkaufe. Wie es damit auch sein mochte, gewiß ist nur, daß er an nichts anderem mehr Freude fand als an diesen Gesprächen, und daß unter dem heuchlerischen Vorgeben, nichts zu wissen, er all die Schönredner, all die seinen Philosophen von Athen, Einheimische wie Fremde, von Kleinasien und von den Inseln, alle angreift und unterkriegt. Niemand kann es ablehnen, sich mit ihm ins Gespräch einzulassen, er ist so ehrlich, so wirklich wißbegierig, ein Mann, der sich willig überführen ließ, wenn er nicht die Wahrheit reden sollte, und willig andere überführte, wenn sie etwas behaupteten, was falsch war; und dem es nicht weniger Befriedigung bereitete, überführt zu werden als zu überführen! denn seiner Ansicht nach konnte kein größeres Übel den Menschen begegnen, als falsche Meinungen über das, was recht und was unrecht war. Ein unerbittlicher Streiter, der nichts wußte, aber dessen übermächtiger Intelligenz kein Mensch gewachsen war, keiner auf den Grund kommen konnte, dessen Gleichmut unerschütterlich war, dessen furchtbare Logik immer nur Spiel zu sein schien, immer in Scherzen sich bewegte; so sorglos und unwissend, daß er die Vorsichtigsten entwaffnete und sie in der freundlichsten Weise in schauderhafte Zweifel und Verwicklungen schleppte. Er aber wußte stets den Weg, der aus dein Netz hinausführte, wußte ihn, wollte ihn jedoch nicht sagen.

Da giebt es keine Rettung, mit seinen Dilemmas treibt er sie zu schrecklichen Alternativen und spielt und wirft die Gorgiasse und Hippiasse mit all ihrer Weltberühmtheit, wie ein Knabe seine Bälle wirft. Der tyrannische Realist Menon hat tausendmal ausführlich über die Tugend gesprochen, in vielen Gesellschaften und, wie es ihm schien, recht gut; und in diesem Augenblick vermag er nicht einmal zu sagen, was sie ist, – so hat ihn dieser Krampffisch von einem Sokrates behext.

Dieser hartköpfige Humorist, dessen seltsame Einfälle, dessen Spaßhaftigkeit die jungen Patrizier so sehr ergötzten, während das Gerücht von seinen Aussprüchen und Sticheleien täglich mehr herum kommt, ist, wie sich in der Folge herausstellt, von einer Rechtschaffenheit, die ebenso unbezwinglich ist wie seine Logik, und ist entweder wahnsinnig, oder verbirgt unter dem Deckmantel seiner Spielereien eine begeisterte Religiosität. Angeklagt vor den Richtern, daß er die Volksreligion untergrabe, behauptet er die Unsterblichkeit der Seele, künftigen Lohn und Strafe, und da er zu widerrufen sich weigerte, wurde er in einer Laune des Volksgerichts zum Tode verurteilt und ins Gefängnis geschickt. Sokrates ging ins Gefängnis und nahm dem Orte all seine Schmach, es konnte kein Gefangenhaus sein, so lange er darin war. Kriton bestach den Kerkermeister, aber Sokrates wollte nicht durch Schleichwege befreit werden. „Was für Ungelegenheiten auch daraus erfolgen mögen, nichts geht dem Rechte vor. Das höre ich wie Trommeln und Pfeifen, die mich für alles taub machen, was ihr sagen könnt." Der Ruhm dieses Gefängnisses, der Ruhm der Gespräche, die darin geführt wurden, und das Trinken des Schierlingssaftes bilden eine der wunderbarsten Stellen der Weltgeschichte.

Das seltene Zusammentreffen des Possenreißers und des Märtyrers in einem häßlichen Körper, des schärfsten Wortkämpfers von Markt und Straße mit dem sanftesten Heiligen, den die Geschichte jener Zeit kannte, hatte auf den für diese Kontraste so empfänglichen Geist Platos den tiefsten Eindruck gemacht, und die Gestalt des Sokrates rückte notwendigerweise von selbst in den Vordergrund der Scene als die zur Mitteilung der geistigen Schätze, die er zu offenbaren hatte, geeignetste Persönlichkeit. Es war ein seltener Glücksfall, daß dieser Äsop des Pöbels und der vornehme Gelehrte sich begegneten, um einander durch ihre wechselseitigen Fähigkeiten unsterblich zu machen. Die seltsame Synthese, die in Sokrates' Charakter lag, mußte die Synthese im Geiste Platos verkappen. Außerdem konnte er sich auf diese Weise offen und ohne sich einem Vorwurf auszusetzen, des Witzes und der Autorität des Sokrates bedienen, denen er unzweifelhaft viel verdankte, während diese hinwieder ihren Hauptvorteil von der vollendeten Kunst Platos empfingen.

Es bleibt mir nun noch übrig zu sagen, daß was Plato an Macht über die Gemüter abgeht, eine unvermeidliche Folge seiner Grundeigenschaften ist. Seine Ziele sind geistige, und sein Ausdruck ist daher der des Gelehrten. Ob er zum Himmel emporsteigt, in den Abgrund hinabtaucht, ob er die Gesetze des Staates, die Leidenschaft der Liebe, die Reue des Verbrechens, die Hoffnung der scheidenden Seele erörtert, – er thut es stets als Gelehrter und nie anders. Es ist fast der einzige Abzug, der von Platos Verdienst gemacht werden muß, daß seine Schriften nicht – und dies ist zweifellos nur der unbedingten Herrschaft des Intellekts in seinen Schriften zuzuschreiben – jene urkräftige Autorität haben, welche die Freuden- und Schmerzensrufe der Propheten und die Predigten ungebildeter Araber und Juden besitzen. Seine Werke lassen stets einen Zwischenraum; und für die Kohäsion ist Berührung erforderlich.

Ich weiß nicht, was man gegen diese Kritik anderes vorbringen kann, als daß wir hiermit auf eine Thatsache gestoßen sind, die in der Natur der Dinge begründet ist: Eine Eiche ist eben kein Orangenbaum. Die Eigenschaften des Zuckers bleiben beim Zucker, die des Salzes beim Salz.

Zum zweiten hat er kein System. Die treuesten Verteidiger und Schüler stoßen auf Schwierigkeiten. Er versuchte eine Theorie des Weltalls und seine Theorie ist weder vollständig noch in sich klar und geschlossen. Der eine glaubt, daß er dies gemeint, der andere jenes; an einer Stelle hat er dies gesagt, und an einer anderen das Gegenteil. Man wirft ihm vor, daß er den Übergang der Ideen in die Materie zu erklären unterlassen habe. Vor uns liegt die Welt, gesund wie eine Nuß, vollkommen in sich, nicht das kleinste Restchen von Chaos ist in ihr zurückgeblieben, nirgends ist ein Stich oder ein Fadenende zu sehen, nirgends ein Zeichen von Übereilung, nichts geflickt und nichts nachgebessert – aber die Theorie der Welt ist nur Fetzen und Flickwerk.

Die längste Woge verliert sich rasch im Meer. Plato hätte gerne einen Platonismus geschaffen, einen bewußten, durchdachten und präcisen Ausdruck für die Welt; und er sollte auch präcis werden. Es soll die Welt sein, durch den Geist Platos hindurchgegangen – nichts weniger! Jedes Atom soll die platonische Färbung haben; jedes Atom, jede Beziehung, jede Qualität, die ihr früher gekannt, sollt ihr umlernen und hier wiederfinden, aber geordnet wiederfinden, nicht mehr Natur, sondern Kunst. Und ihr werdet fühlen, daß Alexander in der

That mit Mannen und Rossen einige Reiche des Planeten überritt; aber die Reiche und die Dinge, aus denen die Reiche bestehen, die Elemente, ja der Planet selber, die Gesetze des Planeten und der Menschen haben diesen Mann durchdrungen, wie Brot seinen Leib, und sind nicht länger Brot, sondern Leib geworden, und so ist dieser Mammutbissen Plato geworden. Er hat der Welt sein Verlagsrecht aufgedruckt. Dies ist der Ehrgeiz des Individualismus. Aber dies Mundvoll hat sich als zu groß erwiesen. Die Boa constrictor hat den besten Willen es aufzuessen, aber es gelingt ihr nicht. Sie scheitert am Versuch und erwürgt sich im Beißen: die angebissene Welt hält den Rachen der Schlange an den eigenen Zähnen fest. Und so geht sie zu Grunde, und die unbezwungene Natur lebt fort und vergißt es. So ergeht es allen, und so mußte es auch Plato ergehen. Verglichen mit der ewigen Natur sind Platos Werke nur philosophische Übungen. Er spricht über diese Seite und über jene. Der scharfsinnigste Deutsche, der liebendste seiner Schüler vermochte nicht zu sagen, was Platonismus sei; und in der That, man kann bei jeder großen Frage wundervolle Sätze aus seinem Text für die entgegengesetzten Meinungen citieren.

Diese Dinge müssen wir aussprechen, wenn wir das Bestreben Platos oder irgend eines anderen Philosophen, mit der Natur fertig zu werden, beurteilen sollen, – die Natur läßt nicht mit sich fertig werden. Keine Macht des Genies hat bis heute in der Erklärung der Existenz auch nur den geringsten Erfolg gehabt. Es bleibt ein vollkommenes Rätsel. Aber es wäre ungerecht, Plato diesen Ehrgeiz zuzuschreiben. Es soll nicht scheinen, daß wir seinen ehrfurchtgebietenden Namen mit Leichtfertigkeit behandeln. Alle Menschen haben je nach dem Maße ihrer geistigen Fähigkeit seine über alles Maß hinausgehenden Leistungen anerkannt. Wenn man ihn kennen lernen will, muß man ihn nicht mit der Natur, sondern mit anderen Menschen vergleichen. Wie viele Generationen sind vorübergegangen, und noch immer steht er unerreicht! Ein gewaltigster Bau des Menschengeistes, wie Karnak oder die Kathedralen des Mittelalters, oder die etruskischen Ruinen, bedarf es des ganzen Umfangs menschlicher Fähigkeiten, um ihn zu erfassen. Ich glaube, er wird am richtigsten geschaut, wenn er mit der meisten Ehrfurcht geschaut wird. Sein Sinn vertieft sich, seine Bedeutung wächst, je mehr man sich mit ihm befaßt. Wenn wir sagen: er enthält eine wunderschöne Sammlung von Fabeln, oder wenn wir seinen Stil preisen, seinen gesunden Verstand, oder seine Arithmetik, dann sprechen wir wie Schuljungen, und ich hege den Verdacht, daß ein guter Teil unserer ungeduldigen Kritik seiner Dialektik nicht um ein Haar besser ist. Diese Kritik gleicht der Ungeduld, die wir über die Länge der Meilen empfinden, wenn wir Eile haben? es ist doch immer noch am besten, wenn die Meile siebzehnhundertundsechzig Ellen lang ist. So hat auch Platos großes Auge Licht und Schatten nach dem Geiste unseres Lebens bemessen und verteilt.

Plato. Neue Lektüre

Die Veröffentlichung der vortrefflichen Übersetzung von Platos Werken in Mr. Bohns „ Serial library," welche wir für eine der größten Wohlthaten halten, die uns durch die Veranstaltung billiger Ausgaben bisher erwiesen worden sind, giebt uns Gelegenheit, in der Eile noch einige wenige Bemerkungen über die Polhöhe und Stellung dieses Fixsterns aufzuzeichnen, oder, wie die Journale, eine Rubrik des Inhalts: „Letzte Nachrichten über Plato" hinzuzufügen.

Durch die ungeheuere Ausdehnung ihrer Untersuchungen über die herrschenden Naturgesetze hat die moderne Wissenschaft es dahin gebracht, den, der sich mit dem Studium des Menschen beschäftigt, für die Mängel der Individuen, durch den von ihr entdeckten Fortschritt und das Emporsteigen der Rasse zu entschädigen, und durch das einfache Mittel, den wüsten und gewaltigen Hintergrund unserer Geschichte zu erleuchten, hat sie ein Gefühl der Wohlgefälligkeit und der Hoffnung zu erzeugen vermocht. Der Mensch hat den Saurier und die Pflanze hinter sich. Seine Künste und Wissenschaften, die leichtgeborene Frucht seines Gehirns, sehen großartig und herrlich aus, wenn sie vom entfernten Hirn des Ochsen, des Krokodils und des Fisches perspektivisch betrachtet werden. Es sieht so aus, als ob die Natur, nachdem sie in fünf oder sechs Jahrtausenden fünf oder sechs Menschen wie Homer, Phidias, Menu und Columbus hervorgebracht, mit diesem Resultat keineswegs unzufrieden wäre, sobald sie die geologische Nacht hinter uns in Betracht zieht. Diese Exemplare bewiesen jedenfalls die Vortrefflichkeit des Baumes. Diese wenigstens waren zweifellos ein Fortschritt vom Trilobiten und Saurier und eine gute Basis für weiteres Fortschreiten. Die Natur ist eine Künstlerin, der Zeit und Raum billig zu stehen kommen, und der es gleichgiltig ist, wenn man ihr langwierige Vorbereitungsarbeiten vorwirft. Sie wartete geduldig durch all die verfließenden Perioden der Paläontologie, bis die Stunde schlug, in der der Mensch da sein sollte. Und wieder mußten unendliche Zeitläufte dahingehen, ehe die Bewegung der Erde geahnt, und wieder neue, ehe die Karte der Instinkte und bildungsfähigen Kräfte gezeichnet werden konnte. Aber ebenso wie die

Aufeinanderfolge der Rassen, so ist auch die der einzelnen Menschen eine streng gesetzmäßige und schöne, und Plato hatte das Glück, in der Geschichte der Menschheit eine Epoche zu bezeichnen.

Platos Ruhm beruht nicht auf irgend einem besonderen Schlusse, noch auf irgend einem Meisterstück soldatischer Argumentation, noch auf irgend einer besonderen These, wie etwa auf der Unsterblichkeit der Seele. Er ist weit mehr als ein bloßer Experte, als ein Schulmann oder ein Geometer, kurz als der Prophet einer einzigen Botschaft. Er repräsentiert das Vorrecht des Geistes, nämlich die Fähigkeit, jedes Faktum von Stufe zu Stufe emporzuführen, und so in jedem den Keim der Expansion zu enthüllen. Diese Expansionen sind im Wesen des Denkens begründet. Der Naturforscher kann uns durch keine Entdeckung über die Ausdehnung des Weltalls zu ihnen verhelfen, er ist genau so arm, wenn er die Nebelsterne des Orion verzeichnet, als wenn er die Winkel eines Grundstücks mißt. Aber der Staat Platos – von dem kann man sagen, daß er kraft jener Expansionen die Astronomie des Laplace unvermeidlich nach sich zog und darum auch anticipierte. Die Expansionen sind organisch. Der Geist schafft das nicht, was er wahrnimmt, so wenig, wie das Auge die Rose schafft. Wenn wir Plato dennoch das Verdienst zuschreiben, sie verkündigt zu haben, so sagen wir damit nur: daß wir in ihm einen vollkommen ausgestatteten Menschen erkennen müssen, der auf die Natur die ganze Stufenleiter der Sinne, des Verstandes und der Vernunft anzuwenden verstand. Diese Expansionen oder Ausdehnungen bestehen in der Fortsetzung des geistigen Gesichts über den Horizont hinaus, der unser natürliches Gesicht so plötzlich endigt, und in der Wahrnehmung der langen Linien der Weltgesetze, die nach jeder Richtung über die Kreislinie aus dem unsichtbaren Gebiete herein und in dasselbe hinaus strahlen, eine Wahrnehmung, die durch jenes zweite Gesicht möglich wird. Überall steht er auf einem Pfade, der kein Ende hat, sondern in ununterbrochener Fortsetzung rund um das All läuft. Darum wird jedes seiner Worte zu einem Exponenten der Natur. Alles, worauf sein Blick fällt, enthält eine zweite tiefere Bedeutung und noch mehr Bedeutungen. Wie er die Zeugung aus den Gegensätzen erkennt, die des Todes aus dem Leben, und des Lebens aus dem Tod – das Gesetz, kraft dessen in der Natur Zersetzung nichts anderes als neue Zusammensetzung und Fäulnis und Cholera nur Zeichen neuer Schöpfungen sind; wie er das Kleine im Großen und das Große im Kleinen wahrnimmt: den Staat im Bürger und den Bürger im Staate untersucht, und es zuletzt zweifelhaft läßt, ob er die Republik nicht nur als eine Allegorie der

Erziehung der einzelnen Seele gemeint hat; seine wundervollen Definitionen der Ideen, der Zeit, der Form, der Erscheinung, der Linie, die manchmal nur hypothetisch gegebenen Definitionen, wie die der Tugend, des Mutes, der Mäßigkeit und Gerechtigkeit; seine Vorliebe für das Gleichnis und seine Gleichnisse selbst: die Höhle des Trophonius, der Ring des Gyges, der Wagenlenker und die beiden Pferde, das goldene, silberne, erzene und eiserne Temperament; Theuth und Thamus, und die Visionen des Hades und der Schicksalsgöttinnen, – Fabeln, die sich dem Gedächtnis der Menschheit eingeprägt haben wie die Zeichen des Tierkreises; sein sonnenhaftes Auge und seine gütige Seele, seine Lehre der Assimilation, seine Lehre der Erinnerung, seine klare Erkenntnis der Gesetze des Kreislaufs oder der Reaktion, die die augenblickliche Gerechtigkeit im Weltall sichern, welche in all seinen Schriften belegt wird, insbesondere aber in der Lehre, daß, „was von Gott zu uns kommt, auch von uns zu Gott zurückkehrt," und in dem Glauben des Sokrates, daß die Gesetze hienieden Schwestern der Gesetze droben sind.

Noch schlagendere Beispiele bieten seine moralischen Schlußfolgerungen. Plato behauptet, daß Wissen und Tugend zusammenfallen, denn das Laster kann niemals sich selbst oder die Tugend erkennen, aber die Tugend kennt sowohl sich selbst als das Laster. Das Auge erkennt, daß Gerechtigkeit das beste sei, so lange sie Vorteil bringe; Plato lehrt, daß sie unbedingt Vorteil bringe, daß der Vorteil ein innerlicher sei und statthabe, auch wenn der Gerechte seine Gerechtigkeit vor Göttern und Menschen verberge; daß es besser sei, Unrecht zu leiden, als Unrecht thun; daß der Sünder die Strafe verlangen und ersehnen müßte, daß die Lüge schädlicher sei als Mord, und daß Unwissenheit oder die unwillkürliche Lüge unheilvoller sei als unwillkürlicher Totschlag: daß die Seele sich richtiger Anschauungen nur ungern berauben lasse, und daß kein Mensch freiwillig sündige, daß der Weg der Natur vom Geiste zum Körper führe, und daß, wenngleich ein gesunder Körper nicht einen kranken Geist gesund machen, so doch ein gesunder Geist den Körper zum bestmöglichen machen könne. Die Einsichtigen haben ein Recht über die Unwissenden, nämlich das Recht, sie zu belehren. Die richtige Strafe für den, der nicht nach der Melodie spielt, ist, ihn richtig spielen zu lehren; die Strafe, welche die Guten, die nicht regieren wollen, zahlen müssen, ist, daß sie von einem Schlechteren regiert werden; daß die Wachen des Herrschers nicht nach Gold und Silber greifen sollen, sondern darüber belehrt werden sollen, daß in ihren Seelen Gold und Silber ist, welches die Leute bereitwillig machen wird, ihnen alles, was sie brauchen, zu geben.

Dieses zweite Gesicht erklärt auch die Wichtigkeit, die er der Geometrie beilegt. Er erkannte, daß der Erdglobus nicht gesetzmäßiger und genauer eingerichtet sein konnte, als der übersinnliche, daß auf diesem eine himmlische Geometrie herrschen müsse, wie eine Logik der Linien und Winkel hienieden; daß die Welt durch und durch mathematisch sei; daß wie die Verhältnisse des Sauerstoffs und Stickstoffs und Kalkes konstant sind, so wie Wasser und Schiefer und Magnesia in sicheren Mengen vorhanden sind, die geistigen Elemente nach nicht weniger konstanten Verhältnissen sich gruppieren.

Dieser älteste Goethe, dem alle Tünche und Lüge ein Abscheu war, hatte eine unendliche Freude daran, das Wesentliche, das als Basis unter dem Zufälligen ruht, zu enthüllen, überall Zusammenhang, Kontinuität und Symbolik zu entdecken; er haßt alle Isolierung und erscheint wie der Gott des Reichtums unter den Hütten der Landstreicher und belebt neue Kräfte und Fähigkeit in allem, was er berührt. Wie neu und leer war die ethische Erkenntnis, als Plato die folgenden Worte schreiben konnte: „Von allen, deren Erörterungen den Menschen der Gegenwart hinterlassen sind, hat noch keiner das Unrecht verurteilt und das Recht anders gepriesen als mit Hinsicht auf den Ruf, die Ehren und Vorteile, die daraus entspringen, während, was das Wesen beider an sich ausmacht, und was sie für die Seele dessen, der ihrer teil hat, bedeuten, selbst wenn sie vor Göttern und Menschen verborgen wären, noch keiner weder in Vers noch in Prosa zur Genüge untersucht hat, – wie nämlich das eine das größte aller Übel ist, das die Seele in sich tragen kann, und das Recht das größte aller Güter."

Seine Definition der Ideen als des Einfachen, Dauernden, Einheitlichen, Von-selbst-Existirenden, durch welche er sie für immer von den Verstandesbegriffen unterschied, bedeutet eine neue Ära in der Welt. Er ward geboren, die zu unendlicher Entwicklung aus sich selbst drängende, immer neue Enden und Ziele erzeugende Kraft des Geistes zu schauen; eine Kraft, die der Schlüssel der Centralität wie des ewigen Schwindens der Dinge ist. Plato selbst hat ein so sicheres Centrum, daß er sich alle Dogmen ersparen könnte. Die Thatsache der Erkenntnis und der Ideen offenbart ihm die Thatsache der Ewigkeit; und er bietet die Lehre von der Erinnerung als die wahrscheinlichste besondere Erklärung. Man mag das phantastisch nennen – das ändert nichts; der Zusammenhang zwischen unserem Wissen und dem Abgrund des Seins ist darum doch ein realer, und die Erklärung darf nicht weniger großartig sein.

Er hat jeden wichtigen Punkt im spekulativen Denken der Menschheit bereits angedeutet. Er schrieb nach der Skala des Geistes selbst, sodaß alle Dinge auf seiner Tafel symmetrisch erscheinen. Er hat die ganze Vergangenheit, ohne zu ermüden, darin aufgenommen und sich mit den Details mit einem Mute abgegeben, wie er ihn in der Natur selbst wahrnahm. Man könnte sagen, daß jeder seiner Vorläufer ein Gehöft, einen Distrikt, eine Insel in der geistigen Geographie aufgenommen habe, während Plato zuerst den Erdkreis gezeichnet hat. Er macht den Geist in der Natur heimisch und den Menschen zum Mikrokosmus. All die Kreise des sichtbaren Himmels stellen ebensoviele Kreise der vernünftigen Seele dar. Es giebt kein Molekül, das außerhalb der Naturgesetze stünde, und es giebt nichts Zufälliges in der Aktion des menschlichen Geistes. Auch die Namen der Dinge sind vom Verhängnis bestimmt und folgen ihrer Natur. Alle Götter des Pantheons haben eine bestimmte Bedeutung, die in ihrem Namen liegt. Die Götter sind die Ideen. Pan ist die Sprache oder Offenbarung, Saturn das Betrachtende, Zeus der königliche Geist und Mars die Leidenschaft. Venus ist die Harmonie, Kalliope die Weltseele, Aglaia die geistige Erläuterung Im englischen Text lauten die beiden letzten Worte: „ intellectual illustration“ Für die richtige Wiedergabe derselben kann der Übersetzer nicht Gewähr leisten, da es ihm trotz aller Bemühungen nicht gelang, die betreffende Platostelle ausfindig zu machen.

Diese Gedanken waren schon oft in frommen und poetischen Seelen gleich Lichtfunken aufgeflammt, aber nun kam dieser feingebildete, alles wissende griechische Geometer mit seinem beherrschenden Geiste, stellt sie alle in geordnete Reihen, als der Euklid des Heiligen, und vermählt die beiden Teile der Natur. Vor allen anderen Menschen erkannte er den geistigen Wert des sittlichen Gefühls. Er zeichnet sein eigenes Ideal, wenn er im Timaeus einen Gott schildert, der die Dinge aus der Verwirrung zur Ordnung führt. Er entzündete ein Feuer, das so genau im Mittelpunkte brennt, daß es die Weltkugel erleuchtet und wir die Pole und den Äquator unterscheiden können und die Breitenkreise und jeden Bogen und jede Masche im Netz: eine Theorie von so sicheren Maßen und so schmiegsamen Modulationen, daß man glauben möchte, die Luftwogen ganzer Zeitalter müßten diesen rhythmischen Bau durchströmt haben, und nicht, daß es das eilige Extempore-Gekritzel eines kurzlebigen Schreibers sei. Daher ist es auch gekommen, daß eine scharf umschriebene Gattung von Geistern, nämlich alle jene, die ihre Freude daran finden, jeder Wahrheit einen geistigen, das heißt einen ethisch-intellektuellen Ausdruck zu geben, in dem sie auf ein jenseitiges Ziel verweisen, zu dem sie gehört und das ihr gebührt, als platonisierende Geister bezeichnet werden. So ist Michelangelo ein Platoniker in seinen Sonetten. Shakespeare ist ein Platoniker, wenn er schreibt: „Kein Mittel kann die Natur verbessern, sondern die Natur schafft jedes Mittel“, oder:

„Wer es vermag
Mit Treue dem gefallnen Herrn zu folgen,
Siegt über den, der seinen Herrn besiegte,
Und schafft sich einen Platz in der Geschichte.“

Hamlet ist der reine Platoniker, und es ist nur die Großartigkeit von Shakespeares eigenem Genius, die ihn nicht als den hervorragendsten der Vertreter dieser Schule bezeichnen läßt. Swedenborg ist in seinem Gedicht in Prosa „Eheliche Liebe“ durchaus Platoniker.

Die Einheit seines Geistes empfahl ihn allen Denkern. Das Geheimnis seines volkstümlichen Erfolges ist das sittliche Ziel, das ihn der Menschheit teuer machte. „Der Geist,“ sagt er, „ist der König über Himmel und Erde“, aber bei ihm ist der Geist stets Sitte. Seine Schriften haben auch die ewige Jugend der Poesie. Denn die meisten seiner Reden hätten sich eben so gut in Sonette legen lassen, und nie hat eine Poesie sich in herrlichere Höhen erhoben als im Timäus und Phädrus. Und gleich dem Poeten ist auch er kontemplativ gewesen. Er brach nicht wie Pythagoras sein eigenes Wesen durch die Schöpfung einer Institution. Seine ganze Darstellung in der Republik ist als ein Mythos aufzufassen, durch welchen er, manchmal in grellen Farben, seinen Gedanken klar machen wollte. Man kann keine Institution gründen, ohne der Gefahr des Charlatanismus zu verfallen.

Es war eine großartige Idee, das absolute Privilegium, das er den Besten gab – und das er, um es emphatisch zu betonen, durch Weibergemeinschaft ausdrückte, als den Lohn, den er der Größe versprach. Zwei Arten von solchen soll es geben, die außerhalb der Gesetze stehen, jene, die durch ihren Unwert unter den Schutz des Gesetzes hinabgesunken – die Geächteten, und zweitens jene, die durch die Höhe ihres Wesens und ihrer Verdienste für eine Belohnung unerreichbar sind: die sollen frei vom Stadtrecht sein und über dem Gesetz. Wir vertrauen sie sich selbst an, sie mögen mit uns verfahren, wie sie wollen. Keiner soll sich herausnehmen, die Unregelmäßigkeiten eines Michelangelo und Sokrates nach dem Dorfmaßstab zu beurteilen.

Im achten Buch seiner Republik streut er uns ein wenig mathematischen Sand in die Augen. Es thut mir leid, daß er nach so vornehmer Überlegenheit den Regierenden die Lüge gestatten will. Plato wagt es, mit den Geringeren ein wenig Vorsehung zu spielen, so wie es die Leute sich mit ihren Hunde und Katzen gestatten.

Swedenborg oder der Mystiker

Die hervorragenden Persönlichkeiten, welche den Menschen am teuersten sind, gehören nicht zur Klasse, die der Nationalökonom im prägnanten Sinn „produktiv" nennt; es sind Leute, die nichts in den Händen haben; sie haben nie Korn gepflanzt, noch Brot gebacken, sie haben keine Kolonie gegründet und keinen Webstuhl erfunden. Einen höheren Rang in der Achtung und Liebe dieser städtebauenden, märktebesuchenden Menschenrasse nehmen die Dichter ein, die aus ihrem geistigen Königreiche Geist und Phantasie mit Ideen und Bildern nähren, welche die Menschen über diese Welt von Geld und Brot emporheben und sie über die Mißerfolge des Tages und die Gemeinheiten ihrer Arbeiten und ihres Handels trösten. Nach diesen hat auch der Philosoph seinen Wert, der dem Verstande des Arbeiters schmeichelt, indem er ihn mit subtilen Dingen beschäftigt, die neue Fähigkeiten in ihm entwickeln. Andere mögen Städte bauen, seine Sache ist's, dieselben zu verstehen und die Ehrfurcht in ihnen zu erhalten. Aber es giebt noch eine andere Gattung von Menschen, die uns in ein anderes Gebiet führen, – in die Welt der Ethik oder des Willens. Was an diesem Gebiete des Geistes eigentümlich ist, das ist der Anspruch, den es stellt. Wo immer das Rechtsgefühl auftritt, nimmt es den Vortritt vor allen anderen Empfindungen. Aus allen anderen Dingen kann ich Poesie machen, aber das sittliche Gefühl macht Poesie aus mir.

Ich habe manchmal gedacht, daß derjenige der modernen Kritik den größten Dienst erweisen würde, der die Verbindungslinie ziehen würde, die von Shakespeare zu Swedenborg führt. Der menschliche Geist ist stets in großer Verlegenheit: er verlangt Geist und er verlangt Heiligkeit und mag eines nicht ohne das andere leiden. Aber der Versöhner ist noch nicht erschienen. Wenn wir der Heiligen müde werden, ist Shakespeare unsere Zuflucht. Sogleich aber lehren uns die Instinkte selbst, daß das Problem des Seins vor allen anderen den Vortritt haben muß, – daß die Fragen Woher? Was? und Wohin? die tiefsten sind und daß die Lösung derselben in einem Leben und nicht in einem Buche zu finden sein könne. Ein Drama oder ein Poem ist nur eine approximative und indirekte Antwort, aber Moses, Menu und Jesus beschäftigen sich unmittelbar mit dem Problem. Die Atmosphäre des sittlichen Gesichts ist eine Region der Erhabenheit, in der alle materielle Pracht zum Spielzeug wird, und die dennoch dem armseligsten mit Vernunft begabten Wesen die Pforten des Alls eröffnet. Beinahe mit wilder Hast tritt es seine Herrschaft über den Menschen an. In der Sprache des Korans heißt es: „Gott sprach: Den Himmel und die Erde und alles, was zwischen ihnen ist, glaubt ihr, daß wir es zum Scherze geschaffen, und daß ihr nicht zu uns zurückkehren werdet?“ Es ist das Königreich des Willens, und da es den Willen inspiriert, der der Sitz der Persönlichkeit ist, scheint es das Universum in eine Person zu verwandeln.

„Die Reiche all des Seins, sie neigen dir sich zu.
Sind nicht nur alle dein, vielmehr sind alle Du!“

Alle Menschen sind dem Gebot des Heiligen unterworfen. Der Koran unterscheidet scharf die Klasse jener, die von Natur aus gut sind und deren Güte auf andere Einfluß hat, und nennt diese das Ziel der Schöpfung, alle anderen Menschenklassen sind zum Feste des Daseins nur als im Gefolge des Zuges der ersteren zugelassen. Und der persische Dichter ruft einer Seele von solcher Art zu:

„Geh kühn einher und feiere das Fest des Daseins,
Du bist berufen – die andern mit dir geduldet!“

Das Privilegium dieser Klasse ist, in die Geheimnisse und den Bau der Natur durch eine höhere Methode einzudringen, als die Erfahrung ist. Die Araber erzählen, daß Abul Khain der Mystiker und Abu Ali Sina der Philosoph miteinander konferierten; und beim Fortgehen sagte der Philosoph: „Alles was er schaut, das weiß ich,“ und der Mystiker sagte: „Alles was er weiß, das schaue ich.“ Wenn einer nach dem Grunde dieser Intuition fragen würde, so würde die Lösung uns zu jener Eigenschaft führen, die Plato als „Erinnerung“ bezeichnete, und welche in der Lehre der Brahminen von der Seelenwanderung mit enthalten ist. Da die Seele zu wiederholten Malen geboren worden, oder, wie die Hindu sagen „den Pfad des Daseins durch Tausende von Geburten wandelt“, da sie die Dinge gesehen hat, die hienieden, jene, die im Himmel und die, die im Abgrund sind, so giebt es nichts, von dem sie keine Kenntnis erlangt hat, und es ist daher kein Wunder, wenn sie bei irgend einem Dinge sich dessen zu erinnern imstande ist, was sie vorher davon gewußt. „Denn da alle Dinge in der Natur verkettet sind und in mannigfacher Beziehung zu einander stehen, und da die Seele schon ehedem alles gekannt hat, so liegt kein Hindernis vor, daß ein Mann, der ein Ding einmal sich in den Geist zurückgerufen, oder, wie die gewöhnliche Redensart lautet, einmal gelernt hat, von selbst all sein früheres Wissen wiedergewinne und alles Fehlende entdecke, wenn er nur Mut genug hat und nicht in der Mitte seiner Forschungen erlahmt. Denn Forschung und Lernen sind beides nur Erinnerung. Wie viel mehr nun, wenn der Forschende eine heilige und gottähnliche Seele ist! Denn eine Menschenseele, die der Urseele ähnlich geworden, durch welche und nach welcher alle Dinge existieren, strömt leicht in alle Dinge, und alle Dinge strömen in sie; so mischen sie sich, und sie gewinnt durch Gegenwart und Mitgefühl die Erkenntnis des Aufbaues und des Gesetzes der Dinge.

Dieser Pfad ist schwer, geheim und von Schrecken umgeben. Die Alten nannten ihn Ekstase oder Geistesabwesenheit, ein Heraustreten aus dem Leibe, um zu denken. In der Geschichte aller Religionen finden sich Spuren von der Verzückung der Heiligen – von einer Seligkeit, der jedes äußere Zeichen von Freude fehlt, die ernst, einsam, beinahe traurig ist, „die Flucht des Einsamen zum Einsamen" nannte sie Plotinus. „Μυεσις" das Schließen der Augen – davon unser Wort: Mystik. Die Verzückungen des Sokrates, des Plotinus, Porphyrius, Behmen, Bunyan, Fox, Pascal, Guion und Swedenborg werden uns sogleich erinnerlich. Aber was uns ebenso erinnerlich und auffällig wird, das ist die Begleiterscheinung dieser Verzückungen: die Krankheit. Diese Seligkeit kommt in Schrecken und mit furchtbaren Erschütterungen für den Geist, der sie empfängt. „Sie überfüllet dies Gefäß von Lehm" und treibt den Mann zum Wahnsinn, oder giebt ihm eine gewisse gewaltsame Richtung, die die Urteilskraft schädigt. In den hervorragendsten Beispielen religiöser Erleuchtung zeigt sich eine krankhafte Beimischung, trotz der unzweifelhaften Steigerung der geistigen Kräfte. Muß das höchste Gut eine Eigenschaft nach sich ziehen, welche es neutralisiert und entwertet?

„Jawohl, es nimmt
Von unsern Leistungen, wenn höchst gesteigert,
Das Mark mit sich von unsrer besten Kraft."

Wir dürfen vielleicht sagen, daß die sparsame Mutter so viel Erde und so viel Feuer mit bestimmtem Maß und Gewicht ausgiebt, um einen Menschen zu schaffen und nicht ein Quentchen zulegt und sollte darüber eine ganze Nation aus Mangel an einem Führer zu Grunde gehen. Darum erkauften die Männer Gottes ihr Wissen mit Narrheit oder Leid. Wenn du reine Kohle, den Diamant oder Karfunkel haben willst, um das Hirn transparent zu machen, so werden Rumpf und Organe um so größer werden, statt aus Porzellan sind sie aus Töpfererde, Lehm oder Kot.

In neuerer Zeit ist kein so merkwürdiger Fall dieses in sich gekehrten Geistes vorgekommen wie bei Emanuel Swedenborg, der im Jahre 1688 zu Stockholm geboren wurde. Dieser Mann, der seinen Zeitgenossen als ein Visionär, als ein Elixir von Mondstrahlen erschien, führte ohne Zweifel das realste Leben, das ein Mensch auf Erden führen kann, und heute, wo all die königlichen und herzoglichen Friedrichs, Christians und Braunschweigs jener Tage in Vergessen geraten sind, beginnt er sich in den Geistern von Tausenden auszubreiten. Wie es bei großen Männern der Fall zu sein pflegt, so schien auch er durch die Vielfältigkeit und Vollendung seiner Fähigkeiten eine Zusammensetzung von mehreren Personen zu sein, – gleich den Riesenfrüchten, die durch die Vereinigung von vier oder fünf einzelnen Blüten in Gärten gezeitigt werden. Sein Bau ist nach größeren Maßen eingerichtet und hat die Vorteile eines gewaltigen Umfangs. Und so wie es leichter ist, das Spiegelbild der Himmelssphäre in großen Kugeln zu sehen, auch wenn sie durch einen Sprung oder Schaden entstellt sein sollten, als in Wassertropfen, so nützen uns Menschen von mächtigem Kaliber wie Pascal oder Newton, auch wenn sie mit irgend einer Excentricität oder Narrheit behaftet sind, mehr als mittelmäßige Geister, die im Gleichgewichte sind.

Seine Jugend und Erziehung konnten nicht anders als ungewöhnlich sein. Solch ein Knabe konnte nicht pfeifen oder springen, sondern geht graben in Berge und Schachte und wirft spähende Blicke in die Chemie, Optik, Physiologie, Mathematik und Astronomie, um Bilder zu finden, die in das Maß seines vielseitigen und umfassenden Hirnes passen. Er war ein Gelehrter schon als Kind und wurde zu Upsala erzogen. Im Alter von achtundzwanzig Jahren wurde er von Karl dem Zwölften zum Assessor des Bergrates ernannt. Im J. 1716 verließ er seine Heimat für vier Jahre und besuchte die Universitäten in England, Holland, Frankreich und Deutschland. Er vollbrachte eine bemerkenswerte Leistung als Ingenieur bei der Belagerung von Fredericshall im Jahre 1718, indem er zwei

Galeeren, fünf Boote und eine Schaluppe im königlichen Dienst etwa vierzehn englische Meilen weit über Land schaffte. Im Jahre 1721 bereiste er Europa, um Bergwerke und Schmelzöfen zu untersuchen. 1716 gab er seinen Daedalus Hyperboreus heraus und beschäftigte sich während der folgenden dreißig Jahre mit der Abfassung und Herausgabe seiner wissenschaftlichen Werke. Mit der gleichen Heftigkeit warf er sich auf die Theologie. Im Jahre 1743, als er vierundfünfzig Jahre alt war, begann, was man seine Erleuchtung nennt. All seine Metall- und Hüttenkunde, seine Schiffstransporte über Land wurden von dieser Ekstase verschlungen. Er hörte gänzlich auf, wissenschaftliche Bücher zu veröffentlichen, zog sich von seiner praktischen Thätigkeit zurück und widmete sich völlig dem Schreiben und Herausgeben seiner umfangreichen theologischen Werke, die teils auf seine Kosten, teils auf die des Herzogs von Braunschweig oder anderer Fürsten zu Dresden, Leipzig, London oder Amsterdam gedruckt wurden. Später legte er auch sein Amt als Assessor nieder; der Gehalt, der mit diesem Amt verbunden war, wurde ihm jedoch, so lange er lebte, fortbezahlt. Seine Amtspflichten hatten ihn in intimen Verkehr mit König Karl dem Zwölften gebracht, der ihn auszeichnete und oft seinen Rat einholte. In gleicher Gunst stand er bei dem Nachfolger des Königs. Beim Reichstag von 1751, sagt Graf Hopken, waren die brauchbarsten finanziellen Memoranda aus seiner Feder. In Schweden scheint er viel Aufmerksamkeit auf sich gelenkt zu haben. Sein ungewöhnliches Wissen, seine praktischen Fähigkeiten und Leistungen, und hierzu noch der Ruf des zweiten Gesichts und außerordentlicher religiöser Kenntnisse und Gaben führte Königinnen, Edelleute, Geistliche, Schiffsherren und alle Arten von Leuten in den Hafenstädten, durch die er auf seinen vielen Reisen kam, zu ihm. Der Klerus sträubte sich hier und da gegen die Einfuhr und Veröffentlichung seiner religiösen Schriften, aber er scheint sich die Freundschaft der Mächtigen erhalten zu haben. Er blieb unverheiratet. Sein Betragen war ungemein bescheiden und liebenswürdig. Seine Gewohnheiten waren einfach; er lebte von Milch, Brot und Pflanzenkost; er wohnte in einem Hause, das in einem weiten Garten lag; er kam mehrmals nach England, wo er die Aufmerksamkeit der Gelehrten und Vornehmen in keiner Weise auf sich gezogen zu haben scheint, und starb zu London am 29. März 1772 vom Schlage getroffen in seinem fünfundachtzigsten Jahre. Er wird uns während seines Aufenthaltes in London als ein Mann von ruhigen geistlichen Gewohnheiten geschildert, der Thee und Kaffee gern trank und freundlich gegen Kinder war. Er trug einen Degen zu seinem sammetnen Gala-Anzug und führte, so oft er ausging, einen Stock mit goldenem Knopf mit sich. Es existiert ein ziemlich gewöhnliches Portrait von ihm in altertümlichem Anzug und Perücke, aber das Gesicht hat einen schwärmerischen oder geistesabwesenden Ausdruck.

Der Genius, der das Wissen seines Zeitalters mit einem weit feineren, subtileren Wissen durchdringen sollte, der die Grenzen von Raum und Zeit überschreiten, in die Nebelregionen des Geisterreiches eindringen und eine neue Religion in der Welt zu errichten versuchen sollte, begann seine Studien in Steinbrüchen und Schmiedewertstätten, bei Schmelztiegeln und Retorten, in Schiffswerften und Seciersälen. Es giebt vielleicht keinen Menschen, der imstande wäre, über den Wert aller seiner Arbeiten zu urteilen, so mannigfach sind die Gegenstände derselben. Man freut sich zu erfahren, daß seine Bücher über Metalle und Bergwerke von den Sachverständigen als höchst wertvoll betrachtet werden. Es scheint, daß er vieles anticipierte, was erst die Wissenschaft des neunzehnten Jahrhunderts klarlegte, daß er in der Astronomie die Entdeckung des siebenten Planeten anticipierte, aber leider nicht auch die des achten; daß er die Anschauung der modernen Astronomie in Bezug auf die Entstehung der Erden aus der Sonne anticipierte, desgleichen im Magnetismus einige wichtige Experimente und Folgerungen späterer Forscher; in der Chemie die Atomtheorie, auf anatomischem Gebiet die Entdeckungen Schlichtings, Monros und Wilsons; und daß er zuerst die Funktion der Lungen demonstrierte. Sein vortrefflicher englischer Herausgeber legt hochsinnigerweise kein Gewicht auf seine Entdeckungen, da er zu groß gewesen, als daß ihm etwas hätte daran liegen können, originell zu sein; und wir können nun aus dem, auf was er verzichten kann, auf das schließen, was ihm bleibt.

Ein kolossaler Geist, liegt er in ungeheurer Ausdehnung, unverstanden, weit über ihren Horizont hinausreichend auf seiner Zeit; es bedarf einer gewaltigen Brennweite, ehe er sichtbar wird, und wie Aristoteles, wie Bacon, Selden, Humboldt beweist er, welch eine riesenhafte Ausdehnung des menschlichen Wissens, eine Art von Allgegenwart des Menschengeistes in der Natur, möglich ist. Seine großartigen Betrachtungen über Natur und Kunst, die geschrieben sind, als ob er von der Höhe eines Thurmes herab geschaut hätte, ohne je den Blick für das feine Gewebe und den Zusammenhang der Dinge zu verlieren, verwirklichen beinahe das Gemälde von der ursprünglichen Vollkommenheit des Menschen, das er selbst in seinen „Principia“ entworfen hat. Aber noch weit höher als all seine einzelnen Entdeckungen steht die ausgeglichene Allseitigkeit seines Wesens, der höchste seiner Vorzüge. Ein Wassertropfen hat wohl alle Eigenschaften der See, aber das Schauspiel eines Sturmes kann er nicht bieten.

Ein ganzes Konzert hat eine andere Schönheit als eine einzelne Flöte, ein Heer eine andere Stärke als ein Held, und an Swedenborg werden diejenigen, die unsere moderne Litteratur am besten kennen, vor allem den Eindruck des Massenhaften und des Reichtums bewundern. Er ist einer der Mammutriesen und Mastodonten der Litteratur, – ganze Kollegien von gewöhnlichen Gelehrten können sein Maß nicht erreichen. Seine gewaltige Gegenwart würde die Talare einer ganzen Universität in Verwirrung bringen. Unsere Bücher sind falsch, weil sie fragmentarisch sind; ihre Sentenzen sind Bonmots, nicht natürliche Teile der Rede; es sind kindische Ausdrücke des Erstaunens und der Freude an der Natur; oder sie verdanken – was noch schlimmer ist – ihrer Heftigkeit und Abkehr von der Natur eine kurze Berühmtheit, als Curiosa und Paradoxen, die in beabsichtigter Disharmonie mit der Natur und direkt zu dem Zwecke verfaßt sind, Staunen zu erregen, so wie es Taschenspieler thun, indem sie ihre Mittel verbergen. Aber Swedenborg geht systematisch vor, jeder Satz hält sich an die Wirklichkeit und nimmt auf die Welt Bezug; er zeigt all seine Mittel ehrlich vor, seine Fähigkeiten arbeiten mit astronomischer Genauigkeit, und diese wunderbare Art zu schreiben ist frei von aller Dreistigkeit und aller Ichsucht.

Swedenborg wurde in eine Atmosphäre von großen Ideen hineingeboren. Es ist schwer zu sagen, wie viel davon sein eigen war; jedenfalls haben die erhabensten Bilder des Weltalls sein Leben verherrlicht. Die kraftvolle aristotelische Methode, die, in ihrer eigenen Weite der Weite der Natur gewachsen, unsere sterile und lineare Logik durch ihre geniale Strahlung beschämt, die Grade und Stufenfolgen, Wirkungen und Ziele versteht und verwertet, die Kraft von der Form, das Wesen vom Accidens zu unterscheiden weiß und mit ihrer Terminologie und ihren Definitionen weite Landstraßen in die Natur hinein eröffnet, hatte eine Rasse athletischer Philosophen gezüchtet. Harvey hatte die Cirkulation des Blutes gezeigt, Gilbert hatte bewiesen, daß die Erde ein Magnet sei, Descartes, durch Gilberts Magneten mit seiner Rotation seinen Spiralen und seiner Polarität belehrt, hatte Europa die leitende Grundidee der rotierenden Bewegung als das Geheimnis der Natur gegeben. In demselben Jahre, in welchem Swedenborg geboren ward, veröffentlichte Newton seine „Principia“ und begründete die Lehre von der allgemeinen Gravitation. Malpighi, den hohen Doktrinen des Hippokrates, Lenkippus und Lucretius folgend, hatte dem Dogma Nachdruck gegeben, daß die Natur im Kleinsten schafft: „ tota, in minimis existit natura.“ Unerreichte Anatomen, Swammerdam, Leeuwenhoek, Winslow, Eustachius, Heister, Vesalius, Boerhaave hatten dem Scalpell und dem

Mikroskop auf dem Gebiet der menschlichen und der vergleichenden Anatomie wenig zu entdecken übrig gelassen; sein Zeitgenosse Linnaeus stellte auf seinem schönen Wissensfelde den Satz auf: „Die Natur bleibt sich immer selbst gleich?“ und zuletzt hatten Leibniz und Wolff die höchste Vollendung der Methode, die ausgedehnteste Anwendung der Principien in der Kosmologie gezeigt, während Locke und Glotius die moralischen Folgen gezogen hatten. Was war für einen Geist vom gewaltigsten Kaliber anderes übrig als das Gebiet all jener Männer zu durchschreiten, zu verifizieren und zu vereinheitlichen? Mit Leichtigkeit läßt sich in jenen Geistern der Ursprung von Swedenborgs Studien und die Anregung zu seinen Problemen erkennen. Er besaß die Fähigkeit, diese Bände von Gedanken in sich aufzunehmen und zu beleben. Und doch bietet die Nähe so vieler genialer Forscher, von welchen der eine oder der andere all seine leitenden Ideen zum erstenmal ausgesprochen hatte, ein neues Beispiel, wie schwer es ist, selbst bei einem Genius von höchster Produktivität die Originalität, die Erstgeburt und Verkündigung eines der Naturgesetze nachzuweisen.

Er benannte seine Gesichtspunkte, von welchen er die Dinge mit Vorliebe betrachtete: die Lehre von den Formen, die Lehre von den Reihen und Graden, die Lehre von den Einflüssen und die Lehre von den Wechselbeziehungen. Was er über diese Lehren sagt, verdient in seinen Werken studiert zu werden. Nicht jeder Mann kann sie lesen, aber sie werden den reichlich lohnen, der es vermag. Seine theologischen Werke geben wertvolle Erläuterungen zu denselben. Seine Schriften würden für einen einsamen und athletischen Forscher eine ausreichende Bibliothek geben, und seine „Ökonomie des animalischen Reiches“ ist eines jener Bücher, welche mit ihrer durchwegs festgehaltenen Würde des Gedankens der menschlichen Natur Ehre machen. Er hatte die Metalle und Spate nicht vergebens studiert. Sein mannigfaches und solides Wissen durchleuchtet seinen Stil in zahllosen Pointen und Gedankenblitzen, gleich einem jener Wintermorgen, in denen die Luft von Krystallen funkelt. Die Großartigkeit des Gegenstandes hat die Großartigkeit des Stils zur Folge. Er war berufen, über Kosmologie zu schreiben, da er jene angeborene Erkenntnis der Identitäten besaß, sodaß die bloße räumliche Ausdehnung für ihn bedeutungslos wurde. In einem Atom magnetischen Eisens erkannte er dieselbe Qualität, welche die Spiralbewegung von Sonnen und Planeten hervorrufen könnte.

Die Gedanken, in denen er lebte, waren: die Universalität jedes Gesetzes in der Natur; die Platonische Lehre von der Stufenfolge oder den Graden, die Wandlung oder Umwandlung jedes Dinges ins andere und somit die

Wechselbeziehungen aller Teile, das wundervolle Geheimnis, daß das Kleine das Große erklärt und das Große das Kleine: die Centralität des Menschen in der Natur und der Zusammenhang, der durch alle Dinge geht; er sah, daß der menschliche Körper im strengsten Sinne ein Kosmos sei oder ein Instrument, vermittelst dessen der Geist die ganze Materie verzehrt und in sich aufnimmt, sodaß er im schärfsten Gegensatz zu allen Skeptikern dafür hielt: „daß je weiser ein Mann sei, er desto mehr die Gottheit verehren werde," kurz er war ein gläubiger Anhänger der Identitätslehre, die er jedoch nicht müßig annahm wie die Träumer von Berlin oder Boston, sondern mit der er experimentierte, und die er durch jahrelange Arbeit begründete, mit der Kraft des rauhesten Wikings, den sein rauhes Schweden je in den Kampf geschickt.

Diese Theorie rührt von den ältesten Philosophen her und verdankt den neuesten vielleicht ihre besten Argumente. Es ist die Lehre, daß die Natur dieselben Mittel stets von neuem auf successiven Gebieten in Anwendung bringt. Im alten Aphorisma heißt es: Die Natur ist immer sich selbst ähnlich. In der Pflanze entwickelt sich das Auge, die sprossungsfähige Stelle zu einem Blatt und wieder zu einem Blatt, jedoch mit der Fähigkeit, das Blatt in ein Würzelchen, einen Staubfaden oder Griffel, in ein Blüten-, Kelch- oder Deckblatt oder in Samen umzuwandeln. Die ganze Kunst der Pflanze ist und bleibt, Blatt auf Blatt ohne Ende zu wiederholen, während ein größeres oder geringeres Maß von Wärme, Licht, Feuchtigkeit und Nahrung die Form bestimmt, die das Blatt anzunehmen hat. Im Tier formt die Natur einen Wirbel oder eine Achse von Wirbeln und hilft sich mit stets neuen Achsen, nebst einer beschränkten Fähigkeit, die Form derselben zu modifizieren, – und so arbeitet sie mit einer Achse nach der andern bis ans Ende der Welt. Ein poetisch veranlagter Anatom unserer Zeit lehrt, daß die Schlange, als eine Horizontale, und der Mensch, als eine Vertikale, zusammen einen rechten Winkel bilden; und zwischen den Linien dieses mystischen Quadranten finden alle beseelten Wesen ihren Platz; derselbe nimmt an, daß im Haarwurm, im Engerling oder in der Schlange bereits der Typus der Wirbelsäule gegeben oder vorangedeutet ist. Am Ende der Wirbelachse bringt die Natur deutlich kleinere Achsen als Arme an; am Ende der Arme neue Achsen als Hände, und am anderen Ende wiederholt sie denselben Vorgang in Bein und Fuß. Au der Spitze der Säule bringt sie abermals einen Wirbel an, der sich wie ein Engerling umlegt oder zur Kugel zusammenballt und den Schädel bildet und auch wieder Extremitäten aussendet: an Stelle der Hände tritt die obere Kinnlade, an die Stelle der Fuße der untere, die Finger und Zehen sind durch die oberen und unteren Zähne vertreten. Diese neue Achse ist zu hohen Zwecken bestimmt. Sie ist gleichsam ein zweiter Mensch auf den Schultern des ersten. Sie könnte beinahe ihren Rumpf fahren lassen und für sich allein zu leben versuchen, wie es Platon im Timaeus dargestellt hat. Und innerhalb dieses Gebildes wiederholt sich alles, was im Rumpfe geschieht, auf einem höheren Felde. Wiederum sagt die Natur ihre Lektion auf, doch in einer höheren Stimmung. Der Geist ist mir ein seiner organisierter Körper und nimmt alle Funktionen desselben: Ernährung, Verdauung, Absorption und Ausscheidung, nur in einem neuen und ätherischen Element vor. Hier im Gehirn wiederholt sich der ganze Ernährungsprozeß im Ausnehmen, Verdauen, Vergleichen und Assimilieren der Erfahrungen. Hier wiederholt sich das Mysterium der Zeugung. Im Gehirn finden sich sowohl männliche als weibliche Eigenschaften; hier wie in der Körperwelt haben wir Vermählung und Frucht. Und diese emporsteigende Stufenleiter kennt keine Schranken, sondern Reihe folgt auf Reihe. Alles, was auf dem Gebiet einer Funktion ans Ende gelangt ist, wird zur nächsten hinaufgenommen, und jede neue Reihe wiederholt pünktlich jedes Organ und jeden Prozeß der vorhergehenden. Eine Umwandlung und Anpassung ohne Ende geht mit uns vor. Wir sind schwer zu befriedigen und lieben nichts, was endet; und in der Natur giebt es auch nirgends ein Ende, sondern alles wird, wenn es einen Zweck erfüllt und die Bahn durchmessen, zu einem höheren emporgehoben, und dieses Emporsteigen aller Dinge führt bis zu den dämonischen und himmlischen Wesen hinauf. Die schöpferische Kraft wiederholt wie ein Compositeur unermüdlich dieselbe einfache Melodie, dasselbe simple Thema, jetzt hoch, jetzt tief, jetzt Solo, jetzt im Chor, zehntausendfach von allen Seiten wiederhallt, bis sie Erd' und Himmel mit dem Gesang erfüllt.

Die Gravitation, wie Newton sie erklärt hat, ist etwas Wunderschönes; aber noch großartiger wird sie, wenn wir finden, daß die Chemie nur in der Ausdehnung der Gesetze der Massen auf die kleinsten Teile beruht, und daß die Atomtheorie zeigt, daß auch die chemischen Bewegungen rein mechanische sind. Die Metaphysik zeigt eine Art von Gravitation, die auch in den geistigen Phänomenen wirksam ist; und die schrecklichen Tabellen der französischen Statistiker wollen sogar jeden Ausbruch von Humor und Laune auf exakte arithmetische Gesetze zurückführen. Wenn ein Mensch unter zwanzigtausend oder unter dreißigtausend Schuhleder ißt oder seine Großmutter heiratet, dann findet sich auch in jeden weiteren zwanzig- oder dreißigtausend einer, der

Schuhleder ißt oder seine Großmutter heiratet. Was wir Gravitation nennen und für das letzte Grundlegende halten, das ist mir ein Arm eines mächtigeren Stromes, für den wir noch keinen Namen haben. Die Astronomie ist etwas ganz Ausgezeichnetes, aber sie muß ins Leben eingreifen, um zu ihrem vollen Wert zu gelangen, und darf nicht in den Globen und im unendlichen Raum liegen bleiben. Das Blutkörperchen in den menschlichen Adern rotiert um seine Achse wie der Planet im Himmelsraum, und die Kreise des Intellekts hängen mit jenen des Himmels zusammen. Jedes Naturgesetz besitzt die gleiche Universalität: Essen, Schlaf und Winterruhe, Rotation, Zeugung, Metamorphose, Wirbelbewegung zeigen sich an einem Ei so gut wie an Planeten. Diese großen Reime, dieses Wiederkehren der Natur – wodurch das liebste, bestbekannte Gesicht uns an jeder Ecke in einer so unerwarteten Maske erschreckt, daß wir es für das Gesicht eines Fremden halten, und zuletzt selbst hoch in göttlichen Formen wiederkehrt, – entzückte das prophetische Auge Swedenborgs; und er muß als ein Führer jener Umwälzung betrachtet werden, welche, indem sie der Wissenschaft Ideen gab, einer ziellosen Anhäufung von Experimenten eine bestimmte Führung und Gestaltung und ein klopfendes lebendiges Herz verlieh.

Ich gestehe mit einigem Bedauern, daß seine gedruckten Werke etwa fünfzig starke Oktavbände ausmachen, von welchen die wissenschaftlichen Werke etwa die Hälfte bilden; und es scheint, daß eine Masse von Manuskripten noch unveröffentlicht in der königlichen Bibliothek zu Stockholm liegt. Die wissenschaftlichen Werke sind soeben in einer vortrefflichen Ausgabe ins Englische übersetzt worden.

Swedenborg publizierte diese wissenschaftlichen Werke in den zehn Jahren von 1734 bis 1744; von da an wurden sie vernachlässigt; und erst jetzt, nachdem mehr als ein Jahrhundert vergangen, hat er endlich in Herrn Wilkinson in London einen Schüler gefunden, einen philosophischen Kritiker von gleicher Kraft des Verstandes wie der Phantasie, in einem Maße, wie nur Lord Bacon beide vereinigte; und dieser hat die vergrabenen Bücher seines Meisters wieder ans Tageslicht gebracht und sie, zum äußersten Vorteil der Sache, aus ihrem vergessenen Latein ins Englische übersetzt, sodaß sie nun in unserer siegreichen Welthandelssprache sich über die Welt verbreiten können. Unterstützt, wie es heißt, durch die Munificenz Herrn Clissolds und des Übersetzers eigene schriftstellerische Begabung, ist dieser Akt poetischer Gerechtigkeit vollzogen worden. Die wunderbaren einleitenden Aufsätze, mit welchen Herr Wilkinson diese Bände bereichert hat, stellen die ganze zeitgenössische Philosophie

Englands in den Schatten und lassen mir auf ihren Gebieten nichts mehr zu sagen übrig.

Das „Animalische Reich" ist ein Buch von wunderbarem Werte. Es ist darin die höchste Aufgabe in Angriff genommen; es hat den Zweck, Wissen und Seele, die lange einander entfremdet waren, wieder zu einigen. Es ist der Bericht eines Anatomen über den menschlichen Körper, im höchsten Stile der Poesie geschrieben. Nichts kann die kühne und glänzende Behandlung eines gewöhnlich so trockenen und abstoßenden Gegenstandes übertreffen. Er sah die Natur „sich wie Blumengewinde an einer ewigen Spirale emporheben, mit Rädern, die nie vertrocknen, auf Achsen, die nie knarren", und versuchte manchmal „jene geheimen Schlupfwinkel aufzudecken, in denen die Natur an den Feuerstellen in den Tiefen ihrer Laboratorien schafft;" und dabei schafft sein Gemälde sich um so mehr Vertrauen durch die strenge Treue, mit der es auf der praktischen Anatomie basiert ist. Es ist bemerkenswert, daß dieser erhabene Genius sich peremptorisch zu Gunsten der analytischen und gegen die synthetische Methode entscheidet, und in einem Buche, dessen Geist die kühnste poetische Synthese ist, sich darauf beruft, daß er sich auf strenge Erfahrung beschränke.

Er, und wenn er der einzige wäre, kennt das Strömen der Natur, er weiß, wie weise die alte Antwort des Amasis war, welcher dem, der ihn den Ocean austrinken hieß, erwiderte: „Ja, gern, wenn du die Flüsse anhältst, die in ihn strömen." Wenige wußten so viel wie er über die Natur und ihre wunderbar feinen Wege, niemand hat ihre Wege so wunderbar fein dargestellt. Er fand, daß die Natur keine geringeren Ansprüche an unseren Glauben stellt als die Wunder. „Er bemerkte, daß es auf ihrem Wege von ihren ersten Principien durch all ihre Abstufungen keinen Zustand giebt, den sie nicht durchmacht, als ob ihr Weg durch alle Dinge führte." „... Denn, so oft sie sich aus sichtbaren Phänomenen emporschwingt, oder mit anderen Worten, sich ins Innere zurückzieht, verschwindet sie scheinbar augenblicklich, und niemand weiß, was aus ihr geworden ist oder wohin sie entflohen ist, und so wird es notwendig, sich der Wissenschaft zu bedienen, um sie auf ihren geheimen Pfaden zu verfolgen."

Daß er seine Untersuchung im Lichte eines Endzieles oder letzten Grundes betreibt, teilt der ganzen Schrift eine wunderbare Lebendigkeit, eine Art von Persönlichkeit mit. Das Buch verkündigt seine Lieblingslehren. Es sind die alte Lehre des Hippokrates, daß das Gehirn eine Drüse ist und die des Leukippos, daß das Atom nach der Masse beurteilt werden kann, oder, wie es im Platon heißt, der Makrokosmus nach dem Mikrokosmus; die auch in den Versen des Lucretius enthaltene Doktrin:

Ossa videlicet e pauxillis atque minutis
Ossibus, sic et de pauxillis atque minutis
Vicseribus viscus gigni, sanguemque creari
Sanguinis inter se multis coeuntibus guttis
Ex aurique putat micis consistere posse
Aurum et de terris terram concrescere parvis
Ignibus ex ignes, humorem humoribes esse.

Lib. I. 835

„Es bestehen die Knochen aus kleinen und winzigen Knochen,
Und so jedes Organ aus vielen und kleinen Organen,
So das Blut aus vielen zusammenströmenden Tröpflein,
Und aus Flimmerchen Goldes das Gold, es wachset zusammen
Die gewaltige Erde aus vielen winzigen Erden
Und aus Feuern das Feuer, und aus Feuchten die Feuchte."

Dieselbe Lehre, welche Malpighi in seiner Maxime: „Die Natur zeigt sich ganz in den kleinsten Teilen" zusammengefaßt hatte, ist ein Lieblingsgedanke Swedenborgs. „Es ist ein konstantes Gesetz der organischen Körper, daß große, zusammengesetzte, sichtbare Formen aus und durch kleinere, einfachere und zuletzt auch unsichtbare Formen bestehen, welche in ganz ähnlicher Weise wie die größeren funktionieren, nur noch in viel vollkommenerer und universellerer Weise; und gerade die allerkleinsten Wesen so vollkommen und universell, daß sie geradezu ein Abbild, eine Idee des ganzen Universums zu enthalten scheinen." Die Einheiten jedes Organes sind so und so viele kleine Organe, deren Natur dem zusammengesetzten homogen ist: die Einheiten der Zunge sind kleine Zungen, die des Magens kleine Mägen, die des Herzens kleine Herzen. Diese fruchtbare Idee liefert den Schlüssel zu allen Geheimnissen. Was zu klein war, um mit dem Auge entdeckt zu werden, das mußte aus seinen Aggregaten erkannt werden; was zu groß war, aus seinen Einheiten. Diesen Gedanken weiß er in unendlicher Mannigfaltigkeit zu verwerten und anzuwenden. „Der Hunger ist ein Aggregat aus vielen kleinen Hungererscheinungen oder Blutverlusten in den kleinen Äderchen des ganzen Körpers." – Derselbe Gedanke ist auch ein

Schlüssel zu seiner Theologie: „Der Mensch ist gewissermaßen ein winzig kleiner Himmel, der mit der Geisterwelt und dem Himmel in Verbindung steht. Jede einzelne Idee des Menschen, jede Gemütsbewegung, ja jeder kleinste Teil seiner Gemütsbewegung ist sein Bild und Ebenbild. An einem einzigen Gedanken kann ein Geist erkannt werden. Gott ist der ins Großartige erweiterte Mensch."

Die Kühnheit und Energie seiner Naturforschung führte ihn zu folgender Theorie der Formen: „Die Formen steigen in ordentlicher Reihenfolge von der niedersten zur höchsten empor. Die niederste Form ist die eckige oder irdische und körperliche. Die zweite und nächsthöhere Form ist die kreisförmige, die auch die perpetuell-angulare (fortgesetzt- oder beständig-eckige) genannt wird, weil die Peripherie des Kreises eine beständige Ecke ist. Die nächste Form über dieser ist die Spirale, die zugleich der Ursprung und das Maß aller Kreisformen ist, die Durchmesser derselben sind nicht mehr geradlinig, sondern mannigfache Kreise, und haben eine sphärische Fläche zu ihrem Centrum; darum wird diese Form die perpituell-cirkulare (fortgesetzt-kreisförmige) genannt. Die Form, die über dieser steht, ist die Wirbel-Form oder perpetuellspiralige; die nächste die perpetuelle Wirbelform oder die himmlische; endlich die perpetuell-himmlische: die spirituale."

Kann es befremden, daß ein so kühner Geist auch den letzten Schritt wagte, daß er zu vermeinen wagte, er würde die Wissenschaft aller Wissenschaften erreichen, den Sinn der Welt erschließen können? Im ersten Band des „Animalischen Reiches" berührt er diesen Gegenstand in einem bemerkenswerten Absatz:

„In unserer Lehre von den Repräsentanten und Wechselbeziehungen werden wir von diesen beiden Phänomenen, den symbolischen und typischen Ähnlichkeiten, zu sprechen haben, und von den erstaunlichen Dingen, welche sich nicht etwa nur im lebenden Körper, sondern in der ganzen Natur finden, und welche so vollkommen den höchsten und geistigen Dingen entsprechen, daß man schwören möchte, die ganze physische Welt sei nichts weiter als ein Symbol der geistigen Welt; und dies in solchem Grade, daß, wenn wir eine beliebige natürliche Wahrheit in physikalischen bestimmten Wortausdrücken aussprechen und diese Ausdrücke einfach durch die entsprechenden geistigen Ausdrücke ersetzen, wir sogleich eine geistige Wahrheit oder ein theologisches Dogma an Stelle der physischen Wahrheit oder Lehre gewinnen: obgleich kein Sterblicher vorausgesagt hätte, daß etwas Ähnliches durch bloße wörtliche Übersetzung sich würde ergeben können: um so mehr, als die eine Lehre, getrennt von der anderen betrachtet, absolut nichts mit ihr gemein zu haben scheint. Ich werde später eine Reihe von Beispielen solcher Wechselbeziehungen anführen, sowie ein Wörter-Verzeichnis, welches die technischen Bezeichnungen für geistige Phänomene sowie die entsprechenden physischen Ausdrücke, welche durch sie zu ersetzen sind, enthalten wird. Dieser Symbolismus durchsetzt den ganzen belebten Weltkörper."

Die Thatsache, die in diesen Worten ausführlich festgestellt ist, liegt stillschweigend aller Poesie, allen Allegorien und Fabeln, jeder Anwendung von Sinnbildern und dem Bau der Sprache zu Grunde. Plato wußte es bereits, wie aus seiner zweimal zwiegeteilten Linie im sechsten Buch des Staates hervorgeht. Lord Bacon hatte gefunden, daß Wahrheit und Natur sich nicht anders unterschieden als Siegel und Schrift, und er erbrachte einige physische Thesen samt ihrer Übersetzung ins Geistige oder Politische als Beispiele. Behmen und alle Mystiker wenden dieses Gesetz in ihren dunklen Rätselschriften an. Die Dichter gebrauchen es, so weit sie Dichter sind, aber es ist ihnen, so wie der Magnet seit Jahrhunderten bekannt war, nur als Spielzeug bekannt. Swedenborg war der erste, der die Thatsache specialisierte und in wissenschaftlicher Weise feststellte, weil sie ihm unaufhörlich gegenwärtig war und er sie auch nicht einen Augenblick aus den Augen verlor. Sie war, wie wir oben auseinandergesetzt haben, in der Lehre von der Identität und Selbst-Wiederholung der Natur bereits enthalten, weil die geistigen Ketten den materiellen genau entspreche. Aber zu ihrer Erkenntnis bedurfte es einer Einsicht, welche die Dinge in ihrer natürlichen Ordnung, in den Ketten ihrer Zusammenhänge zu erblicken imstande war, oder besser, es bedurfte eines so richtigen Standpunktes, daß die Pole des Auges mit denen der Weltachse zusammenfallen konnten. Die Erde hatte ihr Menschengeschlecht durch fünf oder sechs Jahrtausende ernährt; sie hatten Wissenschaften, Religionen, Philosophien; und doch hatten sie es nicht zustande gebracht, den Zusammenhang der Bedeutung eines jeden Teiles mit jedem anderen Teile zu erkennen. Und bis zur Stunde hat die Litteratur kein Buch, in welchem der Symbolismus der Dinge wissenschaftlich klargelegt wäre. Man hätte meinen sollen, daß, sobald den Menschen nur die erste Ahnung davon aufgedämmert war, daß jeder sinnlich wahrnehmbare Gegenstand, Tier, – Felsen, Strom und Lüfte, – ja Raum und Zeit selbst, nicht für sich selbst existieren, noch überhaupt in ihrem materiellen Dasein ihre endgiltige Bedeutung haben, sondern gleichsam nur als eine Bildersprache, um eine ganz andere Geschichte von Wesen und Pflichten zu erzählen, – sie jede andere

Wissenschaft aufgegeben hätten und eine so gewaltige Vorahnung alle Fähigkeiten hätte auf sich ziehen müssen, daß jeder Mensch alle Dinge gefragt hätte, was sie denn eigentlich bedeuten? und: Warum hält dieser Horizont mich mit all meinen Freuden und meinem Weh in seinem Centrum fest? Warum hör' ich denselben Inhalt in zahllosen verschiedenen Stimmen, warum les' ich eine nie völlig zum Ausdruck gelangte Thatsache in dieser unendlichen Bildersprache? – Aber, sei es, daß diese Dinge sich überhaupt nicht mit dem Verstände erfassen lassen, oder daß viele Jahrhunderte zur Ausarbeitung und Zusammensetzung einer so seltenen und reichen Seele nötig sind – es giebt keinen Kometen, keine Felsenschicht, kein Fossil, keinen Fisch, kein Quadruped, keine Spinne und keinen Fungus, der nicht, an sich, mehr Gelehrte und Systematiker interessieren würde als der Sinn und das Endresultat des Aufbaues aller Dinge.

Aber Swedenborg war mit der kulinarischen Verwertung der Welt nicht zufrieden. In seinem vierundfünfzigsten Jahre ergriffen ihn die Gedanken immer heftiger, und sein tiefer Geist ließ sich von dem gefährlichen Glauben hinreißen, der in der Religionsgeschichte nur zu häufig auftritt, daß er ein abnormer Mensch sei, dem das Vorrecht gegeben sei, mit Engeln und Geistern zu verkehren; und diese Ekstase ergriff ihn gerade bei dieser Aufgabe, die geistige Bedeutung der sinnlichen Welt zu erklären. Mit einer richtigen, großen und doch bis ins kleinste genauen Auffassung der Natur verband er ein Verständnis der geistigen Gesetze in ihren weitesten socialen Ausblicken; aber infolge irgend einer übermäßigen Formenbestimmtheit, die in seinem Wesen lag, sah er, was immer er sah, nicht abstrakt, sondern in Bildern, hörte es in Gesprächen, konstruierte es in Ereignissen. Wenn er versuchte, ein Gesetz in recht gesunder Weise mitzuteilen, sah er sich gezwungen, es in Parabeln einzukleiden.

Die Psychologie der modernen Zeiten hat kein ähnliches Beispiel eines gestörten Gleichgewichtes aufzuweisen. Die wichtigsten Kräfte seines Körpers hörten nicht auf, eine gesunde Thätigkeit zu entwickeln, und für einen Leser, der von den Eigentümlichkeiten des Berichterstatters, die sich im Bericht geltend machen, abzusehen weiß, wird das Resultat noch immer ein förderliches und ein schlagenderer Beweis für die erhabenen Gesetze, die er verkündet, sein, als alle, die ein Philister mit ungestörtem geistigen Gleichgewicht erbringen könnte. Er versucht auch einige Mitteilungen über den „ modus“ seines neuen Zustandes zu machen, und behauptet, „daß seine Gegenwart in der Geisterwelt eine gewisse Erweiterung seines Wesens zur Folge hat, aber nur, was den intellektuellen Teil seines Geistes betrifft, nicht auch im wollenden Teil;" auch behauptet er, „daß er mit dem inneren Gesicht die Dinge, die sich in einem anderen Leben befinden, klarer sieht, als er die Dinge, die hier in der Welt sind, erkennt."

Da er sich den Glauben zu eigen gemacht, daß gewisse Bücher des Alten und Neuen Testamentes durchaus allegorischer Natur seien und in der angelischen oder ekstatischen Weise abgefaßt, so verwendete er die übrigen Jahre seines Lebens darauf, den allgemeinen Sinn aus dem buchstäblichen herauszuschälen. Von Plato hatte er die schöne Fabel von „einem ganz alten Volke, von Menschen, die besser waren, als wir sind, und den Göttern näher lebten" entlehnt, und Swedenborg fügte noch hinzu, daß dieselben die Erde als symbolisch behandelt hätten, daß sie beim Betrachten irdischer Dinge durchaus nicht an diese selbst dachten, sondern an das, was dieselben bedeuteten und bezeichnen sollten. Von da an beschäftigte ihn nur mehr der Zusammenhang zwischen Gedanken und Dingen. „Sogar jede organische Form gleicht dem Endzweck, der ihr eingeprägt ist." Der Mensch ist im allgemeinen wie im einzelnen nichts anderes als eine organisierte Gerechtigkeit oder Ungerechtigkeit, Selbstsucht oder Dankbarkeit. Und den Grund dieser Harmonie gab er in den „Arcana" an: „Die Ursache, weshalb alle Dinge, einzeln und zusammengenommen, in den Himmeln und auf der Erde, nur repräsentativen Wert und Bedeutung haben, liegt darin, daß alle nur durch einen Einfluß, der vom Herrn ausgeht und durch die Himmel wirkt, existieren." Dieser Plan, solche Zusammenhänge aufzudecken, der, entsprechend ausgeführt, das Weltgedicht werden müßte, in welchem alle Geschichte und Wissenschaft eine wesentliche Rolle spielen würden, wurde verengert und entwertet durch die exklusiv theologische Richtung, welche seine Forschungen einhielten. Seine Naturanschauung ist keine menschlich-universelle, sondern eine mystische und hebräische. Er verknüpft jeden Naturgegenstand mit einer bestimmten theologischen Idee: ein Pferd bedeutet fleischlichen Verstand, ein Baum Wahrnehmung, der Mond Glauben, ein Katze bedeutet dieses, ein Strauß jenes, die Artischoke ein anderes, und so hängt jedes Symbol armselig genug an irgend einem kirchlichen Ausdruck. So leicht wird der schlüpfrige Proteus nicht gefangen. In der Natur spielt jedes individuelle Symbol zahllose Rollen, so wie jedes Teilchen der Materie der Reihe nach durch alle organischen Systeme cirkuliert. Die centrale Identität befähigt jedes Symbol, successive alle Qualitäten und Nuancen des wahren Seins auszudrücken. In der Transmission des himmlischen Wassers paßt jeder Schlauch zu jeder Fontaine. Die Natur rächt sich rasch an der harten Pedanterie, die ihre Wogen fesseln möchte. Sie kennt keine Buchstabenklauberei. Alles muß genial gefaßt werden, und wir müssen auf der höchsten Höhe unseres menschlichen Wesens stehen, wenn wir irgend ein Ding richtig verstehen wollen.

Dieser verhängnisvolle theologische Hang machte seine Naturauslegung zu einer höchst beschränkten, und so muß das Lexikon der Symbole noch geschrieben werden. Aber der Interpret, den die Menschheit noch erwarten muß, wird keinen Vorgänger finden, der dem wahren Problem so nahe gekommen ist.

Swedenborg nennt sich selbst auf dem Titelblatt seiner Bücher „den Knecht des Herrn Jesu Christi", und seine geistige Bedeutung sowie seine Wirksamkeit macht ihn zum letzten Kirchenvater, der schwerlich noch einen Nachfolger haben wird. Kein Wunder, daß die Tiefe seiner ethischen Weisheit ihm solchen Einfluß als Lehrer verlieh. In die verwitterte traditionelle Kirche, die nur mehr trockene Katechismen hervorbrachte, ließ er die lebendige Natur einströmen, und der Andächtige konnte einmal aus der Sakristei von Worten und Texten entkommen und findet zu seinem Erstaunen, daß er teil hat am Geiste seiner Religion: daß seine Religion für ihn denkt und sich allgemein anwenden läßt; er dreht sie nach allen Seiten und sie paßt in alle Teile des Lebens, deutet und erhebt jeden Umstand. Statt einer Religion, welche ihm diplomatisch drei- oder viermal im Leben ihren Besuch abstattet – bei seiner Geburt, seiner Hochzeit, in schwerer Krankheit und ehe er starb – und sich sonst niemals um ihn bekümmerte, fand er hier eine Lehre, die ihn den ganzen Tag begleitete, die ihn selbst im Schlaf und in seinen Träumen nicht verließ: die in sein Denken eintrat und ihm zeigte, aus welch einer langen Ahnenreihe seine Gedanken abstammten, die ihn in die Gesellschaft begleiteten und ihm zeigten, durch welche verwandtschaftlichen Bande er mit seinesgleichen und mit seinen Widerspielen verbunden war; in die Natur, wo sie ihm Ursprung und Bedeutung aller Dinge, deren Schädlichkeit und Nutzen zeigte und ihm die künftige Welt eröffnete, indem sie ihm die Kontinuität der gleichen Gesetze andeutete. Alle seine Jünger versichern, daß das Studium seiner Werke ihren Geist gekräftigt habe.

Kein schwereres Problem kann der Kritik gestellt werden als seine theologischen Schriften; ihr Wert ist ein so imponierender; und dennoch müssen so ernste Einwände dagegen erhoben werden. In ihrer ungeheueren sandigen Weitschweifigkeit gleichen sie der Prairie oder der Wüste, und in ihren Ungereimtheiten den äußersten Fieberphantasien. Er giebt die überflüssigsten

Erklärungen, und seine Meinung, sein Gefühl von der Unwissenheit der Menschen ist ein sonderbar übertriebenes. Die Menschen fassen Wahrheiten von dieser Art sehr rasch auf. Aber er giebt auch eine Fülle von Thesen, er ist ein reicher Entdecker und entdeckt Dinge, die zu kennen für uns von äußerster Wichtigkeit ist. Seinem Geist entgeht keine wesentliche Ähnlichkeit, wie die Ähnlichkeit eines Hauses mit dem Manne, der es erbaut. Er sah die Dinge und die Gesetze, die in ihnen wirkten, die Gleichheit der Funktion, nicht die des Baues. Er teilt seine Wahrheiten in einer unveränderlichen Methode und Ordnung mit, es ist der stetig wiederholte geistige Vorgang vom Innersten zum Äußersten. Und welcher Ernst, welche Gerechtigkeit! – Sein Auge schweift nie ab, nie finden wir die leiseste Spur von Eitelkeit, nie auch nur einen Blick auf ihn selbst, nicht eine der gewöhnlichen Formen des Litteratenstolzes! Ein Theoretiker, ein spekulativer Geist, dem doch kein praktischer Mann in der Welt mit Verachtung hätte begegnen können! Plato ist ein Professor, sein Gewand, obgleich von Purpur und beinahe aus Himmelslicht gewoben, ist ein akademischer Talar, dessen mächtige Falten die Bewegung hindern. Aber dieser Mystiker ist einem Cäsar gewachsen, und Lykurg selbst würde sich ihm beugen.

Die moralischen Erkenntnisse Swedenborgs, seine Verbesserungen volkstümlicher Irrtümer, die ethischen Gesetze, die er verkündigte, weisen ihm eine unvergleichliche Stellung unter allen modernen Schriftstellern zu und berechtigen ihn zu einem Platz unter den Gesetzgebern des Menschengeschlechtes, der noch durch einige Generationen unausgefüllt bleiben wird. Der langsame, aber mächtige Einfluß, den er gewonnen hat, wird wie der jedes religiösen Genies eine Zeitlang ein übermäßiger werden und wird seine Gezeiten durchmachen, bis er sein entsprechendes und dauerndes Maß gefunden haben wird. Denn das, was in ihm real und allgemein ist, kann natürlich nicht auf diejenigen beschränkt bleiben, die mit seinem Geiste aufs engste sympathisieren, sondern wird über diese Grenze hinaus in den gemeinsamen Gedankenvorrat der Weisen und Rechtdenkenden übergehen. Die Welt hat ein sicheres chemisches Verfahren, durch welches sie alles, was in ihren Kindern Vortreffliches ist, zu gewinnen weiß und die Schwächen und Beschränktheiten ihres großartigsten Geistes fallen läßt.

Jene Metempsychose, die der alten Mythologie der Griechen vertraut ist, die sich im Ovid und in der indischen Seelenwanderungslehre gesammelt findet, und welche für all diese eine objektive ist, das heißt thatsächlich in Körpern und infolge eines fremden Willens Platz greift – nimmt in Swedenborgs Anschauung einen mehr philosophischen Charakter an. Ihm ist sie eine subjektive und hängt völlig vom Sinne der Person ab. Alle Dinge im Weltall gruppieren sich für jede Person neu, und ihre beherrschende Liebe ist das Gesetz dieser Gruppierung. Der Mensch ist so, wie seine Gedanken und Neigungen sind. Ter Mensch wird Mensch kraft seines Wollens, nicht kraft seines Wissens und Erkennens. So wie er ist, so sieht er. Die Ehen der Welt gehen in Brüche; die Seelen, das innerste Wesen der Menschen, verbinden sich in der geistigen Welt. Alles, worauf der Blick der Engel fiel, das war für sie himmlisch. Jeder Satan dünkt sich, selbst ein Mensch zu sein; seinesgleichen, die ebenso schlecht sind, scheint er ein recht anmutiger Mensch, den Gereinigten ein Haufen Aas. Das Mächtigste, das Unwiderstehlichste ist das Wesen, der Zustand eines Dinges, alle Dinge gravitieren, das gleiche dem gleichen zu. Was wir poetische Gerechtigkeit nennen, das vollzieht sich stets und augenblicklich. Wir sind in eine Welt gekommen, die ein lebendiges Gedicht ist. Alles ist, wie Ich bin. Vogel und Rind sind nicht Vogel und Rind, sondern Emanationen und Ausflüsse des Geistes und des Willens der eben existierenden Menschen. Jeder schafft sich sein Haus und seine Lage. Die Geister werden von Todesfurcht gequält und haben vergessen, daß sie bereits gestorben sind. Diejenigen, die sich selbst der Liebe entäußert, wandern und flicken; wo Menschen gesellig vereint sind und wo sie sich nähern, entdeckt man ihren Mangel und treibt sie fort. Die Habgierigen wähnen in Zellen zu leben, in denen ihr Geld aufbewahrt ist, und die von Mäusen voll sind. Diejenigen, die das Verdienst in guten Werken erblicken, glauben selbst Holz zu hacken. „Ich fragte solche, ob sie nicht müde wären. Sie antworteten, daß sie noch nicht genug gethan, um den Himmel zu verdienen."

Er hat goldene Sentenzen, in welchen ethische Gesetze mit ungewöhnlicher Schönheit ausgedrückt sind, so in dem berühmten Ausspruch: „daß im Himmel die Engel sich immer mehr dem Frühling ihrer Jugend nähern, sodaß die ältesten Engel die jüngsten scheinen," oder „Je mehr Engel, desto mehr Raum," „Das Vollkommenste des Menschen ist die Liebe zur Bethätigung," „Der Mensch in seiner vollkommenen Form ist der Himmel," „Was von Ihm ist, das ist Er," „So wie die Natur abnimmt und verfällt, steigen die Ziele," und das wahrhaft poetische Bild von der Schrift im innersten Himmel, die, da sie aus Kurven besteht, die der Form des Himmels entsprechen, ohne Lehre gelesen werden kann. Ja, man möchte den Anspruch auf ein übernatürliches Schauen, den er erhebt, beinahe für gerechtfertigt halten, so wunderbare Einblicke hat er in den Bau des menschlichen Körpers und Geistes. „Im Himmel ist es keinem gestattet, hinter einem anderen zu stehen und sein Haupt von rückwärts zu betrachten, weil der Einfluß, der vom Herrn ist, dadurch sogleich gestört wird." Die Engel erkennen den Grad der Liebe eines Menschen am Klang seiner Stimme, aus der Artikulation seiner Rede seine Weisheit, aus dem Sinn der Worte sein Wissen.

In der „Ehelichen Liebe" entfaltet er die Lehre von der Ehe. Von diesem Buche möchte man sagen, daß es trotz der höchsten Elemente ein verfehltes ist. Es kommt dem Hymnos auf die Liebe nahe, den Plato im Gastmahl versuchte; auf die Liebe, von welcher Casella vor Dante unter den Engeln des Paradieses sang, und die, in ihrer Genesis, ihrem Genüsse und ihren Folgen richtig gefeiert, wohl alle Seelen hinreißen und verzücken müßte, da sie die Entstehung aller Dinge, aller Institutionen, aller Sitten und Weisen enthüllen müßte. Das Buch wäre ein großartiges geworden, wenn der Hebraismus beiseite gelassen wäre, wenn das Gesetz ohne Gotik aufgestellt worden wäre und mit all jenem Spielraum für seine Erhebung, den die Natur des Gegenstandes erfordert.

Es enthält eine schöne platonische Entwicklung der Lehre von der Ehe, es lehrt uns, daß das Geschlecht etwas Universelles, nicht etwas Lokales ist, daß jedes Organ, jede Handlung und jeder Gedanke des männlichen Geschöpfes etwas spezifisch Männliches hat, während ebenso am Weibe alles von seiner Weiblichkeit qualifiziert wird. Daher ist in der wirklichen, das heißt in der geistigen, Welt die eheliche Bereinigung nichts Momentanes, sondern total und ununterbrochen, und die Keuschheit dort keine lokale, sondern eine alles durchdringende Tugend, indem Unkeuschheit sich ebenso im Handel, im Landbau, im Sprechen und Philosophieren zeigen kann, wie im Geschlechtsleben. Und obschon die Jungfrauen, welche er im Himmel sah, schön waren, waren die Frauen noch bei weitem schöner, und ihre Schönheit nahm unaufhörlich zu.

Aber wie es schon seine Art ist, stutzte Swedenborg seine Theorie für eine temporäre Form zurecht. Er giebt der Ehe eine übertriebene Bedeutung, die ihr nicht zukommt, und obschon er auf Erden verfehlte Ehen findet, wähnt er eine weisere Wahl in der himmlischen Welt. Aber jede Liebe und jede Freundschaft einer progressiven Seele ist etwas Momentanes. Die Frage: „ Liebst du mich?" bedeutet: „Siehst du die gleiche Wahrheit?" – Wenn es der Fall ist, dann beseligt uns ein gemeinsames Glück; aber jetzt tritt einer von uns in die Erkenntnis einer neuen Wahrheit ein: „wir sind geschieden, und kein Zwang der Natur kann uns aneinander fesseln. Ich weiß, wie köstlich dieser Liebeskelch ist, wenn ich für dich existiere und du für mich; aber es ist nicht anders, wenn ein

Kind sich an ein Spielzeug klammert; ein Versuch, der Kaminecke und dem Brautgemach ewige Dauer zu geben, beim Bilderbuche zu bleiben, durch das uns die ersten Kenntnisse so zierlich beigebracht wurden. Das Eden Gottes ist öde und weit wie die Landschaft vor unseren Thüren; wenn wir beim Abendfeuer und Kamin ihrer denken, scheint sie kalt und trostlos, so lange wir vor den Kohlen kauern; aber sind wir einmal wieder draußen, dann bemitleiden wir die, die die Großartigkeit der Natur für Kerzenlicht und Kartenspiel aufgeben können. Der wahre Gegenstand der „Ehelichen Liebe" ist vielleicht der Verkehr der Menschen, dessen Gesetze in tiefsinniger Weise untersucht werden. Aber es ist falsch, wenn es wörtlich auf die Ehe angewandt wird. Denn Gott ist die Braut oder der Bräutigam der Seele. Der Himmel ist nicht das Paaren zweier, sondern die Gemeinschaft aller Seelen. Wir begegnen einander und verweilen einen Augenblick unter dem Tempel eines Gedankens und scheiden, doch als ob wir nie geschieden wären, um uns in einem neuen Gedanken mit neuen Glücksgenossen zu vereinen. Weit entfernt davon, daß in dem niedrigen und besitzanzeigenden Sinn des Satzes: „ Liebst du mich?" etwas Göttliches läge, werde ich vielmehr erst dann, wenn du mich verlassest und verlierst, um dich auf ein Gefühl zu werfen, das höher ist denn einer von uns, dir wirklich nahe gezogen und finde mich nun erst an deiner Seite, und ich werde abgestoßen, wenn du dein Auge auf mich heftest und Liebe verlangst. Thatsächlich wechseln wir in der geistigen Welt in jedem Augenblick das Geschlecht. Du liebst, was in mir an Wert liegt, dann bin ich dein Gatte; aber nicht ich bin es, der deine Liebe festhält, sondern mein Wert; und dieser Wert ist ein Tropfen aus dem Ocean von Wert, der jenseits meines Ichs liegt. Unterdessen verehre ich wieder den größeren Wert eines anderen und werde so seine Gattin. Er wieder strebt einem höheren Werte in einem anderen Geiste zu und wird die Gattin, das heißt der Empfänger seines Einflusses.

Sei es infolge der Gewohnheit, die er sich aneignete, sein eigenes Inneres zu durchforschen, oder aus eifersüchtiger Angst vor den Sünden, welchen die Denker unter den Menschen am meisten anheimfallen, er erreichte im Entwirren und Aufdecken dieser besonderen Form des moralischen Krankseins eine Schärfe, der kein Gewissen widerstehen kann. Ich beziehe mich hier auf sein Gefühl für die Profanation des Denkens.

„Über den Glauben vernünfteln heißt zweifeln und leugnen." Die Kluft zwischen Thun und Wissen war ihm stets schmerzlich fühlbar, und er verleiht dieser Empfindung unausgesetzt Ausdruck. Die Philosophen sind daher Vipern, Basilisken, Nattern, Hämorrhoiden, Blitzstrahlen und fliegende Drachen; die Litteraten sind Hexenmeister und Charlatans.

Aber gerade dieser Gegenstand bringt uns auf einen traurigen Gedanken: hier finden wir den Sitz seines eigenen Leidens. Möglich, daß Swedenborg nur die Verkehrung seiner eigenen Fähigkeiten büßen mußte. Der Erfolg, das glückliche Genie scheint durch ein glückliches Verhältnis zwischen Herz und Hirn bedingt zu sein, eine richtige, schwer zu treffende Proportionalität der sittlichen und geistigen Kräfte, die vielleicht denselben chemischen Gesetzen gehorcht, die eine Proportionalität der Mengen erfordern, wenn eine Verbindung zustande kommen soll, so wie Gase sich nur in gewissen fixen Verhältnissen, aber durchaus nicht in allen Verhältnissen verbinden. Es ist schwer, einen vollen Becher zu tragen, und dieser in Herz und Geist so verschwenderisch begabte Mann verfiel frühe in gefährlichen Zwiespalt mit sich selbst. In seinem „Animalischen Reiche" überraschte er uns durch die Erklärung, daß er die Analyse und nicht die Synthese liebe; und nun, nach seinem fünfzigsten Jahre, verfällt er in Eifersucht auf seine eigene Geisteskraft, und obgleich er fühlt, daß das Wahre nichts Alleinstehendes ist, so wenig wie das Gute, sondern daß beide sich beständig mischen und vermählen müssen, führt er Krieg gegen seinen Verstand, ergreift die Partei seines Gewissens gegen ihn und verleumdet und verlästert ihn bei jeder Gelegenheit. Diese Gewaltthätigkeit rächt sich augenblicklich. Die Schönheit verliert den Reiz, die Liebe wird unlieblich, wenn die Wahrheit, die des Himmels andere Hälfte ist, verleugnet wird; es ist gerade, wie wenn die Verbitterung einen begabten Menschen zum Sarkasmus verführt und sein Urteil entwertet. Er ist weise, aber weise zu seiner eigenen Qual. Eine Atmosphäre unendlichen Wehs und ein Ton schmerzlicher Klage erfüllen dies ganze düstere Weltall. Auf dem Stuhle des Propheten sitzt ein Vampyr, der sich mit unheimlicher Gier zu den Bildern des Wehs wendet. In der That, ein Vogel kann nicht eifriger an seinem Neste weben, ein Maulwurf nicht in die Erde bohren, als dieser Seher der Seelen immer neue Abgründe und Höllen, eine immer scheußlicher als die andere, für jede neue Schar von Sündern in die Tiefe baut. Er wurde zu ihnen durch eine Säule hinabgelassen, die aus Erz schien, sie war jedoch aus Himmelsgeistern gebildet, sodaß er sicher unter die Unseligen hinabstieg, die Verwüstung der Seelen wahrnahm und hier durch lange Zeit ihr Wehklagen hörte; er sah ihre Peiniger die Schmerzen in die Unendlichkeit vermehren und steigern; er sah die Hölle der Gaukler, die Hölle der Mörder, die

Hölle der Wollüstigen, die Hölle der Räuber, die Menschen tödten und sieden, die höllische Tonne der Betrüger! die Höllen von Exkrementen, die Hölle der Rachsüchtigen, deren Gesichter einem runden, breiten Kuchen gleichen, und deren Arme wie Räder kreisen. Niemand außer Rabelais und dem Diakon Swift besaß je solch eine Kenntnis des Schmutzes und der Verderbnis.

Solche Bücher müssen mit Vorsicht gebraucht werden. Es ist gefährlich, diese schwindenden Bilder der Phantasie in feste Formen zu meißeln. Wahr in ihrem Vorüberschweben, werden sie falsch, sobald man sie fixiert. Sie verlangen, um recht verstanden zu werden, fast ein Genie, das dem seinen gleicht. Aber wenn solche Visionen die stereotype Sprache der Mengen jedes Alters und von den mannigfachsten Verständnisgraden werden, werden sie verkehrt. Das weise Volk der griechischen Rasse pflegte die begabtesten und tugendhaftesten jungen Leute durch die Eleusinischen Mysterien zu führen – und zwar bildete dies einen Teil ihrer Erziehung; dort wurden mit vielem Pomp und Graden der Weihe die höchsten Wahrheiten, welche die alte Weisheit gefunden hatte, gelehrt. Ein feuriger und zur Betrachtung geneigter junger Mensch mag mit achtzehn oder zwanzig Jahren diese Bücher Swedenborgs, diese Mysterien des Gewissens und der Liebe, einmal lesen und dann sie für immer beiseite werfen. Das Genie wird stets von ähnlichen Träumen verfolgt, wenn die Höllen und die Himmel ihm aufgethan sind. Aber man muß sich darüber klar sein, daß diese Bilder mystischer Natur sind, das heißt, daß sie ein ganz willkürliches und zufälliges Bild der Wahrheit – nicht selbst Wahrheit sind. Jedes andere Symbol wäre ebenso gut – dann mag man dieses ungefährdet schauen.

Swedenborgs System der Welt entbehrt der centralen Spontaneität, es ist dynamisch nicht lebendig bewegt, es fehlt ihm die Kraft, Leben zu erzeugen. Es giebt kein Individuum darin. Das Universum ist ein gigantischer Krystall, dessen Atome und Blättchen in ununterbrochener Ordnung geschichtet liegen, in ungebrochener Einheit, aber kalt und still. Was Individuum und Willen scheint, ist es nicht. Eine unendliche Kette von Zwischengliedern spannt sich vom Centrum zu dem äußersten Ende, die jeden Vorgang aller Freiheit und Selbständigkeit beraubt. Das Weltall, wie er es dichtet, liegt in einem magnetischen Schlaf und spiegelt nur den Geist des Magnetiseurs wieder. Jeder Gedanke tritt in jeden Geist nur durch den Einfluß eines Kreises von Geistern, die ihn umschweben, und in diese selbst wieder aus höheren Kreisen, und so fort. All seine Typen bedeuten dieselben wenigen Dinge. All seine Gestalten sprechen eine Sprache. All seine Unterredner swedenborgisieren. Seien sie wer immer, sie müssen zuletzt seine Farbe annehmen; dieser Charon führt sie alle in seinem Boot über, Könige, Räte, Kavaliere, Doktoren, Sir Isaac Newton, Sir Harry Sloane, König Georg den Zweiten, Mahomet oder wen immer sonst, und alle nehmen eine grimme Farbe und Stil an. Nur, da Cicero auftritt, stockt unser freundlicher Seher ein wenig bei der Erklärung, daß er mit Cicero gesprochen, und mit einer Anwandlung menschlicher Nachsicht, bemerkt er, „mit einem, der, wie man mich verstehen ließ, Cicero war;“ aber sowie der soi-disant Römer den Mund öffnet – sind Rom und Beredsamkeit dahingeschwunden; – es ist alles simpler theologischer Swedenborg, wie alles andere. Seine Himmel und Höllen sind langweilig, weil ihnen aller Individualismus fehlt. Die tausendfachen Beziehungen der Menschen fehlen. Das Interesse, das sich in der Natur an jeden Menschen knüpft, weil er recht hat durch sein Unrecht und unrecht durch sein Recht, weil er aller Dogmen und aller Klassifikation spottet – so viele Ausnahmen und Zufälligkeiten und so viel Künftiges muß in Rechnung gezogen werden – weil er stark ist durch seine Laster und oft genug gelähmt durch seine Tugenden – alles dies geht in der vollkommenen Sympathie, die zwischen ihm und seiner Gesellschaft herrscht, verloren. Und dieser Mangel macht sich bis ins Centrum seines Systems fühlbar. Obgleich das Wirken des „Herrn“ in jeder Zeile mit Namen genannt wird, wird es doch nie lebendig. Es liegt kein Glanz in dem Auge, das aus dem Centrum blickt und das die unendlichen abhängigen Kreise der Wesen beleben sollte.

Der Grundfehler in Swedenborgs Geist ist seine theologische Beschränktheit. Nirgends finden wir bei ihm die Liberalität der universellen Weisheit, wir sind immer in einer Kirche. Die hebräische Muse, welche den Menschen die Lehre von Recht und Unrecht gegeben, hatte auf ihn denselben übermäßigen Einfluß, den sie auf die Nationen genommen. Die Form wurde geheiligt wie das Wesen. Palestina wird immer wertvoller als ein Kapitel der Weltgeschichte, immer weniger nützlich als Erziehungselement. Der Genius Swedenborgs, der gewaltigste aller modernen Geister auf diesem Gedankenfelde, verschwendete eine Kraft in dem Streben, das wieder zu beleben und zu erhalten, was bereits sein natürliches Ziel erreicht hatte und nach der großen weltlichen Vorsehung von seiner hervorragenden Stellung hinabsank, um westlichen Gedankenformen und Ausdrucksweisen Platz zu machen. Swedenborg und Behmen griffen beide fehl, indem sie sich ans christliche Symbol klammerten, anstatt auf dem sittlichen Gefühl zu bauen, das unzählige Christentümer, Humanitäten und Göttlichkeiten in seinem Busen trägt.

Dieses Übermaß von Einfluß zeigt sich auch in der ungereimten Importierung einer fremden Rhetorik. „Was gehen mich," fragt der ungeduldige Leser, „Jaspis und Sardonyx, was Arche und Passahfeste, Ephahs und Ephods an? Was Aussatz und Blutflüsse, Hebeopfer und ungesäuerte Brote? Was die Feuerwagen, gekrönte und gehörnte Drachen, Einhörner und Behemoths? All dies ist gut für Orientalen und nichts für mich. Je mehr Gelehrsamkeit ihr aufwendet, um sie zu erklären, um so greller fällt ihre Nichthergehörigkeit auf. Je zusammenhängender und ausgearbeiteter das System ist, um so weniger mag ich es leiden. Ich sage mit dem Spartaner: Was redet ihr so viel zum Frommen von Dingen, die nicht frommen? Mein Wissen ist so, wie Gott es mir durch Geburt und Gewohnheit gegeben, im Entzücken und in der Erfahrung meiner eigenen Augen und nicht der eines anderen. Von allen Absurditäten scheint mir der Vorschlag eines Fremden, mir meine Rhetorik wegzunehmen und seine eigene an ihre Stelle zu setzen, mich mit Storch und Pelikan, anstatt mit Drossel und Rotkehlchen, mit Palmbäumen und Sandelholz statt mit Sassafras und Walnüssen zu unterhalten – die allerüberflüssigste.

Locke sagte: Wenn Gott den Propheten schafft, schafft er den Menschen nicht ab. Swedenborgs Geschichte bestätigt diese Bemerkung pointiert. Die Streitigkeiten in den Gemeinden der schwedischen Kirchen zwischen den Freunden und Feinden Luthers und Melanchthons über „Glauben allein" und „Werke allein" drängen sich bis in seine Spekulationen über den Bau des Weltalls und die himmlischen Scharen ein. Der Sohn des Lutheranischen Bischofs, dem die Himmel geöffnet sind, sodaß er die ungeheuere Wahrheit der Dinge mit Augen schaut und in den reichsten symbolischen Formen, und der in seinen Büchern wie über himmlischen Auftrag die unbestreitbaren Geheimnisse der Moral im All wiedergiebt – er bleibt, während all diese Erhabenheiten um ihn weilen, der Sohn eines Lutheranischen Bischofs; seine Urteile sind die eines polemischen schwedischen Theologen, und seine mächtigen Schritte ins Weite durch eherne Beschränkungen aufgewogen. Die Erinnerung an diese armseligen Kontroversen verläßt ihn nicht, wenn er die Geister besucht. Er ist gleich Michelangelo, der in seinen Fresken den Kardinal, der ihn beleidigt, unter einem Berg von Teufeln gebraten darstellte, oder wie Dante, der in rachsüchtigen Gesängen jede private Unbill rächte; oder vielleicht am ähnlichsten dem Pfarrer Montaignes, der, wenn ein Hagelwetter über dem Dach niedergeht, meint, daß der jüngste Tag angebrochen und die Kannibalen bereits den Pips gekriegt haben. Swedenborg ärgert uns nicht weniger mit den Schmerzen Luthers und Melanchthons und seinen eigenen Büchern, die er unter den Engeln anzeigt.

In demselben theologischen Krampf liegen viele seiner Lehren gefesselt. Seine Grundposition in der Moral ist, daß alles Böse gemieden werden muß, weil es Sünde ist. Aber der weiß nicht, was böse ist, noch was gut ist, der da glaubt, daß sich noch irgend ein Standpunkt einnehmen läßt, nachdem bereits gesagt ist, daß das Böse gemieden werden muß, weil es böse ist. Ich zweifle nicht, daß ihn der Wunsch, der Gottheit eine gewisse Persönlichkeit zu geben, hierzu führte. Aber es ist damit nichts gegeben. Der eine, sagst du, fürchtet sich vor Rotlauf – zeig ihm, daß diese Furcht von Übel ist? der andere fürchtet sich vor der Hölle – nun zeig ihm, daß alle Furcht an sich von Übel ist. Wer das Gute liebt, der beherbergt Engel, der hat Ehrfurcht vor der Ehrfurcht und lebt in der Gemeinschaft Gottes. Je weniger wir mit unseren Sünden zu thun haben, um so besser. Kein Mann hat Zeit genug, um sie auf Gewissensbisse zu verschwenden. „Das ist thätige Pflicht“ sagen die Hindu, „die uns nicht zur Fessel wird; das ist Wissen, was uns befreit; alle andere Pflicht ist nur gut für die Müdigkeit.“

Ein anderes Dogma, das dieser verderblichen theologischen Beschränktheit entspringt, ist dies Inferno. Swedenborg hat Teufel. Übel ist nach der Meinung alter Philosophen Gutes, das in der Entstehung begriffen ist. Daß ein an sich Böses existieren könne, ist der extremste Satz des Unglaubens. Es ist ein Satz, der durch kein rationales Element gestützt werden kann, es ist Atheismus, es ist die äußerste Profanation. Euripides sagte mit Recht:

> „Gut sein und in den Göttern sein, ist eins,
> Wer sie für bös erklärt, der leugnet sie.“

Zu welch einer raschen Verkehrung war die gotische Theologie gekommen, daß Swedenborg keine Bekehrung der bösen Geister zuließ! Die göttliche Wirksamkeit läßt nie nach, das Aas in der Sonne verwandelt sich in Blumen und Gras, und der Mensch, und wäre er im Bordell, im Gefängnis oder am Galgen, ist auf seinem Wege zu allem, was gut und wahr ist Burns, in dem wilden Humor seiner Apostrophe an den „armen alten Nickie Ben“ Volkstümlicher schottischer Name für den Teufel.

> „Ach, überleg' dir's doch und bessre dich!“

vertritt einen schöneren Standpunkt als der rachsüchtige Theologe. Alles ist oberflächlich und geht zu Grunde, nur Liebe und Wahrheit allein bestehen. Das umfassendste Gefühl ist stets das wahrste; und wir fühlen, um wie viel hochherziger der Geist des indischen Vishnu ist: „Ich bin für die ganze Menschheit derselbe. Es ist keiner, der meiner Liebe oder meines Hasses würdig wäre. Diejenigen, die mir anbetend dienen ich bin in ihnen und sie sind in mir. Wenn einer, dessen Wege völlig böse sind, mir allein dienet, – ist er achtungswert wie der Gerechte; auch er wird bald ein tugendhafter Geist und erlangt ewige Seligkeit."

Was seine abnorme Behauptung von Offenbarungen aus der anderen Welt betrifft, die ihm zu teil geworden, so kann nur seine Ehrlichkeit und seine Genialität dieselben ernstlicher Beachtung würdig machen. Seine Offenbarungen vernichten ihre Glaubwürdigkeit selbst durch die Details, in die sie sich verlieren. Wenn ein Mann behauptet, der heilige Geist hätte ihn belehrt, daß das jüngste Gericht (oder das jüngste der Gerichte) im Jahre 1757 stattgefunden, oder daß die Holländer im Jenseits in einem eigenen Himmel wohnen und desgleichen die Engländer in einem eigenen Himmel, so erwidere ich, daß der Geist, der heilig ist, auch zurückhaltend und verschwiegen ist und nur Gesetze offenbart. Es sind Geister und Kobolde der Märchengerüchte, die schwatzen und wahrsagen. Die Lehren des höchsten Geistes sind lauter und, soweit es sich um Einzelheiten handelt, negativ. Der Dämon des Sokrates verriet ihm nie, was er zu thun oder zu finden hätte, sondern er warnte ihn nur, so oft er etwas Unvorteilhaftes thun wollte. „Was Gott ist," sagte er, „das weiß ich nicht: was er nicht ist, weiß ich." Die Hindus haben das höchste Wesen mit dem Namen „die innere Hemmung" bezeichnet. Die erleuchteten Quäker erklärten ihr Licht nicht als etwas, das zu irgend einer Thätigkeit führte, sondern es erscheint nur als Verhinderung des Ungehörigen. Die richtigen Beispiele indes sind privateste Erfahrungen, die in diesem Punkte völlig übereinstimmen. Um es scharf auszusprechen: Swedenborgs Offenbarungen beruhen auf einer Verwechslung der Gebiete – ein Kapitalfehler für einen so gelehrten Kategoriker. Er überträgt die Gesetze der oberflächlichen Erscheinungen auf das Gebiet der Substanz, er bringt das Individuelle und seine Spielereien und Träume ins Reich des Wesentlichen und Allgemeinen, und da muß wohl Verrückung und Chaos entstehen.

Das Geheimnis des Himmels wird durch alle Zeitalter bewahrt. Kein unvorsichtiger, kein gutmütiger Engel ließ sich je eine voreilige Silbe entschlüpfen, um das Sehnen der Heiligen, die Angst der Sterblichen zu stillen. Auf unseren Knien hätten wir dem Günstling der Götter gelauscht, der durch strengeren Gehorsam seine Gedanken in Parallelismen mit den himmlischen Strömen gebracht und menschlichen Ohren den Wohnplatz und Zustand der jüngst geschiedenen Seele hätte verraten können. Aber zweifellos ist, daß solche Kunde dem Besten in der Natur entsprechen muß. Sie kann nicht im Ton geringer sein als die schon bekannten Werke des großen Künstlers, der die Himmelskugel formte und die sittlichen Gesetze schrieb. Sie müßte frischer sein als Regenbogen, fester als Berge, sie müßte mit den Blumen, mit Ebbe und Flut, mit dem Aufgehen und Niedersinken der herbstlichen Gestirne übereinstimmen. Die melodienreichsten Dichter müßten heiser scheinen wie Bänkelsänger der Straße, wenn einmal die durchdringende Grundnote der Natur und des Geistes ertönte – jener Herzschlag, jenes Erd- und Seepochen, das die Melodien bildet, nach denen die Wogen rollen, nach denen das Blut kreist und der Saft des Fichtenstammes schwillt.

In dieser Stimmung hören wir das Gerücht, daß der Seher erschienen ist und verkündigt hat, was er weiß. Aber wir sehen keine Schönheit, keinen Himmel von lauter Engeln und Kobolden. Seine traurige Muse liebt die Nacht und den Tod und den Abgrund. Sein Inferno ist ein mesmerisches. Seine geistige Welt verhält sich zu all den Herrlichkeiten und Wonnen, welche menschliche Seelen uns bereits kennen gelehrt, wie die bösen Träume eines Menschen zu seinem idealen Leben. In ihrer endlosen Fülle düsterer Gemälde gleicht sie wirklich den Traumphänomenen, die nächtlich so manchen ehrlichen guten Mann, der eine schlechte Verdauung hat, zu einem Elenden machen, der wie ein Hund um die Vorhöfe und Pfützen der Schöpfung schleicht. Wenn er in den Himmel emporsteigt, vernehm' ich die Sprache des Himmels nicht. Es soll mir keiner sagen, daß er unter Engeln gewandelt, er soll mir's beweisen, indem er aus mir einen Bewohner des Himmels macht. Sollten die Erzengel weniger majestätisch und lieblich sein als Gestalten, die wirklich auf Erden gewandelt? Diese Engel, die Swedenborg schildert, geben uns keinen hohen Begriff von ihrem Wissen und ihrer Vollkommenheit, es sind lauter Landgeistliche; ihr Himmel ist eine fête champêtre, ein evangelisches Picknick, oder eine französische Preisverteilung an tugendhafte Landleute. Seltsamer, scholastischer, lehrhafter, leidenschafts- und blutloser Mann, der Menschenseelen klassifiziert wie ein Botaniker einen carex einreiht, der die schmerzenreiche Hölle durchwandelt, als wenn es eine Schicht Kalksteine oder Hornblende wäre! Er besitzt keine

Sympathie. Er wandelt auf und ab durch die Märchenwelt, ein moderner Radamanthus mit Perücke und Rohrstock mit goldenem Knopf, und mit der nonchalanten, geschäftsmäßigen Miene eines Referenten teilt er die Seelen ein. Die warme, wetterwechselnde, mit leidenschaftlichen Geschöpfen bevölkerte Welt ist ihm eine Grammatik von Hieroglyphen, ein symbolischer Freimaurerzug. Wie ganz anders ist Jacob Behmen! Er zittert vor Erregung und lauscht in Ehrfurcht gebeugt und mit liebevollster Menschlichkeit auf die Worte des Meisters, dessen Lehren er verkündet, und wenn er den Satz ausspricht, „daß die Liebe in gewissem Sinne größer sei als Gott," da klopft sein Herz so heftig wider das lederne Wams, daß sein Pochen durch die Jahrhunderte vernehmlich wird. Das macht einen großen Unterschied. Behmen ist voll gesunder und herrlicher Weisheit, trotz seiner mystischen Beschränktheit, trotz der Unfähigkeit, sich mitzuteilen. Swedenborg ist von einer unangenehmen Weisheit und wirkt trotz seiner ungeheueren Begabung lähmend und abstoßend.

Es ist das sicherste Zeichen einer großen Natur, daß sie einen neuen Vordergrund aufschließt und wie der Hauch einer Morgenlandschaft uns zum Vorwärtsschreiten einladet. Swedenborg ist retrospektiv, und niemals können wir ihn vom Spaten und Leichentuch loslösen. Es giebt Geister, denen für alle Zeit die Fähigkeit versagt ist, ins Innere der Natur zu dringen; anderen ist für immer unmöglich, aus ihr emporzusteigen. Mit der Kraft vieler Menschen ausgerüstet, gelang es ihm dennoch nie, die Nabelschnur zu zerreißen, die ihn an die Natur knüpfte, und er erhob sich niemals zur Höhe des reinen Genius.

Es ist bemerkenswert, daß dieser Mann, der infolge seiner Erkenntnis der Symbole den poetischen Bau des All und die primären Beziehungen zwischen Geist und Materie erkannte, so völlig des ganzen Apparats poetischen Ausdrucks entbehrte, den diese Erkenntnis sonst hervorzurufen pflegt. Er kannte die Grammatik und die Elemente der großen Muttersprache, – wie kam es, daß er keine Strophe davon in Musik lesen konnte? Erging es ihm wie Saadi, der in seiner Vision seinen Schoß mit himmlischen Blumen füllte, die er als Geschenke seinen Freunden zu bringen gedachte, aber der Duft der Rosen betäubte ihn so sehr, daß der Saum des Kleides seiner Hand entfiel? Oder ist das Wiedererzählen eine Übertretung der guten Sitte in jener himmlischen Gesellschaft? Oder war es, weil er seine Vision nur intellektuell sah, und kommt daher jenes Keifen des Intellekts, das seine Schriften durchdringt? Sei dem, wie ihm wolle, seine Schriften sind ohne Melodie, ohne Bewegung, ohne Humor; kein Hügel erhebt sich über die tote prosaische Fläche. Sein profuser und treffender Bilderreichtum gewährt keinen Genuß, weil die Schönheit fehlt. Wir wandern verloren durch eine glanzlose Landschaft. Kein Vogel sang je in all diesen Totengärten. Der völlige Mangel an Poesie bei einem so transcendenten Geiste verrät die Krankheit, und wie eine rauhe Stimme bei einem schönen Weibe ist er eine Art Warnungszeichen. Ich denke manchmal, man wird ihn nicht lange mehr lesen. Sein großer Name wird zu einer Sentenz werden. Seine Bücher sind ein Monument geworden. Sein Lorbeer ist so sehr mit Cypressen vermischt, in den Weihrauch seines Tempels mengt sich so fühlbar ein Leichengeruch, daß Knaben und Mädchen den Ort meiden werden.

Und dennoch: in diesem Opfer des Geistes und des Ruhmes am Altar des Gewissens liegt ein Verdienst, das über alles Lob erhaben ist. Er lebte nicht plan- und zwecklos, und er fällte ein Urteil. Er erwählte das „Gut sein“ als den Leitfaden, an den die Seele sich im ganzen Labyrinth der Natur zu halten hat. Viele Meinungen streiten über das wahre Centrum. Im Schiffbruch halten die einen sich an das flutende Tauwerk, andere an Fässer und Tonnen, einige an Balken, einige an den Mast – der Pilot aber wählet mit Wissen: Hier pflanze ich mich auf; alles andere sinkt zuvor: „der kommt ans Land, der mit mir segelt.“ Verlaßt euch nicht auf die Gunst des Himmels oder auf Mitleid mit eurer Thorheit, oder auf die Klugheit, auf gesunden Verstand, auf alten Gebrauch, auf das, was die Menschen für die Hauptsache halten; nichts kann euch bewahren, nicht das Fatum, noch Gesundheit, noch wunderbare Begabung; nichts kann euch bewahren als nur Rechtschaffenheit allein, Geradheit für immer und ewig! – und mit einer Zähigkeit, die bei all seinen Studien niemals nachließ, hält er fest an dieser tapferen Wahl. Ich denke seiner wie eines Büßers der indischen Legende in der Seelenwanderung: „Ob ich ein Hund sei oder ein Schakal, oder eine Ameise, in den letzten Bruchstücken der Natur, in welcher Hülle, in welch wilder Gestalt es sei, – halt' ich mich ans Gute als die sichere Leiter, die zum Menschen und zu Gott hinaufführt.“

Swedenborg hat der Menschheit einen doppelten Dienst geleistet, der erst jetzt begriffen zu werden anfängt. Auf dem Gebiet der experimentellen und nützlichen Wissenschaft machte er seine ersten Schritte: er beobachtete die Naturgesetze und machte sie bekannt; dann in richtigen Stufen emporsteigend, von den Ereignissen zu ihren Gipfeln und Ursachen, entbrannte er in frommem Entzücken und überließ sich seiner Wonne und Anbetung. Dies war der erste Dienst. Wenn die Glorie zu leuchtend war, um von seinen Augen ertragen zu werden, wenn er im Rausche seiner Entzückung taumelte – um so wunderbarer wird das Schauspiel, das er sah, die Wesenheiten des Seins, die durch ihn flammen und leuchten und die keine Schwäche des Propheten verdunkeln kann; und so leistet er den Menschen einen zweiten passiven Dienst, der nicht geringer ist als der erste – der vielleicht im großen Kreise des Daseins und in den Wiedervergeltungen der geistigen Natur, auch für ihn selbst, nicht minder herrlich und schön ist.

Montaigne oder der Skeptiker

Jede Thatsache der Welt hat zwei Seiten, eine sinnenfällige und eine, die dem Geiste angehört. Und das Spiel der Gedanken besteht darin, sobald eine dieser zwei Seiten erscheint, die andere zu finden, wenn die obere gegeben, die untere zu entdecken. Kein Ding ist so dünn und fein, das nicht diese zwei Seiten hätte; und wenn der Beobachter die ihm zugekehrte gesehen, dreht er es herum, die Reversseite zu betrachten. Das ganze Leben vergeht mit diesem Pfennigwerfen: Bild oder Schrift! Wir werden dieses Spiels nie müde, denn immer noch ergreift uns ein leichter Schauder des Erstaunens über das Auftauchen des anderen Gesichts und über den Kontrast der beiden Gesichter. Da geht ein Mann, aufgeregt von seinen Erfolgen, und denkt nach, was dieses Glück eigentlich bedeuten mag. Er führt seinen Gewinn durch die Straßen; aber es zeigt sich bald, daß auch er gekauft und verkauft ist. Die Schönheit eines Menschenantlitzes fällt ihm auf, und er fragt nach dem Grunde dieser Schönheit, der ja noch schöner sein muß. Er schmiedet sein Glück, er schützt das Gesetz, er liebt seine Kinder, aber er fragt sich selbst: Warum? und Wozu? Dieses „Bild“ und diese „Schrift“ werden in der Sprache der Philosophie bald das „Endliche“ und das „Unendliche,“ bald das „Absolute“ und das „Relative“, die „Erscheinung“ und das „Reale“ und mit noch vielen anderen schönen Namen benannt.

Jeder Mensch, der da geboren wird, bringt die Anlage für die eine oder die andere dieser zwei Seiten mit auf die Welt, und es kann leicht geschehen, daß wir Menschen begegnen, welche sich der einen oder der anderen ganz hingegeben haben. Der einen Klasse ist eine besondere Wahrnehmungsgabe für die Differenzierungen eigen, ihre Welt sind die Tatsachen und Oberflächen, Städte und Personen, ihre Aufgabe ist es, gewisse Dinge zum Geschehen zu bringen: es sind die Menschen des Talents und der Aktion. Anderen ist die

Erkenntnis der Identität gegeben, und sie sind die Männer des Glaubens und der Philosophie, die Männer des Genies.

Jeder von diesen Reitern reitet zu schnell. Plotinus glaubt nur an Philosophen, Fénélon an Heilige, Pindar und Byron an Poeten. Man muß nur die hochmütige Sprache lesen, in der Plato und die Platoniker von allen Leuten sprechen, die sich nicht mit ihren gleißenden Abstraktionen befassen: andere Leute sind für sie wie Ratten und Mäuse. Die Männer der Litteratur bilden meist eine stolze und exklusive Klasse. Die Korrespondenz Popes und Swifts schildert die Menschen ihrer Umgebung ungefähr, wie man Ungetüme schildert, und diejenige Schillers und Goethes, in unserer Zeit, ist kaum liebevoller.

Es ist nicht schwer zu erkennen, woher diese Anmaßung kommt. Der erste Blick, den das Genie auf irgend einen Gegenstand wirft, der macht es zum Genie. Hat sein Auge schöpferische Kraft? Halten ihn Ecken und Farben nicht auf, sieht er den Urplan des Dinges – – er wird in der Folge den wirklichen Gegenstand unterschätzen. In kraftvollen Augenblicken hat sein Geist die Werke der Natur und der Kunst in ihre Grundideen aufgelöst, sodaß die Werke selbst plump und fehlerhaft erscheinen. Er hat die Vorstellung einer Schönheit, die kein Bildhauer verkörpern kann. Bild, Statue, Tempel, Eisenbahn und Dampfmaschine existierten zuerst im Geiste des Künstlers ohne Flecken, Fehler oder Reibung, die das ausgeführte Modell beeinträchtigen. So war es auch mit der Kirche, dem Staat, der Schule, dem Hof, den socialen Kriegen und allen Institutionen. Es ist kein Wunder, daß diese Leute, die das im Geiste haben, was sie von Ideen gescheut und gehofft, verächtlich die Superiorität der Ideen verfechten. Da sie zu gewissen Zeiten gesehen, daß die glückliche Seele potentiell alle Künste in sich trägt, fragen sie: wozu uns mit überflüssigen Realisationen belasten? Und gleich träumenden Bettlern versuchen sie so zu sprechen und zu handeln, als ob jene Werte bereits Wirklichkeiten geworden wären.

Auf der anderen Seite wiegen die Männer der Arbeit, des Handels und des Genusses, die ganze animalische Welt, das Animalische im Philosophen und Poeten mit eingerechnet, und die praktische Welt mit all ihren peinlichen Plackereien, die dem Philosophen oder Poeten so wenig geschenkt werden wie den anderen – sie lasten schwer in der anderen Schale. Der Handelsverkehr in unseren Straßen glaubt an keine metaphysische Ursache, weiß nichts und hält nichts von der Kraft, welche die Existenz von Handelsleuten und eines handeltreibenden Planeten notwendig hervorrief, – sondern hält sich an Baumwolle, Zucker, Tuch und Salz. Die Aufsichts-Kommissionen an Wahltagen lassen sich durch keinen Zweifel am Werte ihres Scrutininiums milder stimmen. Das heiße Leben strömt immer in einer einzigen Richtung. Den Männern dieser Welt, der animalischen Kraft und animalischem Feuer, den Leuten, die über materielle Macht verfügen, wird, so lange sie darin stecken, der Mann der Ideen wie ein Vernunftberaubter erscheinen. Vernunft haben nur sie.

Auch die leblosen Dinge bringen stets ihre Philosophie mit sich; diese Philosophie ist die Klugheit. Kein Mensch erwirbt Eigentum, ohne zugleich auch ein wenig Arithmetik zu erwerben. In England, dem reichsten Land, das es jemals gegeben, gilt der Besitz an sich, gegenüber den persönlichen Fähigkeiten, mehr als in irgend einem anderen Lande. Nach dem Mittagsessen glaubt der Mann weniger und leugnet mehr; die Wahrheiten haben ein wenig von ihrem Reiz verloren. Nach dem Essen ist Arithmetik die einzige Wissenschaft, die noch gilt: Ideen sind störende, brandlegerische Thorheiten junger Leute, die vom soliden Teil der Gesellschaft zurückgewiesen werden, und der Mensch wird nur mehr nach seinen athletischen und animalischen Eigenschaften geschätzt. Spence erzählt, daß Mr. Pope eines Tages bei Sir Godfrey Kneller zu Besuch gewesen sei, als der Neffe des letzteren, ein Guinea-Fahrer, ins Zimmer trat. „Neffe," sagte Sir Godfrey, „Sie haben die Ehre, zwei der größten Männer der Welt vor sich zu sehen." „Ich weiß nicht, wie große Männer ihr sein möget," sagte der Mann von Guinea, „aber ich könnte nicht sagen, daß ihr mir gerade besonders gefallt. Ich hab' schon oft einen Kerl, besser als ihr beide zusammen, einen Kerl, ganz Knochen und Muskeln, für zehn Pfund gekauft" So rächen sich die Sinnenmenschen an den Professoren und geben ihnen Verachtung für Verachtung zurück. Die ersteren schwingen sich mit einem kühnen Satz zu Schlüssen, die noch lange nicht reif sind, empor und sagen mehr, als wahr ist; die anderen machen sich über den Philosophen lustig und wägen die Leute nach dem Pfund. Sie glauben, daß Senf auf der Zunge beißt, daß Pfeffer scharf ist, daß Zündhölzchen Feuer geben, daß Revolver zu meiden sind und Hosenträger die Hosen halten, daß in einer Theekiste viel Gefühl steckt, und daß ein Mann beredt ist, wenn man ihm guten Wein zu trinken giebt. – Wenn aber einer an Zartgefühl und an Skrupeln leidet, der muß mehr Rindfleisch essen. Sie sind der Ansicht, daß Luther „Milch" im Leibe hatte, als er den Ausspruch that:

> „Wer nicht liebt Weib, Wein und Gesang,
> Der bleibt ein Narr sein Leben lang;"

und als er einem jungen Gelehrten, dem Prädestination und freier Wille keine Ruhe ließen, den Rat gab, sich einmal tüchtig anzutrinken. „Die Nerven sind der Mensch,“ sagt Cabanis. Mein Nachbar im Schankzimmer, ein lustiger Pächter, ist der Ansicht, daß der beste Gebrauch des Geldes schnelles und sicheres Ausgeben sei: „er für seinen Teil,“ sagt er, „lasse das seine durch den Hals fließen und kriege so das Gute heraus, das man davon haben könne.“

Diese Denkungsart hat aber den Nachteil, daß sie zur Gleichgiltigkeit und dann zum Ekel führt. Das Leben zehrt uns auf. Auch wir werden bald Fabeln sein. Bleibt doch kühl: in hundert Jahren wird es alles eins sein. Das Leben ist schon recht; aber wir werden noch einmal froh sein, aus ihm hinauszukommen; und alle werden froh sein, daß wir draußen sind. Warum uns so eilen und placken? Unser Essen wird uns morgen nicht anders schmecken als gestern, und wir werden zuletzt genug davon haben. „Ach,“ sagte der blasierte Herr in Oxford, „es giebt nichts Neues noch Wahres – aber was liegt daran?“

Nur um einen Ton bitterer klingt der Seufzer des Cynikers: Unser Leben gleicht dem Esel, den sie mit einem Bündel Heu, das sie vor ihm her tragen, zum Markte locken; er sieht nichts als das Bündel Heu. „Es kostet so viel Mühe, bis einer auf die Welt kommt“, sagte Lord Bolingbrocke, „und so viel mehr Mühe und so viel Gemeinheit dazu, bis er wieder hinauskommt, daß es wirklich nicht dafür steht, überhaupt da zu sein.“ Ich kenne einen Philosophen von dieser Sorte, der seine Erfahrung über die menschliche Natur in dem einen Satze kurz zusammenzufassen pflegte: „Die Menschheit ist ein verdammtes Lumpengesindel;“ und dann folgt mit ziemlicher Sicherheit der natürliche Zusatz: „Die Welt lebt vom Schwindel, und ich denke desgleichen zu thun.“

Während der Abstraktionist und der Materialist sich so gegenseitig zur Verzweiflung treiben und der Spötter das Allerschlimmste des Materialismus ausspricht, bildet sich bereits eine dritte Partei, welche die Mitte zwischen beiden hält, die der Skeptiker. Der Skeptiker giebt beiden Teilen unrecht, und zwar weil sie sich in Extremen bewegen. Er strebt danach, seine Füße sicher zu stellen, er versucht es, der Balken der Wage zu sein. Er geht nicht weiter, als seine Landkarte reicht. Die Einseitigkeit der Leute auf der Straße entgeht ihm nicht; er hat keine Lust, ein Gibeonite zu sein; er vertritt die intellektuellen Fähigkeiten, einen kühlen Kopf und alles, was dazu dient, ihn kühl zu erhalten; – keinen schlechtberatenen Eifer, keine unbelohnte Selbstaufopferung, keinen Verlust an Hirn und Überarbeit! –“Bin ich ein Ochs oder ein Karren?“ „Ihr verfallt beide ins Extrem,“ sagt er. Ihr, die ihr alles solid wollt, für die die Welt aus

Blockblei besteht, ihr unterliegt der gröbsten Täuschung, ihr glaubt euch festgewurzelt und auf Stahl gegründet; und doch, wenn wir die letzten Thatsachen unseres Wissens aufdecken, steigt ihr wie Blasen im Fluß empor, ihr wißt nicht, woher oder wohin, und ihr wohnt und kleidet und hüllt euch in Sinnestäuschungen.

Aber er läßt sich auch nicht zu den Büchern verleiten und hüllt sich nicht in den Talar des Gelehrten. Die Männer der Studien sind ihre eigenen Opfer; sie sind mager und bleich, ihre Füße sind kalt, ihr Kopf heiß, sie verbringen die Nächte ohne Schlaf, die Tage in Furcht vor Unterbrechung, – in Bleichsucht, Unsauberkeit, Hunger und Egoismus. Wenn man sich ihnen nähert und sieht, was für Einbildungen sie erfüllen – verrathen sie sich als Abstraktionisten, die Tag und Nacht mit dem Austräumen eines Traumes verbringen und sich in der beständigen Erwartung verzehren, die Gesellschaft eines Tages einem kostbaren System zu Füßen sinken zu sehen, das sie entworfen, das auf einer Wahrheit erbaut ist, dem aber die richtigen Verhältnisse in der Darstellung, die richtigen Maße zur Anwendung fehlen, und das vor allem der Entdecker mangels jeder Willensenergie weder zu verkörpern noch zu beleben imstande ist.

Ich aber sehe klar, sagt der Skeptiker, daß ich nichts sehen kann. Ich weiß, daß die Stärke der Menschen nicht in den Extremen, sondern im Vermeiden der Extreme liegt. Ich wenigstens will nicht in die Schwäche verfallen, tiefer zu philosophieren, als die Tiefe meines Wesens erlaubt. Was nützt es, Kräfte vorzugeben, die wir nicht haben? Was nützt es, Gewißheiten über ein künftiges Leben zu behaupten, die wir nicht besitzen? Wozu die Macht der Tugend übertreiben? Warum denn vor der Zeit ein Engel sein? Das heißt, die Sehnen zu scharf spannen, und sie werden auch reißen. Wenn wir den Wunsch nach Unsterblichkeit hegen, aber keine Beweise dafür haben, warum sollten wir es denn nicht eingestehen? Wenn die Beweise einander widersprechen, warum sie nicht einfach konstatieren? Und wenn ein aufrichtiger Denker nicht Boden genug findet, um sich endgiltig für Ja oder Nein zu entscheiden, warum nicht die Entscheidung selbst vertagen? Ich bin all dieser Dogmatiker müde, und ebenso all dieser Gewohnheitstiere, welche die Dogmen leugnen, satt. Ich behaupte nichts und ich leugne auch nichts. Ich bin hier, um den Fall zu untersuchen. Ich habe nur zu betrachten, zu σκέπτειν, zu betrachten, wie die Sache sich verhält. Ich will einmal versuchen, die Wage richtig zu stellen. Was nützt es, sich auf die Kanzel zu stellen und mit geläufigem Geschwätz Theorien der Gesellschaft, der Religion, der Natur zu entwickeln, wenn ich weiß, daß ihrer Verwirklichung praktische Hindernisse im Wege liegen, die für mich und meine Gefährten unübersteiglich sind? Wie komm' ich dazu, vor meinem Publikum so redselig aufzutreten, wenn jeder meiner Nachbarn mich mit Argumenten, die zu widerlegen ich ganz außer stande bin, auf meinen Sitz nageln kann? Wie wagen wir zu behaupten, daß das eben ein so einfaches Spiel sei, da wir doch wissen, wie subtil und wie trugvoll dieser Proteus ist? Wie könnt ihr daran denken, alle Dinge in euren Hühnerkorb zu sperren, da wir doch wissen, daß es nicht ein oder zwei, sondern zehn, zwanzig, tausend Dinge giebt, die alle ungleich sind? Was bildet ihr euch ein, daß ihr alle Wahrheit in Verwahrung habt? Es läßt sich auf allen Seiten gar vieles sagen.

Wer wird sich einem weisen Skepticismus widersetzen, der da erkennt, daß es keine praktische Frage giebt, für welche sich mehr als eine approximative Lösung finden läßt? Ist nicht das Institut der Ehe eine offene Frage, da seit Anbeginn der Welt behauptet wird, daß alle, die darin sind, herauszukommen wünschen, und alle, die nicht darin sind, hineinzukommen? Immer noch bleibt die Antwort vernünftig, die Sokrates einem, der ihn fragte, ob er ein Weib nehmen oder unvermählt bleiben sollte, gab: daß, ob er nun freien möge oder nicht, er das Gethane sicherlich bereuen werde. Ist der Staat keine Frage? Die ganze Gesellschaft ist bezüglich des Staates geteilter Meinung. Niemand liebt ihn; eine große Anzahl mag ihn nicht leiden, fühlt Gewissensbisse, wenn sie ihn anerkennt, und die einzige Verteidigung, die sich zu seinen Gunsten vorbringen läßt, ist die Furcht, im Falle der Desorganisation noch schlimmer zu fahren. Geht es mit der Kirche anders? Oder, um eine der Fragen aufzuwerfen, die das Wohl und Wehe der Menschheit am tiefsten berühren: Soll der junge Mensch danach streben, bei Gericht, in der Politik, im Handel eine leitende Stellung einzunehmen? Niemand wird zu behaupten wagen, daß ein Erfolg, den er auf einem dieser Gebiete erreichen kann, dem Besten und Heiligsten in seiner Seele jemals entsprechen kann. Soll er also die Taue durchschneiden, die ihn an das sociale Gebäude knüpfen, und ohne andere Führung zur See gehen als seinen Genius? Auf beiden Seiten ist gar viel zu sagen. Man bedenke die offene Frage zwischen dem gegenwärtigen System der „freien Konkurrenz“ und den Freunden „associierter Arbeit.“ Edelmütige Geister ergreifen den Plan, nach welchem die Arbeit auf alle gleichmäßig verteilt werden soll; er ist der einzige ehrliche Plan; nichts anderes ist so sicher. Nur aus der Hütte der Armen kommt Kraft und Tüchtigkeit, und doch auf der anderen Seite wird angeführt, daß Arbeit die Formen verdirbt und das Feuer des Geistes zerstört, und die Arbeiter rufen einstimmig: „Wir können nicht denken.“ Kultur, wie unentbehrlich! Den Mangel an Bildung kann ich keinem vergeben, und doch wird jene höchste Zier, die Naivetät, durch die Kultur sogleich verdorben. Die Kultur ist ja für den Wilden etwas ganz Ausgezeichnetes; aber wie er einmal in die Bücher geschaut hat, wird er unfähig, nicht an die Plutarchischen Helden zu denken. Kurz, da die wahre Stärke des Geistes darin besteht, „das, was wir wissen, von dem, was wir nicht wissen, nicht behindern zu lassen,“ sollten wir uns eigentlich alle Vorteile, die uns zu Gebote stehen, sichern und nicht durch unser Haschen nach dem Nebelhaften und Unerreichlichen aufs Spiel setzen. Nur keine Chimären! Gehen wir auf Reisen, seien wir thätig und geschäftig, trachten wir zu lernen, zu erwerben, zu besitzen und emporzukommen! „Die Menschen sind eine Art beweglicher Pflanzen und empfangen wie Bäume einen großen Teil ihrer Nahrung aus der Luft. Wenn sie zu viel zu Hause stecken, welken sie hin.“ Laßt uns ein robustes, männliches Leben führen, das, was wir wissen, als gewiß wissen, und, was wir haben, soll solid und zeitgemäß und unser eigen sein. Eine Welt in der Hand ist besser als zwei im Busch. Wir wollen mit wirklichen Männern und Weibern und nicht mit hüpfenden Geistern zu thun haben.

Hier haben wir nun den richtigen Boden für den Skeptiker, es ist der Standpunkt der Betrachtung, der Zurückhaltung, keineswegs der des Unglaubens; keineswegs der des allgemeinen Leugnens, auch nicht der des allgemeinen Zweifelns, oder gar des Zweifels am Zweifel selbst; am allerwenigsten der des Spottes, des frevelhaften Hohns über alles, was fest und gut ist. Das ist alles nicht seine Art und Stimmung, so wenig wie die Religion und die Metaphysik. Er ist der Betrachtende, der Kluge, der Mann, der die Segel einzieht, sein Kapital überzählt und mit seinen Mitteln haushält, der meint, daß der Mensch ohnehin zu viel Feinde hat, als daß er sich den Luxus gestatten dürfte, sein eigener Feind zu sein; und daß wir uns in diesem ungleichen Konflikt zwischen so gewaltigen und unermüdlichen Mächten, die sich drüben scharen, und diesem kleinen, eingebildeten, verletzlichen, in jeder Gefahr auf und nieder schwankenden hölzernen Zielvogel, wie der Mensch es ist, auf der andern Seite gar nicht genug Vorteile vorweg nehmen können. Es ist nichts als eine bessere Verteidigungsstellung, die mehr Sicherheit bietet und sich behaupten läßt, und auch zugleich eine, die mehr Gelegenheiten und Spielraum giebt; etwa so, wie beim Häuserbau die Regel gilt: nicht zu tief und nicht zu hoch, unter dem Wind, aber außer dem Kot.

Die Philosophie, die wir brauchen, ist eine der Strömung und der Beweglichkeit. Die spartanischen und stoischen Systeme sind zu spröd und zu steif für die Situation, in der wir uns finden. Die Lehre eines Sankt Johannes auf der anderen Seite, die Lehre des passiven Duldens, scheint zu dünn und ätherisch. Wir brauchen ein Kleid aus elastischem Stahl, fest wie das erstere, geschmeidig wie das zweite. Wir brauchen ein Schiff in diesen Wogen, die wir bewohnen. Ein eckiges dogmatisches Haus würde in diesem Sturm so vieler Elemente in Stücke und Splitter zerrissen werden. Nein, es muß dicht und der menschlichen Form angepaßt sein, um überhaupt bestehen zu können; so wie die Muschel für ein Haus, das auf den Wassern gebaut sein soll, die Form diktieren muß. Der Geist des Menschen muß den Typus für unser System liefern, gerade wie der Leib des Menschen den Typus liefert, nach welchem ein Wohnhaus erbaut wird. Anpassungsfähigkeit ist eine wesentlichste Eigentümlichkeit der Menschennatur. Wir sind goldene Durchschnitte, flatternde Stabilitäten, kompensierte oder periodische Fehler, Häuser auf dem Meer gegründet. Der weise Skeptiker wünscht eine Loge, von der er das beste Spiel und die Hauptdarsteller aus der Nähe betrachten kann: alles das, was auf dem Planeten das beste ist, Kunst und Natur, Orte und Ereignisse, aber vor allem die Menschen. Alles was die Menschheit von Vorzüglichem zu bieten hat: eine Gestalt voll Anmut, einen Arm von Stahl, Lippen von Überredungsgabe, ein Hirn voll Geist, jedes geschickt zum Spiel und Gewinn – alles dies will er schauen und beurteilen.

Die Bedingungen für die Zulassung zu diesem Schauspiel sind folgende: er muß selbst eine gewisse solide und erkennbare Art zu leben führen, irgend eine Methode gefunden haben, die unvermeidlichen Bedürfnisse des menschlichen Lebens zu befriedigen, als Beweis, daß er selbst mit Geschick und Erfolg gespielt hat, er muß so viel Temperament, Festigkeit und so viel Fähigkeiten entwickelt haben, als nötig sind, ihm unter seinen Landsleuten und Zeitgenossen den Anspruch auf geselligen Verkehr und Vertrauen zu geben. Denn die Geheimnisse des Lebens werden nur der Sympathie und Gleichheit enthüllt. Die Menschen vertrauen sich nicht Buben, Dummköpfen oder Pedanten an, sondern ihresgleichen. Eine weise Beschränkung, wie die moderne Phrase lautet; eine Stellung zwischen den Extremen und nicht ohne eigene feste Basis; ein starker, selbstgenügsamer Mensch, der sich nicht als Salz oder Zucker für jede Speise verwenden läßt, der aber dennoch genug Beziehungen zur Welt hat, um vor Paris und London bestehen zu können, und der gleichzeitig ein kräftiger und origineller Denker ist, der sich von den Leuten nicht einschüchtern läßt, sondern sie zu gebrauchen versteht – das ist die geeignete Persönlichkeit für diesen philosophischen Standpunkt.

Alle diese Eigenschaften finden sich vereinigt im Charakter Montaignes. Da aber meine persönliche Hochachtung für Montaigne vielleicht unbillig groß ist, will ich, unter dem Schilde dieses Fürsten aller Ich-Menschen gleichsam als eine Rechtfertigung dafür, daß ich gerade ihn zum Repräsentanten des Skepticismus erwähle, ein paar Worte der Erklärung wagen, wie meine Liebe zu diesem wunderbaren Plauderer begann und wuchs.

Ein einzelner Band aus Cottons Übersetzung der Essays war mir durch Zufall aus der Bibliothek meines Vaters zurückgeblieben, da ich ein Knabe war. Er lag lange unbeachtet, bis ich, nach vielen Jahren, da ich gerade dem Studieninternat entronnen war, das Buch las und mir auch die fehlenden Bände verschaffte. Ich erinnere mich noch an das Entzücken und Staunen, in welchem ich mit dem Buche lebte. Es war mir, als ob ich es in irgend einem früheren Leben selbst geschrieben hätte, so aufrichtig und vertraut sprach es zu meinen Gedanken, meinen Erfahrungen. Als ich in Paris war, im Jahre 1833, geschah es, daß ich auf dem Friedhofe von Père la Chaise zum Grabe Auguste Collignons kam, der 1830, achtundsechzig Jahre alt, verstorben war und der, nach der Grabschrift, „gelebt hatte, um Recht zu thun, und der sich zur Tugend herangebildet hatte an den Essays Montaignes." Einige Jahre später machte ich die Bekanntschaft eines hochgebildeten englischen Dichters John Sterling, und im Fortlaufe unserer Korrespondenz erfuhr ich, daß er aus Liebe zu Montaigne eine Pilgerfahrt nach seinem Chateau unternommen hatte, das in der Nähe von Castellan in Périgord noch erhalten ist, und dort nach einem Zeitraum von zweihundertfünfzig Jahren von den Wänden seiner Bibliothek die Inschriften kopiert hatte, die Montaigne auf dieselben geschrieben. Diesen Reisebericht Mr. Sterlings, der zuerst in der Westminster Review erschienen war, hat Mr. Hazlitt in die Prolegomena zu seiner Ausgabe der Essays aufgenommen. Mit dem größten Vergnügen habe ich gehört, daß eines der neu entdeckten Autogramme William Shakespeares in einem Bande von Florios Montaigne-Übersetzung gefunden wurde. Es ist das einzige Buch, von dem wir mit Sicherheit wissen, daß es sich in der Bibliothek des Dichters befunden hat. Und seltsam genug, der Duplikat-Band des Florio, den das Britische Museum ankaufte, und zwar wie man mir im Museum mitteilte, in der Absicht das Autogramm Shakespeares zu sichern, trug, wie sich später ergab, das Autogramm Ben-Johnsons auf dem Vorsetzblatte. Leigh-Hunt erzählt von Lord Byron, daß Montaigne der einzige große Schriftsteller der Vergangenheit war, den er mit eingestandener Befriedigung las. Noch andere Umstände, die hier zu erwähnen überflüssig wäre, trafen zusammen, um mir den alten Gascogner immer neu und unsterblich erscheinen zu lassen.

Im Jahre 1571, nach dem Tode seines Vaters, zog sich Montaigne, damals achtunddreißig Jahre alt, von der Ausübung seines juristischen Berufes zu Bordeaux zurück und nahm auf seinem Gute dauernden Wohnsitz. Obgleich er bis dahin das Leben eines Genußmenschen und manchmal das eines Höflings geführt hatte, gewannen jetzt die gelehrten Neigungen bei ihm die Oberhand, und er befreundete sich mit dem eng umzirkelten, gelassenen und unabhängigen Leben des Landedelmannes, Er nahm sich sehr ernstlich seiner Wirtschaft an und sorgte dafür, daß seine Pachtgüter den größtmöglichsten Ertrag abwürfen. Offen und gerade in allem Verkehr, ein Mann, der es verabscheute, andere zu betrügen und sich betrügen zu lassen, wurde er wegen seines Verstandes und seiner Redlichkeit in der Umgegend hoch geachtet. In den Bürgerkriegen der Liga, die jedes Haus in eine Festung verwandelten, hielt Montaigne seine Thore offen und ließ sein Haus unverteidigt. Alle Parteien kamen und gingen frei in seinem Hause, denn sein Mut und seine Ehrenhaftigkeit waren von allen geachtet. Die benachbarten Herren und Edelleute brachten ihm ihre Juwelen und Papiere zur sicheren Verwahrung. Gibbon zählt in diesen bigotten Zeiten nur zwei wahrhaft liberale Menschen in Frankreich: Heinrich den Vierten und Montaigne.

Montaigne ist der aufrichtigste und ehrlichste aller Schriftsteller. Seine französische Freimütigkeit streift an Unflätigkeit, aber er nimmt allen Tadel durch die Fülle seiner eigenen Geständnisse vorweg. Zu seiner Zeit wurden die Bücher nur für ein Geschlecht und obendrein fast alle lateinisch geschrieben, sodaß einem Humoristen eine gewisse Nacktheit der Darstellung erlaubt wird, welche unsere Formen, die Formen einer Litteratur, welche sich an beide Geschlechter in gleicher Weise richtet, nicht gestatten. Aber obgleich eine biblische Offenheit, verbunden mit einer höchst unkanonischen Leichtfertigkeit, seine Werke manchen gar zu empfindlichen Lesern verschließen mag, kann der Anstoß, den er verursacht, doch nur ganz oberflächlich sein. Er trägt diese Art zur Schau; er hält sich selbst am strengsten an sie: niemand kann schlimmer von ihm denken oder sprechen als er selbst. Er behauptet fast alle Laster zu besitzen, und wenn eine Tugend in ihm sei, müsse sie sich heimlich eingeschlichen haben. Nach seiner Meinung giebt es überhaupt keinen Menschen, der nicht fünf oder sechsmal verdient hätte, gehängt zu werden; und es fällt ihm nicht ein, hierbei für sich eine Ausnahme zu machen. Er sagt auch, „man könne von ihm fünf oder sechs genau so lächerliche Geschichten erzählen wie von irgend einem anderen," Aber bei all dieser wirklich überflüssigen Offenherzigkeit drängt sich jedem Leser der Eindruck der unbestechlichsten Rechtlichkeit auf.

„Wenn ich mich aufs strengste und gewissenhafteste prüfe und verhöre, so finde ich, daß meine beste Tugend noch irgend eine lasterhafte Färbung hat, und ich fürchte, daß Plato in seiner reinsten Tugend (und ich bin ein ebenso aufrichtiger und ernster Liebhaber einer Tugend von solchem Gepräge wie nur irgend einer), wenn er nur scharf gelauscht und das Ohr ganz dicht an sein eigenes Selbst gelegt hätte, irgend einen Mißton menschlicher Beimischung gehört hätte, freilich ganz schwach und entfernt, sodaß nur er selbst ihn hätte hören können."

Hierin verrät sich Ungeduld und Widerwillen gegen jede Art von Schönfärbung und Heuchelei. Er hat sich so lange an Höfen aufgehalten, daß ihm der wütendste Ekel vor allem hohlen Schein ergriffen hat; er gestattet sich ein gelegentliches Schwören und Fluchen; er liebt es, mit Seeleuten und Vagabunden zu sprechen, Straßenwitze und Straßenbänkel zu verwenden: er war so lange in geschlossenem Raume, daß ihm totenübel geworden ist; es verlangt ihn hinaus in die freie Luft, und wenn's draußen Kugeln regnete. Er hat zu viel von den Herren in der langen Robe gesehen, bis ihm der Wunsch nach Kannibalen gekommen ist; das verkünstelte Leben hat ihn so nervös gemacht, daß er denkt, je barbarischer der Mensch ist, um so besser. Er liebt seinen Sattel, Theologie, Sprachlehre und Metaphysik könnt ihr wo anders lesen. Was ihr hier findet, wird nach Erde und wirklichem Leben schmecken; mag es nun süß oder scharf und stechend sein. Er fühlt kein Bedenken, uns mit seinen Krankheitsgeschichten zu unterhalten, seine italienische Reise ist voll von diesem Gegenstande. – Er nahm und hielt jene Stellung des Gleichgewichts ein. Über seinen Namen zeichnete er ein paar symbolischer Wagschalen und schrieb darunter: Que sçais-je? Während ich sein Bild gegenüber dem Titelblatte anschaue, ist mir, als hörte ich ihn sagen: Ihr könnt die Wissenden spielen, wenn ihr wollt; ihr mögt spotten und übertreiben, – ich bin für die Wahrhaftigkeit, und nicht für alle Reiche und Kirchen und Einkünfte und nicht für allen guten Ruf Europas werde ich mehr sagen als die trockenen Thatsachen, die ich sehe. Ich will lieber brummen und höchst prosaisch von dem schreiben, was ich weiß, von meinem Haus und meinen Scheuern, meinem Vater, meinem Weibe und meinen Pächtern, von meinem alten dürren und kahlen Schädel, meinen Messern und Gabeln; was für Speisen ich esse und was für Getränke ich liebe, und über hundert Häcksel, die genau so lächerlich sind – ehe ich mit einer schönen Krähenfeder eine schöne romantische Geschichte schriebe. Ich liebe die grauen Tage, das Herbst- und Winterwetter. Ich bin selbst grau und herbstlich und halte einen Schlafrock und alte Schuhe, die mir die Füße nicht drücken, alte Freunde, vor denen ich mir keinen Zwang auferlegen muß, und simple Themata, für die ich mich nicht anstrengen und nicht das Gehirn auspumpen muß, für das Passendste für mich. Unsere Lage als Menschen ist riskant und kitzlig genug. Man kann keine Stunde lang seiner selbst und seines Schicksals gewiß sein, jeder Augenblick kann uns wegfegen und in die jämmerlichste und lächerlichste Situation versetzen. Warum sollte ich mir einen Dunst vormachen und den Philosophen spielen, anstatt diesen tanzenden Ballon, so gut ich kann, mit Ballast zu versehen? So leb' ich wenigstens in meinen Schranken, bin immer bereit zur That und kann zuletzt mit Decenz in den Wirbel hinabschießen. Wenn solch ein Leben etwas Possenhaftes hat, so trifft der Tadel nicht mich; bitte, ihn dem Schicksal und der Natur vor die Thür zu legen."

Die Essays sind daher ein unterhaltendes Selbstgespräch über jeden ersten besten Gegenstand, der ihm durch den Kopf fährt, in welchem alles ohne viel Umstände und Ceremonien, aber mit männlichem Geiste behandelt wird. Es hat Männer von tieferer Einsicht gegeben, aber niemals, möchte man sagen, einen Mann mit einer solchen Fülle von Gedanken: er ist nie langweilig, nie unaufrichtig und hat die Gabe, dem Leser alles das interessant zu machen, was ihn interessiert.

Die Aufrichtigkeit und Lebendigkeit des Mannes erstreckt sich auf jeden Satz, den er ausspricht. Ich weiß kein Buch, das weniger geschrieben scheint. Es ist gewöhnliche Umgangssprache, auf ein Buch übertragen. Wenn man diese Worte schneidet, müssen sie bluten, so lebendig und gefäßreich sind sie. Wir empfinden an ihnen denselben Genuß, wie wenn wir den notwendigen Worten hören, welche die Menschen im Zwang ihrer Arbeit sprechen, wenn irgend ein ungewöhnlicher Umstand ihrer Zwiesprache momentane Bedeutsamkeit giebt. Denn Schmiede und Fuhrleute stottern nicht, wenn sie sprechen; ihre Worte sind ein Kugelregen. Es sind die Leute, die in Cambridge studiert haben, die sich verbessern, die bei jedem halben Satz von vorne beginnen, und die überdies zu fein und zu witzig sein wollen und stets vom Gegenstand zum Ausdruck abschweifen. Montaigne plaudert mit Scharfsicht, kennt Welt und Bücher und sich selbst und gebraucht stets den Positiv: er schreit nie, er protestiert nie, er bittet nie, er kennt keine Schwäche, keine Krämpfe, keinen Superlativ; wünscht nie aus der Haut zu fahren, reißt keine Possen, verlangt nicht Raum und Zeit zu annihilieren, sondern er ist immer ständig und fest; genießt jeden Augenblick des Tages, liebt selbst den Schmerz, weil er in ihm sich selbst empfindet, sich von der Realität des Daseins überzeugt, so wie wir uns selbst kneifen, um bestimmt zu wissen, ob wir wach sind. Er liebt die Ebene, steigt selten empor und sinkt selten ein; liebt es, den festen Boden und die Steine unter seinen Füßen zu fühlen. Sein Stil kennt keinen Enthusiasmus, kein Hochstreben; zufrieden und voll Selbstachtung hält er die Mitte der Straße ein. Hiervon macht er nur eine Ausnahme – in seiner Liebe für Sokrates. Wenn er von ihm spricht, dann und nur dann rötet sich seine Wange, sein Stil erhebt sich zur Leidenschaft.

Montaigne starb 1592, sechzig Jahre alt, an der Bräune. Als er zum Sterben kam, ließ er in seinem Zimmer die Messe celebrieren. Im Alter von dreiunddreißig Jahren hatte er sich verheiratet. „Aber," sagt er, „hätte ich nach meinem eigenen Willen thun können, ich hätte die Weisheit selbst nicht geheiratet, wenn sie mich hätte haben wollen. Aber es nutzt viel, der Ehe auszuweichen, – der allgemeine Brauch und die Sitte wollen es so haben. Die meisten meiner Handlungen werden vom Beispiel bestimmt, nicht von eigener Wahl." In seiner Todesstunde räumte er der Sitte dieselbe Macht ein. Que sçais-je? Was weiß ich?

Auf das Buch Montaignes hat die Welt ihr Indossat geschrieben, indem sie es in alle Sprachen übersetzte und fünfundsiebenzig Auflagen davon in Europa druckte; und dabei ist die Cirkulation eine einigermaßen gewählte, nämlich unter Hofleuten, Soldaten, Fürsten, Menschen von Welt, und Menschen von Geist und Edelherzigkeit.

Sollen wir nun sagen, daß Montaigne weise gesprochen und uns den richtigen und dauernden Ausdruck des menschlichen Geistes über die Führung des Lebens gegeben hat?

Wir sind von der Natur zum Glauben bestimmt. Nur die Wahrheit, das heißt der Zusammenhang zwischen Ursache und Folge, interessiert uns. Wir sind davon überzeugt, daß ein Faden durch alle Dinge läuft: alle Welten sind wie Perlen darauf gezogen, und Menschen und Ereignisse und Leben kommen nur durch diesen Faden zu uns: sie ziehen wieder und wieder an uns vorbei, nur damit wir die Richtung und die Kontinuität der Schnur erkennen. Ein Buch oder eine Argumentation, die darauf ausgehen, zu beweisen, daß es keinen solchen Faden giebt, sondern nur Zufall und Chaos, ein Unheil aus dem Nichts, ein Glück und keinen Grund dafür, Helden von Narren erzeugt, und Narren von Helden, – entgeistert uns. Sichtbar oder ungesehen, wir glauben, daß das Band existiert. Das Talent fabriziert gefälschte, nachgeahmte Bande, das Genie entdeckt die wirklichen. Wir lauschen auf den Mann der Wissenschaft, weil wir die Folgerichtigkeit in den Naturerscheinungen voraussetzen, die er enthüllt. Wir lieben alles, was bejaht, verbindet und erhält, und sind allem abgeneigt, was zerstört und niederreißt. Ein Mann tritt auf den Schauplatz, dessen Natur in den Augen aller Menschen erhaltend und aufbauend erscheint; seine Gegenwart setzt eine wohlgeordnete Gesellschaft, Ackerbau, Handel, umfassende Institutionen und Reiche voraus. Wenn sie noch nicht existierten, würden sie durch ihn zur Existenz gelangen. Darum wirkt er so tröstlich und ermutigend auf die Menschen, die sehr bald dies alles in ihm empfinden. Die Dissidenten und Rebellen sagen alle möglichen Dinge gegen das existierende Gemeinwesen, auf die sich nichts erwidern läßt, aber sie zeigen unserem Geist kein eigenes Haus, keinen neuen Staat. Und darum mag auch die Stadt und der Staat und die Lebensweise, die unser Berater im Auge hatte, ein recht bescheidenes oder gar ein modriges Glück sein, die Leute halten doch mit Recht zu ihm und verwerfen den Reformator, so lange er nur mit der Axt und Brechstange kommt.

Aber obgleich wir von Natur aus konservativ und kausalitätsgläubig sind und einen sauern und trüben Unglauben ablehnen, hat die Partei der Skeptiker, die Montaigne vertritt, doch recht, und alle Menschen gehören ihr zu Zeiten an. Jeder überlegene Geist durchschreitet diese Domäne des Gleichgewichts – oder besser, lernt sich der Hemmungen und Gegenwichte der Natur als einer natürlichen Waffe gegen die Übertreibungen und den Formalismus der Pietisten und Dummköpfe zu bedienen.

Skepticismus ist die Haltung, die der forschende Geist gegenüber den Kleinigkeiten annimmt, die die Gesellschaft anbetet, während er erkennt, daß sie nur in ihrer Tendenz und ihrem Geiste ehrwürdig sind. Der Boden, den der Skeptiker einnimmt, ist der Vorhof des Tempels. Die Gesellschaft liebt es nicht, daß die bestehende Ordnung auch nur der leiseste Hauch eines Zweifels berühre. Aber jeder höherstehende Geist muß ein Stadium in seiner Entwicklung durchmachen, in welchem er jeden Punkt der herrschenden Sitte in Frage zieht, und gerade das ist der Beweis dafür, daß er die strömende, sprossende Kraft wahrnimmt, die in allen Verwandlungen dieselbe bleibt.

Der überlegene Geist wird gegenüber den Übeln der bestehenden Gesellschaft und den Projekten, die zu ihrer Verbesserung vorgeschlagen werden, einen gleich schweren Stand haben. Der weise Skeptiker ist ein schlechter Staatsbürger; er ist kein Konservativer; er durchschaut die Selbstsucht des Eigentums und die schlaffe Trägheit unserer Institutionen. Aber er ist auch nicht fähig, mit irgend einer der demokratischen Parteien, die sich jemals konstituiert, zu arbeiten, denn Parteien verlangen, daß jeder ihnen seine Seele verschreibe, und er durchschaut den Patriotismus des Volkes. Seine Politik ist diejenige, die in der „Botschaft der Seele“ von Sir Walter Raleigh ausgesprochen ist, oder diejenige Krischnas im Bhagavat: „Es lebt keiner, der meiner Liebe oder meines Hasses würdig wäre,“ während er über Gesetz, Naturkraft, Gottheit, Handel und Sitte Gericht hält. Er ist ein Reformator, aber kein brauchbares Mitglied der philanthropischen Gesellschaft. Es zeigt sich, daß er nicht der Kämpe der Arbeiter, des Proletariats, der Gefangenen, der Sklaven ist. Ihm steht fest, daß unser Leben in dieser Welt sich nicht gar so leicht verstehen läßt, wie Kirchen und Schulbücher vorgeben. Es fällt ihm auch nicht ein, gegen jene wohlthätigen Bestrebungen Stellung zu nehmen, den advocatus diaboli zu spielen und jeden Zweifel und Hohn, der ihm die Sonne verfinstert, auszuposaunen. Aber er sagt: es giebt Zweifel.

Ich gedenke, die Gelegenheit zu benutzen und den Kalendertag unseres Sankt Michael de Montaigne damit zu feiern, daß ich diese Zweifel oder Verneinungen aufzähle und schildere. Ich werde versuchen, sie aus ihren Löchern herauszutreiben und sie ein wenig in die Sonne zu bringen. Wir müssen mit ihnen verfahren wie die Polizei mit alten Spitzbuben, die auf dem Bezirksgericht dem Publikum gezeigt werden. Sie werden nicht mehr so fürchterlich sein, wenn sie einmal identifiziert und registriert sind. Aber ich denke ehrlich mit ihnen umzugehen, ihren Schrecken soll Gerechtigkeit widerfahren. Ich werde keine Sonntagseinwände vornehmen, die nur zu dem Zwecke aufgestellt werden, um niedergeworfen zu werden. Ich werde die Schlimmsten nehmen, die ich finden kann, und es darauf ankommen lassen, ob ich mit ihnen fertig werden kann oder sie mit mir.

Dem Skepticismus des Materialisten werde ich nicht auf den Leib rücken. Die Quadrupeden-Anschauung kann nicht die Herrschaft behalten, das ist für mich unzweifelhaft. Es ist gleichgiltig, was Fledermäuse und Ochsen denken. Das erste wirklich gefährliche Symptom, das ich verzeichnen muß, ist die Leichtfertigkeit des Geistreichen. Es scheint verhängnisvoll für allen Ernst zu sein, viel zu wissen. Wissen heißt wissen, daß wir nicht wissen können. Die Dumpfen beten, die Genialen sind leichte Spötter. Wie achtungswert ist der Ernst auf jedem Boden! Aber der Geist tötet ihn. Ja, San Carlo, mein scharfsinniger und bewunderungswerter Freund, einer der durchdringendsten Geister, findet, daß jede direkte Erhebung, selbst die erhabener Frömmigkeit zu jener entsetzlichen Erkenntnis führt und den Beter verwaist zurücksendet. Mein erstaunlicher San Carlo war der Meinung, daß alle Gesetzgeber und Heiligen von dieser Krankheit angesteckt wären. Sie fanden die Arche leer, sahen und wollten es nicht sagen und suchten ihren nahenden Anhängern den Weg zur gleichen Erkenntnis abzuschneiden, indem sie sagten: „Handlung, Handlung, meine lieben Freunde, ist eure Aufgabe, nicht Schauen!“ Wie schlimm auch diese Entdeckung San Carlos mich traf, dieser Julifrost, dieser Schlag von der Hand einer Braut, es kam eine noch schlimmere, nämlich die Sattheit und der Überdruß der Heiligen. Noch ehe sie sich von den Knien erhoben, sagten sie: Wir entdecken, daß diese unsere Anbetung und Seligkeit unvollständig und entstellt ist, und wir müssen den verdächtigten und vielgeschmähten Geist, den Verstand des Mephistopheles, die Gymnastik des Talents zu Hilfe rufen.“

Das ist der erste Poltergeist, und obgleich er in unserem neunzehnten Jahrhundert der Gegenstand viel elegischer Klagen von Goethe, Byron und anderen minder berühmten Dichtern gewesen ist, – von vielen hervorragenden privaten Beobachtern ganz zu schweigen – muß ich gestehen, daß er meine Anschauung nicht sehr erschüttert, denn es scheint sich ihm nur um das Zerbrechen von Puppenhäusern und Töpferladen zu handeln. Was die römische Kirche beunruhigt, oder die Englische, oder die Genfer, oder die von Boston, das kann noch weit davon entfernt sein, irgend ein Glaubensprincip selbst anzugreifen. Ich glaube, daß Geist und Sittlichkeit völlig übereinstimmen, und daß die Philosophie zwar Schreckgespenster verscheuchen mag, aber der Seele auch die natürlichen Dämme gegen das Schlechte und eine sichere Polarität verleiht. Ich glaube, je weiser ein Mensch ist, desto erstaunlicher muß ihm die natürliche und moralische Ökonomie erscheinen, zu um so absoluterem Vertrauen wird er sich erheben.

Dann haben wir die Macht der wechselnden Stimmungen, deren jede alles für nichts achtet außer ihrem eigenen Gewebe von Thatsachen und Einbildungen. Dann haben wir die Macht der Konstitution, des Temperaments, die zweifellos alle Anlagen und Empfindungen bestimmt. Es stellt sich heraus, daß Glaube und Unglaube im Bau des Menschen liegen; und sobald jeder so viel Gewicht und Lebendigkeit erreicht, daß seine ganze Maschinerie zu spielen beginnt, braucht er gar keine fernliegenden Beispiele mehr, sondern wird in seinem eigenen Leben alle Anschauungen in reißender Folge durchmachen. Unser Leben ist wie Aprilwetter, in derselben Stunde drohend und wieder heiter. Wir gehen unseren Weg, ernst, ergeben, im festen Glauben an die Eisenketten des Schicksals, wir würden uns nicht umkehren, um unser Leben zu retten: und ein Buch, eine Büste, ja nur der Ton eines Namens schleudert einen Funken in die Nerven, und wir glauben plötzlich an den freien Willen, mein Fingerring wird zum Siegel Salomonis, das Fatum ist für Thoren und Schwächlinge und dem entschlossenen Geiste ist nichts unmöglich. Und schon giebt eine neue Erfahrung unseren Gedanken eine neue Wendung: der gemeine Verstand tritt wieder in seine Tyrannenrechte ein; wir sagen: „Die militärische Laufbahn ist doch das Thor zum Ruhm, zu guten Manieren, zur Poesie; und seht ihr, im ganzen baut der Egoismus am besten und heimst die besten Pflaumen ein, macht die besten Geschäfte und die besten Staatsbürger." So wären die Anschauungen eines Menschen über Recht und Unrecht, über Schicksal und Kausalität einem unruhigen Schlaf, einer Verdauungsstörung preisgegeben? Geht sein Glaube an Gott und Schicksal nicht tiefer als die Beweise unseres Magens? Und welche Gewähr für die Dauer seiner Anschauungen? Ich liebe die französische Raschheit nicht, die Kirche und Staat einmal in der Woche wechselt. Dies ist die zweite Verneinung, und ich lasse sie so hoch gelten, als man nur will. So weit sie die Rotation der Geisterzustände ins Treffen führt, weist sie auf ihr eigenes Gegengewicht hin, nämlich auf die Betrachtung längerer Perioden. Was ist das Durchschnittsergebnis vieler Zustände und aller Zustände? Spricht die Stimme aller Zeitalter ein Grundgesetz aus? Oder läßt sich in entfernten Zeiten und Räumen kein gemeinsames Gefühl entdecken? Und wenn sie nichts aufweisen würden als die Macht des Eigennutzes, so nehme ich diesen als einen Teil des göttlichen Gesetzes hin und muß ihn mit höherem Streben zu vereinigen suchen, so gut ich kann.

Das Wort Fatum oder Schicksal spricht das Gefühl der Menschen aller Zeiten aus, daß die Weltgesetze uns nicht nur Wohlthun, sondern uns oft weh thun und zermalmen. Das Fatum in der Gestalt von „ Kinde" oder der Natur wächst über uns hin wie Gras. Wir malen die Zeit mit einer Sense, Glück und Liebe blind, und das Schicksal taub. Wir besitzen zu wenig Widerstandsfähigkeit gegen dieses erbarmungslose Ungeheuer, das uns auffrißt. Wie könnten wir mit diesen unentrinnbaren, siegreichen, böswilligen Kräften den Kampf aufnehmen? Was kann ich gegen den Einfluß der Rasse auf die Geschichte meines Lebens thun? Was vermag ich gegen hereditäre und konstitutionelle Eigenschaften, gegen Skrophulose, Schwindsucht und Impotenz, gegen klimatische Einflüsse und Barbarei in meinem Heimatlande zu thun? Ich kann alles niederräsonnieren und leugnen außer diesem ewigen Bauche: er muß und wird fressen, und ich kann ihn nicht ehrwürdig machen.

Aber der Hauptwiderstand, dem unsere affirmativen Impulse begegnen, und in dem alle anderen inbegriffen sind, liegt in der Lehre der Illusionisten. Es cirkuliert ein schmerzliches Gerücht, daß wir in allen wichtigen Handlungen unseres Lebens zum besten gehalten werden, und daß Freiheit des Willens und Thuns der leerste Name ist. Wir werden mit Luft und Nahrung, Weib und Kindern, Kenntnissen und Ereignissen gefüttert und behandelt und sind zuletzt genau dort, wo wir waren. Es ist oft geklagt worden, daß die Mathematik den Geist in demselben Zustand lasse, in der sie ihn gefunden. So geht es uns mit allen Wissenschaften und mit allen Ereignissen und Handlungen. Ich finde in einem Mann, der durch alle Wissenschaften gegangen, denselben Lümmel wieder, der er war, und kann durch alle gelehrten, bürgerlichen und socialen Ämter und Stellungen hindurch das Kind entdecken. Nichtsdestoweniger sind wir gezwungen, ihnen unser Leben zu widmen. Kurz, wir könnten dahin gelangen, als feststehende Regel und Theorie für unseren Erziehungszustand anzunehmen, daß Gott eine Substanz und seine Methode die Illusion ist. Die Weisen des Orients kannten die Göttin Yoganidra, die große trügerische Kraft Vishnus, die äußerste Unwissenheit, durch welche die ganze Welt betrogen wird.

Oder, soll ich es so ausdrücken: Das Erstaunliche am Leben ist der völlige Mangel jedes Scheins einer Versöhnung zwischen der Theorie und der Praxis des Lebens? Die Vernunft, gepriesene Wahrheit, das Gesetz wird hie und da für einen klaren und tiefen Augenblick erkannt, mitten in dem Getöse von Sorgen und Arbeit, die nicht direkt von ihr abhängig sind, – geht dann wieder verloren, für Monate oder Jahre, um wieder für eine kurze Spanne Zeit gefunden und wieder verloren zu werden. Wenn wir diese Intervalle zusammenrechnen, haben wir in fünfzig Jahren vielleicht ein halbes Dutzend vernünftiger Stunden gehabt. Sind die Sorgen und die Arbeit dadurch leichter und wertvoller geworden? Eine

Methode können wir in der Welt nicht entdecken, nur diesen Parallelismus von Großem und Kleinem, die nie aufeinander zurückwirken, nie die geringste Tendenz zum Konvergieren zeigen. Erfahrungen, Schicksale, politische Ereignisse, Lektüre, Schriftstellerei machen uns so wenig klug, als wenn ein Mensch ins Zimmer tritt, sich aus dem Anschein erkennen läßt, ob er sich von Brot oder Fleisch genährt hat; – es ist ihm gelungen, sich so viel Knochen und Muskeln zu schaffen, als er braucht, sei es nun aus Reis oder aus Schnee. So ungeheuer ist das Mißverhältnis zwischen dem Himmel des idealen Gesetzes und der Arbeits-Ameise unter demselben, daß der Umstand, ob einer ein wertvoller Mensch oder ein Kretin ist, gar keine solche Wichtigkeit hat, als wir vorgeben. Soll ich noch eine Gaukelei in diesen verzauberten Gärten anführen? Das betäubende Gesetz, das uns den Verkehr untereinander verbietet und jedes Zusammenwirken unmöglich macht? Der jugendliche Geist lechzt danach, in die Gesellschaft einzutreten. Aber alle Wege der wahren Ausbildung und Größe führen zur Vereinsamung, zu einer Absperrung gleich der eines Gefangenen. Er hat sich schon oft enttäuscht gesehen. Er erwartete nicht, daß das ganze Dorf mit seinen Gedanken sympathisieren werde, sondern er trat damit vor die Auserwählten und Verständigen und fand keine Nahrung für seinen Geist, sondern nur Mißverständnis, Abneigung und Hohn. Es ist seltsam, wie unzeitgemäß die Menschen geboren, wie falsch sie verwendet werden; und die Vortrefflichkeit eines jeden ist ein entflammter Individualismus, der ihn nur noch mehr von den anderen trennt.

Diese und noch viele andere sind die Krankheiten des Denkens, welche unsere gewöhnlichen Lehrer zu beseitigen gar nicht versuchen. Sollen wir nun, weil eine gute Natur die Neigung zeigt, sich zu sittlicher Höhe zu entwickeln, sagen: Es giebt keine Zweifel – und lügen, um dem Rechten zu dienen? Soll das Leben in tapferer oder in feiger Art geführt werden? Und ist nicht die befriedigende Beantwortung der Zweifel eine wesentliche Bedingung aller Männlichkeit? Soll der Name der Sittlichkeit eine Schranke für die wahre Sittlichkeit bilden? Könnt ihr nicht glauben, daß ein ernster Mensch und tüchtiger Kerl an Thee, moralischen Aufsätzen und Katechismen kein Gefallen finden und einen rauheren Unterricht verlangen, Menschen, Arbeit, Handel, Feldbau, Krieg, Hunger und Ueberfluß, Liebe und Haß, Zweifel und Schrecken verlangen kann, um sich über die Welt klar zu werden? Und hat er nicht das Recht, darauf zu bestehen, daß er in seiner eigenen Weise überzeugt werde? Wenn er überzeugt ist, wird es wenigstens der Mühe wert sein.

Glauben heißt, die Bejahungen der Seele annehmen, Unglauben, sie leugnen. Es giebt Geister, welche eines Skepticismus gar nicht fähig sind. Die Zweifel, welche sie zu fühlen vorgeben, sind mehr Akte der Höflichkeit, mit welchen sie sich der Redeweise ihrer Umgebung anschließen. Sie können sich die freieste Forschung gestatten, denn sie sind der Wiederkehr sicher. Wer einmal in den Himmel des Denkens eingelassen worden ist, für den giebt es keinen Rückfall in die Nacht, nur unendliche Einladung nach der anderen Seite. Da ist Himmel über Himmel, und Paradiese im Paradies, sie sind rings von Göttlichkeit umschlossen. Andere giebt es, für welche der Himmel von Erz ist und einen geschlossenen Wall bis nieder zur Erdoberfläche bildet. Es ist eine Frage des Temperaments und des größeren oder geringeren Mitempfindens und Verständnisses für die Natur. Die letztgenannten haben natürlich nur einen reflektierten oder parasitischen Glauben, sie können die Wahrheiten nicht schauen, sondern verlassen sich instinktiv auf die Seher und Bekenner der Wahrheiten. Die Weise und die Gedanken der Glaubenden setzen sie in Erstaunen und bringen sie auf den Glauben, daß jene etwas gesehen haben, was ihnen verborgen ist. Aber ihre aus der Sinnenwelt entsprungenen Gewohnheiten möchten den Gläubigen stets in seiner letzten Stellung festhalten, während er unwiderstehlich vorwärtsschreiten muß, und daher kommt es, daß die Ungläubigen aus Liebe zum Glauben die Gläubigen verbrennen.

Die großen Gläubigen werden immer für Ungläubige, für unpraktisch, phantastisch, atheistisch, und eigentlich für Menschen gehalten, die nicht zählen. Ja, der Spiritualist sieht sich genötigt. seinen Glauben durch eine Reihe von Skepticismen auszudrücken. Mildherzige Leute kommen mit ihren Projekten und verlangen seine Mitwirkung. Wie kann er nur zögern? Es ist die Pflicht einfachster Höflichkeit und Umgänglichkeit, zuzustimmen, wo es nur möglich ist, und in seiner Rede etwas Günstiges und nichts Frostiges und Abschreckendes zu sagen. Und doch ist er gezwungen zu antworten: „Ach, alles das ist so, weil es nicht anders sein kann: was könnt ihr dagegen thun? Diese besonderen Übel und Verbrechen sind nur das Laubwerk und die Früchte solcher Bäume, wie wir sie wachsen sehen. Es ist vergeblich, über Blätter und Beeren zu klagen, schneidet sie ab, der Baum wird andere, genau so schlechte tragen, ihr müßt eure Kur tiefer unten beginnen.“ Die Mildthätigkeiten des Alltags sind für ihn eine Sache, mit der er sich nicht einverstanden erklären kann. Die Fragen der Leute sind nicht die seinen, ihre Methoden sind nicht die seinen, und gegen alle Gebote des Wohlwollens sieht er sich gezwungen zu erklären, daß er keine Freude an ihnen findet.

Selbst die Lehren, die der Hoffnung der Menschen teuer sind, die der göttlichen Vorsehung und der Unsterblichkeit der Seele können seine Nachbarn nicht so aufstellen, daß er sie bejahen könnte. Aber er leugnet sie, weil sein Glaube ein größerer, nicht weil er geringer ist. Er leugnet aus Ehrlichkeit. Er will sich lieber die Schwäche und Thorheit des Skepticismus als Unwahrhaftigkeit vorwerfen lassen. Ich glaube, sagt er, an den sittlichen Grundplan des Weltalls, es ist gastfreundlich zum Wohle der Seelen errichtet; aber eure Dogmen erscheinen mir wie Karikaturen; wie könnte ich mich bemühen, den Glauben an sie zu befestigen? Wer darf sagen, daß dies kalt und ungläubig gesprochen ist? Die Weisen und Hochherzigen werden es nicht sagen. Sie wird sein weitblickender guter Wille mit triumphierender Freude erfüllen, der dem Gegner das ganze Feld der Tradition und des gemeinen Glaubens überläßt, ohne ein Jota an Stärke einzubüßen. Er sieht bis ans Ende aller Durchgangszustände. George Fox sah „einen unendlichen Ocean von Dunkel und Tod; aber auch einen unendlichen Ocean von Licht und Liebe, der über dem Meer des Dunkels flutete."

Die endgiltige Lösung, in der der Skepticismus schwindet, ist das sittliche Gefühl, das seines Supremats über die Welt niemals verlustig wird. Man kann ruhig alle Stimmungen versuchen und allen Einwänden ihr Gewicht zugestehen: das sittliche Gefühl überwiegt sie alle zusammen ebenso leicht wie jedes einzelne. Das ist der Tropfen, der dem Meere das Gleichgewicht hält. Ich spiele mit dem wirren Gewoge der Thatsachen und betrachte sie in jener oberflächlichen Weise, welche wir Skepticismus nennen, aber ich weiß, daß sie mir im nächsten Augenblick in jener rhythmischen Ordnung erscheinen werden, die alle Skeptik unmöglich macht.

Ein denkender Mensch muß den Gedanken fühlen, der der Vater des Weltalls ist: daß die Massen der Natur in undulierender und strömender Bewegung begriffen sind. Dieser Glaube reicht für das Entstehen und Geschehen alles Lebens und aller Dinge aus. Die Welt ist mit Göttlichkeit und Ethik gesättigt. Wer diesen Gedanken recht erfaßt hat, der nimmt Recht und Unrecht, Thoren und Narren und den Triumph der Lüge und der Dummheit ruhig hin; der kann selbst den gähnenden Abgrund zwischen dem Ehrgeiz des Menschen und seiner Leistungskraft, zwischen der Nachfrage und dem Angebot von Menschenkraft, der die Tragödie aller Seelen bildet, mit ruhiger Heiterkeit betrachten.

Charles Fourier verkündigte, daß „die Neigungen des Menschen seinen Schicksalen proportioniert seien," in anderen Worten, daß jeder Wunsch seine eigene Befriedigung prophezeie. Aber alle Erfahrung beweist das gerade Gegenteil; die Unzulänglichkeit ihrer Kräfte ist die allgemeine Klage junger und feuriger Seelen. Sie werfen der göttlichen Vorsehung eine gewisse Sparsamkeit vor. Sie hat den Himmel und die Erde jedem ihrer Kinder gezeigt und jeden mit dem Verlangen nach dem Ganzen erfüllt, mit einem rasenden, unendlichen Verlangen, einem Hunger, gleich dem des Weltraums, der begehrt, mit Planeten gefüllt zu werden, einem Schrei unersättlicher Not, wie der der Teufel nach Seelen. Und zur Befriedigung – wird jedem Menschen ein einziger Tropfen, eine Tauperle von Lebenskraft per Tag zugeteilt – ein Kelch, groß wie der Weltraum, und ein Tropfen vom Wasser des Lebens darin! Jeder war des Morgens erwacht mit einem Appetit, der das Sonnensystem hätte aufessen können wie einen Kuchen, einem feurigen Begehren nach Thätigkeit und Leidenschaft ohne Grenzen; er hätte seine Hand nach dem Morgenstern ausstrecken mögen; er hätte mit der Gravitation und den chemischen Kräften des Weltalls experimentieren können; aber bei der ersten Bewegung, seine Kraft zu versuchen – versagen Hände, Füße und Sinne den Dienst und sind zu nichts nütze. Er gleicht einem Kaiser, den seine Reiche verlassen, und der sich nun etwas vorpfeifen kann, oder vielmehr, er ist unter einen Pöbel von Kaisern gestoßen, die alle pfeifen, – und immer noch singen die Sirenen: „Die Neigungen des Menschen sind seinen Schicksalen proportioniert." In jedem Haus, im Herzen jedes Mädchens und jedes Knaben, in der Seele des emporverlangenden Heiligen in seiner Ekstase gähnt derselbe Abgrund – zwischen dem ungeheuersten Versprechen idealer Macht und der erbärmlichen Erfahrung.

Die expansive Natur der Wahrheit kommt uns zu Hilfe, elastisch, niemals umzingelt. Mit noch breiteren Generalisationen hilft sich der Mensch. Das Leben lehrt uns vor allem zu generalisieren, zu glauben, was die Jahre und Jahrhunderte gegen die Tage sprechen, der Tyrannei der Einzelereignisse uns zu widersetzen und bis zu ihrer katholischen Bedeutung durchzudringen. Die Dinge scheinen uns etwas zu sagen und sagen gerade das Gegenteil. Die Erscheinung ist unsittlich, das Resultat ist ein sittliches. Der Lauf der Dinge scheint niederwärts zu gehen, scheint den Kleinmut zu rechtfertigen, die Schurken hinaufzubringen, die Gerechten zu fällen; und von Schurken wie von Märtyrern wird die gerechte Sache vorwärts gebracht. Obgleich in jedem politischen Streit die Schurken den Gewinn einheimsen, obgleich die Gesellschaft aus den Händen einer Bande von

Verbrechern in die Hände einer neuen Bande von Verbrechern überliefert zu werden scheint, so oft die Regierung wechselt, und obgleich der Gang der Civilisation ein langer Zug von Freveln ist, werden dennoch die Ziele der Allgemeinheit irgendwie erreicht. Wir sehen gerade jetzt Ereignisse herbeigezwungen, welche die Kultur von Jahrhunderten aufzuhalten, ja zurückzuschrauben scheinen. Aber der Geist der Welt ist ein guter Schwimmer, und Stürme und Wogen können ihn nicht sinken machen. Er lacht der Gesetze: und so scheint sich der Himmel durch die ganze Weltgeschichte hindurch niedriger und armseliger Mittel zu bedienen. Durch die Jahre und die Jahrhunderte, durch die Kräfte des Bösen, durch Spielereien und Atome strömt unwiderstehlich ein großes und wohlthätiges Streben.

Und der Mensch muß lernen, in dem Wechselnden und Fliehenden nach dem Dauernden zu schauen; er muß lernen, den Untergang von Dingen, die er verehrte, zu ertragen, ohne seine Ehrfurcht zu verlieren; er muß lernen, daß er da ist, nicht um zu thun, sondern mit sich thun zu lassen, und daß, ob Abgründe unter Abgründen sich austhun mögen und eine Anschauung die andere verdrängt, alle zuletzt enthalten sind in dem Einen Ewigen Grunde.

„Und sinkt mein Kahn, sinkt er zu neuen Meeren."

Shakespeare oder der Dichter

Große Menschen zeichnen sich mehr durch den Umfang und Reichtum ihres Gebietes aus als durch ihre Originalität. Wenn wir nach jener Originalität begehren, die darin besteht, daß einer sein Gewebe wie die Spinne aus seinem eigenen Innern herauswebe, daß einer den Lehm selbst finde, daraus selbst Ziegel mache und das Haus baue, dann ist nie ein großer Mann original gewesen. Die wertvolle Originalität liegt auch gar nicht darin, daß man sich von den anderen Menschen unterscheide. Der Held ficht in den gedrängten Reihen der Ritter im dichtesten Gewühl der Ereignisse; hier erkennt er, wes die Menschen bedürfen, und während er den Wunsch aller teilt, fügt er aus eigenem die Weite des Blickes und die Länge des Armes hinzu, durch die der gewünschte Punkt auch wirklich erreicht wird. Das größte Genie ist auch der verschuldetste Mensch. Ein Dichter ist nicht etwa ein unruhiger Kopf, in dem es wirbelt, und der das ausspricht, was dabei auf die Zunge kommt, und der, weil er alles sagt, gelegentlich auch was Gutes sagt, sondern ein Herz, das mit seiner Zeit und seinem Lande völlig eins geworden ist. Seine Werke sind nicht die Erzeugnisse einer phantastischen Laune, sondern sicherer und trauriger Ernst, erfüllt von den tiefsten Überzeugungen und vom entschlossensten Streben vorwärts getrieben, das irgend ein Mensch oder eine ganze Klasse seiner Zeit kennt.

Der Geist unserer Epoche ist auf Individuen eifersüchtig und mag nicht gelten lassen, daß ein Individuum groß sein könne, außer durch die Masse, die es trägt. Das Genie hat ja keine Wahl. Der große Mann wacht nicht eines schönen Morgens auf und sagt: „Ich bin voll Lebenskraft, ich will zur See gehen und den antarktischen Kontinent entdecken", oder „heute will ich die Quadratur des Zirkels finden, heute will ich das Pflanzenreich plündern und für die Menschheit ein neues Nahrungsmittel finden; ich hab' eine neue Architektur im Kopf; ich sehe eine neue mechanische Kraft voraus," nein, sondern er befindet sich bereits in einem Strome von Gedanken und Ereignissen, und wird von den Ideen und Bedürfnissen seiner Zeitgenossen vorwärts getrieben. Er steht an einem Punkt, wo alle Leute nach einer Seite schauen und alle Hände in der Richtung ausstrecken, in welcher er gehen sollte. Die Kirche hat ihn aufgezogen inmitten ihres Pomps und ihrer feierlichen Gebräuche, und er führt nur den Plan aus, den ihre Musik ihm eingab, und baut die Kathedrale, deren sie für ihre Chorgesänge und Prozessionen bedurfte. Er findet einen tobenden Krieg vor, der Krieg erzieht ihn bei Trompetentönen in den Baracken, und er verbessert die Kampfesweise und das Reglement. Zwei Grafschaften machen tappende Versuche, Kohle, Mehl oder Fische vom Produktionsgebiet zum Absatzgebiet zu bringen, und er verfällt auf die Eisenbahn. Jeder Meister hat sein Material bereits gesammelt gefunden und seine Macht lag in seiner Sympathie für seine Mitmenschen und seiner Liebe für das Material, in dem er arbeitete. Welch eine Ökonomie der Kräfte! Und was für eine Kompensation für die Kürze des Lebens! Alles ist für seine Hände vorgearbeitet. Die Welt hat ihn so weit auf seinem Wege gebracht. Die ganze Menschheit ist vor ihm ausgezogen, hat die Hügel abgetragen, die Gräben gefüllt, die Ströme überbrückt. Männer, Nationen, Dichter, Handwerker, Frauen, alle haben für ihn gearbeitet, und er tritt in ihre Arbeit ein. Wählte er irgend eine andere Aufgabe, die außerhalb der großen Richtungslinie, außerhalb der nationalen Empfindung und Geschichte läge, er würde alles allein zu schaffen haben, und seine Kraft erschöpfte sich mit den ersten Vorbereitungsarbeiten. Ja, man möchte fast sagen, daß die Macht höchster Genialität darin bestehe, daß ihr alle Originalität fehle, daß sie vollkommen aufnehmend bleibe, alles die Welt thun lasse und nur den Geist der Stunde ungehindert durch den eigenen Geist wirken lasse.

Shakespeares Jugend fiel in eine Zeit, in welcher das englische Volk sich ungestüm zu dramatischen Unterhaltungen drängte. Der Hof nahm an politischen Anspielungen leicht Anstoß und versuchte sie zu unterdrücken. Die Puritaner, eine wachsende und energische Partei, sowie die Eifrigen unter den Bekennern der englischen Kirche wünschten ihre Abschaffung. Aber das Volk verlangte sie. Wirtshaushöfe, Häuser, denen die Dächer fehlten, improvisierte Schranken auf ländlichen Marktplätzen waren die schnellbereiten Bühnen der umherziehenden Schauspieler. Das Volk hatte dieses neue Vergnügen gekostet, und so wie wir heute nicht an die Möglichkeit denken könnten, die Zeitungen abzuschaffen – wahrlich auch nicht durch die stärkste Partei – so wenig konnten damals König, Prälat und Puritaner, allein oder verbunden, ein Organ unterdrücken, das Ballade, Epos, Zeitung, Lektüre, Klubsitzung, Witzblatt und Bibliothek zugleich war. Übrigens fanden König, Prälat und Puritaner vermutlich alle ihre Rechnung dabei. Es war durch alle Gründe ein Nationalinteresse geworden – allerdings durchaus nicht so auffällig, daß irgend ein großer Gelehrter daran gedacht hätte, es in einer englischen Geschichte zu behandeln – aber auch nicht um ein Gran minder bedeutungsvoll, weil es billig war und gering schien wie der Bäckerladen. Der beste Beweis seiner Lebenskraft war die Menge von Schriftstellern, die sich plötzlich auf dieses Feld stürzten: Kyd, Marlow, Greene, Jonson, Chapman, Decker, Webster, Heywood, Middleton, Peele, Ford, Massinger, Beaumont und Fletcher.

Der sichere Besitz des Volksgeistes durch die Bühne ist für den Dichter, der für sie arbeitet, von höchster Wichtigkeit. Er verliert keine Zeit mit müßigen Experimenten. Er findet Zuhörer und Erwartung bereits vor. Im Fall Shakespeares jedoch lag die Sache noch weit günstiger. Zur Zeit, da er Stratford verließ und nach London kam, existierte eine große Masse von Schauspielen im Manuskript, die aus allen möglichen Jahren und von allen möglichen Verfassern herrührten, und die der Reihe nach auf den Brettern zur Aufführung gebracht wurden. Da war die Geschichte von Troja, von der die Zuhörer jede Woche ein Stück anhören konnten, der Tod Julius Cäsars und andere Stücke aus dem Plutarch, deren sie nie müde wurden, ein ganzes Gesims voll englischer Geschichte von den Chroniken von Brut und Arthur an bis herab zu den königlichen Heinrichs, die alle eifrig angehört wurden, und eine ganze Reihe leidvoller Tragödien, lustiger italienischer Schwanke und spanischer Reiseabenteuer, die jeder Lehrbursche in London auswendig wußte. Und dieser ganze Vorrat war mit mehr oder minderer Geschicklichkeit von jedem

Schauspielschreiber behandelt worden, und der Souffleur besaß die fleckigen, zerfetzten Manuskripte. Niemand kann mehr sagen, wer sie zuerst geschrieben hat. Sie sind das Eigentum des Theaters seit so langer Zeit gewesen, und so viele auftauchende Genies haben sie umgearbeitet oder erweitert, eine Rede eingesetzt oder auch eine ganze Scene, oder ein Lied eingelegt, daß niemand mehr ein litterarisches Eigentum an diesen Werken Unzähliger beanspruchen kann. Zum Glück thut dies auch niemand. Die Nachfrage bewegt sich noch nicht in dieser Richtung. Wir haben nur wenig Leser, aber viele Zuschauer und Hörer. Die Stücke bleiben vorläufig am besten dort, wo sie sind.

Shakespeare hielt gleich seinen Kameraden die ganze Masse alter Schauspiele für ziemlich wertloses Material, mit dem jedes Experiment frei versucht werden konnte. Hätte das Prestige, das eine moderne Tragödie mit einer Art von Wall umgiebt, bereits existiert, so hätte nichts geschehen können. Das derbe, warme Blut des lebendigen Englands cirkulierte im Schauspiel wie in den Straßen-Balladen und gab den Leib, den er für seine luftige und majestätische Phantasie brauchte. Der Dichter bedarf eines Bodens in der Tradition des Volkes, auf dem er schaffen kann, und der wieder seine Kunst in gewissen nützlichen Schranken festhalten mag. Es verbindet ihn mit dem Volke, liefert ihm Grund für seine Gebäude und läßt, indem er ihm so viel Arbeit bereits gethan in die Hand legt, ihm Muße und volle Kraft für die Kühnheiten seiner Phantasie. Kurz der Dichter schuldet seiner Legende, was die Skulptur, dem Tempel schuldete. Die Skulptur entwickelte sich in Ägypten und Griechenland in Unterordnung unter die Architektur. Sie war nur Verzierung der Tempelwand, anfangs nichts als ein rohes Relief, das in den Giebel geschnitten wurde, dann wurde das Relief kühner, ein Kopf, ein Arm trat aus der Wand heraus, aber die Gruppen wurden immer noch in Beziehung auf das Gebäude geordnet, das Grund und Rahmen für die Figuren bildete; und als zuletzt die größte Freiheit in Stil und Behandlung erreicht war, zwang der immer noch vorherrschende architektonische Geist der Statue eine gewisse maßvolle Ruhe auf. Kaum aber begann man Statuen für sich allein und ohne Rücksicht auf Tempel oder Palast zu formen, als auch die Kunst zu verfallen begann und Grille, Extravaganz und Impressionismus an die Stelle der alten maßvollen Weise traten. Dieses Steigrad. das der Bildhauer in der Architektur fand, das fand die gefährliche Reizbarkeit des poetischen Talents in dem aufgehäuften dramatischen Material, an welches das Volk bereits gewöhnt war, und das eine gewisse Vortrefflichkeit besaß, die kein einzelnes Genie, wie außerordentlich es auch gewesen wäre, je hätte schaffen können.

Und thatsächlich zeigt sich, daß Shakespeare nach allen Seiten hin Schulden hatte und alles zu benützen verstand, was ihm unterkam, ja die Höhe seiner Schulden läßt sich ziffernmäßig aus den sorgfältigen Zählungen erschließen, die Malone hinsichtlich des ersten, zweiten und dritten Teiles von „Heinrich dem Sechsten“ angestellt hat, in welchen von „6043 Zeilen 1771 von irgend einem Vorgänger Shakespeares verfaßt worden waren, 2373 von ihm, jedoch auf der Grundlage, die die Vorgänger gelegt, und nur 1899 völlig sein eigen waren.“ Und die fortschreitende Forschung läßt kaum ein Drama bestehen, das absolut sein Werk wäre. Malones Urteil ist ein bedeutungsvolles Stück äußerer Geschichte. In „Heinrich dem Achten“ glaube ich das Ausbrechen des Grundfelsens, auf den seine feineren Schichten gelegt wurden, deutlich verfolgen zu können. Das Urstück wurde von einem hochstehenden, denkenden Menschen verfaßt, dem es jedoch an einem seinen Ohre gebrach. Ich kann seine Verse bezeichne“, und ihre Kadenz ist mir wohl bekannt. Man betrachte nur Wolseys Selbstgespräch und die darauf folgende Scene mit Cromwell, wo statt des Shakespeareschen Metrums, dessen Geheimnis es ist, daß der Gedanke die Melodie beherrscht, sodaß, wenn man es dem Sinne nach liest, der Rhythmus am besten zur Geltung kommt, die Verse nach einer gegebenen Melodie konstruiert sind und die Sprache sogar eine Spur vom Kanzeltone hat. Aber das Stück enthält durch seine ganze Länge unverkennbare Züge von Shakespeares Hand, und einige Stellen, zum Beispiel der Bericht von der Krönung, gleichen Autographen. Auffällig ist, daß das Kompliment für die Königin Elisabeth in schlechtem Rhythmus gehalten ist.

Shakespeare wußte, daß die Überlieferung eine bessere Fabel giebt, als die beste Erfindung geben könnte. Wenn er so jeden Ruhm der Erfindung verlor, so vermehrte er dafür seinen Reichtum, und damals wurde unser ungestümes Verlangen nach Originalität noch nicht so nachdrücklich und aufdringlich erhoben. Es gab noch keine Litteratur für Millionen. Das allgemeine Lesen, der billige Druck waren unbekannt. Ein großer Dichter, der in ungelehrter Zeit auftritt, zieht alles Licht in seine Sphäre, das irgend woher strahlen möge. Jedes geistige Juwel, jede Blüte des Gefühls seinem Volke zu vermitteln, ist sein schönes Amt, und er kommt dahin, sein Gedächtnis ebenso hoch wie seine Erfindungsgabe zu schätzen. Es liegt ihm daher wenig daran, wie er zu seinen Gedanken gekommen ist, ob durch Übersetzung, ob durch die Tradition, durch Reisen in fernen Ländern, ob durch die eigene Inspiration; aus welcher Quelle sie stammen mögen, sie sind seiner unkritischen Zuhörerschaft stets gleich willkommen. Ja, er borgt sogar in der nächsten Nähe des eigenen Hauses. Andere Leute sagen kluge Dinge so gut wie er, nur sagen sie auch viel thörichtes Zeug, und sie wissen es nicht, wenn sie weise gesprochen haben. Er aber kennt das Funkeln des echten Steins und bringt ihn an seine hohe Stelle, wo immer er ihn findet. Das war vielleicht auch die glückliche Lage Homers, die Chaucers, die Saadis. Sie fühlten, daß aller Witz ihr Witz sei. Und sie sind Bibliothekare und Historiographen so gut wie Dichter. Jeder Romanzendichter war Erbe und Herr über all die hundert Erzählungen der Welt.

„Brachte von Theben und Pelops Berichte
Und der göttlichen Troja Geschichte.“

Der Einfluß Chaucers ist in unserer ganzen frühen Literatur deutlich erkennbar, und in neuerer Zeit sind ihm nicht nur Pope und Dryden verpflichtet gewesen, sondern in der ganzen Schar englischer Schriftsteller läßt sich eine mächtige uneingestandene Schuld deutlich verfolgen. Man entzückt sich an dem Reichtum, der so viele Kostgänger speist. Aber Chaucer ist selbst ein Borger im ungeheuersten Stil. Chaucer, so scheint es, schöpfte unaufhörlich, durch Lydgate und Caxton, aus Guido von Colonna, dessen lateinische Romanze vom trojanischen Krieg ihrerseits eine Kompilation aus Dares Phrygius, Ovid und Statius war. Weiterhin sind Petrarca, Boccacio und die provençalischen Dichter seine Wohlthäter; die Romanze von der Rose ist nur eine verständige Übersetzung nach Wilhelm von Lorris und Jean de Meun; Troilus und Creseide nach Lollius von Urbino, der Hahn und der Fuchs nach der „Lais“ Maries; das Haus des Ruhmes ist aus dem französischen oder italienischen, und den armen Gower benutzt er, als ob er nur eine Ziegelei oder ein Steinbruch wäre, aus dem er sein Haus bauen möchte. Er stiehlt mit der Rechtfertigung, daß das, was er nimmt, keinen Wert hat, wo er es findet, und den größten dort, wo er es läßt. Es ist thatsächlich zu einer Art Regel in der Litteratur geworden, daß ein Mann, der sich einmal fähig gezeigt hat. originell zu schreiben, hinfort berechtigt ist, nach Gutdünken aus den Schriften anderer zu stehlen. Gedanken sind das Eigentum dessen, der sie beherbergen kann, und dessen, der sie entsprechend verwerten kann. Eine gewisse Unbeholfenheit verrät entlehnte Gedanken, aber sobald wir gelernt haben, sie unterzubringen, werden sie unser Eigentum.

Und darum ist alle Originalität nur eine relative. Jeder Denker ist retrospektiv. Die wohlunterrichteten Parlamentsmitglieder zu Westminster oder Washington sprechen und stimmen für Tausende. Wenn wir einen Blick auf die Wählerschaft werfen und all die bisher unsichtbaren Kanäle entdecken, durch welche der Senator ihre Wünsche erfährt, die Menge praktischer und erhobener Leute, die ihn brieflich oder gesprächsweise mit Beweisen, Mitteilungen, Anekdoten und Berechnungen füttern, dann könnte seine stattliche Haltung und sein energischer Widerstand einiges von ihrer Imposantheit einbüßen. Sowie Sir Robert Peel und Mr. Webster für Tausende stimmen, so denken Rousseau und Locke für Tausende, und so gab es Quellen rund um Homer, Meun, Saadi und Milton, aus denen sie schöpften; Freunde, Geliebte, Bücher, Traditionen und Sprichwörter, – die heute längst verschwunden sind –und die, ans Licht gebracht, das Staunen verringern würden. Sprach der Sänger im Bewußtsein seiner Autorität? Oder fühlte er, daß einer seiner Gefährten ihm überlegen sei? Die Frage ist stets an das Bewußtsein des Autors selbst gerichtet. Lag zum mindesten in seiner Brust ein Delphi, das er über jede Sache und jeden Gedanken befragen konnte, ob sie sich thatsächlich so verhielten, ja oder nein? Und von dem er eine Antwort erhalten konnte, der er vertrauen durfte? Alle Schulden, die ein solcher bei fremdem Witze macht, werden sein Originalitätsbewußtsein niemals stören; denn all die Ministrantendienste, die Bücher und fremde Köpfe ihm leisten, sind wie Rauchwölkchen im Vergleich zu jenem geheimsten Wesen, mit dem er sich besprochen, von dem er geschöpft hat.

Es ist leicht zu sehen, daß alle Geisteswerke, die in dieser Welt am vorzüglichsten geschrieben oder gethan wurden, nicht eines Menschen Werk waren, sondern durch viele gemeinschaftliche Arbeit entstanden, dadurch daß Tausende gleich einem arbeiteten, weil sie dem gleichen Impulse gehorchten. Unsere englische Bibel ist ein wundervoller Beweis für die Kraft und Musik der englischen Sprache. Aber sie ist nicht von einem Manne, noch zu einer bestimmten Zeit verfaßt worden, sondern Jahrhunderte und ganze Kirchen haben sie zu ihrer Vollkommenheit gebracht. Es gab keine Zeit, in der es nicht irgend eine Übersetzung gegeben hätte. Die Liturgie mit ihrer vielbewunderten Energie und ihrem Pathos ist eine Anthologie der Frömmigkeit von Zeitaltern und Nationen, eine Übersetzung der Gebete und Formeln der katholischen Kirche – die selbst wieder in langen Zeiträumen aus den Gebeten und Meditationen aller Heiligen und Kirchenschriftsteller der weiten Welt zusammengestellt waren. Grotius bemerkt gleicherweise bezüglich des „Vaterunsers“, daß die einzelnen Absätze, aus denen es besteht, bereits zur Zeit Christi in den rabbinischen Formeln in Gebrauch standen. Er klaubte die Goldkörner heraus. Die nervige Sprache unseres bürgerlichen Gesetzes, die eindrucksvollen Formalitäten unserer Gerichtshöfe, die Präcision und substantielle Wahrhaftigkeit unserer gesetzlichen Definitionen sind Beiträge aller scharfsichtigen und starkgeistigen Männer der Länder, in welchen die Gesetze herrschen. Die Plutarchübersetzung ist eine so vorzügliche, weil sie die letzte Übersetzung einer ganzen Reihe von solchen ist. Es gab keine Zeit, in der es keine gab. Alle wahrhaft der Volkssprache kongenialen und nationalen Ausdrücke werden beibehalten, alle anderen der Reihe nach ausgelesen und ausgeschieden. Ja, ein ähnlicher Prozeß war schon lange vorher mit den Originalen dieser Bücher vor sich gegangen. Mit Weltbüchern erlaubt die Welt sich manche Freiheit. Die Bedas, die äsopischen Fabeln, Pilpay, die Tausend und eine Nacht, der Cid, die Ilias, Robin Hood und die schottischen Minstrellieder sind nicht das Werk einzelner. Bei der Komposition solcher Werke denkt die Zeit mit, der Markt mit, der Maurer, der Zimmermann, der Kaufmann, der Bauer, der Geck, alle denken für uns. Jedes Buch liefert seiner Zeit ein gutes Wort, so auch jedes Gemeindegesetz, jedes Geschäft, jeder Narrenstreich des Tages, und das katholische Genie des ganzen Geschlechts, das sich nicht fürchtet noch schämt, seine Originalität der Originalität aller zu verdanken, steht vor dem nächsten Zeitalter als Archivar und Verkörperung des seinigen.

Wir sind den Altertumsforschern und der Shakespeare-Gesellschaft für die Untersuchungen zu Dank verpflichtet, durch welche sie den Weg des englischen Dramas Schritt für Schritt festgestellt haben, von den in Kirchen und von Geistlichen gefeierten Mysterien angefangen, von der endgiltigen Loslösung von der Kirche und der Vollendung weltlicher Schauspiele, von Ferrex und Porrex und Mutter Gurtons Nadel bis herab zur Beherrschung der Bühne durch eben die Stücke, die Shakespeare abänderte, umformte und zuletzt zu seinen eigenen machte. Stolz auf diesen Erfolg und angespornt von dem wachsenden Interesse an dem Probleme, haben sie kein Büchergestell undurchsucht, keinen Schrank in einer Dachkammer ungeöffnet, kein Bündel alter vergilbter Rechnungen in Feuchte und Wurmfraß verfaulen lassen, so eifrig hofften sie zu entdecken, ob Shakespeare als Junge wilddiebte oder nicht, ob er die Pferde hielt am Theaterportal, ob er Schulmeister war, und warum er in seinem Testament der Anna Hathaway, seiner Frau, nur sein zweitbestes Bett hinterließ.

Es liegt etwas Rührendes in dem Wahnsinn, mit welchem die lebende Generation fehlgreift in der Wahl des Gegenstandes, auf den alle Kerzen scheinen, nach dem alle Augen sich wenden; die Sorge, mit welcher sie jede Kleinigkeit verzeichnet, die sich auf Königin Elisabeth und König Jacob, aus die

Essex, Leicester, Burleigh und Buckinghams bezieht, und ohne eine einzige brauchbare Notiz den Gründer einer ganz anderen Dynastie übergeht, der allein es zu verdanken sein wird, wenn die Dynastie der Tudors nie in Vergessenheit sinken wird: – den Mann, der kraft der Inspiration, die ihn nährt, die ganze sächsische Rasse in sich trägt, von deren Gedanken sich noch durch Generationen die ersten Köpfe der Welt nähren werden, dessen treibendes Übergewicht allein die Geister noch lange bewegen wird. Ein volkstümlicher Schauspieler – kein Mensch hatte eine Ahnung, daß er der Dichter der Menschheit war; und das Geheimnis wurde genau so treu vor Dichtern und denkenden Leuten, wie vor Höflingen und den Frivolen bewahrt, Bacon, der das Inventar des menschlichen Verstandes für seine Zeit aufnahm, hat seinen Namen nie erwähnt, Ben Jonson, ob wir schon seine wenigen Worte der Achtung und des Lobes aufs höchste schrauben, hatte keine Ahnung von dem elastischen Ruhme, dessen erste Schwingungen er selbst versuchte, Er hielt das Lob, das er Shakespeare gönnte, ohne Zweifel für großmütig und betrachtete sich fraglos als den größeren Dichter von beiden.

Wenn es des Witzes bedarf, um Witz zu erkennen, wie das Sprichwort sagt, dann hätte Shakespeares Zeit wohl fähig sein sollen, ihn zu erkennen. Sir Henry Wotton wurde vier Jahre nach Shakespeare geboren und starb dreiundzwanzig Jahre nach ihm, und unter seinen Korrespondenten und Bekannten finde ich folgende Personen: Theodor Beza, Isaac Casaubon, Sir Philip Sidney, den Grafen von Essex, Lord Bacon, Sir Walter Raleigh, John Milton, Sir Henry Vane, Isaac Walton, Dr. Donne, Abraham Cowley, Bellarmin, Charles Cotton, John Pym, John Hales, Kepler, Vieta, Albericus Gentilis, Paul Sarpi, Arminius; von seinem Verkehr mit all diesen sind Anzeichen vorhanden, aber wir könnten noch viele aufzählen, die er ganz zweifellos gekannt: – Shakespeare, Spenser, Jonson, Beaumont, Massinger, beide Herberts, Marlow, Chapman, und die übrigen alle. Seit der Konstellation großer Menschen, die in Griechenland zur Zeit des Perikles auftauchte, hat es keine gleiche Gesellschaft gegeben, und doch befähigte all ihr Geist sie nicht dazu, den besten Kopf der Welt ausfindig zu machen. Die Maske unseres Dichters war undurchdringlich. Man kann den Berg nicht in der Nähe sehen. Es brauchte ein Jahrhundert, ehe nur der Verdacht anfing, und nicht bevor zwei Jahrhunderte nach seinem Tode dahingegangen waren, begann eine Kritik, die uns entsprechend scheinen könnte, vernehmlich zu werden. Es war nicht möglich, vor unserer Zeit eine Geschichte Shakespeares zu schreiben; denn er ist der Vater der deutschen Litteratur; mit der Einführung

Shakespeares in Deutschland durch Lessing und der Übersetzung seiner Werke durch Wieland und Schlegel war der reißende Aufschwung der deutschen Litteratur aufs innigste verbunden. Nicht vor dem neunzehnten Jahrhundert, dessen spekulativer Genius eine Art lebenden Hamlets ist, konnte die Tragödie Hamlets so staunende Leser finden. Heute sind Litteratur, Philosophie, ja unser ganzes Denken shakespearisiert. Sein Geist ist der Horizont, über den wir für den Augenblick nicht hinaussehen. Seine Rhythmen erziehen unser Ohr zur Musik. Coleridge und Goethe sind die einzigen Kritiker, die unsere Ansicht mit annähernder Treue ausgesprochen haben; aber allen gebildeten Geistern ist eine schweigende Schätzung seiner übergroßen Kraft und Schönheit gemein, welche, gleich dem Christentum, die Epoche qualifiziert.

Die Shakespeare-Gesellschaft hat Forschungen nach allen Richtungen angestellt, die fehlenden Thatsachen bekannt gegeben, Geld für jede Information geboten, die zu irgend einem Nachweis führen würde: und mit welchem Resultat? Außer einigen richtigen Aufklärungen über die Geschichte der englischen Bühne, auf welche ich bereits eingegangen bin, haben sie einige wenige Thatsachen ausgelesen, welche sich auf die Habseligkeiten des Dichters und Verfügungen über seine Habseligkeiten beziehen. Es ergab sich, daß er von Jahr zu Jahr einen reichlicheren Anteil am Blackfriars-Theater befaß, daß die Garderobe und anderer Zubehör des Theaters ihm zu eigen gehörte; daß er mit seinem Einkommen als Schriftsteller und Anteilhaber ein Gut in seinem Heimatsdorf kaufte, daß er im besten Hause zu Stratford wohnte, von seinen Nachbarn mit Austrägen für London, wie Geld für sie zu entlehnen u. dergl. betraut wurde, daß er ein wahrhafter Landwirt war. Um die Zeit, da er an Macbeth schreibt, belangt er Philip Rogers beim Marktgericht von Stratford um fünfunddreißig Schilling zehn Pence für zu verschiedenen Zeiten geliefertes Korn, und er zeigt sich in jeder Weise als guter Hauswirt, dem keinerlei Excentricitäten oder Excesse nachgesagt werden. Er war ein gutartiger Mensch, ein Schauspieler und Anteilhaber am Theater, der sich von anderen Schauspielern und Regisseuren nicht auffällig unterschied. Ich will die Wichtigkeit dieser Informationen zugeben. Sie waren die Mühe wohl wert, die genommen wurde, sie zu verschaffen.

Aber welche Schnitzel von seiner wirklichen Lebensgeschichte diese Nachforschungen auch gerettet haben mögen, sie können dennoch kein Licht aus jene unendliche Phantasie werfen, den verborgenen Magneten, der eine solche Anziehung auf uns ausübt. Wir sind recht plumpe Geschichtschreiber.

Wir verzeichnen chronologisch Abstammung, Geburt, Geburtsort, Unterricht, Schulmeister, Geldverdienst und Heirat, das Erscheinen der Bücher, Berühmtheit und Tod; und wenn wir mit diesem Klatsche zu Ende gekommen sind, zeigt sich kein Strahl der Beziehung zwischen den armen Taten und dem Sohn der Göttin, und fast scheint es, als ob, wenn wir auf gut Glück in den „Modernen Plutarch" gegriffen und irgend eine andere Lebensgeschichte gelesen hätten, sie zu den Gedichten genau so gut gepaßt hätte. Es ist das Wesen der Poesie wie der Regenbogen eine Tochter des Wunders, aus dem Unsichtbaren aufzutauchen, die Vergangenheit zu vernichten und alle Entstehungsgeschichte zu weigern. Malone, Warburton, Dyce und Collier haben ihr Öl verschwendet. Die berühmten Theater, Covent-Garden, Drury-Lane, das Park-Theater und Tremont haben vergeblich Beihilfe geleistet. Betterton, Garrick, Kemble, Kean und Macready widmen diesem Genius ihr Leben, ihn krönen und erläutern, ihm folgen sie, ihm verleihen sie Ausdruck. Aber der Genius kennt sie nicht. Die Recitation beginnt, und ein goldenes Wort hüpft unsterblich aus all dieser aufgefärbten Pedanterie hervor und quält uns mit süßer Sehnsucht nach seiner eigenen unzugänglichen Heimat. Ich erinnere mich, wie ich einst ins Theater ging, um den Hamlet eines berühmten Darstellers zu sehen, eines Mannes, der der Stolz der englischen Bühne war, und alles, was ich von dem Tragöden damals hörte, und alles, was mir von ihm in Erinnerung geblieben ist, war das, woran der Tragöde keinen Anteil hatte, einfach die Frage Hamlets an den Geist:

> Was mag dies heißen,
> Daß du als Leichnam kommst, in Stahl gerüstet,
> Des Mondes Flimmern wieder zu besuchen?

Jene Phantasie, die das Kämmerchen, in dem er schrieb, zur Welt erweitert und es mit Mächten und Wesen jeder Art in Rang und Ordnung füllt, zieht ebenso rasch die ganze große Wirklichkeit in ein Flimmern des Mondes zusammen. Diese Wunderwerke seines Zaubers zerstören uns die Illusion des schauspielerischen Kostüms. Welche Biographie könnte ein Licht über die Örtlichkeiten verbreiten, in die uns der Sommernachtstraum führt? Vertraute Shakespeare irgend einem Notar oder Gemeindeschreiber, irgend einem Sakristan oder Gemeindevertreter in Stratford die Genesis dieser zarten Schöpfung an? Der Forst von Arden, die fliehenden Lüfte von Scone Castle, das Mondlicht auf Portias Villa, „die weiten Grotten und die tragen Wüsten," in denen Othello gefangen war – wo lebte der Vetter im dritten Glied oder der

Großneffe, in welchem Gerichtsarchiv sollte ein Bündel Rechnungen oder wo ein Privatbrief liegen, der ein Wort dieser transcendenten Geheimnisse bewahrt hätte? In diesen Dramen wie in allen großen Kunstwerken – in der cyklopischen Architektur Ägyptens und Indiens, in den Bildwerken des Phidias, den gotischen Münstern, der italienischen Malerei, den Balladen Spaniens und Schottlands zieht der Genius, sobald das schöpferische Zeitalter zum Himmel verschwebt ist, die Leiter nach sich empor und macht einem neuen Zeitalter Platz, das die Werke sieht und vergeblich nach ihrer Geschichte fragt.

Shakespeare ist der einzige Biograph Shakespeares, und selbst er vermag nichts zu sagen, außer zu dem Shakespeare in uns, das heißt unserer empfänglichsten, sympathieerfülltesten Stunde. Er kann von seinem Dreifuß nicht heruntersteigen und uns Anekdoten über seine Inspirationen mitteilen. Man lese die antiken Dokumente, entwirrt, analysiert und verglichen von dem emsigen Dyce und Collier – und dann lese man eine jener himmlischen Tendenzen, Aërolithen, die vom Firmaments hernieder gefallen scheinen, und die nicht unsere Erfahrung, sondern der Mensch in unserer Brust als Schicksalsworte aufgenommen hat; und dann sage mir einer, ob die beiden sich decken, ob die ersteren irgendwie die letzteren erklären können, oder welche von beiden den historischeren Einblick in das Wesen des Mannes gewähren.

Daher haben wir, obgleich unsere äußeren Daten so ärmlich sind, sobald wir, anstatt Aubrey's und Rowe's, Shakespeare selbst als Biographen benutzen, all jene Information, die uns wirklich wichtig ist, die, wenn wir dem Manne begegnen könnten und mit ihm zu thun hätten, uns zu wissen am wichtigsten wäre. Denn es sind uns all seine Überzeugungen aufgezeichnet über jene Fragen, die an jedes Herz um Antwort klopfen – seine Ansichten über Leben und Tod, über Liebe, über Reichtum und Armut, über die Preise des Lebens und die Wege, auf denen sie errungen werden, über die Charaktere der Menschen und die verborgenen sowie die sichtbaren Einflüsse, die ihr Geschick lenken, und über jene geheimnisvollen und dämonischen Mächte, die unseres Wissens spotten, und die doch ihre Bosheit und ihre Gaben in unsere hellsten Stunden verflechten. Wer las je den Band seiner Sonette, ohne zu erkennen, daß der Poet hier unter Masken, die für den Verständigen keine Masken sind, die Lehre von Freundschaft und Liebe offenbart hat, die Verwirrung der Gefühle in dem empfindungsfähigsten und zugleich geistig entwickeltsten aller Menschen? Welchen Zug seines eigensten Geistes hat er in feinen Dramen verborgen? Aus seinen reichen Gemälden des Edelmannes und Königs läßt sich erkennen, welche Formen, welche Menschen ihm wohlgefielen, sein Entzücken an zahlreichen Freunden, an reicher Gastlichkeit, an fröhlichem Geben. Möge Timon, Marwick, möge Antonio, der Kaufmann, für sein großes Herz sprechen. Weit entfernt davon, daß Shakespeares Persönlichkeit die unbekannteste wäre, ist sie vielmehr die einzige der Neuzeit, die uns wirklich bekannt ist. Welche Frage der Sitte, der Manieren, der Wirtschaft, der Philosophie, der Religion, des Geschmacks, der Lebensführung hat er nicht erledigt? Von welchem Geheimnis hat er nicht seine Kenntnis bezeugt? Welches Amt, welche Funktionen, welches Gebiet menschlicher Thätigkeit hat er unerörtert gelassen? Welchen König hat er nicht im königlichen Auftreten unterwiesen, wie Talma Napoleon unterwiesen hat? Welches Mädchen hat ihn nicht feiner als ihre zarteste Empfindung gefunden? Welchen Liebenden hat er nicht im Lieben, welchen Weisen nicht im Erkennen übertroffen? Welchen Gentleman hat er nicht in seinem Betragen beschämt?

Es giebt tüchtige und urteilsfähige Kritiker, die kein Urteil über Shakespeare für wertvoll halten, das sich nicht durchaus auf seine Bedeutung als Dramatiker stützt; die es für verfehlt halten, ihn als Dichter und Philosophen zu beurteilen. Ich schätze seine dramatischen Verdienste nicht weniger als diese Kritiker sie schätzen, halte sie aber dennoch für sekundär. Er war ein ganzer, ein übervoller Mensch, der zu sprechen liebte, ein Hirn, dem Gedanken und Bilder entströmten, die, da sie Luft suchten, das Drama als nächstliegendes Ventil fanden. Wäre er geringer gewesen, als er war, dann hätten wir zu betrachten, wie gut er seinen Platz ausfüllte, was für ein guter Dramatiker er war, – und er ist der beste in der Welt. Aber es zeigt sich, daß das, was er zu sagen hat, von solchem Gewicht ist, daß es einen guten Teil der Aufmerksamkeit von dem Vehikel seiner Gedanken ablenkte, und er ist wie ein Heiliger, dessen Geschichte in alle Sprachen übergeht, in Vers und Prosa, in Gesänge und Bilder und zu Sprichwörtern zerschnitten wird, sodaß die Gelegenheit, die dem Gedanken des Heiligen die Form eines Gesprächs oder eines Gebetes oder eines Gesetzbuches gab, neben der Universalität seiner Anwendung verschwindet. So ergeht es auch mit dem weisen Shakespeare und seinem Buche des Lebens. Er schrieb die Melodien für alle Musik der modernen Zeit, er schrieb den Text des modernen Lebens, den Text unseres Betragens; er zeichnete den Menschen von England und Europa, den Vater des Menschen von Amerika; er zeichnete den Menschen und beschrieb den Tag und was am Tage geschieht; er las die Herzen der Männer und Weiber, ihre Ehrlichkeit wie ihre Hintergedanken und ihre Arglist; die

Listen der Unschuld und die Übergänge, durch welche Tugenden und Laster in ihr Gegenteil gleiten; er konnte den Anteil des Vaters von dem der Mutter im Gesicht des Kindes trennen und die feinen Grenzlinien zwischen Schicksal und Freiheit ziehen, er kannte die Gesetze der Reaktion, die die Politik der Natur bilden; und alles Süße und alle Schrecken des Menschenloses lagen in seinem Geiste so wahr und sanft, wie die Landschaft im Auge sich spiegelt. Und die Fülle seiner Lebensweisheit verdrängt die Form, ob Drama, ob Epos, gänzlich aus der Beachtung. Es ist, als wollte man eine Untersuchung über das Papier anstellen, auf welchem die Botschaft eines Königs geschrieben steht.

Shakespeare steht genau so außerhalb der Reihe hervorragender Schriftsteller, wie er außerhalb der Menge steht. Er ist unfaßbar weise, die Weisheit der anderen ist eine faßbare. Ein guter Leser kann sich in das Hirn Platos gewissermaßen einnisten und von dort aus denken, aber nicht in das Shakespeares. Wir stehen immer noch vor den Thüren. Was die Kunst der Ausführung, was schöpferische Kraft anbelangt, ist Shakespeare einzig. Kein Mensch kann es sich besser gemacht denken. Er bezeichnet die äußerste Grenze, welche die subtilste Erkenntnis erreichen kann, die mit einem individuellen Ich noch vereinbar ist – er ist der subtilste aller Autoren, er liegt genau an der Möglichkeitsgrenze der Kunst. Mit dieser Lebensweisheit geht eine gleiche Begabung mit Phantasie und lyrischem Ausdruck Hand in Hand. Er bekleidete die Gestalten seiner Fabel mit lebendiger Form und mit Empfindungen, als ob sie Leute wären, die unter seinem Dach gelebt hätten; und wenig wirkliche Menschen haben so scharf gezeichnete Charaktere hinterlassen wie Shakespeares Erfindungen. Und sie redeten in einer Sprache, die eben so süß wie einzig angemessen war. Dennoch ließ er sich von so vielen Talenten niemals verführen, mit einem zu prunken, noch spielte er je mit nur einer Saite. Eine allgegenwärtige Menschlichkeit verwendet all seine Fähigkeiten gleichmäßig als Mittel. Wenn ein begabter Mensch eine Geschichte zu erzählen hat, tritt sofort seine Eigentümlichkeit zu Tage. Er verfügt über gewisse Beobachtungen, Meinungen, Gesprächsthemen, die irgend einen zufälligen Vorzug haben, und er verwendet sie alle, um zu wirken. Er überladet einen Abschnitt und läßt den anderen verkümmern, denn er richtet sich nicht nach dem Wesen des Gegenstandes, sondern nach seinem eigenen Wesen und Können. Aber Shakespeare hat keine Eigentümlichkeit, kein vordringliches Lieblingsthema, sondern er giebt alles, wie es an die Reihe kommt; er hat keine glücklichen Momente, keine Bizarrerien, er ist kein Kuhmaler, kein Vogel-Phantast, kein

Manierist, es ist absolut kein Hervorheben der eigenen Person bei ihm zu entdecken; er erzählt das Große groß, das Kleine an seiner Stelle. Er ist weise ohne Emphase, ohne nachdrückliche Betonung; er ist stark, wie die Natur stark ist, die das Festland ebenso mühelos zu Berglehnen aufwirft, und nach denselben Gesetzen, nach denen sie eine Seifenblase in die Luft schweben läßt, und die das eine so gern thut wie das andere. Dies bewirkt jene gleiche Mächtigkeit und Vollendung in der Posse wie in der Tragödie, in erzählenden Teilen wie im Liebeslied – ein Können, das so intensiv ist, so nirgends nachläßt, daß kein Leser glauben mag, daß Andere es ebenso wahrnehmen wie er.

Diese Gewalt des Ausdrucks, diese Fähigkeit, die innerste Wahrheit der Dinge in Musik und Vers zu übertragen, macht ihn zum Typus des Dichters und hat der Metaphysik ein neues Problem zur Lösung vorgelegt. Diese Gabe ist es, die ihn zu einem Gegenstand der Naturgeschichte der Erde macht, als eines der merkwürdigsten Produkte unseres Globus, als eine Erscheinung, die eine neue Aera und neuartigen Fortschritt verkündet. Die Dinge spiegelten sich in seiner Poesie fleckenlos und ohne Einbuße an Wahrheit; er konnte das feinste Detail mit sicherer Genauigkeit, das Große mit gewaltigen Linien malen, das Tragische wie das Komische gelang ihm in gleicher Weise, ohne Verzerrung, ohne ungerechte Vorliebe. Er verwendete die ganze Macht seiner Ausführung auf das kleinste Detail, er traf auf Haarbreite; er zeichnet eine Augenwimper, ein Grübchen so fest und genau, wie er die Linien eines Berges führt, und gleich den Werken der Natur werden beide, mit dem Sonnenmikroskop untersucht, keinen Fehler zeigen.

Kurz, er liefert den treffendsten Beweis dafür, daß der Umfang der Produktion, die Zahl der Bilder ganz gleichgiltig sind. Er besaß die Gabe, ein Bild zu zeichnen. Daguerre brachte es zustande, eine Blume ihr Bild in seine Jodin-Platte ätzen zu lassen, und nun konnte er mit Leichtigkeit eine Million Blumen ätzen. Gegenstände giebt es allezeit, aber Darstellung gab es nie. Hier nun erschien endlich die vollkommene Darstellung, und nun mag die Welt mit all ihren Gestalten zum Portrait sitzen. Wir können freilich kein Rezept geben, wie man einen Shakespeare macht, aber die Möglichkeit der Übersetzung der Welt in Gesang ist bewiesen.

Seine lyrische Kraft liegt immer im Geiste des ganzen Stückes. Seine Sonette, obschon ihre Vorzüglichkeit neben dem Glanz der Dramen verschwindet, sind ebenso unnachahmlich wie diese, und zwar liegt dies nicht in den einzelnen Zeilen, sondern im ganzen Wesen des Gedichts; so wie das Organ eines unvergleichlichen Menschen, so sind sie die Stimme poetischer Wesen, und jede Strophe ist heute so unmöglich nachzumachen wie ein ganzes Gedicht.

Obgleich die Reden in den Schauspielen und auch die einzelnen Verse von einer Schönheit sind, die das Ohr versucht, schon des bloßen Wohllauts wegen bei ihnen zu verweilen, ist doch ihr Sinn so mit Bedeutung gesättigt und mit dem Vorausgehenden und Nachfolgenden so verkettet, daß jeder Logiker sich befriedigt erklären müßte. Seine Mittel sind so wunderbar wie seine Ziele; jede untergeordnete Erfindung, deren er sich bedient, um unvereinbare Gegensätze zu vermitteln, ist selbst ein Gedicht. Er hat es niemals nötig abzusteigen und zu Fuß zu gehen, weil die Pferde mit ihm durchgehen wollen, – er reitet stets und sicher.

Die feinste Poesie war ursprünglich Erfahrung; aber der Gedanke hat eine Umwandlung durchgemacht, seitdem er eine Erfahrung war. Gebildete Leute erreichen oft einen hohen Grad von Geschicklichkeit im Versemachen; aber es ist leicht, durch ihre Gedichte hindurch ihre persönliche Geschichte zu lesen: jeder, der die Gesellschaft kennt, kann jede Gestalt nennen: dies soll Andreas sein und dies Rahel. Und so bleibt der Sinn ein prosaischer. Es ist eine Raupe mit Flügeln, aber noch lange kein Schmetterling. In dem Geist des Dichters ist das Tatsächliche völlig in das neue Gedankenelement übergegangen und hat alle Puppenschalen abgestreift. Diese Hoheit ist bei Shakespeare immer vorhanden. So wahr und so intim seine Bilder sind, daß wir sagen möchten, er habe seine Lektion auswendig gelernt, ist dennoch nirgends eine Spur von seinem Ich zu bemerken.

Ein noch königlicherer Zug gehört dem Dichter recht eigentlich an. Ich meine seine Fröhlichkeit, ohne die ein Mensch kein Dichter sein kann – denn sein Ziel ist die Schönheit. Er liebt auch das sittlich Vortreffliche, aber nicht weil es Pflicht ist, sondern weil es anmutig und vornehm ist: er schwelgt in Entzücken an der Welt, am Manne, am Weibe, um des lieblichen Lichtes willen, das von ihnen funkelt. Schönheit, den Geist der Wonne und Heiterkeit, gießt er über das Weltall aus. Epikurus erzählt, daß die Poesie solche Reize habe, daß ein Verliebter sein Mädchen verlassen könnte, um ihrer teilhaft zu werden. Und die wahren Sänger sind immer um ihre feste und fröhliche Gemütsstimmung berühmt geworden. Homer liegt in Sonnenlicht; Chaucer ist aufrecht und froh; und Saadi sagt: „Man hat das Gerücht verbreitet, daß ich büße, aber was hätte ich mit Reue und Buße zu thun?“ Nicht minder souverän und fröhlich – ja noch weit souveräner und fröhlicher ist der Ton Shakespeares. Sein Name selbst erregt in den Herzen der Menschen das Gefühl von Befreiung und Freude. Wenn er in irgend einer Gesellschaft von Menschenseelen erschiene, wer würde nicht in seinem Gefolge schreiten wollen? Er kann kein Ding berühren, das nicht Gesundheit und Fortdauer von seinem festlichen Stile entlehnen würde.

Und nun! Wie steht die Rechnung der Menschheit mit diesem Sänger und Wohlthäter, wenn wir in der Einsamkeit, die Ohren dem unendlichen Hall seines Ruhmes verschließend, die Bilanz zu ziehen versuchen? Die Einsamkeit ist voll strenger Lehren, sie kann uns lehren, der Helden wie der Dichter zu entraten; sie wägt Shakespeare wie die anderen und findet, daß auch er die Halbheit und Unvollkommenheit alles Menschlichen teilt.

Shakespeare, Homer, Dante, Chaucer erkannten das glänzende Licht tieferer Bedeutung, das die sichtbare Welt umspielt; sie wußten, daß der Baum einen anderen Zweck hat, als Äpfel zu tragen, daß das Korn nicht da ist, um uns Mehl zu geben, noch die Erdkugel für unseren Pflug und unsere Straßen; daß all diese Dinge eine zweite, schönere Ernte dem Geiste bringen, weil sie die Sinnbilder seiner Gedanken sind, und in ihrer Naturgeschichte eine Art stummen Kommentars zum Leben der Menschen liefern. Shakespeare verwendete sie als Farben, um sein Bild zusammenzusetzen. Er begnügte sich mit ihrer Schönheit, und nie that er den Schritt, der doch bei solchem Genie unvermeidlich scheinen sollte, nie unternahm er den Versuch, die Kraft zu erforschen, die in diesen Symbolen wohnt und ihnen solche Macht giebt – zu fragen, was sie selber uns sagen. Er verwendete die Elemente, die seines Befehles harrten, zu Unterhaltungszwecken. Er ward der maître de plaisir der Menschheit. Ist es nicht, als ob ein Mensch durch die Gewalt majestätischen Wissens die Kometen in seine Macht bekommen hätte oder den Mond und alle Planeten, und sie nun aus ihren Kreisen zöge, um sie an einem Feiertag abends beim Stadtfeuerwerk leuchten zu lassen, und in allen Städten anzeigen würde: „Heute abend findet eine noch nicht dagewesene pyrotechnische Produktion statt!“ Sind die Kräfte der Natur und die Macht sie zu verstehen nicht mehr wert als ein Parkkonzert oder der Rauch einer Cigarre? Wieder tritt uns jener Posaunentext im Koran in Erinnerung: „Die Himmel und die Erde und alles was zwischen ihnen ist – glaubt ihr, daß wir sie zum Scherze geschaffen?“ So lange vom Talent, von geistiger Kraft die Rede ist, hat die Menschenwelt nicht seinesgleichen aufzuweisen. Aber wenn es sich um das Leben handelt, um den Stoff dieses Lebens und wahrhafte Hilfe – was nützt er uns? Was bedeutet das Ganze? Es ist nur ein Dreikönigstag, ein Sommernachtstraum, ein Wintermärchen: was will da ein Bild mehr oder weniger bedeuten? Der ägyptische Ausspruch der Shakespeare-Gesellschaften kommt uns in Erinnerung, daß er ein fröhlicher Schauspieler und Theater-Direktor gewesen. Ich kann diese Thatsache nicht mit seinen Versen vermählen. Andere Menschen haben ein Leben geführt, das doch irgendwie in einem Verhältnis zu ihrem Denken stand, aber das dieses Menschen war im fernsten Kontrast dazu. Wenn er ein Geringerer gewesen wäre, wenn er nur das gewöhnliche Maß großer Autoren erreicht hätte, die Höhe eines Bacon, Milton, Tasso, Cervantes, wir könnten die Thatsache im Zwielicht des menschlichen Schicksals lassen: aber daß dieser Mensch der Menschen, er, der unserer Kenntnis menschlicher Geisteskraft einen neuen, reicheren Stoff gab als je existiert hatte, der die Fahne der Menschheit um einige Wegmaße weiter ins Chaos getragen hatte – daß der für sich nicht weise gewesen – es muß in der Weltgeschichte verzeichnet werden, daß der größte aller Dichter ein obskures und profanes Leben geführt und seinen Genius zur Unterhaltung der Menge gebrauchte.

Wohl, andere Menschen, Priester und Propheten, Israeliten, Deutsche und Schweden, sahen dieselben Gegenstände, sahen gleichfalls durch sie und schauten, was sie enthielten. Und was war die Folge? Sogleich verschwand alle Schönheit: sie lasen Gebote, eine alles ausschließende, berghohe Pflicht; ein Zwang, eine Trauer wie von aufeinander lastenden Bergen fiel auf sie, das Leben wurde gespenstisch, freudlos, eine Pilgerfahrt, eine Prüfungszeit, ringsum eingeschlossen von wehevollen Gedichten, von Adams Fall und Adams Fluch hinter uns, von jüngsten Gerichten, von Feg- und Höllenfeuer vor uns; und das Herz des Sehers wie das Herz des Hörers entsank ihnen.

Es muß zugegeben werden, daß dies halbe Anschauungen halber Menschen sind. Die Welt harrt noch des Dichter-Priesters, eines Versöhners, der nicht tändeln darf wie der Schauspieler Shakespeare, noch in Gräbern tappen wie der trauernde Swedenborg, sondern schauen und sprechen und thun muß in gleicher ungebrochener Inspiration. Denn das Wissen wird das Sonnenlicht nur noch glänzender machen; das Recht ist schöner als alle Gemütsbewegung des einzelnen; und mit der reichsten Weltweisheit ist die Liebe vereinbar.

Napoleon oder der Mann des weltlichen Erfolges

Unter den hervorragenden Persönlichkeiten des neunzehnten Jahrhunderts ist Bonaparte bei weitem die gewaltigste und die bestbekannte. Diese Bedeutung verdankt er der Treue, mit welcher er die Gedanken, den Glauben und das Streben der großen Menge thätiger und gebildeter Menschen zum Ausdruck bringt und in sich verkörpert. Nach der Lehre Swedenborgs besteht jedes Organ aus homogenen Teilchen, oder, wie es manchmal ausgedrückt wird: Jedes Ganze ist aus gleichartigen Einzelwesen zusammengesetzt; das heißt, die Lunge besteht aus lauter unendlich kleinen Lungen, die Leber aus unendlich kleinen Lebern, die Niere aus lauter kleinen Nieren. So können wir auch, dieser Analogie folgend, sagen: Wenn jemals ein Mann die Kraft und die Neigung gewaltiger Massen mit sich reißt, wenn Napoleon Frankreich, wenn Napoleon ganz Europa ist, so ist der Grund dieser Erscheinung in nichts anderem zu suchen, als daß die Leute, die er bewegt und beherrscht, lauter kleine Napoleons sind.

Unsere Gesellschaft bewegt ein ständiger Kampf zwischen den konservativen und den demokratischen Klassen; zwischen jenen, die ihren Weg gemacht, und den Jungen und Armen, welche ihn noch zu machen haben; zwischen den Interessen toter Arbeit, – das heißt, den Interessen einer Arbeit, die von Händen geleistet worden, welche längst im Grabe ruhen, einer Arbeit, die heute selbst in Renten, Landgütern und Gebäuden begraben liegt, deren Besitzer müßige Kapitalisten sind – und den Interessen der lebendigen Arbeit, die sich gern selbst in den Besitz von Landgütern, Gebäuden und Renten setzen möchte. Die erstgenannte Klasse ist furchtsam, selbstsüchtig, illiberal, haßt Neuerungen und büßt durch den Tod unaufhörlich an Zahl ein. Die zweite Klasse ist ebenso selbstsüchtig, begeht unaufhörliche Übergriffe, ist kühn und selbstvertrauend, an Zahl der anderen allezeit überlegen und vermehrt ihre Zahl allstündlich durch neue Geburten. Sie begehrt, daß jede Straße dem Wettbewerb aller freigehalten werde, und daß die Anzahl der Straßen möglichst vermehrt werde, – es ist die Klasse der geschäftigen Leute in Amerika, in England, in Frankreich, in ganz Europa, die Klasse des Talents und der Industrie; Napoleon ist der Vertreter dieser Klasse. Der Instinkt aller thätigen, tapferen und fähigen Leute der Mittelklassen in jedem Lande hat Napoleon sofort als den fleischgewordenen Demokraten erkannt. Er hatte ihre Tugenden und ihre Laster, vor allem aber ihren Geist und ihre Ziele. Dieses Streben ist ein materielles, es geht auf sinnlichen Erfolg und wendet zu diesem Ende die reichsten und mannigfaltigsten Mittel auf; es benutzt alle vorhandenen mechanischen Kräfte und ist dabei dennoch im höchsten Maße intellektuell, mit umfassenden und sehr genauen Kenntnissen und Fertigkeiten ausgerüstet, ordnet aber all diese geistigen Mittel dem materiellen Erfolge unter. Der reiche Mann zu werden, ist ihr Ziel. „Gott hat jedem Volke einen Propheten in seiner eigenen Zunge beschert," sagt der Koran. Paris, London und New-York, der Geist des Handels, des Goldes, der materiellen Kraft, sollten gleichfalls ihren Propheten erhalten, und Napoleon wurde als der geeignete Mann befunden und ausgesandt.

Jeder der Millionen Leser, die sich mit Anekdoten, Memoiren, Biographien Napoleons beschäftigen, hat seine Freude an dem Buche, weil er darin seine eigene Geschichte studiert. Napoleon ist durchaus modern, auf dem Gipfel seines Glückes erfüllt ihn derselbe Geist, der unsere Zeitungen erfüllt. Er ist kein Heiliger, „kein Kapuziner," um seine eigenen Worte zu gebrauchen, und er ist, im hohen Sinne des Wortes, auch kein Held. Der Mann von der Gasse entdeckt in ihm dieselben Qualitäten und Fähigkeiten, die er in anderen Leuten von der Gasse findet. Er entdeckt in ihm einen Mann, der, wie er selbst von bürgerlicher Geburt, durch sehr klarliegende Verdienste zu einer so gebietenden Stellung emporkam, daß er all den Gelüsten nachgeben konnte, welche der gemeine Mann besitzt und verbergen und verleugnen muß: Gute Gesellschaft, gute Bücher, schnelles Reisen, persönliches Gewicht, die Ausführung all seiner Ideen, die Stellung eines Wohlthäters gegenüber allen Leuten, die ihn umgeben, die verfeinerten Genüsse, Statuen, Musik, Paläste und konventionelle Ehren – genau das, was dem Herzen jedes Mannes im neunzehnten Jahrhundert erwünscht ist, all das besaß dieser mächtige Mann.

Es ist natürlich, daß ein Mann, der sich mit solcher Treue dem Geiste der Massen anzupassen wußte wie Napoleon nicht nur ein Repräsentant, sondern geradezu ein Usurpator der anderen Geister wird und sie gleichsam kraft eines Monopols beherrscht. So war Mirabeau der Plagiator jedes guten Gedankens, jedes geistreichen Wortes, das in Frankreich gesprochen ward. Dumont erzählt, daß er eines Tages auf der Galerie der Nationalversammlung saß und eine Rede Mirabeaus anhörte. Ein Einfall ließ Dumont zu dieser Rede einen passenden Schluß verfassen, den er sogleich mit Bleistift niederschrieb und Lord Elgin zeigte, der neben ihm saß. Lord Elgin lobte den Schluß, und am Abend zeigte Dumont sein Konzept Mirabeau selbst. Mirabeau las es, erklärte es für vortrefflich und bemerkte, daß er dasselbe seiner morgigen Rede in der Versammlung einverleiben werde. „Es ist unmöglich," sagte Dumont, „da ich es unglücklicherweise bereits Lord Elgin gezeigt habe." „Und wenn Sie es Lord Elgin und noch fünfzig Personen außerdem gezeigt haben, werde ich es morgen dennoch sprechen." Und er that dies auch in der Sitzung des nächsten Tages, und mit dem größten Erfolge. Denn Mirabeau, mit seiner überwältigenden Persönlichkeit, fühlte, daß diese Dinge, die seine Gegenwart inspirierte, ebensosehr sein eigen waren, als wenn er sie selbst gesagt hätte, und daß erst seine Adoption ihnen ihr Gewicht gab. Noch absoluter, noch centralisierender wirkte der Mann, der der Nachfolger von Mirabeaus Popularität war, der eine ganz andere Vorherrschaft über Frankreich gewann als er. In der That, ein Mann vom Gepräge Napoleons hört beinahe auf, eine private Meinung und Rede zu haben. Er besitzt eine so gewaltige Receptivität und eine solche Stellung, daß er gleichsam zu einem Comptoir für allen Verstand, Geist und Kraft seiner Zeit und seines Landes wird. Er gewinnt die Schlacht; er macht den Code; er schafft ein neues System für Maß und Gewicht; er nivelliert die Alpen; er baut die Straßen. Alle hervorragenden Ingenieure, Gelehrten und Staatsmänner erstatten ihm Bericht; dasselbe thun alle fähigen Köpfe jedes Berufszweiges; er wählt die besten Maßregeln aus und giebt ihnen sein Gepräge, und nicht nur ihnen, sondern überhaupt jedem glücklichen und denkwürdigen Ausdruck. Jede Sentenz, die Napoleon ausspricht, und jede Zeile, die er schreibt, verdient gelesen zu werden, denn sie stellt die Meinung Frankreichs dar.

Napoleon war der Abgott der gemeinen Leute, weil er in einem außerordentlichen Grade die Eigenschaften und Fähigkeiten der gemeinen Leute besaß. Es gewährt eine gewisse Befriedigung in der Politik, auf den letzten Grund zu kommen und einmal alle Heuchelei und Scheinheiligkeit los zu werden. Gleich der großen Klasse von Menschen, als deren typischer Vertreter er erscheint, rang auch Bonaparte um Macht und Reichtum – aber Bonaparte speciell mit der vollkommensten Skrupellosigkeit in der Wahl seiner Mittel. Alle Gefühle, welche das Streben der Menschen nach diesen Zielen behindern, setzte er beiseite. Gefühle waren für Weiber und Kinder da. Fontanes sprach i. J. 1804 nur Napoleons eigenste Ansicht aus, als er ihn im Namen des Senats mit den Worten anredete: „Sire, das Streben nach Vervollkommnung ist die schlimmste Krankheit, die je den menschlichen Geist betroffen hat." Die Advokaten der Freiheit und des Fortschritts sind „Ideologen" – ein Ausdruck der Verachtung, den er oft im Munde führt: „Necker ist ein Ideologe," „Lafayette ist ein Ideologe."

Ein nur zu wohlbekanntes italienisches Sprichwort lautet: „Wer Erfolg haben will, darf nicht zu gut sein." Innerhalb gewisser Grenzen ist es vorteilhaft, sich von den Gefühlen des Mitleids, der Dankbarkeit und Hochherzigkeit unabhängig gemacht zu haben; das, was vorher für uns eine unübersteigliche Schranke war und es für andere noch ist, wird nun eine brauchbare Waffe für unsere Zwecke, gerade wie der Winter den Strom, der eine so gewaltige Sperre war, in die glatteste aller Straßen verwandelt.

Napoleon machte sich ein für allemal von Gefühlen und Neigungen unabhängig und arbeitete mit Kopf und Händen für sich und nur für sich. In seiner Laufbahn ist nichts Wunder und nichts Zauberei. Er ist ein Arbeiter, der in Erz und Eisen, in Holz und Erde, in Straßen und Gebäuden, in Geld und Truppen arbeitet und sich in allem als der folgerichtigste und vernünftigste aller Meister bewährt. Er kennt keine Schwäche, nichts an ihm ist aus Büchern geschöpft, er arbeitet mit der Sicherheit und der Präcision einer Naturkraft. Er hat sein eingeborenes Gefühl für das Wesen der Dinge, seine Sympathie mit ihnen nicht verloren. Vor solch einem Manne geben die Menschen Raum wie vor einem Elementarereignis. Es giebt ja Leute genug, die vom Leben der Dinge ergriffen sind, wie Bauern, Schmiede, Seeleute und Handwerker im allgemeinen; und wir wissen, wie real und körperlich solche Leute neben Gelehrten und Grammatikern erscheinen: aber es fehlt ihnen die Fähigkeit zu organisieren, sie sind wie Hände ohne Kopf. Aber Bonaparte besaß außer dieser erdentsprungenen animalischen Kraft die höchste Scharfsicht und die Gabe der Generalisation, sodaß die Menschen in ihm die Kräfte der Natur und des Geistes verbunden sahen, als ob Land und Meer Fleisch geworden wären und mit menschlichen Ziffern zu rechnen begonnen hätten. Darum scheinen Land und Meer ihn zu erwarten und vorauszusetzen. Er erschien auf seinem eigenen Boden, und der nahm ihn auf. Dieser rechnende Arbeiter wußte, womit er arbeitete, und das Resultat war ihm nichts Unerwartetes. Er kannte die Eigenschaften von Gold und Eisen, von Rädern und Schiffen, von Heeren und Diplomaten, und verlangte von jedem, daß es nach seiner Art wirke und arbeite.

Die Strategik war das Spiel, in dem er seine Arithmetik verwertete. Sie bestand, nach seiner eigenen Angabe, darin, auf dem Punkt, wo der Feind angegriffen wird oder angreift, stets mehr Mannschaft als der Feind zu haben; und sein ganzes Talent verwendet er mit der äußersten Anspannung auf endlose Manöver und Evolutionen, um stets im Winkel auf den Feind zu marschieren und die Truppen desselben einzeln zu vernichten. Es leuchtet ein, daß ein ganz kleines Corps, das so rasch und geschickt manövriert, daß es auf dem Punkt des Gefechts stets zwei Mann gegen einen stellt, auch einer weit größeren Truppenmacht überlegen sein muß.

Die Zeiten, seine Konstitution, die früheren Ereignisse seines Lebens, alles vereinigte sich, um diesen Muster-Demokraten zu entwickeln. Er besaß die Vorzüge seiner Gattung und die Bedingungen für ihre Wirksamkeit. Der scharfe Verstand, der, sobald er ein Ziel ins Auge gefaßt hat, auch schon die Mittel, es zu erreichen, erkennt; die Freude am Gebrauch dieser Mittel, an der Wahl, an der Vereinfachung und Kombination derselben; das scharfe zielbewußte Vorgehen und die Gründlichkeit, mit der es geschah; die Klugheit, mit welcher alles gesehen, und die Energie, mit der alles gethan wurde, machen ihn zum natürlichen Organ und Haupt der Partei, die ich nach der Ausdehnung, die sie gewonnen hat, beinahe die moderne Partei nennen möchte.

Die Natur hat an jedem Erfolg bei weitem den größten Anteil, und so auch an dem seinen. Solch ein Mann wurde gebraucht und solch ein Mann wurde geboren; ein Mann aus Stein und Eisen, der sechzehn oder siebzehn Stunden im Sattel sitzen konnte, der viele Tage hintereinander ohne andere Ruhe und Nahrung, als in gelegentlichen raschen Pausen aufgeschnappt werden kann, verbringen konnte, der in der Aktion mit der furchtbaren Schnelligkeit und dem Satze des Tigers vorging; ein Mann, den keinerlei Skrupel hemmten; kompakt, drängend, selbstsüchtig, klug und von einem Scharfblick, den keine Behauptung, kein Vorwand anderer, kein Aberglaube, keine Hast oder Hitze in ihm selbst täuschen oder irre leiten konnten. „Meine eiserne Hand," sagte er, „befand sich nicht am Ende meines Armes, sie war unmittelbar mit dem Kopf verbunden." Er ehrte die Macht der Natur und des Schicksals und schrieb ihr seine Superiorität zu, anstatt sich wie geringere Menschen seiner Hartnäckigkeit, seines wagenden Kampfes gegen die Natur zu brüsten. Seine Rhetorik bewegte sich mit Vorliebe in Anspielungen auf seinen Stern; und er gefiel sich und dem Volk, wenn er sich als das „Kind des Geschicks" bezeichnete. „Man wirft mir," sagte er, „große Verbrechen vor. Männer von meinem Schlage begehen keine Verbrechen. Nichts war einfacher als meine Erhebung: man sucht sie vergeblich Intriguen und Verbrechen zuzuschreiben; sie lag in dem eigentümlichen Charakter der Zeit und in meinem Rufe, gegen die Feinde meines Vaterlandes tapfer gekämpft zu haben. Ich bin stets mit der Meinung der großen Massen und mit den Ereignissen gegangen. Was also hätten Verbrechen mir nützen sollen?" Und wiederum sagte er, von seinem Sohne sprechend. „Mein Sohn kann mich nicht ersetzen; ich selbst könnte mich nicht ersetzen. Ich bin das Geschöpf der Zeitverhältnisse."

Er besaß eine Energie, eine Direktheit der Aktion, wie sie niemals vorher mit so sicherem Verständnis verbunden war. Er ist ein Realist, der allen Schwätzern furchtbar ist, und jeden, der die Wahrheit bemänteln will, in Verwirrung bringt. Er erkennt auf den ersten Blick den Punkt, um den die Sache sich dreht, wirft sich auf die Stelle, die Widerstand leistet, ohne auf irgend etwas anderes Rücksicht zu nehmen. Seine Stärke ruht auf der sichersten Grundlage, auf der Einsicht. Er ist nie in einen Sieg hineingetappt, er hat jede seiner Schlachten im Kopf gewonnen, bevor er sie auf dem Schlachtfelde gewann. Seine hauptsächlichsten Mittel liegen in ihm selbst. Er fragt niemand um Rat. Im Jahre 1797 schrieb er an das Direktorium: „Ich habe den Feldzug geführt, ohne irgend jemand zu Rate zu ziehen. Ich hätte nichts leisten können, wenn ich gezwungen gewesen wäre, mich nach den Ideen jemandes anderen zu richten. Ich habe einige Vorteile gegen überlegene Truppenmächte erfochten, und zwar zu einer Zeit, in der es uns an allem Nötigen vollständig gebrach, weil durch die Überzeugung, euer Vertrauen zu besitzen, mein Thun dem Denken an Schnelligkeit nicht nachgab."

Die Weltgeschichte ist voll von den Thorheiten, welche Könige und Regierungen begehen. Sie sind wirklich eine Klasse von Menschen, mit der man viel Mitleid haben muß, weil sie nie wissen, was sie zu thun haben. Die Weber streiken um Brot, und der König und seine Minister, die nicht wissen, was sie thun sollen, begegnen ihnen mit Bajonetten. Aber Napoleon verstand sein Geschäft. Er war ein Mann, der in jedem Augenblick, in jeder Lage genau wußte, was er im nächsten Augenblick zu thun hatte. Das ist eine große Beruhigung und Erfrischung für die Seele, und zwar nicht nur für Könige, auch für Bürgersleute. Die wenigsten Leute haben überhaupt ein „Nachher," die meisten leben von der Hand in den Mund, ohne Plan, stehen immer am Ende ihrer Bahn und warten nach jeder Handlung auf einen neuen Impuls von außen. Napoleon wäre der erste Mann der Welt gewesen, wenn seine Ziele rein und gemeinnützlich gewesen wären. Aber auch so wie er ist flößt er durch die außerordentliche Einheit all seines Thuns Kraft und Vertrauen ein. Er ist immer fest, immer sicher, stets bereit, sich selbst zu verleugnen, seine eigene Person dranzusetzen, opfert alles seiner Absicht – Geld, Truppen, Generale und seine eigene Sicherheit; läßt sich nie wie gewöhnliche Abenteurer von dem Glanz seiner Mittel in die Irre führen. „Die Ereignisse dürfen nie die Politik bestimmen," sagte er, „sondern die Politik muß die Ereignisse bestimmen." „Sich von jedem Vorfall hinreißen lassen, heißt überhaupt kein politisches System haben." Seine Siege waren nur ebensoviel Thüren, und nie verlor er, von dem Glanz und Aufruhr des Moments betäubt oder geblendet, seinen Weg vorwärts auch nur einen Augenblick aus dem Gesicht. Er wußte, was er zu thun hatte, und er hielt gerade aufs Ziel. Er hätte eine gerade Linie abkürzen mögen, um sein Objekt schneller zu erreichen. Man kann furchtbare Anekdoten aus seiner Geschichte sammeln über den Preis, mit dem er seine Erfolge erkaufte; aber man darf ihn deswegen nicht als grausam bezeichnen, nur als einen, der für seinen Willen kein Hindernis kannte; nicht blutdürstig, nicht grausam – aber wehe der Sache oder der Person, die in seinem Wege stand! Nicht blutdürstig, aber auch nie sparsam mit Blut – und völlig mitleidlos. Er sah nur sein Ziel, das Hindernis mußte aus dem Wege geschafft werden. „Sire, General Clarke kann sich infolge des furchtbaren Feuers der österreichischen Batterien nicht mit General Junot vereinigen!" – „Er soll die Batterien nehmen" – „Sire, jedes Regiment, das sich der schweren Artillerie nähert, ist geopfert; Sire, was für ein Kommando?" – „Vorwärts, vorwärts!" – Seruzier, ein Artillerie-Oberst, schildert in seinen „Militärischen Memoiren" folgende Scene aus der Schlacht von Austerlitz: „In dem Augenblick, in welchem die russische Armee mühsam, aber in guter Ordnung ihren Rückzug über den festgefrorenen See bewerkstelligte, kam der Kaiser Napoleon in Carriere auf die Artillerie zu geritten: ›Sie verlieren ja die Zeit‹ schrie er, ›feuern Sie doch auf diese Massen; sie müssen versinken, feuern Sie auf das Eis!‹ Der Befehl blieb zehn Minuten lang unausgeführt. Vergebens wurden mehrere Offiziere und auch ich auf den Abhang eines Hügels postiert, um die gewünschte Wirkung zu erzielen: ihre Kugeln und meine rollten auf das Eis, ohne es aufzubrechen. Da versuchte ich eine einfache Methode: leichte Haubitzen in die Höhe zu richten. Der fast senkrechte Fall der schweren Geschosse erzielte die gewünschte Wirkung. Meine Methode wurde von den benachbarten Batterien sogleich nachgeahmt, und in wenigen Augenblicken hatten wir einige Da ich aus zweiter Hand citiere und mir Seruziers Buch nicht verschaffen kann, wage ich es nicht, die hohe Ziffer, die ich vorfinde, anzunehmen. Anm. Emersons.tausend Russen und Österreicher in den Fluten des Sees begraben."

Bei der Fülle seiner Hilfsmittel schien jedes Hindernis zu verschwinden. „Es soll keine Alpen geben," sagte er, und er baute seine großartigen Straßen, erklomm auf Stufen-Galerien ihre steilsten Abgründe, bis Italien so offen vor Paris lag wie irgend eine Stadt Frankreichs. Er wagte seine eigenen Knochen und kämpfte um seine Krone. Wenn er entschieden hatte, was gethan werden sollte, dann that er es mit aller Macht. Er setzte all seine Kraft daran. Er wagte alles und schonte nichts, weder Munition, noch Geld, noch Mannschaft, noch Generale, noch sich selbst.

Wir lieben es, ein jedes Wesen nach seiner Art wirken zu sehen, mag es nun eine Milchkuh oder eine Klapperschlange sein; und wenn der Kampf die beste Art ist, nationale Zwistigkeiten zu erledigen (und die große Majorität der Menschen scheint das anzunehmen), dann hatte Napoleon sicherlich recht, wenn er es gründlich that. „Das große Princip des Krieges ist," sagte er, „daß eine Armee immer, bei Tag und Nacht und zu jeder Stunde bereit sein muß, allen Widerstand zu leisten, dessen sie überhaupt fähig ist." Er sparte nie mit seiner Munition, sondern überschüttete eine feindliche Position mit einem Regen von Eisen – Kugeln, Bomben, Kartätschen, bis alle Verteidigung vernichtet war. Wo ihm Widerstand geleistet wurde, da vereinigte er Schwadron auf Schwadron in überwältigender Zahl, bis der Gegner aufgehört hatte zu existieren. Zu einem Regiment berittener Chasseurs sagte Napoleon bei Lobenstein, zwei Tage vor der Schlacht bei Jena: „Meine Jungen, ihr dürft den Tod nicht fürchten; wenn Soldaten dem Tod trotzen, dann treiben sie ihn in die feindlichen Reihen." In der Wut des Angriffs schonte er auch sich selbst nicht. Er that das Äußerste, was ihm möglich war. Es ist ganz klar, daß er in Italien that, was er konnte, und alles, was er konnte. Er stand mehrmals am Rande des Verderbens; er war oft geradezu verloren. Er wurde bei Arcole in den Sumpf geschleudert; die Österreicher standen im Handgemenge zwischen ihm und seinen Leuten, und er wurde nur durch die verzweifeltsten Anstrengungen gerettet. Bei Lonato und anderen Orten war er ganz nahe daran, gefangen zu werden. Er focht in sechzig Schlachten. Er hatte nie genug. Jeder Sieg war nur eine neue Waffe. „Meine Macht würde stürzen, wenn ich sie nicht durch neue Erfolge stützen würde. Die Eroberung hat mich zu dem gemacht, was ich bin, und die Eroberung muß mich halten." Er fühlte wie jeder weise Mann, daß ebensoviel Leben zur Erhaltung wie zur Schöpfung nötig ist. Wir sind immer in Gefahr, immer in einer schlimmen Lage, immer am Rand der Vernichtung und nur durch erfinderischen Scharfsinn und Mut zu retten.

Diese überquellende Kraft war durch die kälteste Vorsicht und Pünktlichkeit bewacht und gezügelt. Ein Donnerkeil beim Angriff, war er unverwundbar in seinen Verschanzungen. Sein Angriff selbst war nie eine Inspiration des Mutes, sondern das Resultat der Berechnung. Die beste Verteidigung in seinen Augen war, stets der angreifende Teil zu sein. „Mein Ehrgeiz," sagt er, „war groß, aber kühler Natur." In einem seiner Gespräche mit Las Casas bemerkte er: „Was den moralischen Mut anbelangt, so habe ich nur selten die Zwei-Uhr-morgens-Art gefunden: ich meine den unvorbereiteten Mut, der bei unerwarteten Vorfällen nötig ist, und der, wenn die unvorhergesehensten Ereignisse eintreten, dem Urteil und der Entschlossenheit volle Freiheit wahrt," und er erklärte unbedenklich, daß er selbst im höchsten Grade diesen „Zwei-Uhr-Morgens-Mut" besaß und daß er wenigen Personen begegnet sei, die ihm in dieser Hinsicht gleichgekommen wären.

Alles hing von der Genauigkeit seiner Kombinationen ab, und die Sterne waren nicht pünktlicher als seine Arithmetik. Seine persönliche Aufmerksamkeit erstreckte sich bis auf die kleinsten Einzelheiten. „Bei Montebello befahl ich Kellermann, mit achthundert Reitern anzugreifen, und mit diesen schnitt er die sechstausend ungarischen Grenadiere vor den Augen der österreichischen Kavallerie ab. Diese Kavallerie war eine halbe Meile entfernt und brauchte eine Viertelstunde, um das Aktionsgebiet zu erreichen; und ich habe die Beobachtung gemacht, daß es immer diese Viertelstunden sind, welche das Schicksal einer Schlacht entscheiden." Bevor er eine Schlacht lieferte, dachte Bonaparte wenig darüber nach, was er nach einem Erfolg thun würde, aber sehr viel darüber, was zu thun sein werde, wenn der Ausgang ein unglücklicher sein sollte. Dieselbe Vorsicht, dieselbe Verständigkeit kennzeichnen alles, was er that. Die Instruktionen, die er seinem Sekretär in den Tuilerien gab, sind der Erinnerung wert: „Während der Nacht betreten Sie mein Zimmer so selten als möglich, wecken Sie mich nie, wenn Sie mir eine gute Nachricht mitzuteilen haben; das hat keine Eile. Aber wenn Sie schlechte Nachrichten bringen, dann wecken Sie mich sofort; denn dann ist kein Augenblick zu verlieren." Eine wunderliche Ökonomie derselben Art bestimmte das Verfahren, das er als General in Italien mit seiner lästigen Korrespondenz einschlug. Er befahl Bourrienne, alle Briefe drei Wochen lang uneröffnet liegen zu lassen, und bemerkte dann mit Befriedigung, ein wie großer Teil der Korrespondenz bereits in den Thatsachen seine Erledigung gefunden hatte und einer Antwort nicht mehr bedurfte. Seine Arbeitskraft war eine ungeheuere und vergrößert das bisher bekannte Maß der menschlichen Leistungsfähigkeit. Es hat viel arbeitsame Könige gegeben – von Ulysses bis zu Wilhelm von Oranien, aber keinen, der ein Zehntel von dem hätte leisten können, was dieser Mann täglich erledigte.

Zu diesen natürlichen Gaben fügte Napoleon den Vorteil, in privatem und niedrigem Stande geboren zu sein. In seinen späteren Tagen hatte er die Schwäche, zu seinen Kronen und Wappen den verjährten Rechtsgrund der

Aristokratie hinzufügen zu wollen; aber er wußte, was er seiner rauhen Erziehung verdankte, und machte aus seiner Verachtung für die geborenen Könige und für „die hereditären Esel," wie er die Bourbonen grob bezeichnete, kein Hehl. Er sagte, daß sie „in ihrem Exil nichts gelernt und nichts vergessen hätten." Bonaparte hatte alle Grade des militärischen Dienstes selbst durchgemacht; aber er war auch ein Bürger gewesen, bevor er Kaiser ward, und besaß dadurch den Schlüssel zur Bürgerschaft. Seine Bemerkungen und Urteile zeigen, wie gut er über die mittleren Klassen informiert war, und wie richtig er sie beurteilte. Wer mit ihm zu thun hatte, fand, daß er sich nicht betrügen ließ, sondern so gut rechnen konnte wie irgend einer. Dies erhellt aus allen Teilen der Memoiren, die er auf St. Helena diktierte. Als durch die Ausgaben der Kaiserin, die Kosten seines Haushalts und seiner Paläste sich eine große Schuldenlast aufgehäuft hatte, prüfte Napoleon die Rechnungen seiner Gläubiger selbst, entdeckte Überteuerungen und Fehler und reduzierte ihre Ansprüche um beträchtliche Summen.

Seine großartige Waffe, nämlich die Millionen, die er führte, verdankte er dem repräsentativen Charakter, der ihn umkleidete. Wir nehmen an ihm, als dem Vertreter Frankreichs und Europas, das höchste Interesse; und er existiert als Feldherr und Fürst nur insoweit, als die Revolution oder die Interessen der thätigen Massen ein Organ und einen Führer in ihm fanden. In dem Kampfe der socialen Interessen erkannte er Bedeutung und Wert der Arbeit und schlug sich instinktiv auf ihre Seite. Mir gefällt ein Vorfall ganz besonders, den einer seiner Biographen von St. Helena erzählt: „Da er einmal mit Mrs. Balcombe ausging, gingen ein paar Diener, die schwere Koffer trugen, über den Weg, und Frau Balcombe verlangte von ihnen in ziemlich heftigem Ton, daß sie sich hinter ihnen halten sollten. Aber Napoleon legte sich ins Mittel und sagte: ›Haben Sie doch Achtung vor der Last, gnädige Frau!‹ In der Zeit seines Kaisertums gab er acht auf die Verbesserung und Verschönerung der hauptstädtischen Märkte. „Der Marktplatz," sagte er, „ist der Louvre des gemeinen Volkes." Die hauptsächlichsten Werke, die ihn überlebt haben, sind seine prächtigen Straßen. Er erfüllte die Truppen mit seinem Geist, und es bildete sich zwischen ihm und ihnen eine Art von Freiheit und Kameradschaftlichkeit aus, wie sie die Etikette seines Hofes zwischen seinen Offizieren und ihm niemals aufkommen ließ. Sie vollbrachten unter seinen Augen Thaten, die keine anderen Truppen hätten vollbringen können. Das beste Zeugnis für das Verhältnis, in welchem er zu seinen Soldaten stand, ist der Tagesbefehl, den er am Morgen der Schlacht von

Austerlitz erließ, und in welchem er den Soldaten verspricht, daß er seine Person außerhalb der Schußweite halten werde. Die Erklärung, die das gerade Gegenteil von dem ist, was Generale und Souveräne am Vorabend einer Schlacht zu erklären pflegen, beweist zur Genüge, welche tiefe Verehrung diese Armee für ihren Feldherrn empfand.

Aber obgleich Napoleon sich so in Einzelheiten mit der Volksmasse identifizierte, lag seine wirkliche Kraft doch in ihrer Überzeugung, daß er ihren Geist und ihre Ziele nicht nur dann vertrat und in sich verkörperte, wenn er ihnen schmeichelte, sondern auch, wenn sie seinen Zwang zu fühlen bekamen, ja, wenn er sie durch seine Aushebungen decimierte. Er wußte so gut wie irgend ein Jakobiner in Frankreich über Freiheit und Gleichheit zu philosophieren; und als man auf das kostbare Blut von Jahrhunderten anspielte, das durch die Hinrichtung des Herzogs von Enghien vergossen wurde, meinte er: „Mein Blut ist auch kein Grabenwasser.“ Das Volk fühlte, daß der Thron nun nicht mehr occupiert und das Land nicht mehr ausgesogen wurde von einer kleinen Klasse „Legitimer,“ die sich von aller Gemeinschaft mit den Kindern des Bodens abschlossen und in den Ideen und dem Aberglauben eines längst vergessenen Gesellschaftszustandes befangen waren. Anstatt jenes Vampyrs regierte nun in den Tuilerien ein Mann aus ihrer Mitte, der dieselben Kenntnisse, die gleichen Ideen besaß wie sie, und der naturgemäß ihnen und ihren Kindern alle Stellen der Macht und des Vertrauens erschloß. Der Tag einer schläfrigen, selbstsüchtigen Politik, welche die Mittel und Gelegenheiten zum Vorwärtskommen der jungen Leute unaufhörlich einengte, war vorüber, und der Tag der Expansion und der Nachfrage angebrochen. Ein Markt für alle Kräfte und Produkte der Menschen war eröffnet, und glänzende Preise flimmerten vor den Augen des Talents und der Jugend. Das alte eisengefesselte, feudale Frankreich war in ein junges Ohio oder New-York verwandelt; und selbst diejenigen, die von der unmittelbaren Strenge des neuen Monarchen zu leiden hatten, verziehen dieselbe als die notwendigen Härten des militärischen Systems, das die Unterdrücker verjagt hatte. Und selbst, als die Majorität des Volkes zu fragen begann, ob denn die erschöpfenden Kontributionen von Menschen und Geld unter dem neuen Herrn irgend einen wirklichen Vorteil gebracht hätten – nahm alles Talent im Lande, jeden Ranges und jeder Gattung, seine Partei und verteidigte ihn als natürlichen Beschützer. Im Jahre 1814, als ihm geraten wurde, sich auf die höheren Klassen zu stützen, sagte Napoleon: „Meine

Herren, in meiner gegenwärtigen Lage ist der Pöbel der Faubourgs der einzige Adel, auf den ich mich stützen kann."

Napoleon kam diesen natürlichen Erwartungen entgegen. Die Gastfreundlichkeit für jedes Talent, die Berufung desselben zu Vertrauensposten war in seiner Lage eine Existenzbedingung, und sein Gefühl ging mit dieser Politik. Wie jeder hervorragende Mensch empfand er zweifellos das Bedürfnis, mit Männern von seinesgleichen zu thun zu haben, den Wunsch, seine Kraft mit der anderer Meister zu messen, und einen ungeduldigen Widerwillen gegen Narren und Schwächlinge. In Italien suchte er Menschen und fand keine. „Guter Gott," sagte er, „wie selten Männer sind! Achtzehn Millionen leben in Italien, und ich habe mit der größten Schwierigkeit deren zwei gefunden: Dandolo und Melzi!" In späteren Jahren, bei reicherer Erfahrung, nahm seine Achtung für die Menschen nicht zu. In einem Augenblick der Bitterkeit sagte er zu einem seiner ältesten Freunde: „Die Menschen verdienen die Verachtung, welche sie mir einflößen. Ich brauche nur ein wenig Goldverschnürung auf den Rock meiner tugendhaften Republikaner zu heften, und sie werden sogleich so, wie ich sie mir wünsche." Dieser Ärger über die Unbeständigkeit war gleichwohl eine indirekte Anerkennung für jene begabteren Menschen, die sich seine Achtung erzwangen, nicht nur, wenn er in ihnen Freunde und Gehilfen fand, sondern auch dann, wenn sie sich seinem Willen widersetzten. Er konnte Leute wie Fox und Pitt, Carnot, Lafayette und Bernadotte, nicht mit den Bummlern seines Hofes verwechseln; und trotz der Herabsetzung, die sein systematischer Egoismus selbst gegenüber den großen Generalen nicht unterließ, die mit ihm und für ihn siegten, hat er doch Männern wie Lannes und Duroc, Kleber, Dessaix, Massena, Murat, Rey und Angereau seine bewundernde Anerkennung nicht versagt. Wenn er sich einerseits als ihr Patron fühlte, als der Schöpfer ihres Glückes, wenn er z. B. sagte: „Ich habe meine Generale aus dem Kote gemacht," so konnte er doch auch nicht verbergen, mit welcher Befriedigung es ihn erfüllte, eine Unterstützung und Beihilfe von ihnen zu erhalten, die der Großartigkeit seiner Unternehmungen entsprach. Im russischen Feldzuge machte der Mut und die unerschöpfliche Begabung des Marschalls Ney solchen Eindruck auf ihn, daß er sagte: „Ich habe zweihundert Millionen in meinen Kassen, und ich würde sie alle für Ney geben!" Die Charakteristiken, die er von einigen seiner Marschälle entworfen hat, sind scharf umrissen und, obgleich sie der unersättlichen Eitelkeit französischer Offiziere nicht Genüge thaten, im wesentlichen zweifellos und gerecht. Und in der That, es gab keine Art von Verdienst, welche unter seiner Regierung nicht gesucht und befördert worden wäre. „Ich kenne,“ sagte er, „die Tiefe und den Wasserzug eines jeden meiner Generale.“ Jede persönliche Kraft und Fähigkeit war eines günstigen Empfangs an seinem Hofe gewiß. Siebzehn Personen wurden während seiner Zeit vom gemeinen Soldaten zum Range eines Königs, Marschalls, Herzogs oder Generals erhoben, und die Kreuze seiner Ehrenlegion wurden nach der persönlichen Tapferkeit und nicht nach Familienverbindungen verteilt. „Wenn Soldaten einmal die Feuertaufe auf dem Schlachtfelde erhalten haben, haben sie auch alle nur einen Rang in meinen Augen.“

Wenn ein natürlicher König zum Titularkönig wird, hat jeder sein Wohlgefallen daran, fühlt jeder sich befriedigt. Die Revolution berechtigte den kräftigen Pöbel des Faubourg St. Antoine und ebenso jeden Pferdejungen und Livreebedienten, Napoleon als Fleisch von ihrem Fleische und als das Geschöpf ihrer Partei zu betrachten; aber im Erfolge eines großartigen Talentes liegt immer etwas, was allgemeine Sympathie erwirbt. Denn an dem Siege des Geistes und Verstandes über Stupidität und Unechtheit sind alle vernünftigen Menschen interessiert; und als intellektuelle Wesen fühlen wir die Luft wie von elektrischen Schlägen gereinigt, wenn materielle Gewalt von geistiger Kraft zu Boden geworfen wird. So wie wir uns über den Bereich lokaler und zufälliger Parteilichkeit erhoben haben, muß jeder Mensch fühlen, daß Napoleon für ihn ficht; seine Siege sind ehrliche Siege; diese tüchtige Dampfmaschine arbeitet für uns. Alles was die Phantasie erregt, indem es die gewöhnlichen Schranken menschlicher Fähigkeit überschreitet, ermutigt und befreit uns in wunderbarer Weise. Dieser gewaltige Kopf, der ganze Ketten von Geschäften bedachte und in souveräner Weise erledigte, der eine solche Fülle von Kräften belebte; dieses Auge, das durch Europa schaute; diese rasche, erfindungsreiche Genialität; diese Unerschöpflichkeit der Mittel – was für Ereignisse! Was für romantische Bilder! Was für seltsame Situationen, wenn er beim Sonnenuntergang am sicilischen Meer nach den Alpen blickte, wenn er seine Armee im Angesicht der Pyramiden in Schlachtordnung stellte und zu den Truppen sprach: „Von den Spitzen jener Pyramiden schauen vierzig Jahrhunderte auf euch herab!“ wenn er durch das Rote Meer zog und im Wasser des Kanals von Suez watete! – Am Strande von Ptolemais bewegten ihn gigantische Entwürfe. „Wäre Acre gefallen, ich hätte das Angesicht der Welt verändert.“ Am Abend der Schlacht von Austerlitz, am Jahrestage seiner Kaiserkrönung, überreichte ihm sein Heer einen Strauß von vierzig in der Schlacht erbeuteter Standarten. Vielleicht war das Vergnügen ein wenig kindisch, das er daran empfand, diese Kontraste in recht grelles Licht zu setzen; sowie es ihm Vergnügen machte, zu Tilsit, zu Paris und zu Erfurt Könige in seinem Vorzimmer warten zu lassen.

Wir können uns bei der allgemeinen Schwäche, Unentschiedenheit und Indolenz nicht genug zu diesem starken und rüstigen Mann der That Glück wünschen, der die Gelegenheit stets beim Schopf ergriff, der uns klar zeigte, wie viel durch die bloße Gewalt solcher Vorzüge erreicht und geleistet werden kann, die alle Menschen, wenn auch in geringeren Graden, besitzen können: nämlich Pünktlichkeit, persönliche Aufmerksamkeit, Mut und Gründlichkeit. „Die Oesterreicher," sagte er, „kennen den Wert der Zeit nicht!" Ich könnte Vorfälle aus seinen Jugendjahren citieren, welche ihn als Muster von Klugheit erscheinen lassen. Seine Macht liegt nicht in einer wilden, unbegreiflichen Kraft, nicht in einem Enthusiasmus, wie der Mahomets war, auch in keiner außerordentlichen Überredungsgabe, sondern nur darin, daß er sich in jeder Lage und bei jedem Ereignis nach dem gesunden Verstand, anstatt nach Regeln und Herkommen richtete. Die Lehre, die er uns giebt, ist dieselbe, welche die Energie immer erteilt: daß immer Platz für sie vorhanden ist. Auf welche Massen feigherziger Zweifel giebt das Leben dieses Mannes nicht die Antwort! Als er auftrat, waren alle Militärs davon überzeugt, daß auf dem Gebiet des Kriegswesens nichts Neues kommen konnte, so wie es die Überzeugung der heutigen Menschen ist, daß in der Politik, in der Religion, in der Wissenschaft, im Handel und Landbau, in unserem socialen Leben und Sitten nichts völlig Neues unternommen werden kann, so wie es zu jeder Zeit die allgemeine Überzeugung der Gesellschaft ist, daß die Welt fertig und ausgenützt sei. Aber Bonaparte wußte es besser als die Gesellschaft und wußte obendrein, daß er es besser wußte. Ich glaube, alle Leute wissen mehr, als sie thun, wissen, daß die Institutionen, die wir so redselig preisen, nichts als Rollwagen und Tand sind; aber sie wagen es nicht, sich auf ihr heimliches Gefühl zu verlassen. Bonaparte verließ sich auf seine eigene Einsicht und gab keine Bohne für das, was andere Leute dachten. Die Welt behandelte seine Neuerungen wie sie alle Neuerungen behandelt, – sie machte unzählige Einwendungen, zählte alle Hindernisse auf, aber er scherte sich um ihre Einwendungen nicht. „Was den Beruf des Höchstkommandierenden so schwer macht," bemerkte er, „ist die Notwendigkeit, so viel Menschen und Tiere zu ernähren. Wenn er sich bei dieser Aufgabe den Kommissären in die Hände giebt, so kommt er nie vom Fleck, und all seine Expeditionen werden fehlschlagen." Ein Beispiel für seinen gesunden Verstand bietet das, was er vom Alpenübergang im Winter sagte, den alle Schriftsteller, einer immer den anderen nachsprechend, für undurchführbar erklärt hatten „Der Winter," sagt Napoleon, „ist keineswegs die ungünstigste Jahreszeit für den Übergang über hohe Berge. Der Schnee ist fest, das Wetter stetig, und Lawinen, die einzige wirkliche Gefahr in den Alpen, nicht zu fürchten. Auf diesen hohen Bergen giebt es im Dezember oft sehr schöne Tage, die sich durch eine trockene Kälte und die äußerste Ruhe der Luft auszeichnen." Lesenswert ist auch seine Ansicht über die Art, wie man Schlachten gewinnt: „In jeder Schlacht kommt ein Augenblick, in welchem die tapfersten Truppen nach den größten Anstrengungen eine plötzliche Neigung zum Davonlaufen verspüren. Dieser Schrecken kommt von einem Mangel an Vertrauen in ihren eigenen Mut; und es bedarf nur einer geringfügigen Wendung, eines Vorwandes, um ihr Vertrauen wiederherzustellen. Diese Wendung herbeizuführen, den Vorwand zu erfinden, das ist die Kunst. Bei Arcole gewann ich die Schlacht mit fünfundzwanzig Reitern. Ich griff jenen Augenblick der Ermattung auf, gab jedem Mann eine Trompete und gewann den Tag durch diese Handvoll Leute. Denn zwei Armeen, seht ihr, sind zwei Körper, die zusammenstoßen und einander in Schrecken zu setzen suchen: ein Augenblick der Panik tritt ein, und dieser Augenblick ist es, der ausgenützt werden muß. Wenn ein Mann einmal viele Aktionen mitgemacht hat, dann erkennt er diesen Augenblick ohne Schwierigkeit; es ist nicht schwieriger, als eine Addition auszuführen."

Dieser Vertreter des neunzehnten Jahrhunderts besaß bei so vielen Gaben auch die Fähigkeit, spekulativ und über allgemeine Fragen zu denken. Er hatte seine Freude daran, der Reihe nach praktische, litterarische, abstrakte Themata durchzusprechen. Seine Ansicht ist immer originell, trifft immer den Nagel auf den Kopf. Während seiner Reise nach Ägypten liebte er es, nach Tische drei oder vier Personen zu bestimmen, die irgend eine Behauptung verfechten mußten, und ebenso viele zum Opponieren auszuwählen. Das Thema gab er, und bald bildeten religiöse Fragen den Gegenstand der Diskussion, bald die verschiedenen Regierungsformen, bald die Kriegskunst. Eines Tages fragte er, ob die Planeten bewohnt wären, ein anderes mal, wie alt wohl die Welt sei. Dann schlug er vor, die Möglichkeiten der Zerstörung unseres Erdballs durch Feuer oder Wasser in Erwägung zu ziehen; ein anderes Mal wieder, die Wahrhaftigkeit oder Trüglichkeit von Vorahnungen und die Auslegung der Träume. Besonders liebte er es, über Religion zu sprechen. Im Jahre 1806 unterhielt er sich mit Fournier, dem Bischof von Montpellier, über theologische Themata. Über zwei

Punkte konnten sie sich nicht einigen, über die Hölle und über die Erlösung außerhalb der kirchlichen Gemeinschaft. Der Kaiser erzählte Josephine, daß er über diese zwei Punkte wie ein Teufel gestritten habe, und daß der Bischof bezüglich derselben unerbittlich geblieben sei. Den Philosophen räumte er bereitwillig alles ein, was sie gegen die Religionen als Produkte der Menschen und der Zeit vorbrachten, aber vom Materialismus wollte er nichts hören. In einer schönen Nacht, auf dem Verdeck, während von allen Seiten materialistisches Geschwätz ertönte, wies Bonaparte nach den Sternen und sagte: „Sie mögen sprechen, so lange Sie wollen, meine Herren, aber wer hat das alles gemacht?“ Die Unterhaltung mit Männern der Wissenschaft war ihm ein Genuß, besonders mit Monge und Berthollet; aber Litteraten schätzte er gering: sie waren „Phrasenmacher.“ Auch über Medizin sprach er gern, und zwar mit den praktischen Ärzten, die er am höchsten achtete, in Paris mit Corvisart und mit Antonomarchi auf St. Helena. „Glauben Sie mir,“ sagte er zu dem letzteren, „wir thäten besser, all diese Heilmittel aufzugeben; das Leben ist eine Festung, von der weder Sie noch ich etwas wissen. Wozu ihrer Verteidigung Hindernisse in den Weg legen? Seine eigenen Mittel sind dem ganzen Apparat eurer Laboratorien überlegen. Corvisart gestand mir freimütig zu, daß all eure schmierigen Mixturen keinen Heller wert sind. Die Medizin ist eine Sammlung ungewisser Vorschriften, deren Gesamtresultat im ganzen gerechnet der Menschheit mehr schädlich als nützlich wird. Wasser, Luft und Reinlichkeit, das sind die Hauptartikel meiner Pharmakopöe.“

Seine Memoiren, die er auf St. Helena dem Grafen Montholon und dem General Gourgaud diktierte, haben großen Wert, auch nach all den Abzügen, die man, wie es scheint, auf Grund seiner bekannten Unwahrhaftigkeit machen muß. Er besitzt die Gutmütigkeit, die der Stärke und bewußter Superiorität eigen ist. Ich bewundere die einfache, klare Erzählung seiner Schlachten, die der Cäsars nicht nachsteht, die gutmütigen und in hinreichendem Grade achtungsvollen Mitteilungen über Marschall Wurmser und seine anderen Gegner; er ist seinem wechselvollen Gegenstande als Schriftsteller durchaus gewachsen. Der angenehmste Teil ist der ägyptische Feldzug.

Er hatte Stunden des Nachdenkens und der Weisheit. In Zwischenzeiten der Muße, sei es im Lager oder im Palast, erscheint Napoleon als ein genialer Mensch, der dieselbe angeborene Begierde nach Wahrheit, denselben ungeduldigen Widerwillen gegen leere Worte, die er im Kriege zu zeigen gewohnt war, auf abstrakte Fragen richtete. Er konnte jedes Spiel der Erfindung, einen Roman, ein Bonmot, ebenso genießen wie ein geschicktes Manöver im Feldzug. Er ergötzte sich daran, Josephine und ihre Damen in einem trüb erleuchteten Zimmer mit all den Schrecken einer erfundenen Geschichte zu fesseln, der seine Stimme, sein dramatischer Vortrag die höchste Wirkung verlieh.

Ich nenne Napoleon den Agenten oder Anwalt der mittleren Klassen der modernen Gesellschaft, des ganzen Gedränges, das die Märkte, Läden, Comptoirs, Fabriken und Schiffe der modernen Welt erfüllt, und das danach strebt, reich zu werden. Er war der Agitator, der Zerstörer alles Verjährten, der gründliche Reformator, der Liberale und Radikale, der Erfinder neuer Werkzeuge, der Eröffner neuer Thüren und Märkte, der Umstürzer der Mißbräuche und Monopole. Natürlich liebten ihn die Reichen und Aristokratischen nicht; England, das Centrum des Kapitals, Rom und Oesterreich, die Centren der Tradition und der Genealogie, traten ihm entgegen. Die Konsternation der dumpfen und konservativen Klassen, der Schrecken der thörichten alten Männer und alten Weiber im römischen Konklave – die in ihrer Verzweiflung nach allem, selbst nach rotglühendem Eisen griffen – die vergeblichen Versuche der Staatsmänner, ihn zu amüsieren und zu täuschen, die des Kaisers von Oesterreich, ihn zu bestechen, und der Instinkt aller jugendlichen, feurigen und thätigen Menschen, der ihn überall als den Riesen des dritten Standes erkannte, machen seine Geschichte zu einer glänzenden und imponierenden. Er besaß die Vorzüge der Massen, die ihn erwählt hatten, er besaß auch ihre Laster. Es thut mir leid, daß das glänzende Bild seine Kehrseite hat. Aber das ist die verhängnisvolle Eigenschaft, welche wir an unserer Jagd nach Reichtum bemerken – sie ist verräterisch und wird mit dem Brechen oder der Schwächung der Gefühle erkauft, und so ist es unvermeidlich, daß wir dergleichen Thatsachen auch in der Geschichte dieses Kämpen begegnen, der sich einfach eine glänzende Carriere zur Aufgabe machte, ohne sich bezüglich der Mittel irgend welchen Vorbehalt oder Skrupel zu machen.

Bonaparte war in ganz ungewöhnlichem Grade jeder hochherzigen Empfindung bar. Das höchststehende Individuum im civilisiertesten Zeitalter, in der kultiviertesten Bevölkerung der Welt – besitzt er nicht einmal das Verdienst gewöhnlicher Wahrhaftigkeit und Ehrlichkeit. Er ist ungerecht gegen seine Generale, egoistisch monopolisiert er ihre Verdienste; stiehlt in niedriger Weise von Kellermann und Bernadotte den Ruhm ihrer Thaten, intriguiert persönlich, um seinen treuen Junot in hoffnungslosen Bankerott zu verwickeln, nur um ihn von Paris fortzubringen, wo die Vertraulichkeit seiner Manieren den neuen Stolz seines Thrones beleidigt. Er ist ein unglaublicher Lügner. Die offiziellen Zeitungen, seine Moniteurs und all seine Bulletins enthalten nichts als Redensarten, die das zu sagen haben, was er geglaubt haben will, und schlimmer noch – er saß, frühzeitig gealtert, auf seiner einsamen Insel und fälschte kaltblütig Thatsachen, Daten und Charaktere, um seiner Geschichte einen theatralischen Eklat zu geben. Wie alle Franzosen hatte er eine Leidenschaft für Bühneneffekte. Jede That, die Edelmut atmet, wird durch diese Berechnung vergiftet. Sein Stern, seine Ruhmsucht, seine Lehre von der Unsterblichkeit der Seele sind alle ganz französisch. „Ich muß blenden und in Erstaunen setzen. Wenn ich Preßfreiheit gäbe, würde meine Macht keine drei Tage währen." Einen großen Lärm zu machen, ist seine Lieblingsmethode. „Ein großer Ruf ist ein großer Lärm; je mehr man davon macht, desto weiter wird er gehört. Gesetze, Institutionen, Monumente, Nationen, alle stürzen; aber der Lärm dauert fort und tönt durch die nachfolgenden Zeitalter." Seine Unsterblichkeitslehre ist einfach Ruhm. Seine Theorie vom Einfluß ist keine schmeichelhafte. „Es giebt nur zwei Hebel, um die Menschen zu bewegen: Furcht und Interesse. Liebe ist eine dumme Verblendung, verlassen Sie sich darauf. Freundschaft ist ein leeres Wort. Ich liebe niemand. Ich liebe nicht einmal meine Brüder, vielleicht Joseph ein wenig aus Gewohnheit und weil er älter ist als ich; und Duroc liebe ich auch, aber warum? – weil sein Charakter mir gefällt: er ist ernst und entschlossen, und ich glaube, der Kerl hat noch nie eine Thräne vergossen. Ich für meinen Teil weiß sehr gut, daß ich keine wahren Freunde habe. So lange ich fortfahre, das zu sein, was ich bin, kann ich so viel vorgebliche Freunde haben, als ich will. Laßt die Empfindelei den Weibern, aber Männer müssen fest in Herz und Willen sein, oder sie dürfen mit Krieg und Regierung nichts zu thun haben." Er war ganz und völlig gewissenlos. Er konnte stehlen, verleumden, morden, ertränken und vergiften, wenn sein Interesse es verlangte. Er kannte keine Generosität, sondern nur gemeinen Haß; er war von der äußersten Selbstsucht; er war perfid; er betrog beim Kartenspiel; er war ein ganz ungewöhnliches Klatschmaul; er öffnete fremde Briefe; seine infame Polizei machte ihm die größte Freude; er rieb sich die Hände vor Behagen, wenn er über die Männer und Frauen seiner Umgebung aus aufgefangenen Briefen irgend etwas erfahren hatte, und rühmte sich dann, „daß er alles wisse;" er kümmerte sich um den Zuschnitt der Frauenkleider; er lauschte incognito auf die Komplimente und Hurras der Straße. Seine Manieren waren unfein. Frauen begegnete er mit pöbelhafter Vertraulichkeit. Er hatte die Gewohnheit, sie bei den Ohren zu ziehen und sie in die Wangen zu kneifen, wenn er gerade gut gelaunt war. desgleichen zog er die Männer bei den Ohren oder beim Schnurrbart, schlug sie und trieb rohe Scherze mit ihnen bis zu seinen letzten Tagen. Ob er an Schlüssellöchern horchte, ist nicht erwiesen, wenigstens wurde er nicht dabei ertappt. Kurz, wenn wir durch alle Kreise der Macht und des Glanzes gedrungen sind, haben wir es zuletzt nicht mit einem Gentleman zu thun, sondern mit einem Schuft und Betrüger, der das Epitheton des „Jupiter Scapin“ oder „Spitzbuben-Jupiter“ vollauf verdient.

Als ich die zwei Parteien schilderte, in welche die moderne Gesellschaft sich teilt – die demokratische und die konservative – sagte ich, Napoleon sei der typische Demokrat, der Vertreter der Partei der geschäftigen, emporstrebenden Leute, gegen die stationäre oder konservative Partei. Ich hätte noch einen wesentlichen Umstand hinzufügen müssen, nämlich daß diese beiden Parteien sich nicht anders unterscheiden als jung und alt. Der Demokrat ist ein junger Konservativer, der Konservative ein alter Demokrat. Der Aristokrat ist der Demokrat, der reif geworden und in Saat aufgegangen ist, – denn beide Parteien stehen auf einem Boden, haben dasselbe geistige Fundament, nämlich die Anschauung, daß der Besitz das höchste Gut sei, der Besitz, den der eine zu erwerben und der andere zu erhalten sucht. Man kann sagen, Bonaparte vertritt die ganze Geschichte dieser Partei, ihre Jugend und ihr Alter, ja ihr ganzes Schicksal mit poetischer Gerechtigkeit in seinem eigenen. Die Gegenrevolution, die Gegenpartei erwartet noch, ihr Organ und ihren Vertreter in einem liebenden Menschen und in einem Manne von wahrhaft allgemeinen und gemeinnützigen Zielen zu finden.

Seine ganze Existenz war ein unter den denkbar günstigsten Umständen angestelltes Experiment, was der Intellekt ohne Gewissen alles vermöge. Niemals gab es solch einen Führer, so begabt und so gewaffnet, nie fand ein Führer solche Helfer und Anhänger. Und was war das Resultat dieses gewaltigen Talents, dieser Kraft, dieser ungeheuren Armeen, der verbrannten Städte, der verschwendeten Schätze, der Millionen hingeopferter Menschen, dieses demoralisierten Europas? Es kam zu keinem Resultat. Es ging alles vorüber wie der Rauch seiner Kanonen und ließ keine Spuren. Er hinterließ Frankreich kleiner, ärmer, schwächer, als er es vorgefunden hatte; und der ganze Kampf um die Freiheit mußte wieder von vorn angefangen werden. Der ganze Versuch war seinem innersten Wesen nach ein selbstmörderischer. Frankreich diente ihm mit Land und Leib und Leben, so lange es sein Interesse mit ihm identifizieren konnte;

aber als die Leute sahen, daß auf jeden Sieg ein neuer Krieg folgte, auf die Vernichtung von Armeen neue Aushebungen und sie, die mit so verzweifelter Anstrengung gerungen hatten, um keinen Schritt dem Lohne näher waren, – denn sie konnten das nicht ausgeben, was sie erworben hatten, sich in ihren Federbetten nicht niederlegen, in ihren Châteaux sich nicht spreizen – da verließen sie ihn. Die Menschen fanden, daß dieser aufzehrende Egoismus für alle anderen Menschen tödlich wirkt. Er glich dem Zitteraal, der dem, der ihn anfaßt, Schlag auf Schlag erteilt; sie erzeugen Krämpfe, die die Handmuskeln zusammenziehen, sodaß der Mann die Finger nicht öffnen kann; das Tier aber fährt fort, neue und heftige Schläge zu erteilen, bis das Opfer gelähmt und zuletzt getötet wird. So geschah es, daß dieser schrankenlose Egoist die Macht und die Existenz all derer, die ihm dienten, einengte, arm machte und aufsog: und der allgemeine Ruf in Frankreich, in ganz Europa, im Jahre 1814 war: „Wir haben genug von ihm." „Assez de Bonaparte."

Es war nicht Bonapartes Schuld. Er that alles, was in ihm lag, zu leben und Erfolg zu haben, ohne moralisches Princip. Es war die Natur der Dinge, das ewige Gesetz des Menschen und der Welt, das ihn enttäuschte und vernichtete, und eine Million gleicher Experimente würde stets das gleiche Resultat ergeben. Jedes Experiment, mag es von einem einzelnen Individuum oder von den Massen angestellt werden, das ein selbstisches und sinnliches Ziel hat, muß und wird fehlschlagen. Der friedliche Fourier wird da so wenig ausrichten wie der furchtbare Napoleon. So lange unsere Kultur dem Wesen nach eine Kultur des Eigentums, der Umzäunungen und der Exklusivität ist, so lange wird eine Enttäuschung nach der anderen ihrer spotten. Unser Reichtum wird uns den Ekel nicht nehmen, in unserem Gelächter wird Bitterkeit sein, und unsere Weine werden uns im Munde brennen. Nur das Gute bringt wirklichen Nutzen, das wir bei offenen Thüren genießen können, und das allen Menschen dient.

Goethe oder der Schriftsteller

In der Einrichtung der Welt ist auch für einen Schriftführer gesorgt, der die mannigfachen Verrichtungen des wunderthätigen Geistes des Lebens, der allenthalben pulsiert und schafft, zu verzeichnen hat: den Schriftsteller. Sein Amt ist es, die Thatsachen in seinen Geist aufzunehmen und hierauf eine Auswahl der hervorragendsten und charakteristischen Erfahrungen zu treffen.

Die Natur selbst sorgt für einen Bericht von ihrem Thun. Sie hält alle Dinge dazu an, ihre Geschichte zu schreiben. Der Planet wie der Kiesel sind von ihrem Schatten begleitet. Der rollende Fels hinterläßt seine Spuren in den Berg gerissen, der Fluß sein Bett im Erdboden, das Tier sein Skelett in der Gesteinschicht, Farn und Laub ihre bescheidene Grabschrift in der Kohle. Der fallende Tropfen meißelt sein Zeichen in Sand oder Stein. Kein Fuß tritt in den Schnee oder über den Grund, der nicht in mehr oder minder dauernden Lettern einen Abriß seines Ganges in denselben drücken würde. Jede Handlung des Menschen schreibt sich ins Gedächtnis seiner Mitmenschen ein und ebenso in sein eigenes Wesen und in sein Gesicht. Die Luft ist voll von Tönen, der Himmel von Zeichen, der Erdboden besteht aus lauter Denkmälern und Inschriften, und jeder Gegenstand ist mit Andeutungen bedeckt, die für den Verständigen deutlich sprechen.

In der Natur geht diese Selbst-Registrierung unaufhörlich vor sich, und der Bericht verhält sich zum Geschehenen wie der Abdruck im Wachs zum Petschaft. Er giebt nicht mehr und weniger als die Thatsache. Aber die Natur strebt empor, und beim Menschen ist der Bericht noch etwas mehr als ein bloßer Abklatsch. Er bedeutet eine neue und feinere Form des Originals. Die Erzählung hat ein selbständiges Leben, wie das Erzählte es hatte. Das Gedächtnis des Menschen ist wie ein Spiegel, der, nachdem er die ihn umgebenden Dinge aufgenommen, plötzlich belebt wird und sie neuartig ordnet. Die Thatsachen der Vergangenheit bleiben darin nicht müßig liegen, sondern die einen versinken und andere treten in helles Licht, sodaß wir bald ein ganz neues Bild haben, das aus den auffälligeren Erfahrungen zusammengesetzt ist. Der Mensch wirkt dabei mit. Er liebt es, sich mitzuteilen, und das, was er zu sagen hat, lastet auf seinem Herzen, bis es ins Freie gelangt ist. Aber außer dieser allgemeinen Freude an Mitteilung und Gespräch giebt es Menschen, die mit einer erhöhten Gabe für diese zweite Schöpfung geboren werden. Es giebt Menschen, die zum Schreiben geboren sind. Der Gärtner hebt jedes Steckreis und jeden Samen auf und jeden Pfirsichkern; sein Beruf ist es, ein Pflanzer von Pflanzen zu sein. Nicht weniger Eifer verwendet der Schriftsteller auf sein Geschäft. Was immer er sieht oder erfährt, das muß ihm als Modell dienen und zum Bilde sitzen. Er hält es für unsinniges Gerede, daß es Dinge gebe, die einer Darstellung nicht fähig seien. Er ist der Meinung, daß alles, was gedacht werden kann, auch geschrieben werden kann. das Höchste wie das Geringste; er möchte den heiligen Geist selber in Schrift fassen oder es wenigstens versuchen. Nichts ist so weitreichend, so sein oder ihm so teuer, das nicht gerade dadurch sich seiner Feder empfehlen würde, – und er wird's schreiben. In seinen Augen bedeutet ein Mensch die Fähigkeit, darzustellen, und das Universum die Möglichkeit, dargestellt zu werden. In jedem Gespräch, in jedem Unglück findet er neues Material, wie es unser deutscher Dichter aussprach:

„Gab mir ein Gott, zu sagen, was ich leide."

Von Wut und Schmerz bezieht er seine Renten. Unüberlegtes Handeln giebt ihm die Kunst, weise zu sprechen. Quälereien und die Stimme der Leidenschaft dienen ihm nur, seine Segel zu schwellen; wie der gute Luther schrieb: „Wenn ich zornig bin, kann ich gut beten und gut predigen;" und wenn wir die Genesis mancher Züge feinster Beredsamkeit kennen würden, wer weiß, sie würden uns an das Entgegenkommen Sultan Amuraths erinnern, der einigen Persern die Häupter abschlagen ließ, damit sein Arzt Vesalius die Zuckungen der Halsmuskeln beobachten konnte. Seine Niederlagen sind die Vorbereitungen zu seinen Siegen. Ein neuer Gedanke, eine Krisis der Leidenschaft lehrt ihn, daß alles, was er bisher gelernt, exoterisch ist, nicht die Thatsache selbst, sondern nur ein Gerücht von ihr. Was nun? Wirft er die Feder weg? Nein, er beginnt seine Schilderung von neuem in dem neuen Licht, das für ihn angebrochen – vielleicht gelingt es ihm irgendwie doch noch ein oder das andere wahre Wort zu treffen. Die Natur ist gleichsam in einer Verschwörung begriffen. Was gedacht werden kann, kann auch ausgesprochen werden und drängt sich auch stets zur Äußerung, freilich nur mit rohen, stammelnden Organen. Wenn sie es nicht bewältigen können, dann harrt es noch und wirkt fort, bis es die Organe umgeformt zu vollkommener Brauchbarkeit für seinen Willen und es artikulierte Töne findet.

Dieses Streben nach nachahmendem Ausdruck, dem wir überall begegnen, ist bezeichnend für die Ziele der Natur, aber es ist nur Stenographie. Es giebt andere höhere Grade, und die Natur hat glänzendere Gaben für die, welche sie zu einem höheren Amte beruft, für die Klasse der Forscher und Schriftsteller, die einen Zusammenhang sehen, wo die Menge nur Bruchstücke sieht, die den Trieb in sich fühlen, die Dinge in einer idealen Ordnung zu zeigen und so selbst die Achse zu liefern, an der der Bau der Welt sich dreht. Die Ausbildung des spekulativen Menschen oder Forschers liegt der Natur gar sehr am Herzen. Es ist ein Ziel, das sie nie aus dem Auge verliert und das schon beim ersten Schöpfungsentwurfe vorgesehen ward. Er ist keine geduldete oder zufällige Erscheinung, sondern ein organisches Mittelglied, einer der Stände des Reiches, von der ältesten Zeit, vom Uranfang an im Netzwerk und Gewebe der Dinge vorgesehen und vorbereitet. Vorgefühl und Impulse beseelen ihn. Eine wärmere Glut wohnt in seiner Brust, die die Aufnahme jeder ursprünglichen Wahrheit begleitet, die ein Strahl der geistigen Sonne ist, der in den Schacht seines Bergwerks fällt. Jeder Gedanke, der im Geiste dämmert, zeigt im Augenblick des Aufleuchtens selbst seinen Rang an, verrät sich als Grille, oder als eine neue Kraft.

Wenn es ihm am inneren Ansporn nicht fehlt, so ist auf der anderen Seite Auffassung und Notwendigkeit genug für seine Gaben vorhanden. Die Gesellschaft hat zu allen Zeiten dasselbe Bedürfnis, nämlich nach einem gesunden Menschen, der die Fähigkeit objektiven Ausdrucks besitzt und all die Gegenstände der mannigfachen Monomanien der Zeit in die richtigen Beziehungen zu einander zu setzen vermag. Die Ehrgeizigen und Geldgierigen kommen mit ihrem letzten neuesten Hokuspokus, sei es ein Zolltarif, eine Bahn nach Texas, Neokatholicismus, Mesmerismus oder Kalifornien, und indem sie den Gegenstand von seinen natürlichen Beziehungen loslösen, gelingt es ihnen leicht, ihn in die grellste Beleuchtung zu setzen; und sogleich wird eine Menge von Leuten damit närrisch, die sich dadurch weder widerlegen noch heilen lassen, daß eine andere Menge ins Gegenteil rennt, weil eine gleiche Tollheit, die sich nur einen anderen Sparren ausgesucht hat, sie vor dieser speciellen Geisteskrankheit behütet hat. Es braucht aber nur ein Mensch das allumfassende Auge zu haben, das jedes dieser isolierten Wunderdinge in seine richtige Stellung und Umgebung zurückversetzt – und die Täuschung schwindet, und die wiederkehrende Vernunft der Gemeinde weiß der Vernunft des Warners Dank.

Der Forscher ist der Mann der Jahrhunderte, aber er muß wohl auch wie andere Leute den Wunsch haben, sich mit seinen Zeitgenossen zu verhalten. Nun liegt aber für oberflächliche Leute eine gewisse Lächerlichkeit auf den Gelehrten und aus der Schreiberzunft, die bedeutungslos ist, so lange der Forscher sich um sie nicht bekümmert. In unserer Heimat empfiehlt eine emphatische Gunst im Gespräch und in der öffentlichen Meinung den sogenannten praktischen Menschen, und der solide Teil der Menschen-Gemeinde wird in jedem Kreis mit bezeichnendem Respekt betrachtet. Unsere Leute sind alle der Ansicht Bonapartes bezüglich der Ideologen. Ideen zerstören nur die sociale Ordnung und Bequemlichkeit, zum mindesten machen sie den, der sie besitzt, zum Narren. Es wird allgemein angenommen, daß die Absendung einer Schiffsfracht von New-York nach Smyrna, oder das Umherrennen, um

Subskribenten für eine Aktiengesellschaft zu werben, die fünf- oder gar zehntausend Spindeln in Bewegung setzen soll, oder das Schachern in einem politischen Klub und die Ausnützung der Vorurteile und Leichtgläubigkeit des Landvolks, um sich für den November ihrer Stimmen zu versichern – praktisch und empfehlenswert sei.

Wenn ich Thaten von einer weit höheren Art mit einem der Betrachtung gewidmeten Leben vergleichen sollte, ich würde nicht wagen, mich mit vollem Vertrauen zu Gunsten der ersteren auszusprechen. Die innere Erleuchtung hat für die Menschheit eine so tiefe Bedeutung, daß der Eremit und der Mönch viel zur Verteidigung ihres den Gedanken und dem Gebet gewidmeten Lebens sagen können. Eine gewisse Parteilichkeit, eine gewisse Übereiltheit, ein Mangel an innerem Gleichgewicht ist die Steuer, die für jede That bezahlt werden muß. Handle, wenn du willst, – aber du thust es auf deine Gefahr. Die Thaten der Menschen sind zu stark für sie. Zeigt mir einen Mann, der etwas gethan hat und nicht das Opfer und der Sklave seiner Thaten geworden ist. Was sie gethan haben, das hält sie in Banden und zwingt sie, dasselbe wieder zu thun. Die erste That, die ein Experiment sein sollte, wird zu einem Sakrament. Der begeisterte Reformator verkörpert seine hochstrebende Idee in irgend einem Ritus oder in einem Bunde, und die Folge ist, daß er und seine Freunde sich an die Form klammern und die hohe Idee verlieren. Der Quäker hat den Quäkerismus begründet, der Tanz-Quäker sein Kloster und seinen Tanz, und obgleich jeder vom Geiste schwatzt, ist nirgends vom Geiste etwas zu merken, sondern nur mechanische Wiederholung, die anti-geistig ist. Aber wo sind die neuen Dinge von heute? Und wenn schon in den Handlungen der Begeisterung dieser Mangel fühlbar wird – in jenen niedrigeren Tätigkeiten, die kein anderes Ziel haben, als uns bequemer und feiger zu machen, in Thaten der Schlauheit, in Thaten, die lügen und stehlen, Thaten, die die spekulativen Fähigkeiten von den praktischen scheiden, bei denen Vernunft und Gefühl in Bann gethan sind – diese Thaten sind nur Mangel und Negation. Die Hindu schreiben in ihren heiligen Büchern: „Kinder nur, nicht die Wissenden, sprechen von den Fähigkeiten der Betrachtung und von denen des Thuns als von zweien. Sie sind nur eins, weil beide dasselbe Ziel erreichen, und der Platz, den die Menschen erwerben, welche der Betrachtung folgen, auch von denen, welche der Thätigkeit folgen, erworben wird. Der Mann sieht, der da sieht, daß die Lehren der Betrachtung und der Thätigkeit dieselben sind.“ Denn eine große That muß immer von geistigen Motiven ausgehen. Das Maß einer That ist das Gefühl, dem sie entspringt. Die größte That mag leichtlich eine That des verborgensten Privatlebens sein.

Diese Unterschätzung geht niemals von den Führern, sondern stets nur von unbedeutenden Personen aus. Die kraftvollen Herren, die an der Spitze der praktisch thätigen Klassen stehen, haben ihren Anteil an den Ideen, welche die Zeit beherrschen, und zu viel Sympathie für die Klasse der Denkenden. Überhaupt ist nie von Menschen, die auf irgend einem Gebiet Vortreffliches leisten, eine Unterschätzung irgend welcher anderer zu erwarten. Für solche bleibt stets Talleyrands Frage die Hauptfrage: nicht, ist er reich? Ist er verdächtig? Ist er einer von den Gutgesinnten? Hat er diese oder jene Fähigkeit? Ist er einer von den Unruhigen? Einer von den Konservativen? sondern nur: Ist er überhaupt jemand? Vertritt er etwas in seiner Person? Er muß in seiner eigenen Art gut sein. Das ist alles, was Talleyrand, alles, was die Staatsstraße, alles, was der gesunde Menschenverstand fragt. Sei echt und bewundernswert, nicht in der Art, die uns bekannt ist, sondern so, wie du es weißt. Tüchtige Menschen fragen nicht, worin ein Mensch tüchtig ist, wenn er nur tüchtig ist. Jeder Meister schätzt den anderen und bedingt sich nicht erst aus, daß er Redner, Künstler, Handwerker oder König sei.

Die Gesellschaft hat thatsächlich kein ernsteres Interesse als an der Wohlfahrt ihrer Schriftsteller. Und es läßt sich nicht leugnen, daß die Menschen herzlich bereit sind, geistige Leistungen anzuerkennen und zu bewillkommnen. Dennoch nimmt der Schriftsteller bei uns keine gebietende Stellung ein. Ich glaube, daß dies seine eigene Schuld ist. Ein Pfund wird allgemein für ein Pfund geachtet. Es hat Zeiten gegeben, in welchen er eine geheiligte Person war; er schrieb Bibeln, die ersten Hymnen, die Gesetzbücher, die epischen und die tragischen Gesänge, sibyllinische Sprüche und chaldäische Orakel, lakonische Sentenzen, die in die Mauern der Tempel graviert wurden. Jedes Wort war wahr und erweckte die Nationen zu neuem Leben Er schrieb ohne Leichtfertigkeit und ohne Wahl. Jedes Wort stand vor seinen Augen in Erd und Himmel gemeißelt, und Sonne und Sterne waren nur Lettern von gleicher Bedeutung, nicht notwendiger als die seinen. Aber wie sollte er Ehre empfangen, wenn er sich nicht selber Ehre erweist, wenn er sich in der Menge verliert, wenn er nicht länger ein Gesetzgeber ist, sondern ein Sykophant, der sich der unständigen Meinung eines gedankenlosen Publikums beugt; wenn er, ein schamloser Anwalt, eine schlechte Negierung stützt oder das ganze Jahr lang für die Opposition bellen muß, wenn er konventionelle Kritik oder sittenlose Romane schreibt oder überhaupt ohne Gedanken schreibt und ohne bei Tag und Nacht an die Quellen der Inspiration zurückzugehen?

Wir können einige Antworten auf diese Fragen erlangen, wenn wir die Reihe der Männer von schriftstellerischem Genie überblicken, welche unser Zeitalter hervorgebracht hat. Unter diesen begegnet uns kein inhaltsvollerer Name als der Goethes, keiner, der besser zum Repräsentanten der Gaben und Pflichten des Forschers und Schriftstellers ausersehen wäre.

Ich habe Bonaparte als den Repräsentanten der populären äußerlichen Lebensaufgaben und Bestrebungen des neunzehnten Jahrhunderts geschildert. Die zweite ergänzende Hälfte hierzu, der Dichter desselben, ist Goethe, ein Mann, der in dem Jahrhundert heimisch geworden ist wie kein zweiter, der seine Lüfte atmete, seine Früchte genoß, zu jeder früheren Zeit unmöglich gewesen wäre und durch seinen kolossalen Geist es von dem Vorwurf der Schwäche befreite, der, wäre er nicht gewesen, auf den geistigen Werken der Zeit lasten müßte. Er erscheint zu einer Zeit, in welcher sich eine allgemeine Kultur verbreitet und alle scharfen individuellen Züge ausgeglichen hat, in welcher in Ermangelung heroischer Charaktere ein gewisser socialer Komfort und ein allgemeines Zusammenarbeiten Platz gegriffen haben. Es giebt zwar keinen Dichter, aber ganze Haufen poetischer Schriftsteller; keinen Kolumbus, aber Hunderte von Postkapitänen mit Durchgangsfernrohren, Barometern, Suppenextrakten und Pemmican; keinen Demosthenes, keinen Chatham, aber eine beliebige Anzahl gescheiter Parlamentarier und Gerichtsredner; keinen Heiligen oder Propheten, aber geistliche Kollegien; keinen Gelehrten, dafür aber gelehrte Gesellschaften, eine billige Druckerpresse, Lesezimmer und Büchereien ohne Zahl. Nie noch hat es einen solchen Mischmasch von Dingen gegeben. Die Welt dehnt sich aus wie der Handel Amerikas. Wir können griechisches oder römisches Leben, das Leben im Mittelalter als etwas verhältnismäßig Einfaches und Übersehbares denken, aber das moderne Leben umfaßt eine solche Unmenge von Dingen, daß es einen verrückt machen könnte.

Goethe war der Philosoph dieser Vielfältigkeit; hunderthändig, argusäugig, fähig und freudig bereit, es mit diesem rollenden Gemengsel von Thatsachen und Wissenschaften aufzunehmen und durch seine eigene Gewandtheit sie mit Leichtigkeit einzuordnen; ein männlicher Geist, den die unendliche Mannigfaltigkeit der konventionellen Schalen, welche dieses Leben überkrustet hatten, nicht in Verwirrung brachte, den seine Feinheit und sein Scharfblick leicht befähigten, diese Schalen zu durchdringen und seine Kraft aus der Natur selbst zu schöpfen, mit der er in lebendiger Gemeinschaft lebte. Und was seltsam scheinen mag, er lebte in einer kleinen Stadt, in einem winzigen Staat, einem daniederliegenden Staat, und zu einer Zeit, da Deutschland keine so führende Rolle in der Welt spielte, daß den Busen seiner Söhne ein Stolz hätte schwellen können, wie er die Söhne mächtiger Metropolen, wie er ein englisches oder französisches oder dereinst ein römisches oder attisches Genie hätte ermutigen können. Aber in seinen Werken, da verrät sich keine Spur von provinziellen Schranken. Er schuldet seiner Stellung nichts von dem, was er geworden, sondern ward mit einem freien und beherrschenden Geiste geboren.

Die Helena oder der zweite Teil des Faust ist eine Philosophie der Litteratur, in Poesie gesetzt; das Werk eines Mannes, der sich als Meister aller Geschichte und Mythologie, aller Philosophien, Wissenschaften und Nationallitteraturen fühlen mußte in jener encyklopädischen Weise, in welcher die moderne Bildung mit ihrem internationalen Verkehr der Bevölkerung der ganzen Erde bis in die indische, etruskische und in die cyklopischen Künste, in die Reiche der Geologie, der Chemie, der Astronomie forscht, wobei jedes dieser Reiche in dem Werke einen luftigen und poetischen Charakter annimmt, weil ihrer so viele sind. Man sieht einen König mit Ehrfurcht an, aber wenn wir zufällig zu einem Kongreß von Königen kämen, würde sich das Auge mit den Eigenheiten eines jeden Freiheiten herausnehmen. Es sind keine wilden, wunderhaften Gesänge, sondern sorgfältig ausgearbeitete Formen, welchen der Dichter das Resultat achtzigjähriger Beobachtung anvertraut hat. Diese reflektierende und kritische Weisheit läßt das Buch in noch vollerem Sinne als die Blüte dieser Zeit erscheinen. Es datiert sich selbst. Dennoch ist er ein Dichter – ein Dichter mit einem stolzeren Lorbeerkranz denn irgend ein Zeitgenosse, und unter der Qual all dieser Mikroskope (denn es ist, als sähe er mit jeder Pore seiner Haut) schlägt er die Harfe mit der Kraft und mit der Anmut eines Helden.

Das Wunderbare an dem Buche ist die gewaltige Intelligenz darin. Der Verstand dieses Mannes ist ein so mächtiges Lösungsmittel, daß die vergangenen und das gegenwärtige Zeitalter, ihre Religionen, Politiken und Denkungsarten sich darin zu Urtypen und Ideen auflösen. Welche neuen Mythologien keimen in diesem Kopf! Die Griechen sagten, Alexander sei so weit gekommen, daß er das Chaos erreichte; Goethe kam vor wenigen Tagen ebensoweit, ja er wagte sich noch einen Schritt weiter und kam sicher zurück.

Sein ganzes Denken ist von herzerfreuender Freiheit erfüllt. Der unendliche Horizont, der stets mit uns reist, verleiht Kleinigkeiten, konventionellen und notwendigen Dingen die gleiche Majestät wie feierlichen und festlichen Ereignissen. Er war die Seele seines Jahrhunderts. Wenn dieses gelehrt war, wenn es durch seine Volksausbreitung, seine kompakte Organisation, den Drill der einzelnen Teile, eine große Forschungsexpedition geworden war, wenn es eine Fülle von Thatsachen und Resultaten anhäufte, viel zu rasch, als daß irgend einer der bis dahin existierenden Gelehrten sie hätte klassifizieren können – der Geist dieses Mannes hatte weiten Raum, um sie alle einzuordnen. Er besaß die Macht, die losgelösten Atome nach ihren eigenen Gesetzen wieder zu vereinigen. Er hat unsere moderne Existenz mit Poesie bekleidet. Im Kleinsten, im Vereinzelten erkannte er den Genius des Lebens, den alten listenersinnenden Prometheus, der dicht bei uns haust, zeigte, daß die Langeweile und Prosa, die wir unserem Zeitalter zuschreiben, nur eine andere seiner Masken sei:

„Selbst seine Flucht ist nur verkanntes Nahen,"

daß er nur die fröhliche Uniform abgelegt und ein Werktagskleid angezogen und nicht ein Titelchen weniger lebensfrisch oder reich in Haag oder Liverpool ist, als er es einst in Rom oder Antiochia war. Er suchte ihn auf in den belebten Straßen, auf den öffentlichen Plätzen, auf den Boulevards und in Hotels; und im grundfesten Reich des Alltags und der Sinne zeigte er die lauernde Dämonenkraft; zeigte, daß durch die alltäglichsten Handlungen sich ein mythologischer Faden spinnt, der uns bis zu den alten Fabeln zurückführt, sobald wir den Stammbaum jeden Gebrauchs, jeder Gewohnheit, jeder Institution, jedes Mittels und Werkzeugs bis zu seinem Ursprung im Entwicklungsbau der Menschheit verfolgen. Nichts war ihm verhaßter als Hypothesen und Rhetorik: „Wenn ich die Meinung eines anderen anhören soll, so muß sie positiv ausgesprochen werden; Problematisches hab' ich in mir selbst genug." Er schreibt im einfachsten, leisesten Ton, läßt sehr viel mehr aus als er schreibt, und jedes Wort, das er niedersetzt, bedeutet ein wirkliches Ding. Er hat den Unterschied zwischen der antiken und modernen Kunst klargemacht. Er hat die Kunst, ihre Ziele und Gesetze erklärt. Er hat das Beste über die Natur gesagt, was je über sie gesagt worden ist. Er behandelte die Natur, wie es die alten Philosophen, die sieben Weisen gethan – und ob uns dabei ein gutes Stück französischer Berechnungen und Sektions-Ergebnisse verloren geht, bleiben uns Poesie und Menschlichkeit erhalten, und die sind auch nicht ohne Doktoren-Talent. Im ganzen sind Augen immer noch besser als Teleskope oder Mikroskope. Er hat uns zu vielen Gebieten der Natur den Schlüssel geliefert durch den seltenen Zug zur Einheit und Einfachheit, der in seinem Geiste lag. So gab Goethe als Erster die leitende Idee der neueren Botanik, daß das Blatt oder die Blattknospe das Grundelement der Botanik ist, daß jeder Teil der Pflanze nur ein seinen Funktionen und neuen Lebensbedingungen entsprechend umgewandeltes Blatt ist, und daß mit dem Wechsel der Bedingungen das Blatt sich in jedes andere Organ verwandeln kann; so wie jedes andere Organ in ein Blatt. Gleicherweise nahm er in der Osteologie an, daß ein Wirbel des Rückgrats als die Grundeinheit des Skeletts angesehen werden könne, daß das Haupt nur ein Umwandlungsresultat des obersten Wirbels sei. Die Pflanze schreitet von Knoten zu Knoten und schließt zuletzt mit Blüte und Samen. So schreiten auch der Bandwurm, die Raupe von Knoten zu Knoten und schließen mit dem Kopf. Der Mensch und die höheren Tiere sind durch die Wirbelknochen aufgebaut, und ihre Kräfte konzentrieren sich im Kopf. In der Optik wiederum verwarf er die künstliche Theorie der sieben Farben und nahm an, daß jede Farbe eine Mischung von Licht und Dunkel in anderen Verhältnissen sei. Es ist wirklich sehr gleichgiltig, über welches Thema er schreibt. Er sieht mit jeder Pore, und es zieht ihn wie Gravitation zur Wahrheit. Was einer ausspricht, das prüft er auf seine Wirklichkeit. Er mag mit sich nicht spielen lassen, er sagt kein Altweibermärchen nach, weil es ein paar tausend Jahre von den Menschen geglaubt worden. Er kann es wohl ebensogut auf seine Wahrheit prüfen wie ein anderer. Und so siebt er es denn durch. „Ich bin," scheint er zu sagen, „gekommen, um das Maß und das Gericht all dieser Dinge zu sein. Warum sollte ich sie auf Treu und Glauben annehmen?" Und so kommt es, daß, was er über Religion, über Leidenschaft, über die Ehe, über Manieren, über das Eigentum, über das Papiergeld, über Perioden des Glaubens, über Wahrzeichen, über Glück oder über was immer sonst sagen mag, sich nicht vergessen läßt.

Für diese Tendenz jeden dem Volksmund geläufigen Ausdruck zu verifizieren, haben wir in folgendem das bemerkenswerteste Beispiel. Der Teufel hatte in der Mythologie aller Zeiten eine wichtige Rolle gespielt. Goethe wollte kein Wort haben, das nicht etwas Wirkliches deckte. Und er fand die gleiche Maßregel dienlich:– „Ich habe nie von einem Verbrechen gehört, das ich nicht hätte begehen können." – Und so packt er den Kobold an der Kehle. Er soll wirklich werden, er soll modern werden, er soll ein Europäer werden, sich wie ein Gentleman anziehen, unsere Manieren annehmen und durch die Straßen gehen, das Leben in Wien und Heidelberg gründlich kennen, alles dies, wie es im Jahre 1820 war – oder er soll überhaupt nicht existieren. Demgemäß zog er ihm das mythologische Gewand ab, nahm ihm Hörner, Schweif und Klauen, sowie Feuer und Schwefel, und anstatt in Büchern und Bildern nach ihm zu schauen, schaute er nach ihm in seinem eigenen Geist, faßte jeden Schatten von Kälte, Selbstsucht und Ungläubigkeit, der in der Menge wie in der Einsamkeit düster über den Geist des Menschen huscht – und fand, daß das Bild an Wahrheit und Schrecknis gewann durch jeden Zug, den er hinzuthat, und durch jeden, den er hinwegnahm. Er fand, daß das Grundwesen dieses Spukgeistes, der die Wohnungen der Menschen düster umschwebt hat, seitdem es Menschen gab, nichts anderes als reiner, kalter Intellekt sei, der – und hierzu ist das Streben immer vorhanden – im Dienste der Sinne verwendet wird: und so schleuderte er in seinem Mephistopheles die erste organische Gestalt in die Litteratur, die seit Generationen geschaffen worden, und die bleiben wird wie die des Prometheus.

Es ist nicht meine Absicht, seine zahlreichen Werke hier zu analysieren. Sie bestehen in Übersetzungen, Kritiken, Dramen, in lyrischen Gedichten und Gedichten jeder anderen Art, litterarischen Tagebüchern und Portraits hervorragender Personen. Aber ich kann es nicht unterlassen, auf Wilhelm Meister näher einzugehen.

Wilhelm Meister ist ein Roman in jedem Sinne des Wortes – der erste seiner Art, seine Bewunderer nennen ihn die einzige Zeichnung der modernen Gesellschaft, als ob andere Romane, die Scotts zum Beispiel, nur mit den Sitten, Kostümen und äußeren Umständen zu thun hätten, dieser aber mit dem Geiste des Lebens selbst. Es ist ein Buch, über das noch immer ein gewisser Schleier gezogen ist. Sehr gescheite Leute lesen es mit Staunen und Entzücken. Manche von solchen ziehen es als geniales Werk selbst Hamlet vor. Ich glaube, kein Buch dieses Jahrhunderts kann sich an entzückender Süße mit ihm vergleichen, keines ist so neu, so herausfordernd für den Geist, keines erfreut ihn mit so vielen und tüchtigen Gedanken, so tiefen und richtigen Einblicken ins Leben, in Sitten und Charaktere, so vielen nützlichen Winken für die Führung des Lebens, so vielen unerwarteten Lichtblitzen aus einer höheren Welt, und nirgends, nirgends zeigt sich darin eine Spur von Rhetorik oder von Flachheit. Ein höchst herausforderndes Buch für die Neugier genialer junger Leute, aber auch ein höchst unbefriedigendes. Wer eine leichte Lektüre liebt, diejenigen, die darin nach der Unterhaltung suchen, die sie sonst in einem Romane finden, werden enttäuscht, jene anderseits, die es mit der höheren Hoffnung beginnen, darin eine würdige Geschichte des Genies zu finden und von dem verdienten Lorbeer für all seine Mühen und Entsagungen, haben gleichfalls ein Recht zu klagen. Wir konnten vor nicht langer Zeit einen englischen Roman lesen, der vorgab, die Hoffnung der neuen Zeit zu verkörpern und die politischen Hoffnungen der Partei, die man „Jung-England“ nennt, zu entfalten, in welchem die Tugend mit einem Sitz im Parlament und einem Adelstitel belohnt wird. Der Schluß von Goethes Roman ist nicht minder lahm und unsittlich. George Sand hat in ihrer Consuelo und der Fortsetzung dazu ein wahreres und würdigeres Bild entworfen. Im Fortschritt der Erzählung wachsen die Charaktere des Helden und der Heldin in einem Maße, daß das porzellanene Schachtischchen aristokratischer Konventionen in Stücke splittert: sie verlassen die Gesellschaft und die Gewohnheiten ihres Standes; sie verlieren ihren Reichtum, sie werden die Diener großer Ideen und des edelsten socialen Zieles: bis der Held, der der Mittelpunkt und der Urheber einer Vereinigung geworden, die der menschlichen Gesellschaft die erhabensten Wohlthaten erweisen soll, zuletzt nicht länger auf seinen eigenen hochbetitelten Namen hören mag, so fremd und fern tönt er in seinem Ohr. „Ich bin nur ein Mensch,“ sagt er, „ich atme und wirke für die Menschheit,“ und dies thut er in Armut und unter den höchsten Opfern. Goethes Held im Gegenteil hat so viel Schwächen und Unreinheiten und hält sich an so schlechte Gesellschaft, daß das nüchterne englische Publikum, als das Buch zuerst übersetzt erschien, sich abgestoßen fühlte. Und doch ist es so übervoll an Weisheit, an Welterfahrung und an Kenntnis der tiefsten Gesetze; die Personen so wahr und fein gezeichnet und mit so wenigen Strichen, und nirgends ein Wort zu viel. Das Buch bleibt so neu und unerschöpft, daß wir es wohl seinen eigenen Weg gehen lassen müssen und so viel Gutes daraus bereitwillig hinnehmen müssen als wir eben können, und sicher glauben, daß es sein Werk erst begonnen hat und noch Millionen von Lesern nützen wird.

Das Thema ist der allmähliche Übergang eines Demokraten zur Aristokratie, wobei beide Worte in ihrem besten Sinne zu nehmen sind. Dieser Übergang vollzieht sich nicht in irgend einer niedrigen, kriechenden Art, sondern durch das Hauptportal selbst, Natur und Charakter nehmen teil daran, und Verstand und Rechtschaffenheit machen den Rang der Adligen zu einem wirklichen Vorrang. Kein edelherziger Jüngling kann dem Zauber der Wahrhaftigkeit in dem Buche widerstehen, sodaß es Geist und Mut in hohem Maße anfeuern muß.

Der glutvolle, heilig denkende Novalis charakterisierte das Buch „als durchaus modern und prosaisch; das Romantische ist darin völlig ausgeglichen, ebenso das Poetische in der Natur, das Wunderbare. Das Buch handelt einzig von den alltäglichen Angelegenheiten der Menschen, es ist eine poetisierte bürgerliche und häusliche Geschichte. Das Wunderbare darin wird ausdrücklich als Erfindung und enthusiastische Träumerei behandelt" und doch, was gleichfalls charakteristisch ist, kehrte Novalis bald dazu zurück, und es blieb seine Lieblingslektüre bis ans Ende seines Lebens.

Was Goethe für französische und englische Leser besonders auszeichnet, ist eine Eigenschaft, welche er mit seiner Nation teilt – eine durchgehende Basis von innerer Wahrhaftigkeit, In England und Amerika hat man Achtung vor dem Talent, und wenn es zur Unterstützung irgend eines klarliegenden oder erkennbaren Interesses, oder einer Partei, oder auch in regelrechter Opposition gegen solche bethätigt wird, so ist das Publikum damit zufrieden. In Frankreich herrscht vor allem eine noch weit größere Freude am Sprühglanze des Geistes um seiner selbst willen. Und in allen diesen Ländern schreiben Leute von Talent, eben weil sie Talent haben. Es genügt, wenn der Verstand beschäftigt, das Schönheitsgefühl gewonnen wird – so viele Spalten, so viele Stunden in einer lebendigen und ehrbringenden Weise ausgefüllt worden. Der deutsche Geist entbehrt der französischen Leichtigkeit, des klaren, praktischen Verständnisses der Engländer, der Abenteuerlichkeit Amerikas; aber er besitzt eine gewisse Rechtschaffenheit, die sich nie mit einer oberflächlichen Leistung zufrieden giebt, sondern stetig fragt: Wozu soll das alles? Ein deutsches Publikum fordert eine alles kontrollierende Aufrichtigkeit. Wir haben hier eine geistige Thätigkeit, aber wozu soll sie? Was meint der Mann? Woher, warum alle diese Gedanken?

Talent allein kann niemanden zum Schriftsteller machen. Es muß ein Mensch hinter dem Buche stehen, eine Persönlichkeit, die von Geburt und durch ihr Wesen zu den Lehren, die im Buche aufgestellt sind, geradezu verpflichtet ist, die existiert, um die Dinge so und nicht anders zu sehen und darzustellen; welche Thatsachen aufstellt, weil sie Thatsachen sind. Und wenn er sich heute noch nicht in der rechten Weise aussprechen kann, die Dinge bleiben ja bestehen und werden sich morgen offenbaren. Wie eine Last liegt es auf seinem Geist – die Last der Wahrheit, die nach Ausdruck drängt – er mag sich mehr oder minder darüber klar sein, aber es bildet seine Aufgabe und seinen Beruf in der Welt, diese Thatsachen durch und durch zu schauen und sie bekannt zu machen. Was bedeutet es da, daß er stammelt und stottert, daß seine Stimme rauh oder pfeifend ist, daß seine Methode und seine Bilder nicht ausreichen. Die Botschaft wird Methode und Bilderschmuck, artikulierten Ausdruck und Melodie finden. Und wenn er stumm wäre, sie wird sprechen. Wenn aber nicht, wenn in dem

Manne kein solches Gotteswort wohnt, was fragen wir danach, wie geschickt, wie fließend, wie geistfunkelnd er spricht?

Es macht einen großen Unterschied für die Kraft einer Sentenz aus, ob ein Mann hinter ihr steht oder nicht. In der gelehrten Fachzeitung, in einem einflußreichen Tageblatt nehme ich keine bestimmte Gestalt aus, höchstens irgend einen verantwortungslosen Schatten; öfter noch ein geldkräftiges Konsortium, oder irgend einen Bummler, der da hofft, in der Maske und dem Mantel des Zeitungsparagraphen für eine Persönlichkeit gehalten zu werden. Aber durch jeden Absatz durch jede Redewendung eines rechten Buches schaue ich in die Augen des entschlossensten aller Menschen; seine Gewalt und sein Schrecken überfluten jedes Wort; die Kommata und Gedankenstriche selbst sind lebendig – und so wird sein Werk athletisch und geschmeidig zugleich, kann ferne wirken und lange leben.

In England und Amerika kann man in den Schriften griechischer oder lateinischer Dichter gründlich belesen sein, ohne selbst irgend welches poetische Feuer und Neigungen zu besitzen. Daß ein Mann Jahre auf Plato und Proclus verwendet hat, muß nicht zwingend zur Annahme führen, daß er heroische Anschauungen hat, daß er die elegante Mode seiner Stadt geringschätzt. Aber die deutsche Nation hat in all diesen Dingen den lächerlichsten guten Glauben; der Student, der den Hörsaal verlassen hat, brütet noch über die Lehren, und der Professor kann sich des Glaubens nicht ganz entschlagen, daß die Wahrheiten der Philosophie sich irgendwie auch auf Berlin und München anwenden lassen. Dieser Ernst befähigt sie, weiter zu schauen, als Leute, deren Talent ein weit größeres ist. Daher kommt es, daß alle wertvollen Distinktionen, die unseren tieferen Gesprächen geläufig sind, uns aus Deutschland gekommen sind. Aber während in England und Frankreich Leute, die durch Geist und Wissen hervorragen, ihre Studien und ihre Parteirichtung mit einer gewissen Leichtfertigkeit wählen und jedermann weiß, daß sie mit dem Gegenstande oder der Partei, welche sie erwählt, nicht gar zu lief durch Gründe, die in ihrem Charakter liegen, verknüpft sind, spricht Goethe, das Haupt und der Leib der deutschen Nation, nicht nur weil er Talent hat, sondern überall leuchtet die Wahrheit durch: er ist höchst weise, obwohl sein Talent uns oft seine Weisheit wie mit einem Schleier verbirgt. Wie ausgezeichnet immer das sein mag, was er ausspricht, er hat noch etwas Besseres im Sinn und im Auge. Und das erweckt unsere Neugier. Er besitzt jene furchtbare Unabhängigkeit, welche der Verkehr mit der Wahrheit giebt: höre auf ihn oder höre nicht, die Wahrheit besteht; das

Interesse, das wir an ihm als Schriftsteller nehmen, ist nicht auf die Geschichte beschränkt, die er erzählt, und wir können ihn nicht aus dem Gedächtnis entlassen, nachdem er seine Aufgabe zu unserer Zufriedenheit erfüllt hat, wie den Bäcker, nachdem wir ihm den Laib Brot abgenommen haben, sondern sein Werk ist sein geringster Teil. Der alte, ewige Geist, der die Welt erbaut hat, hat sich diesem Manne mehr anvertraut als irgend einem anderen. Ich kann nicht sagen, daß Goethe den höchsten Standpunkt eingenommen, von dem aus der Geist je gesprochen hat. Er war kein Priester der höchsten Einheit, er ist unfähig, sich selbst dem göttlichen Gefühle völlig hinzugeben und in ihm aufzuheben. Es giebt edlere Weisen in der Poesie als alle, die er ertönen ließ. Es giebt Schriftsteller, die ärmer an Talent sind, deren Töne reiner sind und mehr zum Herzen sprechen. Goethe kann den Menschen niemals lieb werden. Seine Hingebung (für die Wahrheit) gilt nicht einmal der reinen Wahrheit selbst, sondern der Wahrheit um der vollendeten Bildung willen. Er verfolgt keine geringeren Ziele, als die Eroberung der ganzen Natur, aller Wahrheit – damit sie sein Gebiet und Eigentum werden; ein Mann, der sich nicht bestechen, nicht betrügen, nicht einschüchtern läßt; ein Mann von stoischer Selbstbeherrschung und Selbstverleugnung, der für alle Menschen nur den einen Wertmesser und Prüfstein hat: Was könnt ihr mich lehren? Alle Besitztümer des Menschen werden von ihm nur aus diesem einen Grunde wert gehalten – Stand, Vorrechte, Gesundheit, Zeit und das Dasein selbst.

Er ist der Typus vollendeter Bildung, der Liebhaber aller Künste und Wissenschaften und Ereignisse; künstlerisch, aber kein Künstler, durchgeistigt, aber kein Spiritualist. Es giebt nichts, das zu erkennen er kein Recht hatte, keine Waffe im Zeughause des universellen Geistes, die er nicht in seine Hand nahm, aber mit gebieterischer Obsorge, daß ja keines seiner Instrumente einen Augenblick die Oberhand über das Ganze seines Wesens gewinne. Er legt einen Lichtstrahl unter jede Thatsache, zwischen sich und das Teuerste, was ihm eigen ist. Ihm war nichts verborgen, nichts vorenthalten. Die lauernden Dämonen saßen ihm Modell wie der Heilige, der die Dämonen sah, und die metaphysischen Elemente nahmen Gestalt an. „Die Frömmigkeit selbst ist kein Ziel, sondern nur ein Mittel, mit dessen Hilfe wir durch den reinsten inneren Frieden die höchste Bildung erreichen mögen." Und seine durchdringende Erkenntnis jedes Geheimnisses der schönen Künste läßt Goethe nur noch statuenhafter erscheinen. Seine Gefühle dienen ihm wie die Weiber, die Cicero verwendete, um den Verschwörern ihre Geheimnisse abzulocken. Feindschaften hat er nicht. Du kannst wohl sein Feind sein – wenn du ihn dadurch etwas lehren kannst, was dein Wohlwollen nicht vermag, und wäre es nur die Erfahrung, die er aus deiner Vernichtung schöpft. Sei sein Feind und ihm willkommen, aber ein Feind nach hohen Regeln. Hassen kann er niemand, seine Zeit ist zu kostbar dazu. Gegnerschaften, die tief im Wesen begründet sind, können geduldet werden, aber nur gleich den Fehden der Monarchen, die sich in würdevoller Weise über Königreiche hin bekämpfen.

Seine Selbstbiographie – unter dem Titel „Dichtung und Wahrheit aus meinem Leben" – ist der Ausdruck der Idee, die heute der Welt durch deutschen Geist bereits vertraut geworden, die aber für Alt- und Neu-England, als das Buch erschien, etwas völlig Neues war – daß der Mensch da ist, um sich zu bilden; nicht für das, was erwachen kann, sondern für das, was sich aus ihm machen läßt. Die Wirkung der Welt und ihrer Ereignisse auf den Menschen ist das einzig bemerkenswerte Resultat. Ein geistig hochstehender Mensch kann sich selbst als dritte Person sehen, und daher interessieren ihn seine Fehler und Enttäuschungen nicht weniger als seine Erfolge. Ob er gleich wünscht, in seinen Angelegenheiten Glück zu haben, wünscht er doch noch mehr, das Schicksal und die Geschichte des Menschen an sich zu erkennen, während die Wolken von Egoisten, die um ihn treiben, nur am niedrigen Erfolge Interesse haben.

Diese Idee herrscht in „Dichtung und Wahrheit" und bestimmt die Auswahl der Ereignisse und keineswegs die äußere Wichtigkeit derselben, den Rang der Persönlichkeiten oder die Höhe des Einkommens. Das Buch bietet begreiflicherweise nur spärliches Material für das, was wir eine „Lebensgeschichte Goethes" nennen würden, wenig Daten, keine Korrespondenz, keine Details von seinen Ämtern und Berufsgeschäften, kein Licht über seine Ehe, und eine Periode von zehn Jahren, die die thätigste seines Lebens gewesen sein mußte, die nach seiner Niederlassung in Weimar, ist ganz in Schweigen versenkt. Statt dessen ist gewissen Liebesgeschichten, aus denen nichts wurde, wie die Leute sagen, die seltsamste Wichtigkeit beigelegt, er überhäuft uns mit Details: gewisse sonderbare Meinungen, Kosmogonien und Religionen seiner eigenen Erfindung, und besonders seine Beziehungen zu bedeutenden Menschen und kritischen Geistesepochen – dies alles setzt er in vergrößerndes Licht. Sein „Tag- und Jahrbuch," seine „Italienische Reise," seine „Campagne in Frankreich" und der historische Teil seiner „Farbenlehre" haben das gleiche Interesse. Im letzteren skizziert er mit raschen Strichen Keppler, Roger Bacon, Newton, Voltaire u. s. w., und der Reiz, den dieser Teil des Buches gewährt, liegt darin, daß in der einfachsten Weise das Verhältnis zwischen diesen Größen der Geschichte der europäischen Wissenschaft und ihm selbst festgestellt wird, in dem bloßen Ziehen der Linien von Goethe zu Keppler, von Goethe zu Bacon, von Goethe zu Newton. Das Ziehen der betreffenden Linien ist für die Zeit und Person die Lösung des furchtbaren Problems und gewährt Genuß, wo Iphigenie und Faust ihn nicht mehr gewähren, und ohne den Aufwand einer schöpferischen Kraft, die mit der aus Iphigenie und den Faust verwendeten verglichen werden könnte.

Dieser Gesetzgeber der Kunst ist kein Künstler. War es, daß er zu viel wußte, daß sein Blick zu mikroskopisch war und die rechte Perspektive die Übersicht des Ganzen hinderte? Er ist stets fragmentarisch, ein Verfasser gelegentlicher Gedichte und einer ganzen Encyklopädie von Sentenzen. Wenn er sich niedersetzt, um ein Drama oder eine Erzählung zu schreiben, sammelt und ordnet er seine Beobachtungen von hundert Seiten und vereint sie zu einem Körper, so gut es eben geht. Ein großer Teil sträubt sich gegen solche Einverleibung: diese fügt er dann lose hinzu als Briese der beteiligten Personen, als Blätter aus ihren Tagebüchern und dergl. Ein großer Teil bleibt noch übrig, der an keine Stelle passen will. Diesem kann nur der Buchbinder irgend welchen Zusammenhang geben, und so kommt es, daß wir trotz des losen Aufbaues vieler seiner Werke noch Bände von losgelösten Absätzen, Aphorismen, Xenien und dergl. mehr haben.

Ich glaube, daß der weltliche Ton in seinen Erzählungen aus seiner berechneten Ausbildung des eigenen Ich hervorwuchs. Es war die Schwäche eines bewundernswürdigen Forschers, dessen Liebe zur Welt auf Dankbarkeit beruhte, der wußte, wo Bibliotheken, Galerien, Architekturen, Laboratorien, Gelehrte und Muse zu finden seien, und der den entschädigenden Vorteilen der Armut und Nacktheit nicht traute, Sokrates liebte Athen, Montaigne Paris, und Madame de Staël gestand, daß sie nur an dieser Stelle (nämlich Paris) verwundbar sei. Es hat das seinen günstigen Aspekt. Unsere Genies sind meistens so übel daran und so kränklich, daß man immer wünscht, daß sie wer anderer wären. Selten sehen wir jemand, der sich nicht unbehaglich im Leben fühlt oder gar vor ihm fürchtet. Eine leichte Schamröte liegt auf der Wange guter und hochstrebender Menschen und auch eine leichte Nuance von Karikatur. Dieser Mann aber fühlte sich in seinem Jahrhundert und in der Welt völlig zu Hause und glücklich. Keiner war so berufen zu leben, keiner hatte eine herzlichere Freude an dem Spiel. In jenem steten Streben nach Ausbildung, das den geistigen Zug seiner Werke bildet, liegt auch ihre Kraft. Die Idee der absoluten, ewigen Wahrheit ohne Rücksicht auf meine eigene Erleuchtung, meinen eigenen Fortschritt durch dieselbe, steht höher. Die völlige Hingabe an den Strom poetischer Begeisterung steht hoher, aber verglichen mit all den mannigfachen Motiven, aus welchen in England Bücher geschrieben werden und in Amerika, ist dies ernstliche Wahrheit und hat jene anregende und inspirierende Kraft, die der Wahrheit eigen ist. So hat er den Büchern etwas von ihrer alten Macht und Würde wieder gegeben.

Goethe kam in eine übercivilisierte Zeit und Gegend, wo das ursprüngliche Talent unter der Last von Büchern und mechanischen Hilfsmitteln und der betäubenden Menge der Ansprüche erdrückt wurde, und lehrte die Menschen mit diesem berghohen, wirren Gemenge fertig zu werden und es sich dienstbar zu machen. Ich stelle ihn neben Napoleon, da beide Repräsentanten der Unzufriedenheit und Reaktion der Natur gegen die Morgue des Konventionellen sind, zwei ernste Realisten, die, jeder mit seinen Schülern die Axt an die Wurzel des Baumes der Lüge und des Scheines gelegt haben, für unsere Zeit und für alle Zeit. Dieser fröhliche Arbeiter, den keine äußere Popularität anregte, der Motiv und Plan nur aus der eigenen Brust holte, legte sich selbst Aufgaben für einen Riesen auf und arbeitete, ohne Nachlaß und ohne andere Ruhe als die Abwechslung in der Thätigkeit achtzig Jahre lang mit der Stetigkeit seines ersten Jugendeifers fort.

Es ist die letzte Lehre moderner Wissenschaft, daß die höchste Einfachheit des Baues nicht durch die Verwendung weniger Elemente, sondern durch die höchste Kompliziertheit hervorgebracht wird. Der Mensch ist das zusammengesetzteste aller Geschöpfe: das Rädertierchen, Volvox globator steht am anderen Extrem. Wir werden noch lernen, Renten und Einkommen aus dem unendlichen Erblande der alten und neuen Seiten zu beziehen. Goethe lehrt uns Mut und die Gleichwertigkeit aller Zeiten, er bewies, daß die Nachteile einer Epoche nur für den Schwachherzigen vorhanden sind. Der Genius schwebt mit seinem Sonnenschein und seiner Musik durch die dunkelsten und taubsten Zeiten. Kein Pfandrecht, kein Makel kann auf Menschen oder Stunden haften bleiben. Die Welt ist jung, die großen Männer früherer Zeiten rufen uns freundlich zu. Auch wir müssen Bibeln schreiben, um die Himmel und die irdische Welt wieder zu vereinigen. Das Geheimnis des Genies ist es, daß es keine Fiktion für uns bestehen läßt; daß es alles auf seine Wirtlichkeit prüft, was wir wissen, und in der hohen Verfeinerung des modernen Lebens, in der Kunst, in der Wissenschaft, in Büchern und Menschen guten Glauben, Echtheit und Streben fordert und zuerst, zuletzt, inmitten und ohne Ende jede Wahrheit durch Anwendung ehrt.